传播与中国译丛
媒介与历史系列
—— 主编 • 黄旦 ——

REMEMBERING TO FORGET
Holocaust Memory through the Camera's Eye

为了忘却的记忆
镜头下的纳粹大屠杀记忆

[美] 芭比·翟利泽（Barbie Zelizer） / 著
黄顺铭 / 译

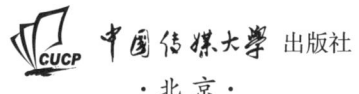
中国传媒大学出版社
·北京·

目 录

总　序 /1
译者序 /11

致　谢 /1
第1章　集体记忆、图像与战争暴行 /1
第2章　解放之前：新闻业、摄影与早期暴行报道 /16
第3章　以文字报道暴行 /51
第4章　以图像报道暴行 /88
第5章　为了记忆的忘却：摄影作为早期暴行记忆之背景 /135
第6章　为了记住的记忆：摄影作为当代暴行记忆之图形 /165
第7章　为了忘却的记忆：当代的暴行剪贴簿 /195
档案缩写 /235
参考文献 /236
索　引 /243

总 序

理解媒介的威力
——媒介与历史

一

在李伯元的《文明小史》中有这样一则故事:晚清科考政策发生变化,除了诗文,还新增时务、掌故、天算、舆地等内容。为适应此种变革,吴江乡间有贾家三子,受人指点,开始接触上海报纸以补新知。"兄弟三个是见所未见,既可晓得外面的事故,又可借此消遣,一天到夜,足足有两三个时辰用在报上。"眼界开了,行动也就开始,他们拿出私房钱托人在洋货店买回来一盏火油洋灯,一亮如同白昼,油灯那点摇曳之火,就显得可怜无比。自此三人更加留心看报,凡见有外洋新到器具,即托人购买,不管是否合用。仅此仍不解渴,他们反而更加向往去上海见见世面,因为从报纸上看到那里还有自来水、电气灯等种种稀罕之物,自又非火油洋灯所能比。谋划再三,兄弟三人遂瞒着母亲,私下租了一条船,半夜时分偷偷上船奔向上海。

倘若这是一段史实,依照现有的研究思路,我们会关注什么呢?或许是当时的吴江乡下,已经可以看到多少报纸,都是些什么报,它们是通过什么渠道进入的;又或许是当地读者都是哪些人,主要读什么,产生了什么作用;也有可能据此考证当时有哪些洋货进入吴江这样的地方,它们是如何流入的,购买洋货的都是什么样的家庭;当然,也可以从这样的例证中,分析报纸对于上海向周边的辐射起到了什么样的作用;等等。这样的一些研究都从各自不同层面触及了报纸及其影响,其价值不言而喻。然而,所有这些研究相加,仍未让人觉得已经击中这个故事本身。比如为什么是读报让人"晓得外面的事故"?为什么报纸可以是购买洋货的指导(如果是电视购物,肯定是另一番模样)?报纸上的"上海"怎么就理所当然等同于实际的上海?报纸这种诱导的力量来自哪里?总而言之,没有报纸,这一切就不会发生,那么,报纸是什么呢?

很遗憾,我们的研究中的确没有人追究报纸是什么,而是把报纸当作一个不证自明的物品。这不仅把报纸常识化了,而且也难以切实把握研究者所习以重视的报纸内容和作用(比如与书籍有何不同)。此种所谓的报纸历史研究,也就名不副实,实际上是没有"报纸"的报纸研究。历史学家达恩顿就表达过类似的意思,他说,研究者们总是希望通过考查印刷的世界,能打开一扇透视总体法国大革命的新窗口,但他们从来没有打算了解,这种主要传播工具是如何贡献于现代第一次伟大革命的。"历史学家一般把印刷文字当成什么东西发生的记录,而不是发生的因素",是报刊帮助塑造了其记录的事件。没有印刷报刊,就不可能攻克巴士底狱,而且也不可能推翻旧的君主专制。①

报刊与历史研究中所存在的这种现象,绝不是历史研究独家的问题,也不仅仅是报纸的问题。无论是社科还是人文领域,都普遍存在"媒介盲"的状况。他们在关于媒介的构成、历史及影响的研究方面,路径固然不一,但在关注其内容、角色和传播的知识及其构成,轻视乃至忽视媒介本身方面,则是大同小异。② 梅罗维茨对此就十分不解,"虽然对媒介内容的研究有重要的社会意义,但是令人惊讶的是,人们很少对媒介提出其他类型的问题。实际上,许多对媒介影响的研究都忽略了对媒介自身的研究"。这就产生了一个有趣的现象,"关于电视内容和控制的研究方式与研究报纸、戏剧、电影和小说的内容与控制方式完全相同,它们本身被当作了中性的传送系统",在其间没有任何意义,尽管在实际的操作和表现中,电视、报纸和戏剧、电影之间的差别是如此之大。将其与关于工业革命影响的研究一作比较,二者就显示出巨大差距。没有哪一个人会宣称他的研究中"唯一重要的东西是新机器生产出的物品",相反,进入工业革命研究者视野的是,工业革命作为一种新的生产方式对诸多可变因素的影响,比如城乡生活的平衡、劳动的分工、家庭结构、社会的凝聚程度、时空观念、阶级的构成,以及社会变化的速度等。③ 这很有启发性,要是我们也转变视野,将媒介(报纸)看成一种改变时空和社会关系的新的传播方式本身,而不是像以往那样,将其当作一个装水空瓶,我们的研究,比如关于前面提到的吴江贾家兄弟的故事,还会只是围着其内容打转吗?

报刊是一种媒介,没有人会提出异议;但为什么一定是媒介,媒介到底是什么,想必没有多少人能够回答。如何理解媒介,总是与以什么样的方式看待它密切相关。当把媒介看成负载内容的一块白板、一个透明的"玻璃缸"时,除了紧盯"媒介内容"这一

---

① DARNTON R. Introduction[M]//DARNTON R,ROCHE D. Revolution in print: the press in France,1775-1800. Berkeley and Los Angeles: CA, University of California Press,1989:xiii-xv.
② 米歇尔,汉森.媒介研究批评术语集[M].肖腊梅,胡晓华,译.南京:南京大学出版社,2019:2.
③ 梅罗维茨.消失的地域:电子媒介对社会行为的影响[M].肖志军,译.北京:清华大学出版社,2002:12.

片"滋味鲜美的肉",①将"新机器生产出来的物品"——媒介传送的内容——当作唯一重要的东西,就不可能还会想到其他东西。且不说这种"工具论"的媒介观已经受到越来越多的质疑,就算与我们今天自身的媒介体验(比如使用手机),也是完全不相吻合的。由此及彼,当能刺激反思现有媒介与历史研究中的媒介观。借此,重新理解媒介,是媒介与历史研究必须面对的问题。重新理解则必以改变想象为前提,想得到未必做得到,想不到就根本没有做的可能。用麦克卢汉的话说,就是要"以恰当的方式理解媒介的威力"②。从媒介是什么入手,重新建立一个考察媒介的视角,对于讨论媒介与历史,显得尤为重要。

二

由于媒介是一个外来词,对于其本来的含义,认真探索过的人好像不多。英文的 media,源自拉丁文 medium,意指"中间"。尽管雷蒙·威廉斯在其《关键词》中,依照时间的变迁梳理出其三种意涵,但同时也指出,"中介机构"或"中间物",是一个比较古旧且运用普遍的意涵。③ 德布雷说,"媒介"不是指媒体或介质,而是指媒介行为,是介于符号生产与事件生产之间的中间体。④ 齐林斯基理解的"媒介",则是想把被分割开来的东西加以结合的那种尝试提供行动的空间。⑤ 这些理解看来都是与这样的词源有关。

"媒介"一词在英文中有单复数之分,也就是"medium"和"media",事情的复杂性由此而起。一般认为,复数是单数的自然集合,偏偏在"媒介"中,二者不能完全重叠。作为复数的"media",自19世纪中叶以来得到大量采用,但其被广泛运用,则与广播和报纸的兴起有关。⑥ 出于这样的背景,"media"常常意指"大众媒介"(mass media)。这与"medium"有较大差别,"medium"主要强调媒介的物质特性,兼有"元素""环境"或"位于中间位置的载体"之义,⑦简单地说,它指的是一个媒介物,是具有独特性、决定性的物质,重点是其技术意涵,这一点甚至比言说的内容和书写的事物更为重要。正因如此,作为"media"的印刷与广播,是否与"medium"的意思相同,就产生了疑问。因

---

① 麦克卢汉.理解媒介——论人的延伸[M].何道宽,译.北京:商务印书馆,2000:46.
② 麦克卢汉.五种感官系统的内窥[M]//麦克卢汉.指向未来的麦克卢汉媒介论集.何道宽,译.北京:机械工业出版社,2016:34.
③ 威廉斯.关键词:社会与文化的词汇[M].刘建基,译.北京:生活·读书·新知三联书店,2005:299-300.
④ 德布雷.媒介学宣言[M].黄春柳,译.南京:南京大学出版社,2016:17.
⑤ 齐林斯基.媒体考古学——探索视听技术的深层时间[M].荣震华,译.北京:商务印书馆,2006:8.
⑥ 威廉斯.关键词:社会与文化的词汇[M].刘建基,译.北京:生活·读书·新知三联书店,2005:299.
⑦ 彼得斯.奇云[M].邓建国,译.上海:复旦大学出版社,2020:54.

为它们突出的不是其"物质性",而是社会的面向,受制于其他目的。① 直白地说,在一些人眼里,"media"已不是原来那个侧重于自然媒介物的"medium"的聚集,而是一个社会机构,虽然二者都有处于中间位置之义。

我国在20世纪80年代引进的传播学,源自美国的大众传播研究,"大众媒介"的说法也一并被引进,并由此影响了人文和社科领域的研究,史学也不例外。研究者们口中和眼中的"媒介",实是指大众媒介,亦即"media"。所谓的报刊史、电视史、广播史,显然就是出于这样的认定,并由此延展到其他诸如电影、书籍、电报、电话等方面的。如此一来,媒介似乎无须厘定,因为它已经是明摆在那里的一个个实物——人人都看得到的东西,只要将这些物品作为研究对象,就是在从事媒介研究了。

就每个具体研究而言,以这样的对象来命名似乎没有什么大的问题,而且在媒介与历史研究领域,也一直如此。然而若稍作追究,就会发现没那么简单。报纸、广播、电视差别很大,其制作、传递、呈现和接收都不一样,为什么一概被称为媒介?其依据是什么?不仅如此,它们中的每一个都包含着许多研究的层面和路数。文章一开头提到的贾家兄弟的故事,就完全可以被纳入社会史、经济史、中西交流史、上海城市史研究的脉络,而不必非是报刊史,尽管是因报刊而起的。从印刷史的角度,报刊可以是一种印刷技术,是印刷被采纳、运用和改革演化的历史,与通常意义上的报刊史毫不相干,比如苏精的《铸以代刻》。电视研究就更为复杂了,文学、艺术学、图像学、文化批判、音像技术学在其中都有大展拳脚的空间:它们或者关注文本和制度,或者注重其表演,或者将拍摄技巧作为重点。近几年兴起的视觉文化研究,在艺术史和图像研究的脉络下,以视觉性为核心视角,更是不仅把艺术、图像、广告、肥皂剧等统统纳入研究的范围,而且还把观看行为、观看过程、观看方式等一网打尽。② 那么,它们是否都是媒介研究,或者其中哪些研究是媒介研究,哪些不是?什么东西可以被称为"媒介"?什么样的研究可以被认定为媒介或者报刊研究?这里面是有一个统一标准,还是约定俗成,或者就是随研究者的个人兴趣来命名?其特殊性究竟是什么?当我们一提到媒介,本能的反应就是手中摊开的报纸、与家人一起围坐观看的电视机、飘扬着悦耳音声的收音机和黑暗中人影晃动的银幕时,其实就已经失落了"medium"或者"media"所含有的"中间"含义,亦即在学术上理解媒介本该具有的"恰当的方式"。所以,记住下面这句话就显得十分关键:理解媒介,不仅指(或主要指)"理解单个的媒介形式——电、汽车、打字机、布帛——而是要从媒介这个角度来考虑问题"③。

---

① 威廉斯.关键词:社会与文化的词汇[M].刘建基,译.北京:生活·读书·新知三联书店,2005:300.
② 唐宏峰.视觉性、现代性与媒介考古——两种视觉文化研究界别与"视觉现代性"研究[M]//杰,等.现代性的视觉政体.郑州:河南大学出版社,2020:9.
③ 米歇尔,汉森.媒介研究批评术语集[M].肖腊梅,胡晓华,译.南京:南京大学出版社,2019:3-4.

三

"媒介角度"这四个字,就意味着媒介不仅仅是一个物品、一个对象,更是一个考察社会、人乃至世界的站点。这个"角度"或者视角,就是媒介的"居中"或"中间位置",用米歇尔和汉森的话说,乃为"调节","调节"是所有媒介共有的"媒介性"(mediality)。① 报纸、广播、电视之所以是"媒介",就在于它们共同的"媒介性"——处在中间位置的"调节机构",用更为切近的表达,即其"交转性"。

这样就比较清楚了,我们熟知的"媒介"(media)中包含"medium",但又不仅仅是"medium"的堆集。它包含不同的"medium"——媒介物,即单个媒介独有的物质或符号元素的特性,此时,或许可以说它是"medium"的复数形式;然而,它又抽绎并蕴含着所有单个媒介(medium)都不可或缺的"媒介性"——"调节",这一处在"中间位置"所必然发生的机制和作用。这样的两层含义,就构成了这样一个集体单数名词"media"。② 由此我想到《说文解字》关于"媒"的释义:"媒"即"谋也,谋合二姓者也",指的也正是这样一种居中转圜。这就难怪,德布雷把媒介看成促发两者发生关系的第三者。媒介的重要性就是"搭桥",也就是说,要让不同因素之间相互交叉,相互受孕。媒介不只是"处于中间位置的",它还要对通过中间项的两者起作用。它要在不可逆转的过程中创造出一个模型,超越所有的企图③,产生出一个特殊整体。媒介是有"媒"有"介"的,是媒—介的互应和互动,是一种"交转"。在它的触发和协调下,各种关系因连接而相互转化,因转化而形成新的形态或面向。媒介由此成为"让我们通向那个由于与我们相关而伸向我们的东西","让我们进入与我们相关或传唤我们的东西"。④ 媒介不是工具,工具只着眼于效率和效益,媒介则具有开拓现实的作用,开启了我们与世界的关系以及各种不同可能性⑤。没有媒介,就如没有桥梁。桥梁不只是连接,更是交接引领我们通达彼岸,在通达过程中周边的景色和诸种关系得以汇聚和展开。因此,凡有媒介,就有发生,就有事件,就有变动,就有新的进展。吴江贾家三子夜奔上海,恰为此做了一个见证。

犹如物质性依托于具体的物质及其形态,由于单个媒介的技术特性不同,也就带来了媒介性——交转性的方式及其模式呈现的千差万别:"在口语文化的社会里,许多

---

① 米歇尔,汉森.媒介研究批评术语集[M].肖腊梅,胡晓华,译.南京:南京大学出版社,2019:2.
② 米歇尔,汉森.媒介研究批评术语集[M].肖腊梅,胡晓华,译.南京:南京大学出版社,2019:4.
③ 德布雷.媒介学宣言[M].黄春柳,译.南京:南京大学出版社,2016:124-125.
④ 海德格尔.在通向语言的途中:修订译本[M].孙周兴,译.北京:商务印书馆,2005:190,255.
⑤ 克莱默尔.传媒、计算机和实在性之间有何关系?[M]//克莱默尔.传媒、计算机、实在性——真实性表象和新传媒.孙和平,译.北京:中国社会科学出版社,2008:6.

人在同时说话;相反,在书面文化的世界里,一次一个人说话至少是在人们的期待之中。"①媒介事件——电视的直播,则使得全球成为一个竞赛场或大剧院,造就了新的场景,甚至奠定了尼尔·波兹曼所忧心忡忡的"娱乐至死"和"童年的消逝"。复制技术使艺术失去了灵韵,却也使得大众在其展示的观看中,有了接触本来只能顶礼膜拜的艺术品之机会。②舆论,是报刊史研究中最为常用的术语,但恐怕没有太多的研究者知道,在印刷报纸产生后,才有了现代政治学和社会学意义上的"舆论"。报纸就像一个"公共交谈"的平台,一支笔启动了上百万条舌头,分散的地方的意见被集中、被融合,从而造就了一个庞大、抽象和独立的报纸意见共同体,并被命名为"舆论"。没有报纸,人们的交谈就不会对任何人的头脑产生影响。因此,"舆论"以及所谓的民族主义(想象的共同体)、国际主义,都与报纸的此种"公共交谈"③——交接周转的协调有关。依此而进,报刊和舆论的研究,就不应是以内容为内容、以文本证效果,而应切入报纸的"交转性"之作为,关注"公共交谈"的运作和方式,并从这样的逻辑中揭示内容和文本的形成及其带来的后果。以此来反观报刊与历史,比如众所周知的《时务报》与"戊戌变法"、《苏报》与"排满革命"、《新青年》与"新文化运动"、《民报》与《新民丛报》的辩论等,恐怕就会有新的领悟,发现新的风景。

由于媒介物特性不一,我们的研究就是要从其共同的"媒介性"中,揭示出不同媒介特性所导致的不同的"调节"或"交转"状况和结果。同时,媒介与媒介之间并非绝缘的,它们之间同样互为交接、交集,会发生遭遇、碰撞、转接、竞争、分离,可谓剪不断理还乱:报纸、讲演、标语传单的相互促进,办报、办会、书信和人际交往的互为条件,学堂、出版社和报馆的互通互惠等,形成了一个个自有特点的"媒介圈"。④ 流转的逻辑就是媒介的逻辑,你抓住我,我也抓住你,与媒介关联的行为都是一个组合事物,⑤是一种特定的塑形。媒介就好似一"活生生的力量旋涡"⑥,搅和着与之相关的一切东西,然后又不断地吐出来,翻然就是一新的阵势。戴乃迪(Alexander Des Forge)在从晚清到民国早期的"上海叙事"中,就发现了类似的现象,连载小说与其他的媒介生产及其产品,诸如旅游指南、报纸、杂志、图画集、广播、电影、照相、幻灯等交错纠缠,交集成了一个跨文本、跨体裁、跨媒介而且不断扩张的视觉和文本场域,共同指向上海的特征和意义,以不同的方式,扩展了人们的多种感知和体验,从而为"什么是上海",提供

---

① 麦克卢汉.余韵无穷的麦克卢汉[M].何道宽,译.北京:机械工业出版社,2016:19,15.
② 本雅明.机械复制时代的艺术品[M].王才勇,译.南京:江苏人民出版社,2006:57.
③ 塔尔德.传播与社会影响[M].何道宽,译.北京:中国人民大学出版社,2005:229-248.
④ 德布雷.媒介学宣言[M].黄春柳,译.南京:南京大学出版社,2016:45.
⑤ 布克哈特.在电磁流中:作者和电磁书写[M]//克莱默尔.传媒、计算机、实在性——真实性表象和新传媒.孙和平,译.北京:中国社会科学出版社,2008:30.
⑥ 麦克卢汉.麦克卢汉序言[M]//英尼斯.帝国与传播.何道宽,译.北京:中国人民大学出版社,2003.

了不同的入口、框架和样板。所以,他特地借用德布雷的概念,将之称为"媒介域"(mediasphere),并由此构成整个分析的基础,①以揭示媒介之间文化生产的互生互补之复杂关系和样貌。就是这样的媒介生态,生成了当时的"上海"和关于上海的认识,是一个"媒介域上海"(mediasphere Shanghai)。与此相比,吴江贾家三子的感知来源,还是显得有些单一和平面。戴乃迭的尝试和探索,为媒介与历史的研究打开了新的想象——关心文本但又不拘泥于内容的爬梳、整理和确认。只有到了这样的时候,即当媒介能够被视为单数——它不是单个媒介形式的叠加,而在事实上大于单个媒介形式的叠加之时,媒介研究之"媒介",才具有了一定的自主性,媒介研究才可以开掘出自己的空间。② 因而,从内容转向媒介,从不同媒介转向媒介性,就能够赋予媒介与历史研究一副新的眼镜,也就是麦克卢汉说的,有了"一个恰当的方式"。

四

依循这样的思路,媒介就是一个概念,一个考察媒介与历史的理论视窗;媒介与历史研究就不能也不会仅仅定格于某个媒介的演变史,不同媒介前后承继的进化史(这正是媒介考古学所要解构的),媒介的社会使用史、功能史,更不是以媒介内容来补充和证明某些历史上的人和事,而是将媒介作为社会构成的一个基础性条件和要素,作为一种"人的延伸",研究它的产生、运转和变化,是如何影响人和社会的历史及其文化的。

展开来看,其实整个人类的存在及其历史,都立足于并且依托于"媒介域"。且想,我们是有了光才能看,有了声音才能听,语言符号让我们交往,货币则大大促进了交易。这些不同的媒介,都为我们打开了一个区分的区间,为我们在感觉、认知和行为中指定了一个确定的"格式塔",都给予了我们不同的政治、科学、经济、艺术的操作空间和一定范围的文化真实性。③ 没有这些媒介,也就没有人,没有社会现实;同理,不同的媒介具有不同的偏向,自然也就产生了不同的社会、文化乃至认识论。④ 这也正是英尼斯说的,"一种新媒介的长处,就是一种新文明的诞生"⑤。《巴黎圣母院》中的一段描写,为此做了生动的写照:沉默的克洛德副主教伴随一声长叹,左手指向圣母院,

---

① FORGE A D. Mediasphere Shanghai: the aesthetics of cultural production[M]. Honolulu: University of Hawaii Press, 2007.
② 米歇尔,汉森. 媒介研究批评术语集[M]. 肖腊梅,胡晓华,译. 南京:南京大学出版社,2019:3.
③ 塞尔. 实在的传媒与传媒的实在[M]//克莱默尔. 传媒、计算机、实在性——真实性表象和新传媒. 孙和平,译. 北京:中国社会科学出版社,2008:215,218.
④ 波兹曼. 娱乐至死[M]. 章艳,译. 桂林:广西师范大学出版社,2004.
⑤ 英尼斯. 传播的偏向[M]. 何道宽,译. 北京:中国人民大学出版社,2003:28.

右手指着那本放在桌上的打开了的书,目光忧郁地在书上停留片刻之后便转向教堂,说:"唉!这一个将要把那一个消灭掉。大的可以被小的打败,建筑物也能被书摧毁!"紧接着,雨果做了如下评论:"这是僧侣们面对新的代理者印刷术所产生的恐惧,这是站在古登堡伟大的印刷品跟前的圣殿上的人们所产生的眩晕和恐慌。"这不正反映出媒介变更造成社会和文化动荡所引发的焦虑和不安吗?印刷机成为"攻城槌,把教堂和城堡夷为平地"。① 雨果所感受到的,应该是媒介与历史研究的着重点,也是最能展示其研究价值的地方,倘若我们能将"媒介"作为一个角度的话。

于此,关于什么是媒介,什么不是媒介;关于媒介究竟是工具,还是"中介",就不是自然天成的,更不是本体意义上的划定,恰恰决定于研究者自身的视野,决定于是以什么样的角度切入媒介与历史的研究中。关于此,克莱默尔颇有见地。她说:"器具视角和传媒视角之间的区别、作为工具的技术和作为传媒的技术之间的区别,不能被误解为本体论的区别,好像我们用它可以对技术人造物世界进行分类,要么分为工具组一类,要么分为传媒组一类。"实际上,这是两种都在发挥作用的视角,尽管其重要性不一样。如果把媒介看成一种技术工具,那就是出于一种精神工艺学的眼光,媒介的作用就是增强和替代人类身体、感觉、活动和思维器官,它是提升劳动效率的器具;反之,如果把技术理解为媒介,它就是一种我们用来生产人工世界的装置,开启了我们新的经验和实践的方式,没有这个装置,这个世界对我们来说是不可通达的。② 那么,这一点不是很清楚了吗?过往的媒介与历史研究基本上就是固着于"精神工艺学"来观照媒介(比如报纸、广播等),由此所照射出的媒介,自然就是一种"器具",是办报者为达到某一目的的工具。相反,倒是一些研究技术而不自称为媒介研究的研究,却恰恰可能是基于媒介的角度,为我们展示了技术对于世界的改变和创生。

在我看来,沃尔夫冈·希弗尔布施的《铁道之旅:19世纪时间与空间的工业化》,就是这样一部代表之作。铁路的建造和延伸,使时间和空间再造;作者从火车速度、旅途景观、车厢设置和分隔、旅途感受、车站选址与城市建筑,乃至铁路引发的精神病理等各个方面,全方位展示出铁路既是一条道路,又是一种再造环境的作用力;它是一种交通和运输工具,人和地方又是随着它的开动而发生变化,呈现出前所未有的新面貌。如果媒介总是通过其物质特性的运用过程,"与人类感官及人的理解率相结合,总是在对给定时间、空间中的人类经验进行调节",实现人、环境和技术的互构的话③,希弗尔布施的"铁道",正好充分反映出这一点。另外一个不能不提的例子,是连玲玲的《打造

---

① 伊尼斯.传播的偏向[M].何道宽,译.北京:中国人民大学出版社,2003:44.
② 克莱默尔.传媒、计算机和实在性之间有何关系?[M]//克莱默尔.传媒、计算机、实在性——真实性表象和新传媒.孙和平,译.北京:中国社会科学出版社,2008:1,7-8,76.
③ 米歇尔,汉森.媒介研究批评术语集[M].肖腊梅,胡晓华,译.南京:南京大学出版社,2019:5.

消费天堂:百货公司与近代上海城市文化》。在以往固定的认知中,没有人认为"百货公司"是媒介,也不可能将之归入媒介与历史的研究脉络之中,可就在这本书中,作者公开表明她是以麦克卢汉的媒介理论作为研究架构的。以这样的眼光看过去,百货公司就是一个交往中轴,围绕着它的芸芸众生和物品,共同组成并编织出现代的消费主义场景和关系。于是,百货公司成为近代上海不同人种、人群和阶层的交会之所,构成琳琅满目的商品和不同消费行为的展示之窗,潜藏着明里暗里的物质权力和符号权力之竞争,混合了购物和娱乐的融合氛围。在作者的描述中,百货公司犹如一个巨大的轮盘,卷入人流物流,输出新式商品和消费模式;串接着周边的道路,又对周边的空间施加着自己的影响。作者正是从媒介及其调节的视角(尽管在我看来,其运用还不够圆润),揭示出百货公司在物、人、环境的互动互构中,构成了上海现代性的独特面向。

由此可见,从媒介的实体(实物)移开,确立起媒介的角度,不仅使媒介有了自己的理论根据,同时也可以大大扩展学术研究的想象力。当什么是媒介、什么不是媒介,不再是一种对对象的判定,而是与研究者的视野——如何看待媒介——息息相关时,媒介与历史的研究自也能从对象史的束缚中挣脱而出,将目光投向更为广阔的天地。

通过这样的新视野,媒介与历史的研究,就有了自己的特殊性,有了自己的特定面貌和精气神,更重要的是,其所具有的意义和价值也将被重新厘定。因为如同盖伦所言,由于人天生就不自足,必得依赖于外在的条件,技术就因此成为人类自身本质的最重要的构成部分,甚至像人本身一样形成了一种人造的性质。① 甚至按照唐·伊德的说法,从来就没有一个脱离技术的"原本"的人,人必定是与技术相伴相生、共同进化的,没有技术的生存只是一种抽象的可能性,除非是封闭起来,被置于一个孤立的、被保护的牢固的乐园之中,就好像被圈养的保护动物一样。② 以此而言,媒介,体现人与技术关系的"交织交转",就是人类生存的根本关系,是人类进化和演变过程中时刻存在的普遍状况。这样一种技术和人的"接合",不是谁进入谁,谁决定了谁,而是互相不能脱嵌;技术和人可以在具体而特定的实践中被制造、被维持、被转变、被毁灭,但就是不能脱离或分离③。媒介就是人的境况。所以,"媒介"实质上指向并指明了人类的一种本体论境况——依赖媒介的建构性外化行为和发明创造。在这样的意义上,作为角度的"媒介",成为一个对人类生命形式进行最深层次考古发掘的透镜。我们是透过媒介,窥探到人类的生存;媒介与历史研究的定位,就是对人的根本关系的研究,是对"调

---

① 盖伦.技术时代的人类心灵:工业社会的社会心理问题[M].何兆武,何冰,译.上海:上海世纪出版集团,2008:4.
② 伊德.技术与生活世界[M].韩连庆,译.北京:北京大学出版社,2012:14.
③ 斯蒂瓦尔.德勒兹:关键概念[M].田延,译.重庆:重庆大学出版社,2018:138-143.

节"在人类历史上所起到的不可简化的作用的研究。① 德布雷说,"从源头看,媒介学的起源应该是人类学"②,我们也完全可以仿照说,媒介史也就是人类史。当"媒介"成为一个角度时,媒介的威力就得以尽情绽放。这样的媒介和历史研究,也将起到特殊的作用,占据自己独有的位置:可以跨越各种学科,贯穿打通各种专门史,从而"在人类历史中占有更为中心的地位"③。从此,媒介的研究,就不再是哪个学科的专利,也没有任何一个学科可以排除媒介。媒介及其威力,成为所有学科在研究中不能不考量的重要维度和要素。

译丛以"媒介与历史"为名,就是来自以上这些想法,也是以这样的思路,考虑入选的书目。由此,本译丛的面目就可能异于一般的理解,它所收纳其中的书目,不再以是否研究通常所认为的媒介——报纸、刊物、广播、电视之类为唯一标准,而是着重于是否体现出"媒介"的角度或者思维。只要能够以某种"恰当的方式",揭示出"媒介的威力",且其质量和水平得到公认,就有可能成为译丛的首选。即便是那些以传统媒介为对象的研究,当然也希望具备这样的特色。的确,其中的某些书,或许作者在研究中并没有这样明晰的媒介意识,甚至本来也没有这样的打算,但全书的展开恰恰为我们提供了这样的景象,使我们完全可以从"媒介"的角度去阅读和理解,并从中获得启发和收益。这也意味着,这些书被归入媒介与历史的范畴是否合适,除了书的研究视角和内容、选编者的眼光,同样也还有读者的一面。书有不同的写法,也有不同的读法;怎样阅读一本书,与这本书的内容相关,但未必是决定性的。称"作者已死",似乎过于激进;理解溢出文本,却早就是公认的状况。既然如此,编选者在谨慎处之的同时,也恳切希望读者能了解并认可译丛编选的思路,以便我们共同努力,使译丛能够取得预期的效果。

当前,数字媒介的变革,让我们充分领略到媒介的威力,媒介及其现象也因此受到各方高度关注。在这个千载难逢的紧要关头,重新理解媒介,突破学科界线,打开媒介与历史研究的新想象,无论对于我国的学术研究、学科创新,还是对于中国历史、现状的认识及其未来的展望,都具有重要的意义。"媒介与历史"译丛的推出,就是希望借他山之石,在这方面起到一些微薄的作用。愿望虽如此,结果却难料,只有忐忑不安地等待读者和各位同道的评判。

黄 旦

---

① 米歇尔,汉森.媒介研究批评术语集[M].肖腊梅,胡晓华,译.南京:南京大学出版社,2019:2,4-5.
② 德布雷.媒介学宣言[M].黄春柳,译.南京:南京大学出版社,2016:15.
③ 罗兰.序言[M]//董璐,译.克劳利,海尔.传播的历史:技术、文化和社会.董璐,何道宽,王树国,译.北京:北京大学出版社,2011:2.

译者序

在我翻译《为了忘却的记忆:镜头下的纳粹大屠杀记忆》的过程中,出了一个有趣的小插曲:它被从"传播与中国译丛:新闻・新技术・公共生活"挪到了"传播与中国译丛:媒介与历史系列"。一个译丛相对于其中的著作而言,自然提供了一个更广泛的诠释框架,而不同的译丛则提供了不同的诠释框架。同样,不同的著作可能会因为同属某一译丛的"共现"关系,焕发出某种或隐或显、或强或弱的"主题"关联,甚至进一步制造出诸如被比较性地阅读与评价之类微妙的"接受"面貌。身为译者,我在得知本书被挪至"媒介与历史系列"时,脑海里倏然闪过一个已被许多人讨论过、未来仍会被人继续讨论的基本问题——历史与记忆的关系,这种几乎不假思索的反应完全由译丛这一显明的信息刺激而来。我相信,该译丛名称作为本书的一个"元框架",可能会微妙地激活作者不曾言明或强调的某些维度。譬如,"历史"便是本书一个未被强调的关键词,它既不见于主、副标题当中,也不见于任何一章的标题当中。作者芭比・翟利泽之所以对"历史"隐而不彰,或许主要与其身为"媒介学者"有关。

本书内容大体上可划分为具有密切联系的媒介表征研究和记忆研究两大块。其中,前者探讨关于纳粹暴行的"见证报道"(第2—4章),后者探讨集中营解放后基于见证报道基础上的当代"记忆工作"(第5—7章),两者篇幅相当。前者完全是可以被当成"历史"来看待的。

媒介表征研究的三章系统考察了英美两国新闻业在集中营解放前和解放中对纳粹暴行的报道作为。纳粹暴行迫使英美媒体迎接挑战,但是新闻业中记者与摄影师是带着一种职业对立的遗产而走向集中营解放的报道的。两者在同一个故事上展开正面较量,这在媒介史上堪称前所未有。两者分别以文字和图像作为武器,努力塑造出了各自的纳粹报道面貌。面对对于纳粹暴行怀有深刻怀疑的民众,记者以"见证者报道"为形式(或体裁),以"解放实录"为内容,着重强调"集中营领地"和"见证行为"这两个叙事焦点。翟利泽在系统地分析文字报道之后,既肯定了见证的重要性,也指出了其局限性。她评价道:"记者选择将其报道从形式上架构为'目击者报道',而从内容上架构为'解放实录'。这些选择虽提供了大量指涉性的文献资料,却几乎没有为对更广泛暴行故事的诠释工作提供多少余地。所有这一切意味着,集中营内的报道使命被更大的见证目标打断了。"与文字相比,摄影师在利用图像来见证纳粹暴行时,采取的方式是讲述一个更大的纳粹暴行故事,作者着重分析了暴行照片作为文献工具和暴行照片作为象征的意义。其中,就象征而言,报刊通过某些构图与表现上的实践,将暴行照片勾连至更大的暴行故事,由此将其巩固为暴行之象征。在翟利泽看来,"当照片以这种方式表征暴行,既挑战了传统的新闻表征方式,亦强化了'见证'的另类目标。图像愈是恐怖,图像锚定便愈不细节化。在许多情况下,图像的可辨细节如此之匮乏,以至于很难将其锚定于某一特定的物理或地理地点上。然而,图像被用以唤起的故事愈广泛,其作为集体记忆载体则愈有效。暴行照片从作为对某些行为确凿的指示符号转换为暴行故事的象征标志,这与一种理解发生之事的普遍而紧迫的需要有关。当图像格外生动逼真时,报刊便不太需要解释它们,而更多需要将其勾连至更大的诠释主题,从而赋予描绘内容意义。可见,图像是一种比文字更加行之有效的见证手段。将言语性的解放实录变成视觉性的暴行故事,直接影响了由此而来的记忆面貌。"

记忆研究的三章深入探讨了纳粹大屠杀在集中营解放以后的半个世纪中的复杂记忆面貌。翟利泽认为存在三次记忆浪潮,"记忆工作的三次浪潮让纳粹暴行在公共想象中随着时间的流逝而跌宕起伏。首先是一个高度关注的初始期,持续至二十世纪四十年代末。然后是一个遗忘的悬置期,从四十年代末至七十年代末。再接着则是一个记忆工作密集的复兴期,从七十年代末持续至今。在前两个时期中,照片相对于实际的暴行叙述而言,不过是欠发达的'背景'(ground)而已。在之后的浪潮中,摄影本身则在重述纳粹暴行故事的过程中变成了'图形'(figure)。"前两次浪潮合为一章,同属于一种"为了记忆而忘却"的情形,第三次浪潮自成一章。当"新闻报道"迈入"记忆"的范畴,前者转而成为后者的重要资源,当然后者如何"回收"过往那些文字或图像资源,则取决于当前的需要。在第一次浪潮中,记忆工作在民间记忆与职业记忆这两股矛盾趋势之间左支右绌:一边是民众的见证需要,一边是报刊对暴行记忆的职业矛盾心理。在第二次浪潮中,与集中营相关的幸存者、解放者、记者与摄影师都对其经历三缄其口,暴行照片被刻意藏匿起来,极少对暴行受害者做出制度性的纪念反应,对暴行普遍漠不关心。翟利泽指出,"当人们的暴行失忆日益严重,暴行故事与更大的战争故事分道扬镳。尽管二战已经被重塑为冒险故事和反法西斯主义的崇高追求故事,但作为其反面的暴行故事,削弱了这些故事的大体轮廓。因此,暴行被视为一种对更大战争叙事的阻碍。"在第三次浪潮中,纳粹大屠杀重返公共视野,对大屠杀的纪念风起云涌,暴行图像终于变成了记忆工作的"图形"。作者细腻地辨识出了两种不同的记忆实践,其中"事件驱动型记忆"利用暴行照片增强记忆,而"裂痕驱动型记忆"利用暴行照片稳定记忆。她还对这次浪潮中与暴行照片相关的各种"记忆能动者"做了检视,包括职业论坛、解放者、博物馆、图片杂志,以及否认者。作者称这次浪潮为"为了记住的记忆"。在全书最后一章,作者讨论了关于波斯尼亚、卢旺达、布隆迪等国种族灭绝的媒介表征及其对数十年前的纳粹大屠杀的记忆征用。这种征用既体现在对作为言语线索的"纳粹大屠杀""种族灭绝"等关键词的征用上,也体现在对典型的纳粹暴行符像(如铁丝网背后的面孔、整齐堆放的骸骨)和纳粹暴行摄影美学的征用或复刻上。在表征当代暴行时,纳粹大屠杀充当了一个"原型式的案例"。当首字母大写的 Holocaust 被泛化为完全小写的 holocaust,一方面意味着术语的原始指涉对象被抹平,另一方面也意味着对纳粹大屠杀记忆的征用其实是为了忘却当代暴行。作者还从技术与政治两方面检讨了人们对于当代暴行的两种"习惯化"。

  本着一个关注南京大屠杀记忆的学者的眼光,我认为这是一本相当出色的著作。不过,我认为本书在以下几方面稍显不足。一是对"接收"环节的忽视。在这本主要聚焦暴行图像的书中,作者关注了暴行图像如何被摄影师"生产"和如何被媒体"再生产"与"流通",但对于这些图像如何经由人际网络和人际互动而被普通公众"接收"却几乎毫无着墨,使之缺失了一个理解纳粹大屠杀视觉记忆的基本维度。当然也可能是作者出于篇幅的考量而没有涉及。二是在"集体记忆"这一主概念下,如果作者能找到一套自洽而有力的次级概念或视角以帮助其烛照丰富的经验材料,或许就更是锦上添花了。

  顺便提一下,翟利泽对书中某些富有潜力的主题,也有单独的研究。举例而言,在她三年后主编的《视觉文化与纳粹大屠杀》(2001)一书中,她便贡献了一篇《性别与暴行:纳粹大屠杀照片中的女性》。

  本书是我的第一本译作,它让我深刻感受到了语际转换之难。朱光潜曾在一篇文章中说译书比自己写书更难,并指出在严复所讲的"信达雅"中,"信"为最难。在翻译本书时,我的基本工作流程如下:先在同一个 Word 文档里中英文对照地推敲三遍,然后删掉英文,在不改变译文意思的情况下,按照中文表达习惯斟酌两遍。在责任编辑发来初排稿以后,我又对着打印版,诉诸嘴耳校了一遍,主要看译文读/听起来是否顺畅。在翻译过程中,李金铨、何舟、田召见、梁君健、徐沛等师友耐心解答了我的某些疑惑,在此,我要对他们致以深深的谢意。我虽倾力而为,但由于自己的语言与知识修养有限,书中可能仍有不少错讹之处,敬请读者批评指正,以便再版时加以校正。

黄顺铭

致　谢

写作本书颇为不易。本书的话题令我有些猝不及防,因为最初我试图更广泛地考察新闻中图像与文字之间的紧张关系。我还清楚地记得当我意识到须假以时日才能做更广泛的考察但可先对纳粹集中营解放的摄影记录做个全面考察的那一刻。对于自己能否应付这个既如此吸引人又如此可怕的话题,我心里没底。我与此题目的亲近性并不能使我变得得心应手。身为犹太人,我在以色列生活了若干年,而家父生活于波兰罗兹市附近的大家庭则在纳粹大屠杀中死于非命,因此我不确定自己有无能力去研究一个如此不安地激起我共鸣的话题。虽然父亲未能在有生之年读到我的研究成果,但是我仍然相信,他知道我逐渐被这个话题所吸引。

我在启动本课题时幸运地得到了广泛帮助。在技术帮助上,我对自己获得约翰·H. 西蒙·古根海姆纪念基金会的奖学金,哥伦比亚大学自由论坛媒体研究中心的研究奖学金,哈佛大学约翰·F. 肯尼迪政府学院琼·肖恩斯坦新闻、政治与公共政策中心金史密斯研究奖心怀感激。天普大学给予我启动课题的最初款项。宾夕法尼亚大学安纳伯格传播学院提供了广泛的财务与技术援助,使我得以热情如初地完成本课题。我还要感谢安纳伯格传播学院慷慨解囊,购买照片与照片版权。

许多人在阅读手稿部分内容、为其添砖加瓦的过程中贡献了聪明才智。我要感谢罗杰·亚伯拉罕斯、丹·本-阿莫斯、卡罗尔·伯恩斯坦、理查德·伯恩斯坦、大卫·切萨拉尼、理查德·克勒曼、娜塔莉·泽蒙·戴维斯、丹尼尔·戴扬、埃弗雷特·丹尼斯、西德拉·埃兹拉希、索尔·弗里德兰德、拉里·格罗斯、杰弗里·哈特曼、理查德·赫夫纳、尼克·希利、安德烈亚斯·许森、凯瑟琳·霍尔·贾米森、埃米·乔丹、塔马尔·卡特雷尔、伊莱休·卡茨、福尔哈德·克尼格、约瑟法·洛希茨基、卡罗琳·马尔温、维克托·纳瓦斯基、马里恩·罗杰斯、伊扎克·罗埃、帕梅拉·桑卡尔、迈克尔·舒德森、玛莎·塞弗特、罗伯特·斯奈德、萨里·托马斯、约翰·特雷内斯基、吕塞特·瓦伦西、利利亚纳·韦斯伯格、安妮特·维维奥卡。我要感谢特里·安德森、沙南·贝泽、沙龙·布莱克、德布拉·康里、贾尼丝·费希尔、约翰·赫克斯福德、戴原·胡云、理查德·伊索麦基、塞尔詹·卡伊纳克、奥伦·迈耶斯、沙龙·马勒,他们给予我技术与研究援助。

我要感谢邀请我就此主题作报告的各种论坛,其中包括斯沃斯莫尔学院、拉夫堡大学、科罗拉多大学博尔德分校、西北大学、雪城大学、阿第伦达克勤工俭学中心、社会科学高等研究院、宾夕法尼亚大学、天普大学、波士顿大学摄影资源中心、马里兰大学、普林斯顿大学谢尔比·卡洛姆·戴维斯历史研究中心、特拉维夫大学。我要感谢母亲多萝西·翟利泽、妹妹朱迪·希夫林,以及大家庭的其他成员,他们帮助我专注于本课题。我还要感谢许许多多朋友,他们不期而遇又无可避免地闯入我的生命当中。我虽不能一一致谢,但他们都明白,这艰难时世中若无他们的非凡友谊与支持,本书将无法完成。

我将本书献给我的三个孩子:诺亚·格利克、乔纳森·格利克、吉迪恩·格利克。他们的存在一如既往地为我的学术追求奠定了真真切切的基础。他们的活力、喜悦以及对未来的憧憬迫切证明了本课题的正当性。正是为了他们以及像他们一样的其他人,我们才有必要思考如何以最完整的形式去表征暴行。也正是为了他们,我们才有必要弄清楚如何停止"为了忘却的记忆",这样暴行表征才能对子孙后代产生影响。

第1章　集体记忆、图像与战争暴行

文化批评家瓦尔特·本雅明在二战后出版的遗著中认为，公共事件的图像值得关注，因为它们为未来提供了一部浓缩的道德指南。他说："一切不再被当下关注的过去的图像，都面临着无可挽回地消失的危险。"[1]

本书即源于本雅明的观察。从视觉记忆的若干问题出发，本书考察视觉记忆在表征"战争暴行"的过程中所起的作用，而战争暴行乃二十世纪最令人不安的现象之一。本书通过英美媒体对于二战中纳粹集中营解放的报道，考察集中营解放的摄影记录如何为纳粹大屠杀和战争暴行生产出挥之不去的视觉记忆。按学者索尔·弗里德兰德的说法，这些记忆萦绕不散，已成为"西方想象中不可磨灭的参照点"[2]。

可它们提供了怎样的参照点呢？当我们站在二十世纪末翘首回望，对这些五十余年前建立的记忆似不甚满意。照相机镜头下那一堆堆尸体、一个个尸坑、一副副骨瘦如柴的躯体，使我们中的许多人感到麻木，麻木到了毫无批判性关注之地步。但这些图像对于集中营及其间的暴行只提供了微不足道的知识。那些最早的集中营图像是如何被生产与呈现的？由谁在何种情境下生产与呈现？它们受到怎样的对待，有何影响？而最重要的是，它们何时、为何、如何、因何目的而被收编至记忆当中？它们以何种方式继续同时被作为有关纳粹大屠杀和有关战争蹂躏的集体记忆手段？

诸如此类的问题值得回答，因为集中营图像——战后批评家称之为二战"暴行照片"——已成为一种关于战争暴行与人类邪恶的持久的符像性表征，这些问题却难以回答，因为它们凸显了我们的图像与制图研究中一个更大的缺失。我们仍不太清楚图像如何帮助人们记录公共事件，不太清楚图像是否以及以何种方式能比文字更好地发挥证据手段之功能，也不太清楚在文字所告诉我们的与图像所展示给我们的相冲突时，应优先选择哪一种手段（文字还是图像）。此外，这些问题本身也会随着摄影处理技术的变革和公众对图像的怀疑的增加而发生变化。

我们更不了解图像如何发挥集体记忆手段的功能。除了知道图像能方便地将场景定格于我们脑海中并作为记忆构件之外，我们尚不完全清楚图像如何帮助我们记忆，尤其在我们不曾亲身经历的情境下。在一个媒体已是无处不在的集体记忆能动者的时代中,这绝不是一个小问题。随着制图技术在新世纪中变得愈发精密多样,这就更加令人担忧。

本书将讨论视觉记忆机制及其最广义上的历史记录。诚然,透过集中营解放来研究图像与集体记忆有其问题,因为记录的任何变化是否会影响暴行本身尚未可知。这里针对以图像证明或否证过去的可行性而提出的道德问题已超越纳粹大屠杀,而指向图像可能会点燃怒火的其他案例。波斯尼亚、卢旺达等地的暴行也可能会引发与纳粹大屠杀的比较,可见,早期的暴行图像确实并不单单记录了纳粹对犹太人及其他受迫害群体的系统灭绝。这些图像所引发的广泛共鸣表明,图像具有令人费解的边界,它们以无法预见的方式,将不同事件勾连在一起。跟一串熟悉的音符看似无端冒出来一样,图像亦会以创造性的方式冒出来,挑战我们自以为了解的过去及对其了解的方式。本书正是要关注这种挑战。

一、集体记忆的面貌

当文化批评家苏珊·桑塔格回忆作为一个小女孩观看暴行照片时,她称那次经历将其生命分成前后两个时期。她写道:"当我看见那些照片时,某种东西碎裂了。已达到某种极限,并不仅仅是恐怖之极限。我感到无可救药地悲痛与受伤,我的一部分情感却又开始收紧。某些东西死了,而某些东西仍在哭泣。"本书亦会考察跟桑塔格一样的其他人如何利用二战暴行照片,将过去与现在勾连在一起。本书从集体记忆著作中撷取线索,这些著作将记忆视为一种基本的社会活动。本书也追随法国社会学家莫里斯·哈布瓦赫的学术研究。在他看来,记忆并非在一个人自身的大脑灰质中实现,而是经由一种共享意识而实现,是共享意识将记忆模塑为当前那些唤起记忆之人的议程。因此,本书将集体记忆"并不视为一种检索工具,而是一种重构工具,通过迫使过去符合当前的型构来殖民化过去"[3]。

集体记忆著作如何照亮视觉记忆呢?一旦记忆被视为一种集体活动,它便会表现出有别于个体记忆的特征。集体记忆开启了记忆之版图,将其变为一个多面拼图游戏,而该游戏将事件、问题、人物相勾连的方式,因不同的群体而各有不同。个体记忆的权威与日俱减,而与之不同,集体记忆的权威却与日俱增,且还会表现出新的复杂性、细微差别和吸引力。集体记忆允许对过去的细节加以捏造、重组、阐述、省略,经常将准确性与真实性抛诸一边,以适应身份形成、权力、权威、政治归属等更大问题。由此角度观之,记忆不只是简单的回忆行为,更是最广义上的社会、文化与政治行为。记忆"不是我们所思考之物,而是我们据以思考之物,记忆几乎无法凌驾于我们的政治、社会关系、历史之上而存在"。学者杰弗里·哈特曼观察到,集体记忆构成了"一种逐步正式化的协议,旨在以一种不必每个人各自为阵去追求的方式,传递被强烈共享的事件之意义"[4]。

然而,鉴于我们对集体记忆的机制不甚了了,对纳粹大屠杀视觉记忆的分析可能会促使我们了解得更多一些。举例而言,我们知道,集体记忆缺乏一个可辨识的开端与结束,它们不断变化,并且往往在早期记忆的废墟中完成,譬如重写历史教科书、推倒过往英雄的雕像以安放新的仿效对象的雕像。集体记忆含蓄地看重对行为的否定,而遗忘所折射的选择,则是将不再重要的东西抛却一边。我们也知道,集体记忆无法预见,往往来得令人猝不及防。由于记忆并不必然是稳定的、线性的、理性的,或有逻辑的,记忆会以出人意料的方式表现某些过往片段。例如,1991 年,美国前总统乔治·布什出人意料地搬出二战(而非越战)为美国加入海湾战争申辩。我们还知道,集体记忆只是局部性的。没有哪个记忆能全面地反映人们对特定事件、人物、问题已知的一切。相反,记忆宛如马赛克,在一个还有着其他过去景象的剧目中制造出一种权威视点。譬如,1995 年,伊扎克·拉宾的遇刺引发了对美国类似事件的讨论,而这取决于讨论遇刺的哪个方面,诸如内战、美国革命、林肯遇刺,或是肯尼迪遇刺。尽管没有哪一种联想足以构成对这起事件的总体反应,但它们合在一起,有力地综述了拉宾之死的种种含义。[5]

我们对集体记忆还知道什么呢?我们知道,集体记忆是可利用的,因而可促进文化、社会、经济、政治上的联系,可建立社会秩序,亦可决定归属感、排他性、团结感、连续性。为万圣节装饰门庭、出示婚戒、在全国艾滋病日佩戴红丝带,这一切对某些人来说乃社群成员身份之标志,对其他人来说却是社群排斥之标志。此外,集体记忆既特定,又普遍。一种记忆对一些人可唤起关于过去的特定表征,对另一些人却具有普遍意义。"奥斯维辛"一词对纳粹大屠杀幸存者的子女所具有的某些意义,未必为当代种族灭绝学者所共享,原因在于一个相当基础的事实:人人都可参与记忆生产,尽管并不平等。正如伊沃娜·欧文-扎雷卡所观察到的那样,"集体"一词表明的是一种理想,而非一个既定事实。[6]

我们还知道,集体记忆是物质性的。它们具有纹理,存在于世界中,而非人脑中。我们从物件、过往叙事,乃至我们赖以结构生活的常规中均可发现记忆。在任何一种文化形式中,记忆都得不到全部体现;相反,记忆在通往取得意义之路上,会在这些形式之间来回地腾挪跳跃。记忆的物质性之所以重要,在于它有助于抵消记忆的波动性,而波动性乃记忆之特征。最后,我们还知道,集体记忆是复数的。记忆有赖于被叫做"记忆社群"的阐释群体才能取得意义,同时记忆也"有赖于一个群体、一个时代、一个地方中通行的社会符码才能存在"。因此,个体会与同一民族、同一年龄段、同一国籍中的其他人共享过往记忆。某些记忆手段比其他记忆手段能够更有效地帮助社群处理重要的集体议程,而"我们诉诸何种手段以表征我们所见证的时代,会取决于我们是谁、我们需要知道什么、我们希望证实哪些事实、我们希望遮蔽哪些事实"[7]。

集体记忆会围绕这些记忆轴中的每一个而发生"波动"。集体记忆研究驱散了这么一种观念,即其中一种记忆会在某一地方、某一时间保有凌驾于其他一切记忆之上的权威。集体记忆研究则假定,对过去的叙述是多重的、往往彼此矛盾的。重要的问题"不在于一种记忆怎样契合过往现实中的某些碎片,而在于历史行动者为何在特定时刻会以特定方式建构其记忆"。一旦认识到对过去相互矛盾的演绎,便需要考虑到张力与争夺,一种演绎可借此消灭许多其他演绎。记忆不仅成为对社会、历史、文化等情境的建构,而且也会反映一种建构为何比其竞争对手更具持久力。因此,集体记忆研究代表着一种对过去的描绘,因为它被编织进现在与未来之中。[8]

集体记忆研究虽备受青睐,但也为一系列悬而未决的问题所苦。一些问题与记忆本身有关:哪些记忆?何种类型的记忆?一个记忆有多完整或真实?另一些问题聚焦于记忆活动:谁在记忆?我们为何记忆、如何记忆、以何种资源记忆?记忆是为了谁的目的而展开?还有一些问题则指向记忆之地位:如何与时俱进地维持记忆的力量?记忆如何为过去的事物和事件充当证据?记忆如何证实或否证被记忆的事件?随着时间的推移,证据问题是否仍然有那么一点切题?

二、集体记忆中的图像

我们的大部分记忆能力依赖于图像。图像在古罗马被誉为个人记忆的一种助记器,而社会记忆的图像借自一种广义上的图绘传统,即利用绘画、摄影、指事性的传播系统,将讯息公之于众。

在很大程度上,图像如何起作用取决于它与文字之间的复杂联系。W. J. T. 米切尔认为,文字与图像不仅提供了两种不同类型的表征,而且也提供了"两种彼此深刻竞争的文化价值观"。表征方式一变,文字与图像的关系随之而变,我们对文字与图像的理解方式亦会相应改变。图像始终要在一定程度上依靠文字,以指引诠释。威廉·萨洛扬评论道:"只有当你看见图片之后道出或思考了洋洋千言,才会一图值千言";图像会"邀约书面信息,这些信息可单独说明它与地点、时间、个人身份、人类理解中的其他范畴之间的关系"。对于文字的这种依赖在记忆中会被强化与放大,在记忆中,文字可提供秩序与联系。不过,图像也可以发挥不同于文字的功能。不妨想一想由毕加索的名画《格尔尼卡》所激发的情感冲动吧!这一点在处理"照片"这种最写实的图像时,尤为重要。在这里,视觉与照相机共同制造出一个有力的诠释工具,该工具的力量既源于其机械光晕,也源于其表达上的逼真性。[9]

文字与图像的联系在记忆中愈加复杂。文字的功能类似于共享记忆的"索引卡片",使得我们的记忆库中充塞着诸如葛底斯堡演说中的警句、广告歌曲、令人难忘的法庭判例的开场白之类的词句。而图像若要作为记忆手段而运行,则有赖于其物质形式。我们记忆过去的能力,得益于公共场域当中随处可见的照片、绘画、电影片段。1963年那幅杰奎琳·肯尼迪的图像——刚经历丧偶之痛的她在林登·贝恩斯·约翰逊宣誓就职下一任总统时茫然地望着天空——在差不多35年后,仍可见于诸多脉络当中,譬如可见于纽约一个令人难忘的新闻照片展上、达拉斯一家纪念被害总统的博物馆中、美国各地摆有这幅图像的安迪·沃霍尔版本的商场里。[10] 视觉记忆的纹理成了记忆耐力的一个促进因素。

因此,物质性使视觉记忆区别于其他类型的记忆。图像有助于将集体记忆的即逝性与波动性固化与锚定于艺术、电影、电视、照片当中,并帮助记忆达到了如此地步:图像往往会成为一个事件的首要标志。在乔治·华盛顿横渡特拉华河、在硫磺岛上竖立国旗、肯尼迪遇刺等事件中,事件的某一特定图像最终都象征着更大的记忆。[11]

然而,利用图像来对过去做集体性的塑造,会遭遇种种困难。图像(尤其是照片)如何建构我们所看到和记忆的事物,并非不言而喻。它们往往被武断地与被记忆的物件或事件勾连在一起。正如学者詹姆斯·芬特雷斯和克里斯·威克姆所指出的,"一幅被记住的图像与其所指涉的意义或事件之间的关系,从根本上说是武断的,而在被记住的图像本身的性质中,却并无任何东西泄露这一点"。此外,集体记忆的图像乃合成品,是从"图画式的图像与风景、标语、双关语、诗行、抽象符号、情节类型、语篇,乃至伪词源的杂糅体之中"建构出来的。甚至是描绘图像时的取景框,也会隐藏图像的建构性质。二十世纪七十年代,英国的一项研究发现,随着一张游行示威的照片被裁剪得愈来愈近,反战抗议者咄咄逼人的气氛便愈来愈烈。对电子图像的篡改亦表明,可轻松地使合成图像看似自然而然。在如今的中介化时代,可轻而易举地以观众无法觉察的方式,对图像加以分解。[12]

集体记忆的图像同时也是传统性的、简单化的。芬特雷斯和威克姆认为:"之所以是传统性的,在于图像须对整个群体具有意义;之所以是简单化的,则在于通常欲使图像有意义和可传递,须尽量减少其复杂性。"《国家地理》上的照片将十九世纪的第三世界人民锁定于原始发展阶段,高估其异国情调,而低估其贫穷、饥饿、疾病、压迫。《生活》在描绘二十世纪五十年代的美国家庭时,描绘他们的状态是舒舒服服的、父母双全的、住在郊区的,正是他们在制约着社会文化生活的不稳定性。趋于传统性和简单化的冲动往往会使由此而来的记忆变得既陈腐又夸张。例如,战争图片往往不外乎无名氏的英雄主义照片,一如保罗·福塞尔所揭示的那样。然而,吊诡的是,这一主旨却帮助图像成为最有效的记忆载体之一。[13]

最后,集体记忆的图像乃图式化的,缺少个体记忆的图像的那种细节。极少有人记得那个南越村庄叫什么名字,村里的儿童从被汽油弹击中的家中尖叫着逃命,跑入了摄影师的镜头当中。我们中的许多人也不记得这张照片的拍摄日期或场景。[14]但这张战争暴行照片所激起的共鸣,以及二十世纪六七十年代美国反战群体对它的搬用,令其意义沿着更加图式化的维度稳固下来。因此,集体拥有的图像充当路标,将开展记忆的人们沿着最快捷的线路,指引到了图像的优先意义上。

视觉集体记忆的每个特征都不仅有赖于对图像的策略传播,也有赖于对它的存储,此乃媒介之关键所在。在"兴登堡号"爆炸、"挑战者号"空难、O. J. 辛普森的汽车追逐等五花八门的事件中,我们借由图像展开集体记忆的能力取决于一种公认的存储方式,它使我们能与他人一同利用图像。如今,博物馆、艺术馆、电视档案库以及其他视觉数据库助长了许多人定格、回放、存储视觉记忆的能力,并由此增强了我们将过去的工作应用于当前目标的能力。

因此,从某种意义上说,对视觉记忆的讨论变成了对文化实践的讨论,即讨论以何种策略对图像加以制作与收集、保留与存储、回收与遗忘。顾名思义,这便将视觉记忆既勾连至一种文化中经由社会、政治、经济上授权与认可的诠释模式,也将其勾连至图像的某些用途如何被确立、挑战、正当化。这一点对摄影而言至关重要,因为它将从纸上显影出光线的技术过程,变成了一种对于超出我们理解范围的事件之文化表征。照片有点神奇地变成了符像性表征,从而代表着一种信仰体系、一个主题、一个时代。正如摄影批评家薇姬·戈德堡所观察到的那样:

> 虽然照片很容易获得象征重要性,但它们并不只是象征性的……因为照片强烈明确地代表着其拍摄对象。符像性的图像几乎可立刻获得象征寓意和更大的参考框架,由此赋予它们全国性甚或世界性的意义。它们浓缩了千千万万人的希冀与恐惧,可毫不费力地立刻勾连至某个具有深刻意义的历史时刻。[15]

照片作为"从另一个时刻捕捉而来的光线痕迹","不仅告诉我们世界看起来是什么样的,还告诉我们其意义是什么"。有鉴于此,我们可从一张某佛教徒自焚的照片勾连至反战运动,也可将一张某刚刑满释放的非裔美国人强奸犯的照片看作司法改革之充分证据。正如汉斯·凯尔纳所言,"即使纪念馆采取照片或藏品的形式,其意义也要依靠某种话语来加以阐发"[16]。可见,照片引人瞩目的分量取决于其物质维度与话语维度之间的联系,由此联系所创造的力量将我们引向了一张照片今夕的诸般意义。

三、新闻图像作为记忆载体:真值与象征

纳粹集中营解放的照片主要见诸新闻当中,它们作为记忆载体的作用因摄影在新闻业中的争议地位而变得饶有趣味。虽然图像自新闻业伊始便被吸纳进了新闻之中,但它们相对于与之相伴随的文字而言,长期被视为次要性的、支持性的。[17]这种认识

将照片的两种基本力量源泉——真值与象征力量——混为一谈。

> 在一张新闻照片中,存在两种层次的信念。一种层次的信念是相信描绘对象并非自编自导的,而是实实在在发生了的,并且相信描绘未经篡改……第二种层次的信念是接受文化对照片的诠释,亦即在特定时间的特定社会中所附着于一幅图像上的意义。[18]

对新闻业而言,承认照片的真值比承认其象征力量更有用处,因为真相有益于新闻业自身的客观性抱负。正如1922年沃尔特·李普曼所言:

> 如今照片之于想象的权威,如同过去印刷文字之于想象的权威,亦如同更早之前口语之于想象的权威。照片看似全然真实,我们满以为,照片径直向我们走来,无人为干预,它们也是我们所能想到的最省事的精神食粮……从观察、描绘、重复到想象的整个过程,均已尘埃落定。

自十九世纪中叶以降,照片在技术与模拟方面的品质使之成为一种收集经验证据的有效工具。摄影作为一个准确、真实、逼真、反映真相的容器,而留存于人们的想象当中。摄影最终被认为既写实,又客观,它被用以加持文字报道,而这源于人们认为它可提供的证据类型——"在现场"的证据。这就被赋予了真值的神圣性……一个理想版本的摄影记者乃一个置身事外之人,亦即中立之眼。

可见,摄影现实主义假定照片可如实地捕捉场景,旨在帮助新闻业证明并确定其置身现场。它也将这种置身现场的经验传导给了整架新闻制作机器。[19]

摄影图像的第二个维度帮助正当化了新闻照片。虽然摄影在新闻重要性上的提升主要是因为"眼见为实",但图像的力量亦源于围绕观看行为的"诠释"和"象征"这两个维度。照片之重要性,不仅在于它可描绘现实生活中的事件,而且在于它可将这种描绘置于一个更广泛的诠释框架之内。摄影在引发尺度、范围、规模等问题的同时,其象征维度也会赋予新闻图像脉络,因为其诠释"具有可塑性,被信息、信念乃至一厢情愿的想法重组……从而使观众虽置身于照片的取景框之外,却又置身于其意义框之内"[20]。

新闻照片的这种双重功能如何进入记忆当中呢?正如阿兰·特拉赫滕贝格所观察到的那样,人们对一切关于过去的照片均会提出一个双重理解的问题:"它们当时如何被理解?它们如今又该如何被理解?"因此,我们分析照片时必须提出的问题,不是这些照片证实了什么,而是:它们在一个论点中如何被表述?它们又如何表述此论点?这是谁的论点?如何证明它?谁在说该论点?对谁说的?在何种条件下说的?出于何种目的而说？有何效果？[21]

可见，作为记忆工具的新闻照片，应同时被看作"真值"与"象征"的标志。既要考察其外延或指涉品质，也要考察使这种指涉富有意义的那一套更广泛的特征。分析暴行照片，不仅要勾勒人们从中看到了什么，更要考量人们如何、为何、以何方式去记忆它。

四、运用摄影见证战争暴行

或许，人类在战争时期比其他任何时候都更需要整合与安抚，而战争暴行使公众尤其亟待安抚。暴行之所以叫暴行，在于它们挑战公序良俗的行为标准，从而违背了人们对于所谓得体战争实践之期望。因为暴行挑战了关于得体行为之预设，证据问题与对它们的阐述便始终如影随形。此外，当暴行指向平民，对行为标准的讨论往往会被强化。因此，毫不奇怪，二十世纪的西方暴行叙述与关于说出真相的更广泛观念一道发展，由此使得对暴行的指证行为成了二十世纪最重要的政治行为之一。

在此，照片特别重要，因为暴行指证行为往往并不只是单纯的恐怖证明，亦指见证行为，意在使我们去为我们所处时代中的事件承担责任——"不要只流于叙述，更要致力于……为历史或一个事件的真相担责。"见证构成了一种特定形式的集体记忆，它将一个事件视为重要的、值得严正关切的。它提议要为事件担责，而这些事件往往被视为"文化连续统中有待重新讲述的异常或断裂"。可见，在某种意义上，见证在要求说出真相的同时，也认可对被见证事物的诠释。见证意味着，虽无描绘或思考暴行的最佳方式，但集体地关注暴行这一事实本身就是至关重要的。[22]

见证要求对摄影图像做一种特殊运用。诚然，战争打了多久，人们对暴行之见证便有多久，然而见证已随着技术的发展而发生了改变。例如，詹姆斯·扬在分析纳粹大屠杀的文献资料后发现，目击已成为散文的一个关键特征：

> 表征越写实，它越可充分地作为骇人听闻的事件的言词证据……作者越接近犹太人居住区和死亡营，他们越可能将其美学使命重新界定为证实针对他们自己及其民族的罪行。

图像对形塑见证行为也特别有用，因为，按照茱莉亚·克里斯蒂娃的说法，"图像艺术擅长原原本本地揭开丑陋"。今天的使命"不再是去见证鲜为人知的事件，而是要将它们留在我们眼前。证言将会成为一种向子孙后代传承的方式"[23]。

不过，图像只有在暴行假设演进至某一时刻后，才能发挥其作用。对于公共话语中刚被命名或归类的事件而言,照片虽是建构道德共识的重要工具,但在相关文化或国家打算对暴行直呼其名之前,照片往往得不到展示。正如苏珊·桑塔格所言:

> 当一张照片带来了关于某个始料不及的悲惨地区的消息,除非它在情感与态度上具有恰如其分的脉络,否则便激不起舆论反响……照片没法制造道德立场,但它们可以强化一种道德立场,亦可帮助树立一种初见端倪的道德立场……摄影的贡献总是在事件被命名之后才会出现。[24]

诚然,集中营解放时产生的摄影记录有赖于对暴行直呼其名的更大冲动,但摄影记录首先是作为一种政府的说服机制而出现的。跟其他二战事件一样,同盟国与轴心国双方均将照片作为宣传工具,提供刻板化的表征,并"将战争记忆囿于寥寥数个一再反复出现的主题上"[25]。但与其他二战事件不同,这里并非通过选择性地过滤出少量暴行图像来做宣传,而是通过似乎没完没了地展现集中营照片来做宣传。此外,人们还被命令去观看集中营解放记录。在1945年四五月间的三周内,充斥于英美报章杂志上的照片多得惊人,而生产这些照片是为了让心存疑虑的公众相信解放部队之所见确有其事。对照片的展示已达到了这样一种地步,以至于许多观察家认为,照片将英美两国从怀疑中惊醒,并将难以置信的暴行故事处理成了合理的诠释图式。

不过,暴行照片对媒介而言也很重要,因为它们标志着新闻摄影地位的重要变化。正如一名纳粹大屠杀学者所言:"纳粹大屠杀的重要性在于,它不仅使人类遭遇了过去无法想象的恐怖,也标志着记录恐怖之开端。"对图像的展示如此非同寻常,以致它要求取消审查限制,改变了人们对摄影该在新闻中如何起作用之期望,同时也助长了暴行的摄影描绘。与其他二战事件不同,暴行照片还让非专业摄影师的技能有了用武之地。正如一名学者所言,"纳粹大屠杀摄影为战争摄影史增添了新的维度。我们拥有成千上万张由非专业摄影师拍摄的非战斗照片"。所以,暴行提供了一场多少有点变味的大混战,其中报章杂志可随心所欲地使用照片,并获得了军方与政治领袖的许可,这一点是这场战争中的其他事件所无法比拟的。可见,集中营解放在新闻摄影暂时但也不断发展的地位中是一个关键事件。它为文字和图像提供了竞技场,并以图像的胜利而告终。虽然暴行并非这种事件的唯一表现,但它们帮助推动了现代新闻摄影走向成熟。[26]

为此,毫不奇怪,我们所有人都几乎对二战暴行照片共享了某些记忆。自集中营解放以来,暴行照片经历了策略性的回收:在过去的几十年里,集中营甫一解放即面世的照片重现于历史教科书、纪念性刊物、纪录片当中。这些记忆实践表明,我们中那些不曾亲历纳粹大屠杀的人如今可部分地经由照片去认识它。1993年,当《纽约时报》的电影评论家珍妮特·马斯林评论电影《辛德勒的名单》时,将其论述落脚于纳粹大屠杀照片之地位上。她以讲述一铁盒照片的故事开篇,该铁盒被秘密埋在维也纳郊外的公园里,数十年后才被挖出来。在她看来,"真实的摄影记录"为史蒂文·斯皮尔伯格的影片奠定了基础,而当他呈现"该题材时,仿佛全新发现了它似的"。在熟悉与重新发现的这种张力中,"纳粹大屠杀有变得无法想象的危险,因为它已被想象得如此之充分"[27]。照片作为记忆容器的力量,正在于此。照片作为过去的一种有力构件,将不可想象之物(the unimaginable)与想象之物(the imagined)联系在了一起。照片几乎渗透至每一个关于纳粹大屠杀的记忆中,往往到了与我们的记忆能力交织于一体之地步。

然而,与集体记忆的运作方式相契合的是,二战暴行照片不只会帮助我们记忆纳粹大屠杀。因为,见证作为一种集体记忆类型,超越了其描绘的事件,进而将暴行照片定位为一个用以理解当代暴行的框架。当观看关于卢旺达或波斯尼亚的暴行的图片专题、摄影增刊、特别摄影展时,我们往往会将二战暴行记忆作为背景或者脉络,以挪用这些后面发生的暴行。

这便引出了重要的道德问题。这些早期图像如何改变我们对每一起经由政治许可的新的死亡与屠杀的"观看"方式?它们如何改变当代的见证行为?当我们将暴行照片勾连至当代的暴行、艾滋病、都市贫困、政治压迫等五花八门的事件时,可能已经忘记该如何在与真实行动连在一起的地形当中导航了。我们可能已经学会如何利用我们的纳粹大屠杀记忆,以便对当下的暴行不予反应。最近,利昂·韦斯尔蒂埃在《新共和》上指出:"我们务必作为陌生人来思索死亡营。倘若不作为陌生人,倘若我们对屠夫姓名、屠杀地点、被害者数字如数家珍,我们便不是在为了记住而记忆,而是在为了忘却而记忆。"[28] 可见,吊诡的是,纳粹大屠杀照片在帮助我们记住纳粹大屠杀的同时,也可能是为了遗忘当代暴行。

五、本书结构

本书通过考察一起特定历史事件——二战西线上的集中营解放——的视觉表征,以处理记忆与暴行的问题。本书认为,照片成为新闻记录中的主要事件,这在英美报刊史上实属罕见。这些摄影图像创造了暴行集体记忆,其影响之大,可能正在消弭我们对当代暴行的处置能力。

本书开头部分聚焦英美媒介如何报道与记录西线上的集中营解放。第2章同时探究大众报刊和行业期刊的档案,并追溯两大洲摄影师与记者之间暧昧矛盾的关系。当盟军刚进入集中营时,在摄影的出处、署名、文字说明以及其他识别信息等方面,都鲜有实践标准可言。同样重要的是,新闻摄影是一个年轻的领域,再加上记者对它心怀敌意,因此关于文字和图像各自应在报道中起何作用,就产生了根本的不确定性。

第3、4两章分析实际的暴行记录,这些记录具体表现为关于解放布痕瓦尔德、达豪、卑尔根—贝尔森等集中营的文字与视觉报道。因缺乏佐证,加上故事又简直令人难以置信,记者一度淡化早期的暴行谣言,如今他们却要面对一项看似无法胜任的任务:在正常新闻采集标准(诸如核实故事的真伪、提供消息来源的背景细节、定位高级别的消息来源)基本上付之阙如的情境下,报道令人难以置信之事。记者通过将故事架构为对解放的目击报道来加以弥补,一边努力具化纳粹暴行细节,一边又不断指出"它们非文字所能形容"。

随后汹涌而来的照片比描绘集中营的最初叙述有力得多。在照片的帮助下,集体怀疑变成了伴随承认而来的恐惧。人们无须置身于集中营,图像的力量将每个照片观看者都变成了见证者。与此同时,对照片的呈现鲜有识别特征,诸如地点、日期、照片与伴随文本之间的关系。图像体现出一种普适性的、象征性的品质,其文字说明不是在谈特定事件,而是在谈普遍现象,譬如一次丛葬、一个淋浴间、一个幸存者。在文字力不从心之处,图像却大放异彩,它们在最普遍化的层面上去证实暴行。

第5、6两章讨论暴行照片被以何种模式回收并成为纳粹大屠杀记忆之一部分。先后出现过三波记忆浪潮,其中暴行在公共想象中的显著性起起伏伏。首先是一开始的高关注时期,持续至二十世纪四十年代末。然后是一个相对失忆的时期,持续到二十世纪七十年代。最后是一个记忆工作密集的复兴时期,从二十世纪七十年代后期持续至今。每一波记忆浪潮都生产出了各自的暴行见证方式,而每种方式又与某些暴行图像联系在一起。

本书最后一章考察从二战至今依靠图像来记忆与理解战争暴行所具有的更广泛意涵。纳粹暴行的常备图像,诸如一排排整齐堆放的尸体、铁丝网背后忧心忡忡的面孔,在摄于波斯尼亚、卢旺达、柬埔寨的照片中也得到了呼应。纳粹暴行照片常与对晚近恐怖的描绘一同刊登。对过去照片的这种回收,不仅钝化了我们对当代暴行的反应,也潜在地破坏了我们对其反应的即时与深度,我们会以对它们已有所了解为由而不予重视。

其他任何暴行都不像二战暴行这般得到如此全面广泛的描绘。仅凭这一点,我们就该停下来思索,不仅思索它对于公共想象中的纳粹大屠杀意味着什么,也思索它对于公共想象中的当代暴行又意味着什么。瓦尔特·本雅明颇有先见之明地指出:

> 过去只能作为图像而被捕捉下来,图像会在过去被认识的瞬间闪烁光

芒,复又寂灭不见。历史地阐明过去,并不是指辨认过去……它是指要趁图像于某一危险时刻闪烁之时,捕捉住记忆。[29]

二战暴行便提供了这样一个危险时刻,并且它们在后来的重现也证明了检视它们在记忆中的描绘之重要性。

注释:

[1]Walter Benjamin,"Theses on the Philosophy of History," in *Illuminations*, ed. Hannah Arendt,trans. Harry Zohn (New York:Schocken,1969),p.255.

[2]Saul Friedlander,*Reflections of Nazism:An Essay on Kitsch and Death*, trans. Thomas Weyr (Bloomington:Indiana University Press,1993),p.105.

[3]Susan Sontag,*On Photography* (New York:Anchor Books,1977),p.20; Patrick Hutton,"Collective Memory and Collective Mentalities:The Halbwachs-Aries Connection," *Historical Reflections / Reflexions Historiques* 15,no. 2 (1988):314. 关于集体记忆的经典著作,参见 Maurice Halbwachs,The Collective Memory (New York:Harper and Row,1980);原书为 La memoire collective (Paris: Presses Universitaires de France,1950).

[4]John Gillis,"Memory and Identity:The History of a Relationship," in *Commemorations:The Politics of National Identity*,ed. Gillis (Princeton,N.J. :Princeton University Press,1994);Geoffrey H. Hartman,"Introduction:Darkness Visible," in Holocaust Remembrance:The Shapes of Memory,ed. Hartman (Oxford: Basil Blackwell,1994),p.15. 对这些问题的详细讨论,参见 Barbie Zelizer,"Reading the Past against the Grain:The Shape of Memory Studies," *Critical Studies in Mass Communication* 12,no. 2 (June 1995):214-39.

[5]Barbie Zelizer,"America's Past in Israels Present:The Assassinations of Yitzhak Rabin and John F. Kennedy," in *The Rabin Assassination*,ed. Yoram Peri (forthcoming).

[6] Iwona Irwin-Zarecka,*Frames of Remembrance:The Dynamics of Collective Memory* (New Brunswick,N.J. :Transaction Publishers,1994),p.67.

[7]诠释社群"经由对关键事件的集体诠释而团结在一起",参见 Barbie Zelizer, "Journalists as Interpretive Communities,"*Critical Studies in Mass Communication* 10,no. 3 (September 1993):223;"记忆社群"的术语出自 Robert N. Bellah,Richard Madsen,William M. Sullivan,Ann Swidler,and Steven M. Tipton,*Habits of the Heart* (New York:Harper and Row, 1985),pp. 152-55;Hans Kellner,"'Never

Again' Is Now," *History and Theory* 2 (1994): 140.

[8] Robin Wagner-Pacifici, "Memories in the Making: The Shape of Things That Went," *Qualitative Sociology* 19, no. 3 (1996): 301-21; David Thelen, "Memory and American History," *Journal of American History* 75, no. 4 (March 1989): 1125.

[9] W. J. T. Mitchell, *Picture Theory* (Chicago: University of Chicago Press, 1994), p.4; Jefferson Hunter, *Image and Word* (Cambridge, Mass.: Harvard University Press, 1987), p.6.

[10] 这幅图见于1996年纽约现代艺术博物馆中的一个新闻摄影特别展,展览题为"Photos of the *Times*",见于 Sixth Floor (the Dallas JFK assassination museum),以及安迪·沃霍尔的著名海报中。

[11] 有趣的是,这三个事件是由三种制图技术来可视化的:伊曼纽尔·洛伊策的华盛顿画作,它重构了对美国革命的记忆[David Lowenthal, *The Past Is a Foreign Country* (Cambridge: Cambridge University Press, 1985), p.307];乔·罗森塔尔斯对硫磺岛上升起国旗的摄影描绘[Karal Ann Marling and John Wetenhall, *Iwo Jima: Monuments, Memories, and the American Hero* (Cambridge, Mass.: Harvard University Press, 1991)];以及亚伯拉罕·泽普鲁德就肯尼迪之死拍摄的影视[Barbie Zelizer, *Covering the Body: The Kennedy Assassination, the Media, and the Shaping of Collective Memory* (Chicago: University of Chicago Press, 1992)]。

[12] James Fentress and Chris Wickham, *Social Memory* (Oxford: Basil Blackwell, 1992), pp.47-49; James Halloran, Philip Elliott, and Graham Murdock, *Demonstrations and Communication: A Case Study* (London: Penguin, 1970); Fred Ritchin, *In Our Own Image* (New York: Aperture, 1990).

[13] Fentress and Wickham, *Social Memory*, pp.47-48; Catharine A. Lutz and Jane L. Collins, *Heading National Geographic* (Chicago: University of Chicago Press, 1993); Wendy Kozol, *Lifers America: Family and Nation in Postwar Photojournalism* (Philadelphia: Temple University Press, 1994); Paul Fussell, "Images of Anonymity," *Harper's*, September 1979, p.76.

[14] 这种对事件的不了解在1996年11月多少得到了纠正,当时在纪念退伍军人节的仪式上,照片上的孩子向美国政府做了一个和解的姿势。参见 Elaine Sciolino, "A Painful Road from Vietnam to Forgiveness," *New York Times*, November 12, 1996, p.A1.

[15] Vicki Goldberg, *The Power of Photography: How Photographs Changed Our Lives* (New York: Abbeville, 1991), p.135.

[16] Jonathan Webber, Foreword to *Representations of Auschwitz: Fifty Years of Photographs, Paintings, and Graphics*, ed. Yasmin Doosry (Oswiecim: Auschwitz-Birkenau State Museum, 1995), p.10; Kellner, "'Never Again' Is Now," p.129.

[17] 直到最近,还有人在支持这种观点。1996 年 6 月,《纽约时报》的前编辑阿贝·罗森塔尔在一次新闻摄影研讨会上说,在新闻中,"照片由文字所创造,也为文字而创造"(lecture at Museum of Modern Art, New York, June 27, 1996)。

[18] Goldberg, *The Power of Photography*, p.250.

[19] Walter Lippmann, *Public Opinion* (New York: Macmillan, 1922), p.92; John Taylor, *War Photography: Realism in the British Press* (London: Routledge, 1991), p.13.

[20] Paul Messaris, *Visual Literacy*, (Boulder, Colo.: Westview Press, 1994), p.121; Goldberg, *The Power of Photography*, p.21; Roland Barthes, "The Photographic Message," in *Image / Music / Text*, (New York: Hill and Wang, 1977), p.31.

[21] Alan Trachtenberg, *Reading American Photographs: Images as History, Mathew Brady to Walker Evans* (New York: Hill and Wang, 1989), pp.72-73; John Tagg, *Grounds of Dispute: Art History, Cultural Politics, and the Discursive Field* (Minneapolis: University of Minnesota Press, 1992), pp.103-4.

[22] Shoshana Felman, "The Return of the Voice: Claude Lanzmann's Shoah," in *Testimony: Crises of Witnessing in Literature, Psychoanalysis, and History*, ed. Felman and Dori Laub (New York: Routledge, 1992), p.204; James E. Young, *Writing and Rewriting the Holocaust* (Bloomington: Indiana University Press, 1988), p.15.

[23] Young, *Writing and Rewriting*, p.17; Julia Kristeva, "The Pain of Sorrow in the Modern World: The Works of Marguerite Duras," PMLA 102 (1987): 139; Annette Wieviorka, "On Testimony," in Hartman, *Holocaust Remembrance*, p.24.

[24] Sontag, *On Photography*, pp.17-19.

[25] Pierre Sorlin, "War and Cinema: Interpreting the Relationship," *Historical Journal of Film, Radio, and Television* 14, no. 4 (1994): 362.

[26] Bjorn Krondorfer, "Innocence, Corruption, Holocaust," *Christianity and Crisis*, August 11, 1986, p.276; Harry James Cargas, "Holocaust Photography," *Centerpoint*, fall 1980, p.141.

[27] Janet Maslin, "Imagining the Holocaust to Remember It," *New York*

Times, December 15, 1993, p.C19.

[28] Leon Wieseltier, "After Memory," *New Republic*, May 3, 1993, p.20.

[29] Benjamin, "Theses on History," p.255.

第 2 章　解放之前：新闻业、摄影与早期暴行报道

纳粹暴行迫使英美媒体迎接挑战，记录下 1945 年春它们在欧洲的纳粹集中营解放时的所见所闻。然而，鲜有媒体知道该如何报道正在浮现的恐怖，这便引出了如何在报道中对两种表征符码——文字和图像——予以扬长避短的问题。

尽管战争催化了记者对摄影师的接纳，增加了对摄影文献的需要，然而集中营解放却使记者与摄影师在同一个故事上展开正面较量，这一点在当代媒介史上无出其右，或曰前所未有。无论在形式上，还是在内容上，暴行都凸显了围绕新闻摄影之正当性的职业紧张。不但集中营开放后所见到的场景延伸了人们的想象极限，而且从过去战争中所传承下来的暴行描绘标准如今也得另起炉灶，才能以合理的方式讲述恐怖。实际上，早期的暴行迹象未能使人们相信正在发生的事情，使得另起炉灶更是困难重重。

一、形式问题：记者与摄影师的对立遗产

记者与摄影师带着一种职业对立的遗产走向二战中的集中营解放。这种对立遗产在二十世纪三十年代已有迹可循，在二战中达到了顶峰。[1]

二十世纪三十年代向记者和摄影师分别许诺了不同的东西。三十年代早期原本已让职业进步有了保证，经济大萧条为报道（文字的、图像的，抑或图文并茂的）带来一种基本社会责任的光环，可事实上不同类型的媒介工作者相互攻讦。正如一名电讯编辑 1932 年所言，"若要摆脱萧条，人们就必须思考，而除非他们能获得可靠信息，否则便无从思考"[2]。然而，谁会给公众的思考提供最可靠的信息，是摄影师还是记者？哪种工具更能达成此目的，是照片还是文字？倘若这两种文献方式各司其职，它们又该如何齐心协力呢？

虽然自摄影术发明以来，人们一直试图将图像纳入新闻当中，但记者与摄影师之间尚未建立起一种全面职业合作的传统。直到二十世纪四十年代，摄影仍被嘲弄地视为一种"报纸插画师"或"画报记者"所做的工作，照片依然是英美编辑的冲突之源。在

一定程度上，冲突源于记者与摄影师对不同职业地位的感知。一方面，记者遭遇"失势"，可信性亦在下降。美国记者被诟病轻视大萧条的证据、尝试小报新闻、过度商业主义，英国记者被指对于报道战争所要求的"战斗新闻"畏手畏脚。美国民调报告称，至少三分之一的人不相信报章杂志上的内容，英国记者则因新闻机构的大量并购与倒闭而垂头丧气。另一方面，摄影师却备受青睐。纪实摄影（如美国农业安全局的相关纪实摄影）取得长足进步，电影、新闻短片、小说（如克里斯托弗·伊舍伍德的《我是照相机》、约翰·多斯·帕索斯的《美国三部曲》中的"相机之眼"部分）、小报媒体等也在吸纳摄影，在激发着人们的视觉文化兴趣，同时也表明了图像可被用于重要的社会目的。《图画邮报》《瞭望》《生活》等备受青睐的图片杂志，以及更短命的《点击》《焦点》《周中画报》和《观看》，都证明了图像可描绘日常生活，这种"描绘"不同于言语叙事之"叙述"。及至二十世纪三十年代末，两大洲的许多公众已视图像为文字之外的另一种选择，既可得，又可信。[3]

当远程飞机、广布而更快的线缆连接、新增的新闻分支机构、更快的胶片、更小的相机、闪光灯、更出色的镜头使得新闻中的图像运用更加轻而易举时，技术变革要求记者与摄影师有所合作。尤其是1935年有线传真的到来，使图像有望如文字那般快速传输。但随着二十世纪三十年代让位于四十年代，记者仍未将摄影师看作全面的新闻制作伙伴，而摄影师也对新闻业意兴阑珊。实际上，还得再过整整十年，报刊摄影师才不至于被人称作"新闻业的穷亲戚"[4]。只有当战争将世界变成一个大战场时，摄影文献的潜力才变得愈加分明，报章杂志才肯为照片提供一个更友好的家园。

（一）记者论摄影

二战前夕的英美记者如何看待摄影？他们普遍很矛盾，既需要摄影，又憎恶摄影，这反映在他们整个战争期间运用照片的一系列良莠不齐的实践上。

一方面，照片在欧美两大洲报章杂志上的应用都在增长。到1937年，主要的新闻编辑要求为图片文件建立档案。到二十世纪四十年代初，照片在报刊上日益成为常态，其中美国日报上的摄影份额增长了近四成。《时代周刊》《新闻周刊》等新闻杂志开始强调照片，经常放在条块化的文本旁边。图片社在扩张，新增了条线、摄影师和分支机构，而新闻机构也开办了附属的图片社，诸如环球图片社、艾克米新闻图片社、联合新闻图片社、国际新闻图片社。而两大洲的行业论坛，围绕摄影师在行业协会中的会员资格、新闻摄影进入新闻学院等问题争执不休。[5]

然而，越来越多的摄影运用并未使记者更悦纳摄影，其话语中流露出对"新闻中的摄影表征"这一理念的极大矛盾。许多记者担心图像之力会绕开文字之力。虽然他们知道照片可巩固言语叙事，但认为这是另一种语言发出的不受待见的入侵，它可能会取代文字的地位。许多记者表达了一种专业抵制：否认摄影具有自主地位，主要以维护言语至上的方式来承认摄影。

抵抗形式五花八门。有时,照片被看作一个问题,而新闻摄影乃"事实叙述这一严肃业务的一条机械副线,亦即一种社会劣质品"。个别支持照片使用的记者被冷嘲热讽,他们在专业会议上的讨论亦遭遇抗议。1935年,一名编辑在美联社主编协会的鼓掌大会上说,"过分强调照片……可能会令报界颜面扫地"。一位看了会议记录的摄影师观察到,"摄影师拍照是一码事,照片发表则是另一码事"[6]。

有时,摄影因图像最终的成本与质量而遭到公然谴责。一名编辑哀叹,有线传真尤其不具有"可识别特征"。另一名编辑则说,大多数照片"无须多瞧一眼,便可扔掉,倘若它们是邮递来的话"。他还不无讽刺地补充道:"在这几个月里,报纸原本是可将照片与文字说明换来换去使用的,此二者谁也不比谁更高明。"有时,编辑苦于照片更加广受青睐,于是斥责图片杂志使人类"退回到了图片语言的老路……退回到了人类智力的石器时代"[7]。

摄影师也往往是一种不满之源。一名英国记者将摄影师比作机器排字机,嘲讽摄影毫无创造行为可言。他宣称不想接纳摄影师为新闻同事,认为他们的"工作虽重要、有价值,却并非新闻"。1935年,英国的行业论坛"记者协会"为是否让摄影师入会争执不休,其主要喉舌《期刊》的读者立刻将此想法驳得体无完肤,他们在《两个不同专业》《不是新闻记者》等文章中说,让报刊摄影师加入新闻机构是"站不住脚的"[8]。

一些记者扬言自己就能胜任拍照的角色,以此抵制新闻摄影。他们偏爱"离身摄影"——无摄影师的摄影。在为处理新闻摄影问题而建立的专业委员会中,不见摄影师的身影。编辑希望将摄影变成又一项报道技能,他们开设课程,以培训记者摄影,教导他们随身携带照相机。一名观察家预言:"这一天即将来临,即记者不会操作照相机如同人们不会使用铅笔一般无助。"然而,随着时间的流逝,该计划热情不再。编辑开始教导记者,给每个报道对象拍三张照片,指望其中能出一张好照片。不出所料,摄影师对于为记者配备照相机的提议表示抗议,声称这会导致专业摄影师的消亡。不过,一旦记者所拍照片净是些"无头的男人、无下巴的女人、摇摇欲坠的建筑",这一想法便出于更实用的理由而被驳回了。甚至,某些照相机因为复杂得令记者束手无策,被他们扔到一边去了。[9]

大多数记者在抵制摄影的过程中扮演实用主义者的角色,诉诸照片和摄影师与日俱增的存在感,以实现自身优势。例如,美国报纸编辑协会的会员在1935、1938、1941年的三次年会上,均讨论了摄影日益增强的存在感。第一次,他们谴责新闻图像,可到了最后一次,他们视新闻图像为必要之恶,有益于新闻业,屈居文字之下。正如一名摄影师所抱怨的那样:

> 报纸普遍不够重视照片……我认为原因主要在于,一般发行人或编辑已

接受一个事实:如今,照片乃必要之恶,摄影棚乃必要之恶,摄影师乃必要之恶。一旦接受它,他便会说:"嗯,那好吧,既然普通公众想要照片,我们就给他们好了。"他如今便在向公众提供照片,确实如此,他懒得去管照片如何被刊登。[10]

大多数记者将摄影建构为一种记录媒介,不是视之为象征性、解释性、普遍性、普适性的媒介,而视之为外延性、记录性、指示性、指涉性的媒介。其中,指涉性是指照片能够"说出事物的本来面目"。一名编辑说:"我们告诉自己的摄影师,我们想要现实主义",这种摄影"坚硬、冰冷、准确、超然,有时甚至残酷"。摄影提供了"一种新工具……以报道事实",它是"每日新闻的附属品",助力记者更好地报道新闻。甚至就连《生活》的崛起,也一度被视为一个维护图像的指涉或外延力量之机会。编辑称,该杂志的运行将"秉持通过照片**客观地报道**世界上的风土人情的新闻原则"(强调为笔者所加,下同)。在此,有必要强调一下指涉性。指涉性允许记者在避开对摄影的矛盾心理的同时,也利用摄影来证明他们关于"现实世界"的讨论。事实上,他们从这样一种假定中去寻求慰藉:图像仍需记者之介入,才有意义。[11]这样的情绪一直贯穿整个二战。

可见,记者对摄影的认可半心半意。那些真心实意认可摄影的记者,多半是在利用摄影的指涉(或外延)品质和现实指涉能力。他们认为,摄影若想成为新闻之一部分,它就应为新闻实践带来视觉扩展,将"相机不会撒谎"的格言扩展为更大的新闻共同体当中。不管这一看法是否能涵盖摄影带给新闻业的一切,如此界定摄影对于记者倒是言之成理。因此,指涉性变成了主导框架,现代摄影作为英美报章杂志之一部分亦由此得以巩固。摄影之所以被视为记录媒介,不仅因为这样一种观点强调了图像中最显而易见的东西是什么,也因为它在帮助记者讲述"现实世界"的故事中增强了其权威。

(二)摄影师论新闻业

记者对摄影的有限欢迎,也被摄影师自身对摄影在新闻中进展状况的矛盾心理所证实。从一开始,摄影师和摄影行业期刊便完全忽视了照相机的新闻潜力。1939年,美国一本摄影教科书的作者哀叹道,其同事"极少或毫未……对报刊摄影师表达支持"。行业期刊将新闻摄影定性为一个"过客阶段",每年仅发表一两篇谈新闻照片的文章,所刊广告与时事无涉,甚至对最令人瞩目的新闻报道——战争,也提不起兴趣。1939年3月,英国有篇文章题为《带着照相机去西班牙》,它不是谈西班牙战争,而是谈托莱多和马德里的旅游摄影。[12]同样,1941年,美国有个行业广告题为《为何加入?》,它不是指参军,而是指加入一个摄影俱乐部。

然而,随着二战的扩大,摄影师发现自己除了去记录战场之外,已别无选择。近在咫尺的战争对英国来说迫在眉睫,对美国却并不如此,但两大洲的行业期刊1941年已开始谈论新闻摄影,截至1942年的广泛军事征召也迫使它们给予关注。专题文章开始讨论战时摄影、拍摄军事照片的后勤保障、审查条例、战时记者证等问题。摄影器材广告大肆营销可生产上佳战时照片的器材。摄影材料在适应战时用途,譬如可在海水里洗相纸。民用报纸开始培训军事摄影师,《生活》杂志也为培养军事摄影师而建立了学校。正如1943年英国皇家摄影学会主席所言,"人们最终认识到,摄影乃我们的现代生活中一种最重要的资产,但这是历经了一场战争才认识到的。"[13]

战争范围的扩大促使人们对摄影产生兴趣,而这一点主要通过发挥摄影现实主义的观念来实现。人们指望新闻摄影保持"一丝不苟的诚实"和"准确","如同它所基于的化学与物理定律那般可靠",还指望摄影师"之于其机器如同神枪手之于步枪一般高效"。这意味着,照片的指涉维度如今已变成这样一个部分,即它将新闻与战争和宣传努力勾连在了一起。而此前,记者强调指涉维度的理由各各不同。《照片时代杂志》上的一篇早期文章说:"眼见为实,但没有什么能比新闻照片更清楚地揭示真相。"随着战争的扩大,愈发如此。[14]

(三)战争竞技场

记录二战为记者和摄影师提供了一种检验其共存的方式。要有益于战争的更大目标迫使其开展一定的合作,而照片、广播、报纸文章等不同的信息传播载体也有助于生产互补性的报道,而非彼此竞争。独家报道殊难一见,甚至就连那些欲另辟蹊径之人也发现,摄影组、新闻组、审查制度等结构性安排在促进着合作。[15]

记者和摄影师对报道机会的感受各不相同。尽管二者皆为当代历史上分布最广的记者团之一,遍布五大洲,但其报道既受到审查制度的阻碍,也受到前所未有的人力、费用、交通、后勤、通讯等问题的阻碍。在美国,为这场地理上的遥远战争,报刊在宣传与信息流动上付出的努力不同。英国的新闻工作者比其美国同行离战争更近,因而面临着相当大的限制。截至1944年,超过三分之一的英国记者应征入伍,只剩下羸弱的新闻人员坚守岗位。纸张短缺使得英国报纸缩减规模,同时记者也在学习如何写得更简洁。[16]

对英美摄影师而言,摄影的后勤工作举步维艰。在这方面,美方摄影师的情况略好于英方摄影师。美方的各路摄影师,包括摄影记者、美国通信兵中的摄影师、各军事单位的附属人员,以及来自军医署、美国战地服务团等服务机构的代表,统统被整编进了一个静态图片组,该组既流通民用与专业照片,也令独家照片无用武之地。到1942年,美方海陆空军的每个作战部队几乎都已各有摄影团队,战区中的每位摄影师也几乎都迅速赢得了"作战部摄影师"的称号。许多士兵随身携带相机,截至1944年,在美国报章杂志上刊登的静态图像,半数出自通信兵之手。[17]

与此形成对照的是,起初英方各军事层级中摄影师寥寥无几。摄影被特别许可令、署名限制、无法上前线、观察家所谓的"严格审查"搞得复杂化了。虽然英国摄影师署名为陆军部和一个小型的英国摄影服务局,但巡回摄影师几无津贴,英国的图片库亦甚为繁琐。照片须经军方、政府、新闻部的代表审批,致使照片发表被长时间延误。正如一名摄影师后来所言,军方"有意培训士兵为摄影师,却无意培训摄影师作战"。这些情形招致人们的抱怨,人们认为英方照片大多被陆军部丢弃了。直到1945年4月,九成英方照片仍在描绘战争行动中的美国士兵,而非英国人,英方摄影继续被人诟病为"马虎和业余"[18]。

尽管如此,随着照片被越来越多地应用于战争机器,两国摄影均收获了回报。正如摄影师玛格丽特·伯克-怀特后来所言,记录战争乃"诸神之黄昏。无暇去思考或诠释它。只能将其仓促拍下来、记下来、拍发电报。现在先记录它,以后再去思考。历史自有判断"。及至诺曼底登陆日,美军具有的图片意识备受称赞。截至1945年4月,摄于欧洲前线的静态照片累计已多达5.5万张。一名观察家欣喜地宣称,"高级军官们已承认新闻照片极其重要"。事实上,二战提供了一个巩固照片重要性的论坛,它"不仅是史上被拍得最多的战争,也是被拍得最好的战争"[19]。

所有这些都对后方的专业论坛产生了立竿见影的影响。更多报纸推出图片版,以容纳源源不断涌来的图像;图片增刊在报摊上大卖特卖,它们对照片从伦敦传输至华盛顿只需短短七分钟的消息大肆渲染。1942年,"新闻摄影"这一术语被创造出来,用以指称美国一所大学的新闻培训序列,其他大学亦纷纷设立培训序列和专门的新闻摄影工作坊。翌年,英国报业协会和记者协会同意承认摄影师为记者。到1944年年底,美国摄影学会成立第一个新闻分会。一年后,美国摄影师成立第一个摄影记者协会——全国新闻摄影师协会,它被恰如其分地称为一个"手持照相机的记者们"的组织。及至战争结束时,摄影更是变成了报章杂志不可或缺的工具。摄影已发展为一个公认的专业,新闻摄影师——至少从某些角度上看——已赢得与记者平起平坐的地位。[20]

然而,将照片整编到新闻当中也存在挥之不去的问题。直到二十世纪四十年代末,摄影师仍自称一群"被遗忘的人",其地位之卑微,犹如"新闻业之门垫"。他们抱怨,编辑仍然对待照片敷衍塞责,视之为"填充物和故事插图,而非一种主要的新闻报道方式"。摄影师对于并非所有报纸都在开发摄影设施愤愤不平,并质问为何他们仍未被归入"报人"之列。一名摄影师愤而问道,为什么"透过摄影镜头报道的人与利用打字机报道的人"之间的差异仍然存在?[21]

同样重要的是,战争时期人们对照片的狂热给巩固一个压力重重(如对照片的运用良莠不齐)的专业带来了问题。该专业在二战前的发育本就不充分,而战时又未得到进一步发展。随着战争的介入和摄影的迅速扩张,摄影师未能构想出一整套实践,以便有效地发展新闻摄影。从某种意义上说,战时的图像需求超出了对图像使用加以规范之能力。

二、形式问题:在新闻中运用图像

新闻照片良莠不齐的使用标准可部分地追溯至更早时代中的战争,那时照片被用来满足广泛的诠释目标。在克里米亚战争、美西内战、一战等林林总总的战争中,照片所伴随的指涉数据有限,虽已出现了文字说明与署名,但不够规范,并且所许可的直白程度也限制了对战争恐怖的描绘。特别是在一战中,图像将事件勾连至英雄主义、爱国主义、荣誉等更广泛的主题,大大超出了图像所描绘的可辨识的战争场景。照片的文字说明被瞎写一气,照片亦被高度审查;文字说明"极少准确交代图像描绘的战斗或地点"。不提日期与地点,个人照片仍不署名。为了使战争失败变得可以容忍,"不得不以一种超越照片中偶发细节的方式去表征战争"[22]。

但二战有别于早期冲突,因为摄影被收编为一种积极争取努力战争的工具。这意味着,报章杂志需出台指导方针,以决定应当利用哪些图像、多少图像、何种格式、何种尺寸。而这种指导方针的缺乏助长了一种忽视:未能"从一开始便以摄影形式去生产自发的或解释性的新闻报道,使之与文字报道展开公平竞争"。报刊并未付出足够的努力,以"培养员工们在照片选择、将文字与图像以一加一大于二的方式相勾连等方面的技能"[23]。可见,随着战争事件创造了对摄影文献资料的需求,报刊却鲜有指导方针来满足它。

(一)给摄影图像添加文字说明

一种贯穿于整个二战期间的良莠不齐的实践,是给图像添加文字说明。尽管文字说明被认为能锚定一张图片的意义,但在整个二战期间,对文字说明的摈弃与崇拜并存。在摄影师卡尔·迈登斯看来:

> 文字说明与胶片同样重要。我们中的许多人在极困难的环境下,拍摄出了超棒的动作照片,但当他们从照相机中取出胶片、交付他人装运时,未能写下充分的文字说明。然后,纵然胶片抵达纽约,倘若无人能理解你拍摄的东西,那也没法采用。[24]

不过,尽管文字说明告诉了人们看到的是什么,但它们也往往被认为是"后见之明"和"便利标签"。一名图片编辑认为,倘若需要文字说明"告诉观看者故事之意图或所讲故事之一部分,图片在某些方面便未能完成其使命"。因此,毫不奇怪,对于文字说明看起来应该是什么样子鲜有讨论。摄影师被告知,文字说明应"与照片相关""向读者显示在照片中找什么并给出基本事实"、长度在一到六行之间。至于文字说明该写什么、怎么写、与照片有何关系,则鲜有指令。[25]

在确实存在指导方针的情况下,也极少道出撰写文字说明的全部机制。某些军事单位制定了草拟文字说明的程序,还发放文字说明表单(即"摄影单"),供摄影师填写。然而,除了规定每份文字说明均须打印、与底片一同装运之外,指导方针只是提供笼统的建议,以"包含一切必要信息"。英国摄影师在加入英军电影与摄影分队时被告知,仅须交代被拍摄者的姓名与细节,以便增加个人兴趣。其他指令则罗列了禁做事项的清单,诸如文字说明不要以定冠词、不定冠词等平淡无奇的字眼打头、不要过度运用形容词。另有一点尚不清楚:对于抵达时带有文字说明的照片,报章杂志如何为了贴近自家风格,而重写文字说明。对于任何一张照片,图片编辑、摄影师、摄影机构的人员均可为图像添加文字说明。[26]

与早期战争中照片的文字说明相比,二战图像似乎得到了高度的记录。但它们与主要竞争对手"文字"相比,既缺乏确凿细节,又经常不准确。所以,行业论坛二战后继续就如何为新闻摄影撰写文字说明而争论便不足为奇。在整个二十世纪四十年代,摄影师都被告知,"文字说明不止是标签,还要像新闻导语中的标题那样,生动地兜售文稿"。1947年,美联社主编协会的大会组织者为报章杂志如何撰写文字说明,出台了指导方针,可后来承认它们未获遵循。文字说明"仍未包含足够的事实或描述","细节或姓名拼写"上的不一致时有发生。到二十世纪四十年代末,《美国摄影》仍努力确立指导方针,告诫摄影师不要"净用些笼统的字眼来写文字说明"。"一张照片若是想被兜售给报纸编辑,除非它带有编辑想要的那种文字说明……它应当包含一切相关事实",绝不能杜撰,"你简直会因为杜撰而被处以绞刑"。一名观察家总结到,文字说明的写作"是一门被忽视的艺术,必须纠正这一点,然后报纸才能在图片新闻上真正有所建树"[27]。

(二)为摄影图像署名

另一种贯穿于整个二战期间的良莠不齐的实践,是摄影署名问题。如何确保摄影师的署名权、发表图像时如何为摄影师署名,乃巩固新闻摄影师地位之核心问题。然而,在二战中,摄影署名问题未被明确讨论或均衡实践。

与过去的时代相比,署名虽然已有实质进步(尤其是一战照片被署以"经由公共信息委员会通过"的笼统表述),但二战中的署名实践仍未给对一幅图像负有责任的那些人署名。美国的陆、海军各部门都刻意强求战斗摄影师匿名,以此作为一种安全举措,它们还搬出了"古老的传统:一个人离战斗愈近,别人对其了解便愈少"。非军事世界毫无助力。报纸编辑、摄影教科书对此问题仍漠不关心。一些教科书根本不谈署名问题,另一些教科书将署名定义为"与作者署名相对应的摄影师的署名",或者"对一张照片负有制作**或**销售责任的个人**或**组织的名字"。至于照片生产中所牵涉的机制,则鲜有提及。[28]

但围绕这些机制产生了谁能署名等问题。往往只有供职于大报大刊的记者才会被署名,而这一规则在战时惩罚着那些无职业归属的摄影师。正如摄影学者玛丽安娜·富尔顿后来所言,战时署名"方便了运输,而运输对于战地摄影师而言乃至关重要的因素。如果一张伟大的战争照片在行动结束后很久才抵达、在途中丢失,抑或虽抵达却无文字说明,它都毫无用处"。署名中应当包括谁的名字,也并不清楚:是该包括摄影师个人的名字,还是辛迪加的名字?有关机构对于该由谁发布指令,也感到困惑,它们对此相互推卸责任。大多数报纸只在有些时候会署以辛迪加,而有些报纸根本就不署名。对于署名应放在哪里,亦无定论。经常是要么不署名,要么将署名放在靠后的版面上,尽管在照片特别出彩的情况下,署名有时会被放在图像旁边。正如一名观察家所发现的那样:

> 会时不时地给予拍摄了非同寻常的照片的摄影师一个署名行,有时也为具有杰出事迹的摄影师写点故事。然而,大多数日复一日兢兢业业的摄影师们却受到匿名对待。

我们不妨想象一下,若是这样匿名对待大众报刊的记者们,会遭遇到他们怎样的挑战。直到1944年,战争静态图片库、图片辛迪加的负责人、图片编辑、军事官员仍在互相指责,指责对方不去规范署名实践。[29]

对许多摄影师而言,缺乏署名凸显了他们在新闻业中的二等地位。一名摄影师抱怨,"战地摄影师跟记者一样暴露于敌人炮火的危险中,却极少收获荣耀"。另一名摄影师则恳求道:"照片丰富了现代新闻史,请给予它们认可吧!"《编辑与发行人》写道,新闻摄影师个个都对"自己与署名作者之间的差别心怀某种不满",都自认为"不逊色于署名作者"。二十世纪四十年代初,《美国照相机》发表了一篇由两部分组成的文章,对不署名予以谴责。编辑们为了图解其观点,留出一个2乘以5英寸大小的空白,仅在其中写道:"这个空间就是一整期杂志给予摄影师的署名行的典型尺寸。"然而,缺乏认可一直贯穿整个战争。摄影师对其作品被匿名呈现继续怨声载道。直到1947年,他们仍在呼吁系统的署名。[30]

(三)对摄影图像的呈现

在战时报刊上,对摄影的呈现也良莠不齐。一种普遍的看法认为,编辑对"打字机敲出的东西来者不拒,却拒登一切照片,除非它们可跻身于年度最佳照片的行列"。因此,一张照片如何见诸新闻版——何版面、何位置、何尺寸、何角度——几乎不受重视。艺术表现也在讨论中缺席。一名新闻摄影师告诫其同事,要把美学完全忘掉,因为新闻编辑"很少关心现场新闻照片中的艺术平衡"。图像与文本之间的确切关系仍未确定,报刊摄影构成了"空间局促的报纸上一个虽有力却也受限的因素……将官方发来的材料草草塞入报纸了事,懒得去想如何呈现"。因此,照片在报章杂志上的摆放方式五花八门,便不足为怪。图像有时被置于毫不相干的文本旁边,亦会在新闻文本的各栏之间不分青红皂白地任意伸展。图片版的数量与日俱增,它们对图像的分组方式不伦不类。彼时,图片杂志因其呈现摄影图像的创新方式而备受称赞,但即使是它们,也在采用"单调乏味的、非叙述性的照片束"的版式。[31]

摄影师无力左右其图像的呈现进一步加剧了这一问题。通常,战时摄影师对后方是否以及如何发表图像不甚了了。一名摄影师评论道,他们被视为"一群才华横溢的孩子,拍摄照片时会被迁就纵容,拍完以后,便不受待见了"。虽然是由图片编辑决定"应当刊登什么和如何呈现它",但他们身上"图片的那一面似乎不受关注",因此他们往往并无最终决定权。英国《新闻纪事报》的一名图片编辑选择离职,因为"无进一步的前景。有人正告我,《新闻纪事报》乃新闻纸,而非图片纸"[32]。

这种状况在整个战争期间并无实质改善。直到1947年,图片编辑仍被视为"另一个部门中公认的格格不入者",并被认为应对阻碍摄影记者的进步负责。摄影师喊他们去补基础摄影课。图像描绘的事件在所伴随的文本中往往不被提及。好好的照片继续被编辑随便乱扔、任意裁剪,并通常被当作"讨厌的工作"来处理。他们"不会像研究书面文字那样研究照片的裁剪、复制、新闻价值"[33]。即使摄影师和图片社在传真图像时提供了关于图像的重要信息,报馆的图片编辑也往往会删掉它们,以便能把记者的叙事登得更长一点。

(四)摄影进入新闻业:错失机会

所有这些都表明,报刊经常会为了因应当时的环境,对新闻中的照片使用标准做出非正式的调整。二战期间,这些标准良莠不齐,不足以应付向英美几乎每家报章杂志源源不断涌来的照片。这就留下了一系列有关技术适应性的问题有待回答:一旦发生突发新闻,是记者应当跟随摄影师之步伐,还是相反?文字和图像都想要版面空间,如何协调它们?报章杂志如何让摄影师与常设新闻人员并肩工作?这些以及其他悬而未决的问题,使得新闻照片及其摄影师或多或少处于新闻世界之边缘。正如1947年一名观察家所言,新闻摄影"在过去数年间发展得如此迅猛,不过又在很大程度上毫无章法、疏于引导",以至于仍然"鲜有具体的新法则来支配照片的使用"。这种情形在战时和战后都一直存在,使得新闻业错失了吸纳新闻照片之机会。在一家摄影期刊的编辑看来,"摄影师所面临的条件与前景极其复杂,到处都在呼吁调整和适应"[34]。他的这番话不管多么有先见之明,都并未被充分付诸实践。

摄影文献中的错误有百害而无一益,每当有照片被挑出了差错,对全部摄影文献资料真实性的担忧都会加剧。一张多佛近距空战的照片被人发现系伪造之作,立即引来人们担心,"从今往后真实照片也会遭受质疑"。同样,英国《图画邮报》承认,它在记录两起不同事件时,用了同一张照片——一名法国女子在火车站的告别。编辑们承认:

> 没有什么会比一名艺术编辑在每周处理数千张照片的过程中出个把差错更容易了,尤其是在照片据说还是从某个国家"走私出来"的情况下。我们之所以刊登这个解释,并不是一种攻击,而是为了以正视听。[35]

然而,值得注意的是,良莠不齐的用图标准直接破坏了照片预期的指涉力量。有时,所登照片并未确切交代描绘了什么,以及它们与伴随的新闻报道有何关联。对这方面的轻视极少得到纠正,因为紧迫的战事在催促着摄影师不停地拍摄。所以,在许多情况下,照片描绘战争事件时的指涉地位被剥夺了。与此同时,照片的"诠释"和"象征"维度却在不经意间凸显了出来。当报刊不得不去记录战争中更具挑战性的事件(譬如纳粹暴行)时,这就会带来特别的作用。

因此,不管围绕照片的战时收编程度如何,摄影师与记者之间的敌对遗产都对用以记录战争中主要事件的实践产生了影响。正如当时一本关键的新闻摄影教科书所写的那样,将摄影纳入新闻发生得"如此不可避免",以致"据说连老派报纸中都发生了"[36]。报刊之所以能够以凸显照片的象征与解释维度的方式容纳新闻摄影,在于报刊未能充分地规范新闻中的照片运用。战前与战时的照片使用标准,进一步加剧了关于报刊中文字与图像之间的联系那挥之不去的不确定性,从而会影响到暴行文献。

三、内容问题:暴行描绘的文字与图像传统

记者与摄影师互相冲突的专业背景未能使对史无前例的纳粹暴行故事的报道变得更为容易。虽然暴行故事几乎与战争本身一样悠久,但报刊从未正面遭遇过如此广泛的大规模暴行证据,也从未拥有过这样的暴行记录能力。要报道集中营中的恐怖场景,既要克服关于暴行故事的早期预设,也要克服以文字和图像描绘暴力时不充分的使用标准。

长期以来,暴行故事对被占国平民遭受的恐怖做了记录。在南北对峙的美国内战期间,美国报刊报道了影响深远的暴行故事。在布尔战争期间,英国报刊登载了布尔人屠杀亲英民众、鞭笞当地人、处决意欲投降的布尔人等报道,而所有这些都是艺术家

创造性的图解。英国的一部早期新闻纪录片甚至从伦敦郊区雇来演员,模拟其中的一个场景。在美西战争期间,以流传的暴行故事为基础演绎而来的虚构故事与黄色报刊所声称的煽动公众舆论以支持古巴从西班牙独立的目标之间,是很难分得开的。在文章顶部放上四英寸的大标题,"记者们的电讯稿往往不得不为配合标题而极尽夸张之能事"[37]。

及至一战,暴行故事达到了新的高度。所谓的德国人残害受害者的故事广为流传。据说德国人把死者捆绑得像"一捆捆芦笋一样"。有报道说,比利时的修女、护士、婴儿被大规模地肢解,而在一家"尸体转化工厂"中,德国人拿人的脂肪和骨头提炼润滑剂与甘油。最终,后一个故事被曝系协约国在大规模宣传运动中虚构的,始作俑者为英国一名准将,此君将用马造肥皂的描述与一马车死亡士兵的照片放在一起。正如一名寻找暴行证据的记者所回忆的那样:

> 我未能发现任何暴行……我付钱给被砍手或以其他方式受伤的孩子们,以便让我拍摄他们。我从未发现任何一手的比利时暴行故事。当我追逐二手故事时,它们都开始逐渐消失。[38]

一战暴行故事的夸张性质为二战中最初的暴行报道蒙上一种伪造气氛。事实上,后来的暴行报道与一战中虚假的暴行报道如出一辙,这如此令人怀疑,以至于在被证明确有其事之前,它们都被认为是假的。它们起初都被认为是夸大其词的、宣传性的叙事,只是到了后来,才被认为是对战争蹂躏的潜在可信的报道。

这意味着,报刊在二战中很长一段时间内缺乏一个用以理解暴行的框架。消除疑虑的部分困难在于,无力确认故事是真实的还是夸张的。在整个二战期间,报刊矢志不渝地证实所登的每条新闻,若无法证实,则坦陈困难何在。[39]但暴行故事持续存在,对发生之事无力作出更加权威的衡量也持续存在。随着暴行报道的强度升级,记者既无力报道它们,也不愿相信它们。可见,暴行故事作为一种战时实录,挑战了记者对公认的新闻制作常规之依赖,同时也利用了要可靠地报道暴行并无先例可循这一点。

摄影师也面临着类似的问题。尽管暴行可视化的传统跟战争本身一样古老,但它仍不足以描绘恐怖,而这些恐怖将会变成二战的特征。英国皇家摄影师罗杰·芬顿将克里米亚战争描绘为一系列战斗,其中"所有东西呈船形,个个兴高采烈"。在美国内战期间,为确保人们相信暴行而展开的战斗主要由编辑部的艺术家打响,他们凭着想象制造了双方暴行的图片。在十九世纪后期,也广为流传着被关押在安德森维尔监狱的北方佬士兵们形容枯槁的版画,这些版画的呈现被认为"比任何描述给人的印象都要深刻千倍……任何证据都无法与这些图像相媲美"。不过,这些图像不是登在日报上,而是通过立体卡、摄影展、《哈泼斯杂志》中的木刻画,找到了相对少量的受众。在后来被定性为一个"大屠杀战场"的布尔战争中,英军阵亡将士的照片未被发表,因为它们被认为是"反叛的布尔人的宣传"。在美西战争期间,黄色报刊对暴行故事的润饰极大地依赖于照片。1896年12月,《莱斯利图画周刊》便刊登了一张这样的照片,冗长的文字说明言之凿凿地告诉读者他们正在看到的:"六具仰躺的古巴和平主义者的尸体,手脚被捆绑,身体被砍断,面部被敲矿得毫无人形。"[40]

描绘的直白程度在一战期间急转直下,当时严苛的审查制度限制着人们能从战争中看到些什么。英国的官方摄影师被禁止拍摄"可怕场景"。有人认为:

> 这场战争简直从未得见天日。除了个别例外,以及除了那些往往被证明系伪造或摆拍的照片之外,通过了审查的照片平淡无奇、了无生气……几乎既毫无恐惧感,亦无危险的刺激感。[41]

值得注意的是,其中一套一战故事确实收获了摄影文献,那就是关于德国罪行的虚假故事。散布德国暴行谣言的是同一位英国准将,此君也将一马车死尸的照片发给了刚成立的新闻部,而后者又将其用于宣传目的。对于后来战争中的报刊而言,这是在将运用暴行照片与宣传合而为一。

此外,因摄影师具有容忍照片篡改的悠久传统,使得许多人一见到难以置信的照片,便立刻心生怀疑。在美国内战期间,一些令人难忘的场景后来被曝系摆拍,诸如葛底斯堡战役。甚至连颇富声望的报刊有时也会篡改照片。1918年,《柯里尔》推出一个两页专题,题为《真实的战争照片,以及其他照片》,将真实照片与虚假照片混在一起。杂志指出,虚假照片比真实照片看起来更"像战争",并让读者辨认哪些是出于宣传目的的篡改过的照片。后来,小报与黄色报刊动辄篡改照片,以致人们一见到不太可能的照片便疑窦丛生。[42]

在二战中,对暴行的视觉描绘发生了一种更为复杂的转向。更广泛的暴力可视化模式从一开始就削弱了直白描绘暴行的潜力。在集中营解放之初,因英美公众颇不习惯在大众报刊上观看暴力,报刊倾向于善意的图像描绘。例如,在二战早期,对裸尸的描绘严加限制,以避免美国受众见到自然灾害或事故中的受害者裸体。这种图像通常会被润饰一番,由艺术家画上衣服或毯子以遮盖裸体。1943年,英国《图画邮报》还刊登了一篇整版文章,题为《我们宁可不刊登的照片》,开篇即以粗体字写道:"它们冒犯了我们,它们亦会冒犯其他任何人。但我们有义务去认识发生了什么。"而具有讽刺意味的是,这些照片处理的并非暴行,而是印度的饥馑。可见,对直白战时图像的缄默部分地源于自我审查。[43]

但也存在更官方的审查。在二战图像中,对破坏的暗示胜过对细节的揭示。二战初期,报刊极少刊登可怕的照片,也极少刊登描绘己方阴暗面的照片。当报道诺曼底登陆日时,检查官扣留了无数奥马哈海滩登陆的图像,理由是它们显示了美国对法国财产的破坏。在最初的珍珠港照片中,最直白的描绘莫过于远处螺旋状的滚滚浓烟。至于像沉没的亚利桑那号航母、燃烧的机场、仅穿内衣的士兵等更为具体的图像,直到翌年二月才出现。又过了整整一年,《新闻周刊》和《生活》才刊登了由美国海军所拍摄的机场被摧毁的官方照片。甚至到了广岛原子弹爆炸,照片也只呈现空中爆炸,而不呈现地面破坏,可见"那道奇异的新景观的照片并无指涉对象"。这些照片起初被压着不发,后来于 1945 年 8 月 11 日与日本投降一同被发布出来。将它们放在战争结束的故事中来脉络化,这样就以由原子弹逼迫而来的和平表征,取代了对原子弹本身的描绘。有鉴于此,《生活》杂志在《尾声》的总标题下,刊登了两张蘑菇云照片。"在这些照片中,不见受伤的日本人,不见救死扶伤的医护人员,不见火里的柴堆,亦不见有人在哀悼"。这些照片的重要性,并不在于"存在过这样的时刻,或可能将其留在胶片上,而在于二战中的摄影师和编辑想要激发人们对这场战争的情感,而这些情感可勾连至人们对战争的传统态度"[44]。

可见,照片对于战时与暴力的描绘有别于文字描绘。图像的效力源于它在细节上较小(而非较大)的直白程度。调暗面部,或以阴影遮掩之。不让制服上的名字落入人们视野当中。正如保罗·福塞尔在谈及二战中的全部图像时所言,"它们越是重要与'真实',它们在文化上便越不具有辨识度"。极少照片能被辨认出死者是谁,大多数照片上显示的人的伤口干净整洁。不见视觉上的痛苦,不见流血,亦不见残害。简而言之,"照片并未道出全部真相。它们回避尖锐的肮脏,经常被当作艺术而创作"[45]。从指涉上说,它们残缺不全。

但这些暴力照片具有一种更加广泛的意义。照片为暴行可视化提供了更广泛的参数,并由此超越了特定死亡或残害事件中的显性细节。它们勾连至更大的诠释主题,以正当化战争努力。因此,这些照片的效力源于它们被征用为象征,即源于与通用表征、匿名性、内涵、普遍性、普适性勾连在一起的种种表征策略。正是这些维度,使得照片特别适合被用以锚定对于战争的优先性诠释。

照片的象征力量在很大程度上具有积极作用,因为暗示战争故事的更广泛维度是解释德国恐怖范围的方式之一。有张首见于《下午》的典型照片在美国之所以能被广泛刊载,与其说是因为其指涉力量(即关于一个特定的时间与地点告诉了受众什么),不如说是因为它对战争努力做了更普遍的象征化(图 1)。照片出自摄影师约翰·弗洛里亚之手,拍的是一名形容枯槁的美国战俘,在被德国人释放四个月后,仍显得严重营养不良。《星条旗报》在照片首次见刊数周后指出:

> 这张照片引发了一股对德意志民族的强烈反感……迫使人们一再记忆(并烙印在许多人脑海当中)的最强有力因素,正是这张活骷髅照片,即林堡

的一名美国战俘躺在帆布床上的照片,它登上了本国所有小报和几乎所有其他报纸的头版。[46]

图1 约瑟夫·德姆勒,1945年4月11日—1945年4月30日。由拱顶石/西格玛提供

有别于正常的新闻呈现准则,北卡罗来纳州夏洛特市的《观察家报》接连两天刊登这张照片。[47]第二次,它作为一种视觉烘托,烘托在美国管理的集中营内好吃好喝的德国士兵的照片,从而强调了战俘的待遇差别,并提供了视觉证据去支持为战争所做的努力。

随着战争的扩大化及相关场景提供了愈发传神的暴力与恐怖描绘,图像描绘的得体性标准开始拥有更大的自由度。随着战争变得更加包罗万象,照片所描绘的暴力水平似乎也在增长,尽管一些观察家对愈发直白的图像运用仍然备感不适。英国协调与国防大臣严厉谴责报刊发表中国区战争中的"恐怖"照片,并对后来它们也以同一套说辞为发表集中营照片辩解表示遗憾。他还谴责了"这样一种倾向:报刊随着时间的推移,开始习惯性辩解其刊登的任何令人震惊和可怕的东西"[48]。但随着战争的扩大化,两大洲的官员与公众在"观看暴力"这一理念上,都已变得越来越强硬。

随着军官和检查官越来越认识到图像能正当化(或去正当化)战争主张,获得允许的摄影呈现的面貌已发生微妙变化，并由此改变了暴力描绘。美国在这方面走在英国前头。1943年，美国决定，国内战线应该更准确地描述国外正在经受的艰难困苦。尽管美国政府感到"准确描绘我们战时状况下糟糕压力的照片"可加持战争努力，但对于这种描绘应该有多写实，政府还举棋不定。《柯里尔》的编辑威廉·L.切纳里写道，"并未制定出任何简单而精确的规则"，他建议海军官员采取"限制性的现实主义"，不让普通市民接触残酷的图像。不久后，《新闻周刊》从首批表现美国战争伤员的照片中挑出一张，题作《照片传递了一个讯号》，照片中一名流血的海军正在接受紧急治疗。很快，《时代周刊》也刊登了一张照片——一名被截去一条腿的士兵的正面照。[49]

又经过半年讨价还价，报刊才获准发表美国阵亡者的照片。《生活》在这方面走在前头，相继发表了两张照片。第一张照片于8月初发表，拍的是一名阵亡士兵被毯子盖着，一只脚露在外面。相比之下，发表于9月下旬的第二张照片要有名得多，出自乔治·斯特洛克之手，题为《布纳海滩上三名阵亡的美国人》，它显示了沙滩上俯卧的三具无名尸（图2）。此图的重要性不仅在伴随文本中做了强调——它告诉读者，杂志最终"决定，美国人民应该看看孩子们如何在战斗中倒下"，而且在照片的呈现方式上做了强调，它从杂志的其他报道中脱颖而出，兀自横跨整整两页。当对面页上的社论谈及该图的发表决定时，问道："我们为何刊登这张照片……答案就是，光有文字是绝对不够的。"而在同一周的《新闻周刊》上，也发表了一张西西里岛阵亡伞兵的照片。到了诺曼底登陆日，美国阵亡者的照片定期出现。1944年，盖洛普民调显示，大多数读者要求照片"显示战争中一切严峻而残酷的现实"。[50]

英国在展现暴力战争的照片方面比美国沉默得多。这有诸多原因：它距离前线更近，因而对战争暴力更敏感；它对一战中的暴行宣传，也更记忆犹新。因此，英国的广泛限制势必造成图像发表中的特别许可、严格审查、长时延滞。1942年，英国一家行业期刊发表社论，赞赏报刊将皇家空军破坏德国城镇的照片放在头版刊登，称之为"相信照片的新闻价值"的一个标志，不过也抨击了官方所供照片的质量。社论说：

> 从报刊的角度看，照片一直是战争中的灰姑娘。在1939年9月以前，报刊中照片愈来愈多，已形成趋势。但当战争到来之时，军方并未认识到照片作为宣传武器的威力。

英国的报纸编辑（以及投书报刊的读者）哀叹见不到直白的照片。1944年7月，《图画邮报》的一篇文章抱怨："照片去哪儿了？干嘛不拍？若是拍了，又干嘛不登？"直到1945年4月，行业期刊仍在哀叹不见英国阵亡者的照片，它们抱怨，陆军部"似乎在奉行这样一种认知，即这场战争中无任何英国士兵丧生，战争简直就是一件漂亮利落的小事"[51]。

图 2 布纳海滩的美国死者,1943 年 9 月,乔治·斯特洛克拍摄,《生活》杂志,版权由时代公司所有

然而,集中营于 1945 年开放之后,两大洲描绘战争及其暴力的传统对于亟待描绘的场景有些力不从心。随着集中营的解放,战争可视化迈向了一个描绘新阶段。

四、内容问题:解放前的暴行迹象

由于对将摄影吸纳入新闻抱持矛盾心理,以至于暴行描绘并无充分的先例可循,摄影与新闻只为纳粹暴行报道提供了一部分脉络。纳粹大屠杀学者长期以来认为,在集中营解放前的时期,西方新闻业未能以文字或图像充分报道集中营内发生之事。尽管集中营开放之前已一再曝出暴行迹象,但暴行故事仍然只是报刊内页上的奇闻异事,极少被大张旗鼓地报道。自二十世纪三十年代中期以来,英美记者对纳粹暴行往往充耳不闻。[52] 报刊未能对暴行故事给予全面关注,这为其行业败绩制造了背景,而集中营的解放将迅速证明这一点。暴行报道不仅需要说服公众以改变其怀疑,也需要修补工作,报刊由此展开其行业纠偏。

(一)暴行的言语迹象

在集中营解放前的那些年,英美报刊都收到了纳粹暴行的言语迹象,也对此做了处理,尽管并不总是一收到即着手处理。这些迹象远未受到充分对待。随着报刊逐渐接近集中营,有三个可信性问题浮出了水面。第一个问题与集中营解放前记者淡化暴行故事的理由有关。在更广泛的人群那里,对暴行故事的矛盾心理具有诸多根源,包括反犹主义、诋毁自由思想的基本前提(容忍、进步、遭遇差异、接受多样性等观念)。[53] 但对新闻界而言,暴行故事与政府宣传之间的持续关联产生了直接影响。尤其是,对一战暴行谣言的怀疑使得许多人对任何此类叙述都倍加警惕,甚至有无数记者也根本不相信解放前的暴行叙述。

对纳粹暴行三缄其口亦有其他根源。在许多情况下,记者无可行的框架去脉络化暴行,致使他们对发生之事产生了误解。有些记者策略地淡化恐怖。举例而言,《芝加哥每日新闻》记者埃德加·莫勒从其报道中删除了来自逃离集中营的幸存者的描述,因为他担心这些描述会使糟糕的局势雪上加霜。1935 年 1 月,《哈泼斯杂志》对恐怖的误读令人痛心疾首:它宣称,纳粹对犹太人的迫害至少会"打破犹太人与金钱之间长达一个世纪的、不自然的结盟,而正是这种结盟……构成了反犹主义最丰饶的源泉"。其他报刊对耳闻的叙述也不以为然。《洛杉矶时报》称,来自德国的"惊人的压迫故事"是"夸大其词的",《时代周刊》则仅在《"暴行"之每周一报》中轻描淡写地提一下。直到 1944 年,《基督教世纪报》还在驳斥关于非同寻常的纳粹暴行程度的报道,它坚持认为"战争总会造成暴行"[54]。

在其他情况下,记者虽亲眼目睹事情的发生,而其观察在国内却名誉扫地。1943

年,美国盖洛普公司的民调显示,整整三分之一的调查对象对 200 万犹太人被杀害的消息仍不以为然。1942 年 9 月,记者弗农·麦肯齐在《新闻学季刊》上撰文,谴责来自一战的"怀疑之宿醉"和对暴行报道的"拒不接受",原因在于一种将暴行等同于宣传的顽固倾向。但跟其他人的发声一样,他的发声也基本上没人理会。学者黛博拉·利普斯塔特认为:"信息与信念之间的鸿沟是传播这一新闻的主要障碍之一……可靠的消息来源至少已部分道出了正在发生着什么,而那些远离现场、不熟悉纳粹主义的人却认为,这个新闻不是夸大其词,就是不太可能。"[55]

这一点与第二个可信性问题也颇有关系。事实上,甚至新闻实践标准也不利于为报道而付出努力。因为记者在集中营解放前基本上无缘接近集中营,他们大多无法依靠自身的新闻采集方法来讲述正在发生什么事情。由于无法亲自核实环境或事件,记者只能依靠别人为其讲述故事。这意味着,记者要么将目击者、逃离迫害的囚犯等各种旁观者的话语纳入报道实录中,要么将署名行拱手让给旁观者。《柯里尔》以及其他期刊上所发表的来自华沙犹太人区以及别处的目击者报道,便是后一种情形最著名的一些例子。但有失客观的目击者,也难以由公正的消息来源进行证实,这会令报刊质疑目击者报道的内容。编委会抱怨:"编辑部收到的报道既无从核查,又无法为官方所证实。"在许多情况下,"细节……缺乏,受害者数字……时有夸大或低估,特定死亡营的规模与具体功能也直到相对晚近,才被公开披露"。所有这些都使得大规模灭绝与死亡的故事相对于更普遍的战时报道而言,不过是边角余料。既然暴行故事够不上可靠报道的标准,它们便被打发到了报刊的内页或后页当中。[56]

一旦持续报道,第三个可信性问题即浮出水面:暴行程度和受害者数字。有种观点认为,"将这个新闻视为不可信而不予理会几乎比承认它确有其事来得更加理性"。虽然同盟国的公众已经知道集中营的存在,也已经知道纳粹灭绝犹太人的意图,但由逃离监禁的人们所带来的任何谣言或其他言语描述均无法传达集中营的全部恐怖程度。只有等到集中营解放以后,公众才能了解在纳粹占领的欧洲所发生之事的严重性。正如当时一名新闻编辑承认的那样,"零零星星的新闻和逃亡目击者的证言貌似有点夸大其词"。面对这种怀疑,记者往往会误解信号,并对其做出错误的处置。一些记者试图保持平衡,调整其报道语态,免得被人指责煽动歇斯底里。其他记者则在"报道真相时往后靠",试图"对其所写的任何细枝末节都予以核实"。报刊生怕危言耸听或夸大其词,其报道如此谨小慎微,以至于讲述的故事温温吞吞,与发生之事极不相称。[57]

然而,尽管总体上未能让公众关注暴行故事,但确有早期迹象流露出来。到二十世纪三十年代末,从波兰流亡政府、英国政府、梵蒂冈等各处冒出一些官方的纳粹暴行报告,它们或被获释囚犯的叙述所证实,或被从集中营流出的报告所证实。1939 年,美国一家新闻杂志评论道:"太多有着相同故事的难友从集中营冒出来,以至于没法再怀疑虐待与残忍在集中营内是家常便饭。"同一年，长达36页的关于集中营的官方文件《英国白皮书》发布，引来英美报刊纷纷报道。《纽约时报》正确地指出，到此时，"令人作呕的"真相"已被确立了起来"。[58]

某些被派驻到那个地区的记者的著作也开始面世，它们记录下了发生于德国的事情。联合通讯社的弗雷德里克·厄克斯纳直言不讳地指出，整个被占领土上到处都在发生"大规模灭绝"，犹太人的处境已然"彻底无望"。美联社记者路易斯·洛克纳在参观索嫩堡的一个集中营后，讲出了他的担忧：犹太人对幸存机会过于乐观。1944年，西格丽德·舒尔茨详述了纳粹如何成功地利用了西方对于宣传的反感。纳粹告诉其海外特工，"将一切罪行报道都贴标签为虚假暴行故事，从而使人联想到一战中的宣传运动……他们知道，在美国，任何带有'宣传'标签的东西都不可信"。1943年2月，美国犹太人大会发布了一份关于希特勒加速大屠杀计划的详细报告，同时充斥于报端的报道也表明了正在发生的事情何其广泛。例如，《纽约每日镜报》当时便谈及"通过加速杀戮，真正地消灭一个民族"。翌年，来自奥斯维辛的初步报道强调了局势的严重性，而紧随其后的则是战争难民局关于集中营的详细报告。[59]

然而，这些报告既无条理也不连贯，公众怀疑也一如既往。1944年年末，阿瑟·库斯勒在《纽约时报杂志》上撰文，对民调发现深表遗憾。民调称，十之八九的美国民众仍将对纳粹的指控视为宣传谎言。

> 在我们当中，有几位是从发生在灌木丛里的事情中逃离出来的受害者或目击者。由于记忆挥之不去，我们便不断在无线电波上咆哮，不断在报纸上、公共集会上、剧院和电影院中对你们大呼小叫。我们偶尔会成功触达你的耳朵一两分钟……我们这些咆哮者已这样做了将近十年。

《基督教世纪报》对此的反应是，为犹太人所受暴行而"咆哮"，只会让最终的和平努力付诸东流。[60]

因此，随着集中营的解放，解放前恐怖报道的不够充分已一目了然。直到此时，暴行故事尚未在公共话语中争得一席之地。即使确有粗陋的报道见诸报端，它们也只是对发生之事的程度与范围有所暗示。正因为如此，解放后浮出水面的集中营细节才更加令人惊愕不已。同样重要的是，需要有一种记录性的工具，它不但能记录，还能传达所发生之事的范围。在这方面，照片将会被证明是一种行之有效的工具。

（二）暴行的摄影迹象

解放前，集中营摄影的根本问题在于，如何通过照片去描绘不但令人难以置信而且基本无法企及的情境。甚至连最早的暴行报道都在呼吁拿出关于集中营内发生了什么事情的摄影证据。1944年年末,《柯里尔》刊登了一篇波兰爱国者扬·卡尔斯基讲述的关于贝乌热茨集中营的"目击者报道",即使再漫不经心的读者也会因这第一人称叙事震惊。报道详细叙述了卡尔斯基在集中营周遭的可怕旅程,在那里,他目睹了饿殍遍野,目睹了火车车厢里的拥塞与死亡。跟后来进入集中营内的其他人一样,他也认识到其报道之不足,承认:"我既无证据,也无照片。我能说的只是我看到的东西,而这都是事实。"[61]

然而,谁可取得这样的证据和这样的摄影图像?它们是怎样被拍摄的?它们怎样从集中营内被安全地送出来?谁会支持这些关于集中营的文献资料?

自二十世纪三十年代中期以来,即已存在暴行的摄影迹象,不过英美报刊对摄影迹象比对言语报道更不信任。早在1933年,一家德国画报便以《集中营之旅》为题,刊登了一篇对奥拉宁堡的报道。这个整版报道的文字仅寥寥数语,它以九幅图像来描绘集中营之日常。这一次,西方报刊并未跟进报道此事。后来,纳粹以达豪集中营作为其宣传上的胜利,此时这家德国画报又刊发了三篇报道,而这一次,西方报刊的态度为之一变。1937年,《纽约时报杂志》转载了部分达豪照片,解释说照片和文字说明均转自德国画报,但也指出"囚犯们去年修建的池塘"等无伤大雅的描绘并未捕捉到集中营的真实氛围。照片中的囚犯们身穿干干净净的制服在行进,住所舒适整洁,照片中不见殴打与死亡——此二者在集中营内乃家常便饭。《生活》一针见血,称这个故事和这些照片在"粉饰太平"[62]。

二十世纪四十年代初,波兰新闻部、独立记者、地下组织公布了一些尸体照片,其中有些尸体被扔进了坟墓,有些被堆在手推车上。1941年3月,《伦敦新闻画报》上便有这样的图片呈现,题为《在德国人治下:波兰大处决前的死亡之舞》,它呈现的是受害者在自掘坟墓或面向行刑队。画报告诉读者,"这些照片背后是一个冷血的恐怖故事,不禁使人想起了中世纪"。它还提醒读者,这六张未署名的照片"率先揭示了德国在波兰的司法运作"。照片的发表遭到德国人的抗议,但该报申辩说自己这是在反击纳粹宣传。[63]

其他图像虽暗示存在迫害,但对已然发生的纳粹暴行极少揭露。1941年2月,《下午》拿出五个页面,刊登了一组一年前的照片,它们都是从华沙隔离区偷运出来的。照片上的图像呈颗粒状的黑色,被冠以《波兰内幕:偷运出来的照片显示了纳粹迫害》的总标题。《纽约时报》刊登了一张照片,一名西装革履的男子在向士兵打手势,照片题为《受害者诉说意大利的纳粹暴行》。1943年10月,《图画邮报》刊登了一个意大利集中营内幸存者的图片专题。有张照片显示的是十余名刚从集中营获释的妇女,她们面带微笑,孩子们坐在她们膝头欢笑,它提醒人们:"**十年前,世界被希特勒开设集中营的故事震惊。**"[64]它对公序良俗的描绘可谓岁月静好,而这与两年后人们在西线集中营解放后所见到的情形相比可谓有天壤之别。

并非所有的早期暴行描绘都能抵达西方,而那些确实抵达西方的图像又遇到了若干问题。其中一个是稀缺问题。尽管记录纳粹在沦陷欧洲的暴行的照片有超过150万张之多,如今散落在十几个国家的三十余份档案中,但对集中营内事件的摄影记录在当时很稀缺。[65] 截至1941年,供职于中立国、报刊协会(包括美联社、合众社、环球图片社、纽约时报在内)、民用服务机构(如美国之友服务委员会、儿童救济机构)的西方摄影师驻扎在欧洲各地,拍摄战时状况。然而,一旦战争扩大化,暴行照片便愈加难以获得。摄影师无法接近暴行,尤其无法接近集中营这一极端纳粹暴行的场所。在很大程度上,暴行故事被策略性地放在了盟军方面的摄影师无法企及之处。

不过,确实能见到一些暴行摄影记录,只不过它们并非出自西方摄影师之手。这种记录的存在凸显了围绕这些早期照片的另一个问题——摄影师身份与拍摄情境,此二者均为关键的但又未言明的指涉数据片段。正如学者西比勒·弥尔顿所指出的那样,解放前的集中营摄影文献资料是由一大批进入过集中营的人提供的:地下组织的成员、集中营逃离者、富有同情心的平民提供了一套图像,前线士兵拿私人相机按下快门以留作纪念,为宣传机构服务的德国摄影师也生产了大量委托性与非委托性的照片。

大多数集中营照片是由最具组织化的记录员(即纳粹自身)拍摄的。他们的"快照既是集中营行政记录之一部分,也是集中营内建筑与日常之一部分,还是医学实验、囚犯、指挥官家庭之一部分"。纳粹将摄影用作宣传武器库之一部分,精心记录下犹太人如何被驱逐到东部,一直到如何在集中营内死亡,但大多数照片若干年后才被公开。其实,早在二十世纪三十年代,利用照片进行恐吓与骚扰的倾向即已昭然若揭。当时,德国的大街上有海报威胁说,要借助于摄影记录来实施惩罚。其中一张海报批评了犹太人的企业,"任何来此购物的人都会被拍下来"。随着纳粹罪行的视觉证据逐步累积,这种倾向一直贯穿整个二战。有一个特别卑劣的例子,是在特雷布林卡一名指挥官的物品当中发现的:他戏仿"相册"的理念,将其拍摄的集中营照片美其名曰《我生命中最美好的时光》。虽然他的照片以及其他类似的照片当时未必能够见诸报端,但其残酷性是解放前集中营生活最真实的写照。按格哈德·舍恩伯尔纳的讲法,纳粹"在拍摄工作中的自己……而受害者别无选择,只能任人拍摄。当他们走向某种死亡时……他们看见敌人打开相机,对着他们一顿拍摄"[66]。

在西比勒·弥尔顿看来,围绕摄影师的身份与拍摄场景,尚有许多至关重要的问题没弄明白:一张特定的照片是由谁在何种场景下拍摄的?拍摄者是中立的路人、先拍摄受害者再杀死他们的纳粹、抵抗战士,还是后来的解放者?拍摄目的为何?拍照是为了记录、嘲弄、记忆,还是剥削?照片所拍摄的只是一起反常事件,还是代表了一种更大的暴行模式?[67] 每个问题均无现成答案,它们都令人不安地萦绕在照片周围。

各路摄影师所摄的照片当时大多未能见诸报端。事实上,许多照片直到战争结束多年后才进入公共视野。从那些确实受到人们关注的照片可以看出,摄影文献从根本上说良莠不齐,这构成了第三个问题。虽然纳粹拍摄的照片展现出很高的技术品质,但它们主要提供的是关于暴行的摆拍信息。其中一些照片见诸英美报刊。譬如,1939年,纳粹拍摄的照片跟《英国白皮书》一同发布,照片展示的是囚犯正排着队轮流受审。同样,英国报刊也转载了其中一些纳粹照片,以提醒盟军为何而战。[68]不过,诸如此类的照片只零星片面地表征了集中营内发生之事。

另一些抵达西方的照片虽有很高的信息价值,却达不到摄影的可辨识标准。它们粗糙模糊,无"精确的辨识性、准确的日期、明晰的解释"。只有部分照片得以发表。1943年,当美国犹太人大会出版其集中营报告时,《纽约邮报》在报道中配了一张尸体与纳粹的照片,泛泛而论地题作"一个公墓"。同样,早在1941年9月,一份由"波兰劳动群众领袖"签署的宣言被从波兰偷运至英国发表。《图画邮报》对报告的真实性略加讨论后,对它表示称赞,称之为最勇敢的战争文件。

> 其中,既有反映极端恐怖的可怕照片,譬如一排排刚被枪毙的受害者的尸体、正在开枪的射击队、一名犹太人正在遭受严刑拷打、蒙着双眼的妇女和女孩被带去处死,也有关于顽强不屈的抵抗和毫不动摇的信念的故事,写得信心满满。

最后,即使是由专业人士偷运出来的照片,所激发的共鸣亦有限,因为照片的文字说明中经常存在差错。一张1938年将波兰犹太人驱逐出德国的照片,被错列在了1941年驱逐波森犹太人的记录上。同样,法国维希政府中通敌者的照片被贴标签为被拘禁的犹太人。[69]而从欧洲偷运出来的早期照片,对拍摄对象往往不做具体解释,无署名,无文字说明,照片仅仅告诉读者,他们看到了某种形式的纳粹暴行。

鉴于上述这些情形,英美报刊对集中营内所发生事情的可视化并不充分。1941年10月,《图画邮报》推出一个图片专题,以广泛的参数,对纳粹的压迫经历做了典型描绘。在一篇题为《欧洲的恐怖》的文章中,以八张未署名的照片,图解纳粹治下的生活。每张照片都不向读者交代来源,每张照片都反映了一个压迫时刻,且均以一词题之,诸如"饥饿"或"绞刑"。事实上,第一张照片是重刊一张八年前的旧照片,拍的是一幢建筑屋顶的纳粹警察们,文字说明告诉读者:"这是一张旧照片,背面所写日期为1933年。我们之所以刊登它,正因为它是一张1933年的照片。正是那一年,纳粹……开始打压德国内部的自由元素。"[70]可见,这张照片之所以被采用,与其说在于其新闻价值,不如说在于它作为一种象征的说服力。

这组照片中还有两张,也值得仔细审视。一张显示了两名哭泣的妇女,笼统地题作"恐怖"。文字说明写道:"她们的家园被付之一炬,她们的男人惨遭杀戮,她们的祖国被铁蹄践踏。这些波兰妇女的哭泣,一如沦陷国土上数百万人的哭泣。"(图3)照片未交代地点或日期,无拍摄对象之确凿细节,无照片拍摄者或机构的署名或其他信息,

HORROR! *Their homes burnt. Their men killed. Their country crushed under the jackboot. These Polish women weep, as millions weep in the occupied territories.*

图 3　波兰妇女在哭泣，1941 年 10 月。由美联社/环球世界图片社提供

与所在版面上的伴随文本亦无直接关联。换言之，由于无确凿的或指涉性的细节，人们对于这些照片是怎样拼凑到一起的，只能形成一个模模糊糊的印象——除了它们可以图解德国的战争机器之外。可见，与将图像置于一个记录一起具体暴行事件的紧致框架中相比，将其置于一个对纳粹暴行广泛诠释的图式中会更好理解。另一张照片也同样展示了泛泛而论的暴行描绘：一名纳粹卫兵在俯视一群囚犯的特写镜头。文字说明告诉读者："集中营！橡胶警棍的统治！铁丝网栅栏的统治！单单是在第三帝国内，1938年集中营的受害者已多达十万人。如今，集中营已遍布欧洲各地。"[71]因文字说明并未具体提及是哪个集中营、哪个行为、哪个日期，图像便无指涉性的指示符号。回头来看，纳粹卫兵和囚犯那近乎文明的姿势几乎没有传达恐怖，但恐怖很快就会成为集中营照片之特征。这张照片在当时目之所及的文献资料中，已堪称典型。

所有这一切都意味着，即使首批暴行照片确实抵达西方，报刊也不知该怎样应付它们。报刊的照片利用方式往往不能让当时所流传的粗陋的暴行报道显得可信。相反，图像被用作既不完整也不明晰的暴行故事的象征标志，之所以如此，主要是因为尚未对集中营内发生之事搜集到均衡或一致的记录。在此期间，未逐步积累起照片造成了一种脱节，进而使得紧随集中营解放而来的摄影记录更加令人忧心忡忡。此外，摄影记录姗姗来迟，再加上又缺乏呈现暴行图像之框架，这样就使集中营解放变成了一个重要的说服场所：报刊只有见到集中营以后，才明白要报道令人难以置信之事。正如《新共和》后来在盟军横扫欧洲时所言，"唯有现在，在盟军记者报道纳粹集中营围墙内发生之事后，所有令人毛骨悚然的故事才被一一证实，而这些故事已被怀疑了如此之久。"[72]但集中营解放对新闻界亦很重要。记者与摄影师之间总体上的紧张关系无法充分解决如何在新闻中最佳地利用图像，暴行描绘的传统强调善意的（而非直白的）表征，集中营解放前对暴行迹象的报道遭遇败绩，所有这些都使集中营的开放变成了一个重要场景，以展现图像与文字各自不同的表征威力。集中营的解放令暴行昭然若揭，在报道暴行的过程中，文字退居图像之后，这在英美报刊史上实属罕见。文字与图像的这种关系将会形塑当时的以及记忆中的纳粹暴行记录。

注释：

[1]摄影师与记者之间的确存在一段共享的历史，它可追溯至十九世纪中叶照相机的发明。但直到二十世纪四十年代，摄影在大众报刊中的处境仍残存着某些紧张。关于现代新闻摄影的演进之讨论，参见 Wilson Hicks, *Words and Images: An Introduction to Photojournalism* (New York: Harper Brothers, 1952).

[2] Kent Cooper, "Report of the General Manager," in *The Associated Press Thirty-Second Annual Report of the Board of Directors* (New York: Associated Press, 1932), p.6.

[3] Arthur J. Dalladay, "Photography Today," *British Journal Photographic Almanac*, 1940, p.99; Aled Jones, "The British Press, 1919-1945," in *The Encyclopedia of the British Press, 1422-1992*, ed. Dennis Griffith (New York: St. Martin's, 1992), p.48; "People Are Picture Nuts," *Editor and Publisher*, April 24, 1937, p.5. 传统与批判的学者们为照片构建了不同的历史。传统主义者认为照片正朝着准确反映世界的方向发展,批判看法则反对照片复刻现实的观点,认为照片在运用人为的惯例(往往借自绘画),而它们被社会标榜为"自然的"。

[4] Barbie Zelizer, "Journalism' Last Stand: Wirephoto and the Discourse of Resistance," *Journal of Communication* 45, no. 2 (spring 1995): 78-92; Marianne Fulton, "Bearing Witness: The 1930s to the 1950s," in *Eyes of Time: Photojournalism in America* (New York: New York Graphics Society, 1988), p.118.

[5] George Brandenburg, "Huge Gains in Use of Pictures Shown in Survey of Dailies," *Editor and Publisher*, February 19, 1938, p. 8; Roscoe Drummond, "Keeping Pace with the Picture Parade," *Quill*, June 1937, p.11; "Press Photography," *Newspaper World*, July 17, 1937, pp.25-33.

[6] Time editors, *Four Hours a Year* (New York: Time, Inc., 1936), p.20. 英国记者协会、美国新闻工作者联合会、美国报纸编辑协会、美国新闻教师协会也发表了类似评论。Cited in Basil L. Walters, "Pictures versus Type Display in Reporting the News," *Journalism Quarterly* 24, no. 3 (September 1947): 193.

[7] N. Howard, "A Critical and Constructive Review of Our Wire and Picture Services," in *Problems of Journalism*, Proceedings of the 1936 Convention of the American Society of Newspaper Editors, April 16-18, 1936 (Washington, D. C.: ASNE, 1936), pp.102, 104; Robert Blanchard, "News and Pictures—Cameras and Reporters," in *Problems of Journalism*, Proceedings of the 1935 Convention of the American Society of Newspaper Editors, April 18-20, 1935 (Washington, D. C.: ASNE, 1935), p.54; J. L. Brown, "Picture Magazines and Morons," *American Mercury*, December 1938, pp.404, 408.

[8] Frederick J. Higginbottom, "Work of News Photographers Is Not Journalism," *Journal*, August 1935, p.119; C. E. Brand, "Two Professions, March 1935, p. 54; Edmund Grimley, "Not Journalists," March 1935, p.54.

[9] Jack Price, "Reporters Train to Be Photographers," *Editor and Publisher*, April 1, 1944, p. 52; "Gannett Reporters Will Carry Cameras," *Editor and Publisher*, June 11, 1932, p.18; Blanchard, "News and Pictures," pp.57, 58.

[10] Frank Hause, "News and Pictures—Cameras and Reporters," in *Problems*

of Journalism, 1935, p.60.

[11] E. K. Bixby, "New Angles and New Fangles in News and Pictures," in *Problems of Journalism*, 1936, p.148; M. Komroff, "The Little Black Box," *Atlantic*, October 1938, p.471; Edward Stanley, "This Pictorial Journalism," *Quill*, November 1937, p.5; Kent Cooper, "Report of the General Manager," *The Associated Press Thirty-Fifth Annual Report of the Board of Directors* (New York: Associated Press, 1935), p.8; "This Is the Life Story," *Quill*, May 1938, p.10.

[12] Duane Featherstonhaugh, *Press Photography with the Miniature Camera* (Boston: American Photographic Publishing Company, 1939), p.9; A. Spencer, "Photography with a Miniature Camera," *Photographic Journal*, December 1936, p.582; "For the Pictures That Won't Wait," advertisement, *Camera*, February 1941, p.16; A. J. Mason, "With a Camera in Spain," *Photographic Journal*, March 1939, pp.112-14.

[13] T. Welles, "What Makes a News Picture?" *Camera*, January 1941, pp.48-51; Duane Featherstonhaugh, "You Can't Take That!" *American Photography*, July 1942, pp.8-10; G.T. Eaton and J. I. Crabtree, "Washing Films and Papers in Sea Paper," *American Photography*, June 1943, pp. 12-15; F. J. Mortimer, "Photography's Part in the War," *Photographic Journal*, April 1943, p.98.

[14] Alexander M. Meyers, "The Camera: A Silent Witness," *American Photography*, June 1943, p.20; J. Drew, "What about Army Photography?" *Camera*, April 1941, p.51; Thurlow Weed Barnes, "Seeing Is Believing in Newspictures," *Photo-Era Magazine*, March 1926, p.129.

[15] 关于战时合作的讨论,参见 Arthur Marwick, "Print, Pictures, and Sound: The Second World War and the British Experience," *Daedalus* 111, no. 4 (fall 1982): 152.

[16] Robert W. Desmond, *Tides of War: World News Reporting, 1931-1945* (Iowa City: University of Iowa Press, 1990), p.450. 字体和标题也减少了,以便在一页上容纳更多的文本,而页边空白处的"中缝"空间,则被用来发布广播日志。参见 Jones, "The British Press, 1919-1945," p.53, and "Small Papers Make Special Problems," *Worlds Press News*, March 6, 1941, p.3.

[17] 由美联社、艾克米新闻图片社、国际新闻图片社、《生活》杂志的共计28名认证摄影师组成美国静态图片库,其工作方式如下:来自战区的图片被传真到华盛顿或伦敦,在那里,它们在发布前要先经过陆军、海军、美国战时信息局的官员们检查。然后,在英国联合图片社和拱顶石电子公司的协助下,美联社传真、艾克米传真和INS

声画等有线分销机构再将图像同步传输至电缆上。整个过程可在两小时之内完成。参见 Bruce Downes,"From Battlefield to Front Page," *Popular Photography*, August 1945, p.86; F. A. Resch,"Photo Coverage of the War by the Still-Picture Pool," *Journalism Quarterly*, December 1943, p.311; and Jack Price, "Enlisted Photographers Aided by New Army Policy," *Editor and Publisher*, June 10, 1944, p.58.

[18]"Do Service Chiefs Block Free Flow of British Army Pictures?" *World's Press News*, April 19, 1945, p.1. 正如一名观察家所看到的那样,"一旦西线上任何地方有热门新闻,我们都会在 24 小时内看到精选的美国图片。我们无法奢望在至少两三天内见到英国的图片。"("Do Service Chiefs Block," p.11); "Is British Photo Pool Worth While," *World's Press News*, April 12, 1945, p.4; "Is Photographic Skill Lacking?" *World's Press News*, May 3, 1945, p.8.

[19] Margaret Bourke-White, *Portrait of Myself* (New York: Simon and Schuster, 1963), p.258; Jack Price, "Picture Story of Invasion Well-Planned," *Editor and Publisher*, October 7, 1944, p.30; "War Photography: Past and Present," *Camera*, March 1943, p.39.

[20] Howard L. Kany, "Experts Eye Pictures: Photographer as Reporter," *Quill*, April 1947, pp.8, 10; "The Institute's Four Agreements with the Newspaper Society," *Journal*, January 1944, p.6; Jack Price, "Cameramen Launch National Organization," *Editor and Publisher*, June 23, 1945, p.28.

[21] Jack Price, "'Doormat' Label Develops Ire of Cameramen," *Editor and Publisher*, March 10, 1945, p.44; Roger Butterfield, "The Technique of Wrapping It Up," *Saturday Review*, March 16, 1946, p.26; Kany, "Experts Eye Pictures," p.10; cited in Jack Price, "Credit Line Asked for Photographers," *Editor and Publisher*, October 28, 1944, p.64.

[22] Susan Moeller, *Shooting War* (New York: Basic Books, 1989), pp.150, 135; John Taylor, *War Photography: Realism in the British Press* (London: Routledge, 1991), p.50.

[23] Hicks, *Words and Images*, p.27. 许多编辑以图片杂志为榜样,以弥补在新闻图像上使用标准的缺乏。但这加剧了一种本来已成问题的情形,因为几乎没有试图去解决图片杂志与其他大众报刊之间的差异。

[24] Cited in Philip B. Kunhardt Jr., *Carl Mydans: Photojournalist* (New York: Harry N. Abrams, 1985), pp.23-24.

[25] Frank R. Fraprie, "The Editor's Point of View," *American Photography*, September 1945, p.7; John R. Whiting, Photography Is a Language (Chicago: Ziff-

Davis,1946), pp.97,139. 其实，从十九世纪中叶以来即已如此，当时照片抵达杂志编辑部时，"不做任何解释"。Cited in Michael J. Carlebach, *The Origins of Photojournalism in America* (Washington, D.C.: Smithsonian Institution Press, 1992), p.65.

[26] War Department Pamphlet no. 11-2, *Standing Operating Procedures for Signal Photographic Units in Theaters of Operations*, April 20, 1944, cited in Peter Maslowski, *Armed with Cameras: The American Military Photographers of World War II* (New York: Free Press, 1993), p.145; transcript in the archives of the Imperial Museum, London, cited in Martin Caiger-Smith, *The Face of the Enemy: British Photographers in Germany, 1944-1952* (Berlin: Nishen, 1988), p.8; James C. Kinkaid, *Press Photography* (Barton: American Photographic, 1936), p.255; Downes, "Battlefield to Front Page," pp.34-35, 86-87. 例如，摄影师乔治·罗杰经常自己撰写文字说明，这是他在黑星图片社工作期间养成的习惯[interview with George Rodger, in Paul Hill and Thomas Cooper, *Dialogue with Photography* (New York: Farrar, Straus and Giroux, 1979), p.57]。

[27] Kany, "Experts Eye Pictures," p.11; *APME Inc., 1948: Reports and Discussions of the Continuing Study Committees of the APME Association* (New York: Associated Press, 1949), pp.93-94; M.W. MacPherson, "News Picture Captions," *American Photography*, September 1946, p.46; Waiters, "Picture versus Type Display," p.194.

[28] Maslowski, *Armed with Cameras*, p.27; Herbert Giles, cited in Mary Ellen Slate, "The Magazines," *Popular Photography*, October 1945, p.104.

[29] Fulton, "Bearing Witness," p.143; 参见 Price, "Credit Line Asked," p.64; Jack Price, "More about Photographic Credits," *Editor and Publisher*, March 4, 1944, p.53; and Slate, "The Magazines," p.104. 在英国，关于新闻照片版权的类似讨论并未得到解决。见 "Copyright of Photographs," *Newspaper World*, April 1939, p.12; "Photographic Copyright," *Journal*, January 1937, p.6, and February 1937, p.26.

[30] Cited in Price, "Credit Line Asked," p.64; Jack Price, "Are Photographers Newspapermen, Like Reporters?" Editor and Publisher, September 30, 1994, p.46; "Is the Photographer the Forgotten Man?" U.S. Camera, February 1944, p.28; "What about the Poor Photographer?" U.S. Camera, December 1943, p.38; Kany, "Experts Eye Pictures," p.11.

[31] 小威廉·J. 怀特于1943年9月10日在美联社总编辑会议上的发言稿，发表时题为"The Daily Routine of a Picture Newspaper," Journalism Quarterly, December 1943, p.310; Welles, "What Makes a News Picture?" p.51; "Leslie Burch's

Forecasts of Post-War Press Photography,"Newspaper World,November 13,1943, p.12; Fulton,"BearingWitness," p.135.关于图片版的运用到底有多广泛,也存在某些疑问。在对广告研究基金会的 Continuing Study of Newspaper Readers, 100 Year Summary 的 108 项研究的分析中,只对 20 个图片版做了统计(cited in Bert W. Woodburn,"Reader Interest in Newspaper Pictures," Journalism Quarterly,September 1947,p.201).

[32] Butterfield,"Technique," p.26; Jack Price,"Combat Graphics May Be Adopted for News Use," Editor and Publisher,September 16,1944,p.62; Frederic B. Harvey,"The Picture Editor," Newspaper World,April 13,1940,p.5. 这里,也是以图片杂志为默认情形。

[33] Walters,"Picture versus Type Display," p.194;"Wanted:Picture Editors," letter to editor, Saturday Review of Literature,November 8,1947,p.21.

[34] Daniel D,Mich,"The Rise of Photojournalism in the United States," Journalism Quarterly, September 1947,p.206; Dalladay,"Photography Today," p.94.

[35] "Phony Planes," Time,August 19,1940,p.56;"The 'Sunday Pictorial' Makes a Mistake," Picture Post,April 10,1943,p.18.

[36] Laura Vitray,John Milk Jr.,and Roscoe Ellard, Pictorial Journalism (New York:McGraw-Hill,1939),p.4.

[37] William F. Thompson, The Image of War:The Pictorial Reporting of the American Civil War (Baton Rouge:Louisiana State University Press,1944),pp. 86-98; Philip Knightley, The First Casualty:From the Crimea to Vietnam:The WarCorrespondent as Hero,Propagandist,and Myth Maker (New York:Harcourt Brace Jovanovich,1975),pp.55-56,75.然而,英国人的集中营问题并没怎么受到关注。

[38] Cited in Taylor,War Photography, p.79; Knightley,The First Casualty, pp.105-6; Moeller,Shooting War,p.108.

[39] 例如,在《纽约时报》上一篇关于维尔那大屠杀的报道中,自称目击者的记者指出,如今已不可能去证实维尔那大屠杀中的波兰难民故事了。(Bernard Valery, "Vilna Massacre of Jews Reported," New York Times,June 16,1942,p.6).

[40] Knightley,The First Casualty,p.15; Thompson,The Image of War, pp. 91-97;"Further Proofs of Rebel Inhumanity," Harper's,June 18,1864,p.387. 有张照片在纽约市一家书商的橱窗中展示了数月,美国国会在论及对南方的报复时,对此展示做了回应。[Vicki Goldberg,The Power of Photography:How Photographs Changed Our Lives (New York:Abbeville,1991),pp.21-24]; Knightley,The First Casualty, p.73; Moeller, Shooting War, p.31. 同样,弗雷德里克·巴伯利用暴行照

片来展现其绥靖观点,参见 The Horror of It: Camera Records of War's Gruesome Glories (New York: Brewer, Warren, and Putnam, 1932).具有讽刺意味的是,巴伯以简洁的文字说明,令读者震惊于其描绘的人类屠杀。例如,他以"沉默"修饰一张一具腐尸的照片,又以"荣耀之场"解释一片尸横遍野的景象。

[41] Moeller, *Shooting War*, pp.125-26.

[42] William A. Frassanito, *Gettysburg: A Journey in Time* (New York: Charles Scribner's Sons, 1975), pp.186-95; "Real War Pictures—and the Other Kind," *Collier's*, January 26, 1918, pp.12-13.一个修图的极端例子是合成图,它要求人们为照相机重现事件,再将该图像与其他图像拼贴在一起。

[43] Hause, "News and Pictures," pp.59-61.在 1935 年美国报纸编辑协会的一些会议上,对刊载死尸的照片做了详细讨论。"Pictures Would Rather Not Publish," *Picture Post*, December 11, 1943, p.19.

[44] "America at War: The First Year," *Newsweek*, December 14, 1942, p.20; "Pearl Harbor Damage Revealed," *Life*, December 14, 1942, pp.36-37; Moeller, *Shooting War*, pp.199, 235, 237.这些照片出现于 1940 年 8 月 12 日和 13 日的大量报纸上。文森特·利奥认为,广岛和长崎的照片的发布时机将其转变为胜利照片。参见 Vincent Leo, "The Mushroom Cloud Photograph: From Fact to Symbol," *Afterimage* 13 (summer 1985): 6-12.文字说明都不太引人入胜,分别为 "Hiroshima: Atom Bomb No. 1 Obliterated It" 和 "Nagasaki: Atom Bomb No. 2 Disemboweled It" ("The War Ends," *Life*, August 20, 1945, pp.26-27)。

[45] Paul Fussell, "Images of Anonymity," *Harper's*, September 1979, p.76; Maslowski, *Armed with Cameras*, p.82.

[46] Picture appended both to John R. Wilhelm, "They Killed Sick Prisoners in Nazi Death Camp," *PM*, April 9, 1945, p.5, and to Richard Wilbur, "Wave of Anger Sweeps U.S. as Nazi Horror Stories Unfold," *Stars and Stripes*, April 23, 1945, p.5.当年晚些时候,拍摄这张照片的弗洛雷亚被誉为"21 名战地摄影师之一,他们奋战于前线,付出伤病的代价,前所未有地完成了报道战争的工作"。参见 "War Photographers," *Life*, November 5, 1945, p.108.

[47] 重复刊登一幅图像的做法似乎是为了标出某些图像,使之超越作为日常新闻文档的功能。例如,《每日见闻报》重登了一张内维尔·张伯伦由慕尼黑发回的照片,但第二次刊登照片时配以"以免我们忘记"的文字说明(1939 年 12 月 20 日,头版)。

[48] 他说:"要是有人找借口说,没必要为了让英国公众了解中国所发生事情的恐怖而发表这些愤怒的照片,我认为这些出版物的掌权之人严重误解了我们人民的感受。"参见 "'Shocking' and 'Terrible' War Pics Deplored by Minister," *Newspaper*

World, November 6,1937,p.6.

[49]William L. Chenery, *So It Seemed* (New York：Harcourt Brace and Company,1952),pp.278-79.这份题为《图片的发布》的备忘录出自公共关系局图片处处长柯蒂斯·米切尔中校之手,转引自 Maslowski, *Armed with Cameras*, p.81; "Photo with a Message," *Newsweek*, May 24,1943,p.27; "War Photo Confusion," *Newsweek*,October 11,1943,p.12.

[50]第一张照片题为"On the Beach Near Gela an American Soldier Stands Guard over a Fallen Comrade," *Life*, August 2, 1943, p.23;第二张题为"Three Americans," *Life*, September 20,1943,p.34; "Realism for Breakfast," *Newsweek*, September 20,1943,p.98; "Gallup Says Readers Want Grim Photos," *Editor and Publisher*, January 29,1944,p.20.

[51]"Front Page Pictures," Newspaper World, May 9,1942,p.6; Where Are the Pictures?" *Picture Post*, July 15,1944,p.3; "Do Service Chiefs Block," p.11.

[52]对这个问题的清晰讨论可见于 Deborah Lipstadt, *Beyond Belief：The American Press and the Coming of the Holocaust, 1933-1945* (New York：Free Press,1986).对英方的分析,参见 Andrew Sharf, *The British Press and Jews under Nazi Rule* (London：Oxford University Press,1964).

[53]Ibny Kushner, *The Holocaust and the Liberal Imagination：A Social and Cultural History* (Oxford：Basil Blackwell,1994),pp.18-20.

[54]Edgar Ansel Mowrer, *Triumph and Turmoil：A Personal History of Our Times* (New York：Weybright and Talley,1968), pp.216-17,224; William Zuckerman,"Jews at the Crossroads," *Harper's*, January 1935,p.218; "Passion versus Reason," *Time*, September 18,1939,p.59; "Concerning the Atrocities, *Christian Century*, February 16,1944,p.200.

[55]George H. Gallup, *The Gallup Poll：Public Opinion, 1935-1971*, vol. 1 (New York：Random House, 1972); Vernon McKenzie, "Atrocities in World War II—What Can We Believe?" *Journalism Quarterly*,September 1942,p.268.麦肯齐预测,"战后会有令人震惊的文献资料"证实当时所流传的暴行故事。Lipstadt, *Beyond Belief*, pp.9,27.

[56]例如,参见 Tosha Bialer,"Behind the Wall," *Collier's*, February 20,1943, pp.17-18 and "Behind the Wall：Part II," *Collier's*, February 27,1943,pp.29-32. 有些报道的署名行仍是佚名的,譬如"Death in Dachau," *National Jewish Monthly Magazine*, April 1939, pp. 262-63,本文作者只是被确认为"一名幸存者"。"The Nazis Got Me" (Collier's,June 18,1938,pp.12-13,62-64)一文作者为一名"佚名的雅

利安幸存者",在其故事《与塞缪尔·T.威廉姆森的故事别无二致》中,配有纳粹暴徒和羸弱尸体的插图。开场白告诉读者,这位插画师也曾在纳粹集中营待了六个月。"为这篇文章配以在纳粹看来适宜发布的照片作插图会是枯燥的、不充分的、平淡的。我们想要的是一个好的艺术家,他知道自己在画什么。我们找到了他"。这是集中营图画比照片更胜一筹的为数不多的例子之一。Lipstadt, *Beyond Belief*, pp.135,16.

[57] Templeton Peck, Evening Editorial, American Broadcasting Station in Europe, April 19, 1944, taken from papers of Templeton Peck, Box 1, HIA; Lipstadt, Beyond Belief, pp.20,26,139.

[58] 例如,参见 "Foreign News," *Time*, April 24, 1939, p.26; William Barkley, "Savagery as in the 'Darkest Ages of Man,'" *Daily Express*, October 31, 1939, p.5; "Stories of Nazi Brutality," *Manchester Guardian*, October 31, 1939, p.1; "Horrors of the Nazi Camps," *Daily Telegraph*, October 31, 1939, p.1; "Cabinet Brands Torturers," *Daily Herald*, October 31, 1939, pp.1,6; and Raymond Daniell, "Nazi Tortures Detailed by Britain: Concentration Camp Horrors Told," *New York Times*, October 31, 1939, p.1. 除《每日先驱报》描绘了纳粹工作人员在萨克森豪森集中营面对囚犯的场景外,这些文章均未配照片。

[59] Frederick Oechsner, *This Is the Enemy* (Boston: Little Brown, 1942), pp.131, 137; Louis B. Lochner, *What about Germany?* (New York: Dodd, Mead, 1942), pp.53-57; Sigrid Schultz, *Germany Will Try It Again* (New York: Reynal and Hitchcock, 1944), p.186; "We Must Stop It," editorial, *New York Daily Mirror*, February 22, 1943, p.19. 这篇社论直截了当地说:"这是一个有据可查的记录,一个个令人作呕的事实被记录在案。"战争难民委员会的报告实际上是在1944年11月发布的,但它重复了早期新闻报道中的信息,诸如 "Poles Report Nazis Slay 10,000 Daily," *Washington Post*, March 22, 1944, p.2, 以及 "50,000 Executed in Poland," *New York Herald Tribune*, March 22, 1944, p.3.

[60] Arthur Koestler, "The Nightmare That Is a Reality," *New York Times Magazine*, January 9, 1944, pp.5, 30; Fred Eastman, "A Reply to Screamers," *Christian Century*, February 16, 1944, pp.204-6.

[61] Jan Karski, "Polish Death Camp," *Collier's*, October 14, 1944, pp.18-19, 60-61. 这篇报道所配的不是一张照片,而是一幅未署名的绘画,它描绘了匿名的惊恐面孔和向上伸出的手臂。在难以接近的情况下,绘画往往远比照片容易;有时,《图画邮报》等报纸利用插图来描绘在不可接近的敌人防线后面发生之事。

[62] "Life inside a Nazi Concentration Camp," *New York Times Magazine*, February 14, 1937, p.16; "Nazi Germany Reveals Official Pictures of Its

Concentration Camps,"*Life*,August 21,1939,pp.22-23.杂志翻印了其中七幅图像,并附有文字说明,在文中却强调它们是多么不具代表性。参见 Sybil Milton,"The Camera as Weapon, Voyeur, and Witness: Photography of the Holocaust as Historical Evidence," in *Visual Explorations of the World*,ed. Martin Taureg and Jay Ruby (Aachen,Germany: Edition Herodot,1987),pp.80-114.

[63]"Where Germans Rule: Death Dance before Polish Mass Execution," *Illustrated London News*,March 22,1941,p.387.

[64]照片标题为"Inside Poland: Smuggled Pictures Show Nazi Persecution," *PM*,February 5,1941,pp.15-19;附于 Koestler,"Nightmare That Is Reality," p.30.值得注意的是,这篇文章的头版配有一幅受害者漫画,他们被吊在绞索上,一群纳粹军官在旁边聊天。漫画反映的是由纳粹们自己为受害者拍摄的类似照片,而报刊上有可能尚未登过此类照片。后一张照片题为"The Women Want to Be Photographed",附于"Eighth Army Breaks Open a Concentration Camp in Italy",*Picture Post*,October 23,1943,p.7.这张照片的温文尔雅与后来公布的集中营怪诞图像构成了令人痛苦的对照。

[65]参见 Sybil Milton,"Images of the Holocaust-Part II," *Holocaust and Genocide Studies* 1,no. 2 (1986): 195.值得一提的是,集中营照片从一开始就是有问题的文献资料。战争结束之时,许多照片状况不佳,它们因回潮、发霉或火灾而受损;另一些照片干脆就消失不见了,其中有些已被士兵当作纪念品据为己有,有些照片已被撤退的德军付之一炬,盟军军官则将完好无损的文件化整为零,以适应不同的情报任务。此外,许多图像被乱贴上了标签。

[66]德国军队的军官们确实试图没收所有的业余暴行照片,他们辩称"出于好奇而观看这种事件,有损德国士兵的尊严",但命令从未生效。照片中的指挥官是库尔特·弗朗茨。参见 Sybil Milton,"The Camera as Weapon: Documentary Photography and the Holocaust," *Simon Wiesenthal Center Annual* 1,no. 1 (1984): 47.格哈德·舍恩伯尔纳的《黄星》(*The Yellow Star*,London: Corgi Books,1969)是一部关于摄影与大屠杀的经典著作。感谢普林斯顿大学的弗罗玛·蔡特林让我得以了解该书。引语出自该书第 6 页。

[67]所提出的这些问题参见 Sybil Milton,"Images of the Holocaust-Part I," *Holocaust and Genocide Studies* 1,no. 1 (1986): 27-61,and "Images of the Holocaust-Part II".

[68]例如,参见 Barkley,"Savagery," p.5.也可参见纳粹对俄国人实施绞刑的图像,譬如"War Pictures We Have to Print," *Daily Sketch*,February 1942.

[69]照片附于"Nazi Frenzy Threatens to Murder 5 Million Jews by End of

Year," *New York Post*, February 23,1943,p.26; Patrick G. Walker,"The Terror in Europe," *Picture Post*, October 11,1941,overleaf. 流入西方的其他文件（例如1944年由波兰地下组织发行的一本讲奥斯维辛集中营的小册子《死亡集中营》）展示了妇女被赶进比克瑙和奥斯维辛毒气室的素描，而非照片［*The Camp of Death* (London: Liberty Publication Series,1944)］；Milton,"Images of the Holocaust-Part I," p.32.

[70]Walker,"TheTerror in Europe," pp.7-13.那张1933年的照片登在第7版，波兰妇女的照片刊登在第9版。所有照片均无文字说明。文章还配有一组对纳粹抱以同情的关键人物的头像。

[71]Volker,"The Terror in Europe," pp.9,8.

[72]"Nazi Atrocities," *New Republic*, April 30,1945,p.572.

第3章 以文字报道暴行

随着二战向着解放集中营迈进,英美记者与摄影师都遭遇了职业记忆中最艰难的竞技场之一。在对纳粹暴行的怀疑与不信任排山倒海的情况下,报刊需要在饱经战争蹂躏的土地上施展拳脚,可它尚未对即将发现的东西做好准备。待到报刊抵达西线上的布痕瓦尔德、卑尔根—贝尔森、达豪等集中营之后,它需要将暴行故事处理为一个合理的叙事。这样做,会牵涉到广泛的修补工作,包括对早期报道的更正、修改,以及推倒重来。

对于解放东线上德国占领的集中营的早期报道,帮助形塑了西方媒体的故事生产。尤其是,在英美部队向西线集中营挺进的数月之前,苏联人已率先解放并报道了东线的马伊达内克集中营,其报道为西方媒体提供了一次带妆彩排。同时,见证行为也可增进报刊对所见所闻的理解。不过,这两个报道维度都凸显了文字在形塑暴行故事中的局限性。

一、报道马伊达内克:为记录难以置信之事的带妆彩排

苏联人在东线上解放集中营比英美部队早了将近一年。1944年7月,苏联人解放马伊达内克,并一举占领贝尔泽克、索比博尔、特雷布林等人去楼空的集中营。次年冬,奥斯维辛、比克瑙等其他东线集中营也得以解放。英美部队的主要活动直到1945年春天才姗姗来迟,它们解放了包括布痕瓦尔德、卑尔根—贝尔森、达豪在内的一系列集中营,这样一来,苏联人对马伊达内克的解放为报刊了解纳粹欧洲集中营内发生的事情,提供了最初的机会之一。此外,东线集中营的解放还确立了一种报道标准,英美媒体可据此衡量自身的表现。[1]

解放东线集中营的经历让人不寒而栗。1944年7月23日,苏军抵达马伊达内克,发现囚犯已大多不在人世。五十多万人被就地杀戮,只有形容枯槁的七百名囚犯熬到苏军的到来。他们向解放者指认丛葬地、毒气室、仓库,其中仓库里满是鞋子、儿童玩具、眼镜、衣服。苏联红军离开马伊达内克后,继续西进,穿越波兰,一举拿下了波

兰境内的贝乌热茨、索比博尔、特雷布林克三个集中营,其中都既无幸存者,亦无物件。1945年1月25日,苏联人进入奥斯维辛。那里的被杀者估计达百万之多,只有不足三千人——大多为犹太人——活着迎来了解放者。

奇怪的是,苏联人对于在集中营解放中所发现事物的披露畸轻畸重。他们对于贝乌热茨、索比博尔、特雷布林克,一篇新闻稿都没发。在西线集中营解放之前,他们亦极少宣传奥斯维辛的解放。然而,他们却精挑细选了一群西方记者,邀其参观马伊达内克,使之成为一个引起西方关注的集中营。不过,即便是这样的关注,仍谈不上全心全意。[2]

对马伊达内克暴行的报道并未引起公众的关注。第一批目击者叙述见刊于1944年8月的苏联报刊,虽然英美报刊也在数日之内报道了这些叙述,但并未大张旗鼓地报道。《纽约时报》小心翼翼地称,"数十万人"被处决的故事出自苏军的《红星报》,而后者援引的消息来源为目击者和德国官方记录。翌日,《伦敦时报》的报道信息量更少,英国广播公司的俄语版根本没作报道。《时代周刊》部分地转载了苏联战地记者罗曼·卡门的目击者叙述,将它放在外国新闻综述中,其中八段为直接引语,与另一篇谈波兰宪法的文章并置,两文的篇幅也旗鼓相当。《时代周刊》这样呈现卡门的报道,不但免除了新闻杂志本身的叙述责任,也削弱了这名苏联记者的机构声音:文章读起来不像是一名记者在叙述一起代表纳粹恐怖统治的事件,倒像是拉开距离在叙述一名目击者所讲述的某个孤立事件的故事。八月底,《生活》杂志推出一个来自马伊达内克的图片专题,其中提供了还残留骨头渣的烤箱的照片。不过,杂志顺带提及苏联人的报道,还配有照片,显示出它对报道来源的矛盾心理,由此削弱了其可视化。[3]

报刊对这个故事的矛盾心理与前文提及的那些情形不无关系:不愿意相信、善意的表征倾向、对一战中虚假暴行故事的经历、反犹主义之痕迹。还有一种反感则源于对苏联记者抱持更广泛的怀疑,尤其反感苏联文学性新闻的写作风格和夸大其词的倾向。《纽约时报杂志》刊登了一名《消息报》记者的早期报道,其中写到集中营内处决方法的各种细节。杂志以"著名小说家与战地记者"介绍作者,对其新闻资质的矛盾心理可见一斑。因其"不太写实的文学风格",许多人将其写作斥为宣传。[4]这种怀疑使得西方报刊认为,东线集中营的解放是一个有待进一步核实的故事。此外,还有一个事实也加剧了西方报刊的沮丧态度:整个英美部队都被拒绝进入东线集中营。因此,出于专业上的原因,零零星星流出的信息便更容易被看作苏联人的宣传。

随着一群精挑细选的记者与摄影师于1944年八九月间受邀进入马伊达内克,情况开始有所转变。在由苏联支持的波兰民族解放委员会的帮助下,30名外国记者被带入集中营。集中营内的发现是如此地猝不及防,搞得报刊一时竟不知如何在新闻中称呼它。每家报章杂志几乎都在报道中采用了"卢布林"日期变更线,标出两英里开外的城镇,却不标集中营本身。在《芝加哥论坛报》的一篇文章中,对集中营的名字连提都没提。采用马伊达内克旁边的日期变更线的决定,造成了一种奇特的效应——削弱了这一德国野蛮之地的意义,并且这种效应在集中营解放后还持续了数月之久。[5]

与集中营的相遇令媒体人士震惊不已。英国《新闻纪事报》一名记者开篇即称,"这是我不得不写的最可怕的故事"。他接着又说:

> 我并不乐意告诉你们这一切。我永远都不会忘记我所看到的东西,这个集中营的恐怖会一直活在我的脑海中,至死方休。我希望你们中有人能亲眼目睹它。我希望每个德国人都能看看它,因为德国人作为一个民族的所作所为固然邪恶,但我想德国人大多并不清楚打着他们的旗号的那些所作所为。我希望尽快完全地、令人信服地告诉他们这一切。[6]

而实际情形并不如此,最初西方记者从马伊达内克发回的报道通常不被理睬或不受待见。英国人亚历山大·沃思的报道被英国广播公司拒斥为"苏联人的宣传",可一个月后,它登上了《基督教科学箴言报》。《纽约先驱论坛报》警告:"我们或许应该再等一等,以便进一步证实来自卢布林的恐怖故事……因为它听起来不可思议。"美国一名新闻编辑只是承认:"这个马伊达内克的可怕故事**可能**确有其事。"《基督教世纪》杂志嘲讽那些刊登此事的报纸,它指出:将马伊达内克"据称杀戮"150万人的故事与一战中"尸体工厂"的暴行故事相提并论,这"太令人震惊,以至于没法置之不理"。每篇报道都缺乏常规报道的要件,尤其是可靠目击者的证实。[7]

某些报章杂志的确对旗下记者抱有某种信任,它们会在刊登马伊达内克故事时提供支持性的证据。编辑部向读者发出吁请,并由此增强了报道的可信性,譬如《星期六晚邮报》的编辑恳请读者,不妨读读本报记者那简单又感人的报道。《纽约时报》记者比尔·劳伦斯的长篇报道被压了一阵子才得以发表,他在令人难忘的导语中称:"我刚刚观看了大地面庞上最可怕的地方。"翌日,该报采取了相当不可思议的举措,向读者保证劳伦斯不会言过其实,称他"之所以能受雇于本报,正在于他是一名以透彻准确著称的记者"。接着又说,证据"乃肉眼可见,劳伦斯先生目睹了它"。后来,劳伦斯抱怨道,时报如此描述其记者,真可谓前无古人后无来者。[8]

但不管编辑部怎样加持,讲述马伊达内克的故事都凸显了记者作为记录者的局限性。正如一名《星期六晚邮报》的编辑所观察到的那样:

> 你偶尔会碰上一个故事……它如此令人生厌,以致连最卑污的野兽与之相比,似乎都既干净又健康。它会因公众持续不断的兴趣或怀疑、记者的主观体验,而花样翻新。马伊达内克便是这样的一个故事。[9]

记者竭尽所能,以一种让人们相信他们不得不说的事情的方式来呈现叙事。

对马伊达内克故事的讲述显示了报刊要报道暴行是何等困难。与记者将要在西线上发现的证据比起来,围绕马伊达内克的物证显得很温和。哪怕马伊达内克故事同样恐怖,对它的报道却凸显了报刊在将暴行处理为一个合理叙事时所遭遇的困难。在此,"见证"这一更大的目标帮助记者适应了自身的局限性。

(一)马伊达内克作为一种见证标准

西方的马伊达内克报道之所以重要,在于它树立了一种标准,后来的记者与摄影师可据此见证纳粹暴行,也就是说,对其所见所闻负责。即使进入马伊达内克的记者与摄影师人数不多,又隔了许久才去,但报道那里所发现的事物有助于形塑其西线集中营报道。举例而言,1944年12月,《纽约时报》在记录对法国东部纳特兹维莱的解放时,标题中即提到先前的马伊达内克报道,而这么做并非偶然。[10]可见,报道集中营确立了一种报道与摄影上的标准,此标准将会在战争剩下的时日中被反复采用。

图像与文字在帮助报刊讲述马伊达内克解放过程中,以不同方式形塑着暴行故事。文字通过具化集中营的运行细节,为故事奠定了基础。照片通过超越马伊达内克这一范围,使故事普遍化。照片虽然稀缺,但马伊达内克中的照片已经暗示,它们可弥补文字的某些不足之处。尽管摄影可以提供记录媒介的功能,这对记者来说颇具吸引力,但其指涉的并非马伊达内克报道中所言之物。图像有能力将马伊达内克中的场景勾连至更广泛的诠释图式,以理解所发生之事,可见摄影或许特别适合被用以记录集中营。这么做,对见证行为亦有所裨益。

因此,当集中营的恐怖貌似已超出记者以文字来把握它的能力时,图像承担的角色便不止于图解一旁的文字。不过,这并非立刻发生的,因为马伊达内克中相对缺乏生动鲜活的文献资料,仅仅暗示了照片有其用武之地。确切而言,它是随着报刊进入西线集中营才发生的,在那里,报刊工作人员可更加轻而易举地拍摄到大规模腐烂与死亡的场景。图像通过凸显纳粹暴行的范围与程度,比文字更能让人们了解恐怖,西线集中营解放后铺天盖地而来的照片即证明了这一点。然而,在马伊达内克,已有人建议,只有仰仗图像,远离文字,暴行报道才最行之有效。

(二)将马伊达内克形诸文字:见证者报道

从报道战争以来,报刊一直通过目击者报道进行战时实录。目击者报道被视为一种维持可信性与权威性的有效方式,报刊之所以青睐它,在于它对"记者所见的事物"提供一种非分析性、非诠释性的叙述。事实上,"故事距离目击者愈远,其发生的证据愈弱"。真实性与现场性的这种假象迫使记者将目击者报道用于那些他们发觉难以脉络化的故事,也用于那些受众缺乏一手知识的故事。[11]因此,目击者报道从一开始便对报道纳粹暴行的记者具有吸引力。

报刊在报道马伊达内克时,立刻诉诸了目击者报道。记者对所见所闻提供有根有据的实录,并希望这些指涉性证据能够帮助国内公众见证暴行。记者竭力将其发现的恐怖拼凑为合理的叙述,下面这段对集中营内毒气室的叙述便是如此:

> 湿热空气被发现效果最好,于是安装了淋浴和热气扇。我在脑海中闪念了一下:这房间本来真的是能够(我重复一遍,是"能够")被用作消毒这一清清白白的目的。而我见到的下一个房间又是啥样的呢?这是一个密闭的水泥房间,7英尺高,面积约15平方英尺,一根铁制煤气管由一个较小的粉刷过的房间通进来,在那个房间中,有个装置与一氧化碳气缸相连。在两个房间之间,有个小小的玻璃窥视孔,上面有个格栅。你无须透过窥视孔,即可观看正在消毒的衣服。[12]

马伊达内克的目击者报道采用一种高度标准化的形式。报道几乎总有署名,报道提供的实录既简明又详实,实录极少偏离眼下场景中最明显、最具体的细节。下面这篇散文简单直接,语言具有复沓特征:"这是一个你务必相信的地方,"随后重复道,"我的眼睛骗不了我。"《星期六晚邮报》的埃德加·斯诺承认,他在写报道前,为核实细节,两度到集中营参观。《纽约时报》记者比尔·劳伦斯的叙述是一篇散文,长达一整版,段落以"**我看到**……这就是**我看到**的马伊达内克"起头。《新闻周刊》的一名记者讲述"**我穿过**这个效率极高的人类屠宰场","**我见到**了新来者被请去洗澡的致命房间"。这些叙述通常采用第一或第三人称,具体聚焦于记者所见事物,几乎不试图去分析、概括、诠释。可见,它们仍具有高度的指涉性。[13]

报道内容不再变化多端。报道主要围绕两个主要的叙事焦点而加以组织:领地、见证行为。参观集中营领地是一种记者仔细解释其所见事物的有用方式。记者领着读者,一路从澡堂、火葬场,到露天坟墓,再到堆满什物的仓库,集中营由"一群令人印象深刻、布局整齐的建筑物"组成。读者被带到集中营内,来一场有人导游的文字之旅:"我们出去看看澡堂……我们又回到了阳光下……我们骑行一小段距离,去卷心菜地……我们来到一个未粉刷的大仓库。"文字之旅有时聚焦于某个特定场景,譬如《时代—生活周刊》的记者理查德·劳特巴赫这样报道鞋库:

> 我抬脚走了进去。这是鞋瀑,鞋海,我跌跌撞撞地穿过它们。它们堆得犹如箱子里的煤块,堆得有半堵墙高。有各种鞋子,包括靴子、拖鞋。童鞋、军鞋、旧鞋、新鞋。鞋子有红色的、灰色的、黑色的。有些鞋子原本是白色的。

记者在具化一个集中营的酷刑场所时,会利用地形细节,以记录其中所体现的恐怖。《纽约先驱论坛报》的一名记者简笔勾勒了"我如何穿过这个集中营"。这些叙述读起来简直像是在为盲人导游,具体而冷静地回顾了穿越集中营所采取的实际步骤。[14]

马伊达内克报道也同样聚焦于见证行为。记者会以他们在集中营内碰到的目击者为见证者,而这些目击者之所以是马伊达内克故事中富有价值的一部分,原因既在于目击者提供的信息,也在于其沉默不语的在场给叙事带来的深度。目击者为暴行故事引入了一个指示性维度。跟领地一样,目击者也将故事根植于此时此地,以证实其恐怖性。

最权威的——尽管也是最疏离的——见证行为由记者自行上演,他们不但要把故事拼凑起来,还要凸显其所见事物的堕落性。但因其堕落性太一边倒了,记者需要更权威的目击者,以证实其叙述。记者在受害者、幸存者、德国旁观者、其他国际人士、加害者的行列中去寻找他们。这些目击者的话语与反应,为叙述马伊达内克提供了一个序列,将读者从一种见证行为带至另一种见证行为:从与马伊达内克中一名"目光呆滞无神"的党卫军男子的对话,转到与另一名因从事黑市肉食经营而被监禁的前囚犯的对话;从对四名德国战俘的采访,转到对三名集中营军官的采访。毫不奇怪,这些言语叙事中动辄出现诠释错误,主要是因为,记者缺乏报道框架、世界观或专业知识去评估其看到的事物。举例而言,《每日电讯报》的一名记者认为,德国人因为仓皇逃离卢布林,才留下"其可怕罪行的大量证据"。其实,纳粹对集中营做过系统清洗,这一点只有当记者们了解了西线集中营以后,才会昭然若揭。在那里,纳粹遗留的证据堆积如山。看来,唯有透过更多的恐怖,方能更有效地认识恐怖。[15]

可见,报刊通过依靠目击者报道——此乃当时记者记录目之所见的最可靠方式,对此前暴行报道的不力做了专业性的矫正。这么做既具化了暴行故事,也确保了文字发挥其指涉功能。在此基础上,报刊才谈得上使人们相信其报道。然而,文字的指涉性颠倒了人们对图像寄予的专业厚望。如果说文字为讯息提供的是指涉力量,那么照片作用何在?这一点会随着西线集中营的解放而变得清晰起来,到那时,文字只能为说服承认纳粹恐怖提供部分载体,而图像会取代文字,在说服疑虑的公众相信暴行中唱主角。

(三)将马伊达内克形诸图像:照片作为暴行象征

随着报刊进入马伊达内克,摄影在记录纳粹暴行中的潜在作用变得鲜明化。集中营的场景太难以置信,以至于需要视觉表征,以协助捍卫公众信念。不过,摄影师在马伊达内克无甚用武之地,因为他们虽拍摄了集中营照片,但所展现的对象与数量都相当有限,与后来随着西线集中营解放而流传开来的图像简直不可同日而语。

或许因为这些摄影描绘所提供的证据不足以消除疑虑,对其发表才既不均衡,又不经常。即使是大报,也不见得都刊登照片。《英国每日新闻》刊登了三张无题照:分别关于一个火葬场、一群哭泣的卢布林人、一个露天尸坑。不见描绘尸体、受害者、幸存者。由苏联索夫布托通讯社分发的焚尸炉的奇特照片得到了发表。《芝加哥论坛报》刊登了两张出自"波兰卢布林集中营"的照片:一张为焚尸炉的正面照,另一张为数十个"容器,其中盛有卢布林囚犯的骨灰,被拿来当肥料卖"[16]。

出自马伊达内克最逼真的一组照片直到该集中营解放整整两个月才得以面世。1944年10月,西方报刊回收了索夫布托通讯社的某些照片,同时发表了由西方摄影师拍摄的照片。《星期六晚邮报》刊登了堆积如山的财物的照片,诸如鞋子、骨灰罐、家庭快照。《伦敦新闻画报》刊登的照片最多,包括11张照片(见图4)。该报在照片旁边向读者致歉,不是为延迟发表致歉,而是为照片的恐怖性质致歉。

> 《伦敦新闻画报》不惯于刊登暴行照片,但鉴于德国人所犯罪行之严重性可能会使我们的读者认为——这样的所作所为对他们而言难以置信——对这些罪行的报道不是夸大其词,就是出于宣传目的,因此我们认为有必要在呈现其罪行的同时配发照片。这些照片为卢布林附近马伊达内克集中营内60万到100万被有组织地屠杀的无助者提供了无可辩驳的证据。即便是这些照片,也是从不少照片中精挑细选出来的,其中有些照片因过于恐怖而没法刊登。

这些照片比早期照片更多地暗示了纳粹暴行的范围与工业性质。它们展现了囚犯的牢房、营房的内部空间、刑讯室所在的建筑、堆积如山的个人财物(如照片、行李锁、靴子)。[17]

照片里的马伊达内克看起来如何呢?集中营照片只揭示了暴行本身的图式化细节。照片大多展现无生命的人工制品,诸如成堆的物件、仓库、毒气室、一排排焚尸炉,而鲜有照片展现幸存者或受害者。与后来的集中营照片不同的是,极少发表尸体照片,而在确实出现了尸体的照片中,也往往是被清理干净的人体。相反,暴行装备才是重点,诸如毒气室、吊索、熔炉、齐克隆B牌罐头、用以灭绝的毒气,从对鞋堆、护照、行李锁等与受害者相关的大量物件的展现中可见,纳粹暴行是何等广泛与系统,受害者数字是何等巨大。这些照片虽并不像后来西线集中营那样,为大量尸体提供了视觉证据,却揭示了暴行的精心策划性质,并揭示了集中营内的死亡不是一时的胡作非为,而是有备而来。这些照片也赋予两个叙事焦点视觉维度,而这些焦点在将文字形诸暴行故事中发挥了最大的作用。

图 4 "一例最可怕的有组织的残暴",《伦敦新闻画报》,

1944年10月14日，由《伦敦新闻画报》资料室提供

对集中营领地的视觉呈现方式是,转喻性地提及别处所发生的暴行。大多数照片在呈现时不署名,几乎不告诉读者拍摄者是谁,文字说明也只对照片的展现内容提供普遍化的诠释。在一堆杂乱无章的锡罐旁边,注以"人体骨灰罐"。将一组文件题为"属于纳粹暴行受害者的护照与身份证",将一堆鞋子题作"数千双靴子与鞋子,曾经属于自由的男男女女"。照片旁的文字证实其所展示内容,但宽泛的语言使之成为对暴行泛泛而论的表征。[18]因此,与其说一仓库鞋子或一排烤箱是在讲集中营本身,不如说是在讲纳粹暴行的性质。与记者在言语叙述中围绕集中营做文字之旅不同的是,这些照片展示集中营领地内的某种景象,以此代表一切纳粹暴行,以唤起更广泛范围的纳粹恐怖记忆。因为读者要在一个更广泛的脉络中才能理解照片所展示的纳粹死亡机器的核心机制,照片便将公众导向更广泛的暴行故事。可见,照片被树立为此脉络之象征。

同样,照片并非聚焦于幸存者(因为没什么幸存者可拍),而是聚焦于见证行为。一张又一张照片展示了在马伊达内克中察看暴行证据的人们。《星期六晚邮报》刊登了一张照片,展示了一群佚名观察者,大抵是卢布林的男性平民,他们在观看一排焚尸炉。后面站着一排妇女,这些"二阶见证者"不耐烦地看着他们。《伦敦新闻画报》的一张照片展示了一群"外国记者在**观看**从囚犯行李上取下来的**锁匙**"。在这两个例子中,图像不仅标识着暴行的文献资料,也标识着对暴行的反应,对见证行为与被见证的实际环境做了区分。[19]见证在记者叙事中乃事件序列之一部分,而与此不同,图像则使见证行为变成了暴行故事之一部分,这一点对于描绘暴行本身也同样重要。照片的显著性助长了这种转变。在此,摄影也舍弃马伊达内克暴行的实际细节,以适应更广泛的暴行见证行为。即使见证者的凝视并不特别具有新闻价值或重要性,其见证行为仍可收获摄影报道。这说明,报刊可利用其他集中营的类似图像,以便在一个更广泛的暴行故事中将它们勾连在一起。

因此,文字与图像对马伊达内克的报道均为西方报刊进入集中营做了一次带妆彩排。虽然对马伊达内克故事的描绘与后来的其他集中营报道相比很温和,但对苏联的集中营报道的证实让西方报刊对于西线集中营的见证已有所准备,在那里,西方报刊将率先记录集中营景象。带妆彩排还有一个更重要的作用:它揭示了西方世界在多大程度上尚未为相信盟军来年春将会发现的东西做好准备。

怀疑作为一把衡量这种不信任力量的标尺,它在报道马伊达内克解放之后仍然挥之不去。马伊达内克暴行缺乏直白而重复的可视化,也就是说,尸体和其他可怕景象的照片相对缺乏,可能更是助长了这种不信任。马伊达内克故事"对西方舆论无甚影响。相信者从其信念中寻求证实,不相信者则依旧心存怀疑"。直到1945年1月,英国心理作战部的一名官员还写道:"英美人民总体上仍不愿相信德国暴行……他们依然故我。"他指出,许多人仍视暴行报道为"苏联人的宣传"。他建议出版一份特别的摄影记录,以消除疑虑。不可思议的是,从 1943 年到二战结束期间,公众对纳粹暴行的知识和意识实际上不升反降。按照《华盛顿邮报》记者爱德华·福利亚德的看法,在此期间,为使心存疑虑的公众相信暴行故事,仍"不得不展示"照片给他们看。只有等西线集中营解放后,出版特别摄影记录才成为可能,到那时,暴行照片唾手可得。"直至达豪、布痕瓦尔德、卑尔根—贝尔森解放之后,怀疑者才终于肯明确承认,苏联的报道是准确的。集中营的真相(倘若有的话)比最广为流传的谣言还要龌龊。"[20]

二、暴行文字:报道西线的集中营

对纳粹暴行的见证随着记者进入西线集中营而戏剧般地复杂化了,因为在西线集中营解放后,昭然若揭的纳粹暴行在记者团的记忆中可谓一时无两。在媒体学者菲利普·奈特利看来,"出类拔萃的记者们被要求传达集中营的全部恐怖"[21]。但他们并不清楚应该怎样传达这种恐怖。

令记者不安之核心所在,是他们面对的证据具有不可撤销性。记者长期以来都讲究中庸之道,此时他们却要生产有力的文献资料,不但为了能使疑虑重重的公众相信一个未被充分报道的故事,也是为了能帮助记者修补其早期报道。焦虑、震惊、恐怖、挥之不去的不信任感,复杂化了记者自身的专业主义,并将其置于一种不得不悖离其精心拟定的可信性标准的奇怪境地。那么,他们是怎样做到这一点的呢?他们会诉诸哪些手段以使公众相信其所见所闻呢?

英美于 1945 年 4 月正式开始在西线上发挥解放集中营的作用。从当月第一周起,美军先后迅速进入包括奥德鲁夫、诺德豪森、布痕瓦尔德、达豪、毛特豪森在内的一系列集中营。几乎同时,英军也进入了卑尔根—贝尔森。记者与摄影师往往随盟军一道进入,他们通过文字和照片,率先对集中营内发生之事做了获得许可的记录。甚至对于那些先前只是远程报道马伊达内克解放的人而言,这种经历也立即被证明很值得:此时,报刊心照不宣地搬出先前已在马伊达内克报道中确立起来的标准。西线集中营的解放给西方报刊强加了一个"启迪者"的角色,而在马伊达内克无此角色要求。个中原因在于,既然记者跟随西线集中营的解放而进入其间,便会被逼着去报道,而不是去证实别人的叙述,尽管西线集中营的记录亦证实了先前的马伊达内克报道。《波士顿环球报》的一名编辑承认,他对苏联人解放马伊达内克后所受到的欢迎曾表示怀疑。此时他言简意赅地指出:"现在,我们都知道苏联人所言非虚。"[22]

跟马伊达内克一样,在西线集中营的见证行为中,报刊对图像与文字的激活方式不同。报刊明确以马伊达内克为标准,诉诸目击者报道,率先向公众详述集中营内发生的事情。目击者报道作为有根有据、不加分析的散文,为以文字塑造一个甚至连讲述者自身都难以置信的故事,提供了宝贵的路标。尽管图像在报道马伊达内克中的作用如此微不足道,而在这里,图像的预期用途很明确。因为随着越来越多的报刊进入集中营,它们已经认识到,图像有助于报道所见到的恐怖与破败场景。马伊达内克的带妆彩排在数月之后证明了其勇气可嘉,将报刊引导至暴行故事之核心所在。从一开始,图像便被寄予厚望,要在形塑暴行故事中发挥积极作用。

与其他战争报道一样,集中营报道亦利用了战时合作的潜规则,而这些规则是随着战争的扩大化而确立起来的。记者无意相互竞争,他们通过对这种合作性新闻模式的修补,以展开见证,哪怕该模式破坏了其熟悉的新闻制作实践也在所不惜。记者竭力为纳粹暴行的严酷证据拼凑出一个既全面又可理解的叙述,他们发现,彼此的合作无论对其自身还是对阅读公众而言,都充当了一种证实其所见所闻的工具。他们共享消息来源,记者互相求证,通常也将其资源凑到一块以试图理解故事。[23]大相径庭的故事殊难一见,面目相似的故事、人物、场景则在报道中一再重现。

(一)见证之内容:解放实录

报刊在进入西线集中营后,发现解放实录是讲述暴行故事的最有效方式。解放实录将集中营解放前未经证实的报道中多少有点抽象的叙述,转变成了这样一种记录:它聚焦于某一具体场所,以一切能够想象得到的可怕细节来轰炸读者。[24]

在1945年四五月间的三周内,布痕瓦尔德、卑尔根—贝尔森、达豪先后获得解放。4月11日,美军解放布痕瓦尔德,第四、第六装甲师在此发现了约两万名集中营男囚,其中约有4000名犹太人。大多数集中营囚犯数天前已被强行驱逐出去,数十名德国人随后也逃之夭夭。4月15日下午,卑尔根—贝尔森解放,英军在此见到了约4万名囚犯,女囚占三分之二。在装甲车训练学校的临时集中营内,还发现了1.5万名囚犯、若干德国士兵,以及效忠者(包括指挥官约瑟夫·克拉默在内的约80名党卫军、数名匈牙利士兵,以及若干德军常客)。4月29日,美国陆军第二十装甲师、第四十二步兵师(又称彩虹师)、第四十五步兵师解放达豪,当时美军并不知道其中还残留着数名德国炮手,还与他们交了火。在达豪系统内,约有7万名囚犯活着迎来了解放者。

当这三个集中营被悉数解放后,报刊也开始面临自身的局限性。与二战中其他事件不同的是,集中营解放后,盟军出台了一个要将集中营场景公之于世的军事决定。4月12日,艾森豪威尔将军在奥德鲁夫集中营看到恐怖场景后备感震惊,当即表示"我对看到的事物无以言表"。他要求大规模地见证暴行;命令美军官兵参观集中营;指示方圆百里内所驻扎的摄影师与记者更改其目的地,前来报道;安排政治家、新闻编辑、其他官员前来参观,以促进见证行为;发动一场强硬的去纳粹化运动,逼迫德国国民参观集中营,并授权战时新闻处海外部对其开展战争责任的再教育。[25]在艾森豪威尔看来,见证是对暴行的必要回应,要采取广泛的行动来实现见证。

官方乐于为记者进入集中营提供门路,这使得集中营报道变得更加容易。与二战中的其他事件不同,许多记者进入集中营的方式与随行部队如出一辙。他们往往身着戎装,并手持通行证以备不时之需,有时他们与随行士兵的区别仅仅在于他们的极简装备(即纸与笔)。许多记者几乎可不受军事限制地进入集中营,参观地形,与遇见的人交谈。虽然有些记者对之前已扩展至取得身份证、护照、健康卡、制服等方面的军事限制的突然取消深表怀疑,但他们仍为繁文缛节的简化欢欣鼓舞。[26]

但混乱比比皆是,报刊几乎不可能对将要发现的东西做到未雨绸缪。集中营数量如此之多,以至于英美部队往往与之不期而遇。指挥官们自己也不见得知晓集中营的存在,因为地图上大多没标记它们,各师抵达集中营之前亦极少收到相关情报。正如一名记者后来所回忆的那样:"英国第二军在巡逻中……毫无征兆地撞上了卑尔根—贝尔森。"有些记者虽意识到了其目的地属于何种"类别",但对其知之甚少:按一名记者的讲法,他正在进入"另一个地狱般的集中营"[27]。甚至连军方也弄不清楚某一特定集中营的名称、历史、囚犯或受害者的国籍,以及不同集中营之间的差异,因此这些细节在报道中往往不是缺失,就是被搞错。

一旦进入集中营,记者还会面临其他问题。他们极少收到关于该怎样报道暴行的指导方针,也缺乏一个框架,以供他们在报道中做临场发挥。正如一名记者后来所言:"这显然绝非草草报道后旋即被人忘掉的常规任务。"[28]然而,面对一个不但打破了报道预期而且打破了道德预期的故事,记者怎样证实其消息来源?他们怎样确认令人难以置信的受折磨者、被囚禁者和死亡者的数字?在这里,像语言差异之类本可正常克服的问题变得至关重要。譬如,有的囚犯操着一口外语喃喃自语,还没等记者找来翻译员记录其话语,便已当场倒毙。即使在面对院子里、铁轨上、公路上的死人堆时,许多记者仍天真地指望以公认的新闻方法帮助记录其所见所闻。当一名编辑在参观了布痕瓦尔德却从巴黎发稿以后,写道:"显然,编辑只被给了短暂时间视察集中营,他们几乎没机会去权衡证据,决定见证者的可靠性与可信度。"[29]他践行的新闻制作观念与其当场面临的情形之间的这种脱节,颇能说明问题。

记者将大屠杀报道包装为解放实录,以迎合公认的新闻制作实践。无论是在进入集中营之初,还是在随后几周展开的叙述中,记者都以有根有据、不加分析的散文来描述其所见所闻,而此前他们已这样讨论过马伊达内克。他们在精心提交的目击者报道中,事无巨细地讲述集中营囚犯获释的场景,诸如被大量浪费的人口、身旁颤颤巍巍的病人、竭力建立秩序的官员。报刊通常要在集中营解放后才能进入其中,而即便如此,它也可提供集中营解放后的广泛场景细节。正如一篇达豪实录所言,报道是"将我的所见平铺直叙出来"。[30]

记者在这三个集中营内拼命寻找足够有力的隐喻,以便将其所见所闻形诸文字。幸存者被比喻为"被鞭笞的狗""可怜的残骸"与"生灵",集中营则被视为"人类退化之极限""精心策划与实施的地狱""已沦为家常便饭的死亡"。日常与暴行常被并置,以传达恐怖。正如记者玛莎·盖尔霍恩所写的那样,在达豪,"衣服被处理得井井有条,尸体却如同被丢弃于阳光下的垃圾,任其腐烂"[31]。

从一开始对集中营的试探性叙述到后来比较完整的记录,集中营解放故事在各大报章杂志辗转流传,这一旅程反映了集中营故事在公众眼里已上升为一种可信叙述。起初,集中营故事出现在日报与周刊的内页上,被处理为更广泛的战争故事的边角余料,而到了集中营内军事活动的高潮期,它已足以成为头版报道。

在这三周时间里,集中营解放被广泛报道,报道按照"替代法则"的逻辑展开:对先解放的集中营的叙述会被对后解放的集中营的叙述所取代。对奥德鲁夫、诺德豪森的报道让位于对布痕瓦尔德的报道,然后让位于对贝尔森的报道,再让位于对达豪的报道。总之,从1945年4月9日到同年5月的第一个周末,集中营解放故事充斥英美大众报刊。报道不同集中营解放的记者发现,根据时段的不同,他们处在一个更大暴行故事的不同部分当中。举例而言,4月中旬,许多报章杂志在头版刊登了第二轮关于布痕瓦尔德的报道,它们出自长期逗留于此的记者之手,同时也初步报道了贝尔森解放。两周后,与第二轮关于贝尔森的报道一同刊登的,有官方代表团关于布痕瓦尔德的报告,还有对达豪解放的初步报道。可见,在刊登不同集中营的解放实录时,有所重叠。

在4月第二周,首批集中营一解放,细致的报道便立刻出现了第一个可辨的主旨,当时简明扼要的电讯报道中讲到尸堆,讲到暴行与死亡的可怕场景。随后几天里,记者对所见所闻做了冗长而详实的报道。吉恩·库里文、珀西瓦尔·克瑙特、哈罗德·丹尼从布痕瓦尔德发回报道,埃德温·泰特洛、罗纳德·蒙森从贝尔森发回报道,玛格丽特·希金斯、玛莎·盖尔霍恩则从达豪发回报道。记者在每个集中营的发稿大多不止一篇,他们每天发稿也往往不止一篇。他们不但详述其"所见",而且详述其"所闻",即别人告诉他们的这里从前生活状况的故事,这些故事讲述了死亡数字、严刑拷打,以及可怕的日常生活。[32]

记者与摄影师紧随美军之后,进入布痕瓦尔德。《时代周刊》记者珀西瓦尔·克瑙特也在此列,一名传记作家对克瑙特的所作所为作了如下记述:

> 庭院里"充盈着一种低沉噪音"。在庭院中的一辆卡车上,新亡者一丝不挂、棱角分明的尸体堆得很高,头脚突兀地伸向路人……我留意到,有一具党卫军的尸体混在其他尸体当中……"我甚至已不记得自己回到记者团后写过此事。"

一名记者承认,他本未打算写布痕瓦尔德,但最终还是写了,因为"我只是想得到一手知识,这样如果有人向我问起德国集中营,我便可以毫不夸张地告诉他们真相"[33]。

对贝尔森的记录亦同样艰难。一名通讯社记者写道:"我见到了贝尔森。"其报道散见于《波士顿环球报》《华盛顿邮报》与《洛杉矶时报》。"我看见这些死人……我看见这些死人旁边的活人……我看见孩子们在这个地狱中四处游荡。"他讲完见证者的故事,以一句话简单地收尾:"我听到的更多,但我不能再继续讲了。"《每日电讯报》的一名记者承认,两度参观贝尔森之后,"我比以往任何时候都更加无计可施"[34]。

记者在达豪的发稿能力很有限,这一点也令他们印象深刻。有一名通讯社记者,当他进入达豪时,正赶上党卫军警卫朝人群开枪,他便仔细讲述了濒死者的抓握动作。在他看来,最大的恐怖来自这样一种并置:从一节满载尸体的火车车厢旁经过的平民,"竟懒得再好奇地多瞥它一眼……甚至骑着自行车从尸体旁经过的儿童,从不曾中断他们兴高采烈的闲谈。车把上,则挂着抢掠来的衣服"。玛格丽特·希金斯是最早随同美军冲入达豪集中营大门的记者之一。营内残留的二十余名党卫军军官向希金斯和《星条旗报》记者彼得·福斯特投降。希金斯操着法语、英语、德语告诉囚犯,他们自由了。面对"你是美国人吗"的发问,她肯定地点点头,这差点造成混乱局面。在五月的第一周,达豪报道开始在英美报刊上流传,集中营解放受到大多数报章杂志的关注。[35]

在四月的三周时间里,代表团遵照艾森豪威尔的建议到集中营参观,由此带来了第二个报道主旨。集中营一解放,记者们便不费吹灰之力地进入了集中营,而如今,议员、国会代表、新闻编辑的代表团也步其后尘,相对轻易地鱼贯而入。参观集中营为记者的记录提供了额外的目击证言。他们既追踪四月中旬前来参观的英国议员和美国国会代表的反应,也追踪四月最后一周前来视察的劳工领袖、神职人员、联合国战争罪行委员会成员等其他代表团的反应,还追踪前来布痕瓦尔德和达豪参观的美国报纸编辑与发行人的18人代表团的反应。在这整个过程中,德国人也被成群结队地强行带入集中营,他们往往协助掩埋死者。

可见,解放实录对记者而言,构成了一种显而易见的方式,使之围绕见证行为去形塑其报道。同时,目击者报道也为记者提供了一种方式,使之有权威和可信度地形塑报道。

(二)见证之形式:通过目击者报道具化暴行

纳粹大屠杀学者索尔·弗里德兰德有个说法常被人引用,他认为,由于"传统的概念与表征范畴"不够充分,才致使纳粹大屠杀成了一个处于"表征端点值"上的事件。[36]或许,这一点在任何地方都不如在报刊为报道集中营场景的最初举动中那般明显。

吊诡的是,见证暴行多少抵消了人们对记者的集中营报道所寄予的职业厚望,甚至是在记者抵达集中营之前,见证即已改变了解放实录的面貌,也改变了人们对肩负报道职责的记者寄予的厚望,尽管见证几乎丝毫无助于减轻记者所要面临的恐怖。由于不存在最佳的见证方式,也由于每篇新的报道都既坐实了早期报道中的说法,又证实了已有的独家新闻,因此"提供报道"的责任在更广泛的"见证"需要面前不免相形见绌。从长远来看,即便只是对于观看暴行这一事实来说,见证也挺有意义。正如一名记者所解释的那样,他自己的报道不失为一种加持其他人的报道的手段,亦即"一种对于负责任的目击者已经写过的内容加以见证的方式"[37]。

采用公认的报道模式,有助于记者调整其报道以实现这一目标。记者不仅将他们对每个集中营的报道结构为解放实录,还将目击者报道(这在马伊达内克中已经得到证明)作为一种解决在表征大屠杀场景中所遇困难之方法。一手的、亲眼目睹的报道强调"我是如何**看见**遇难者已发黑的腐烂之躯"。《费城问询报》上有篇长文,每隔一段便以"我所**看见**……"的细节开头。一名英国记者评论道:"我们这些有机会目睹此暴行的人,有权要求你们关注它,我们的文字、我们的荣耀必定足以使之昭彰于世。"[38] 目击者报道乃一种特别有用的见证方式,因为,它作为一种体裁,强调记者的权威仅仅源自他们到过现场。记者断言,通过强调目击者报道的两个主要叙事焦点——领地与见证行为,可以使恐怖变得更具体、更可想象。

有鉴于此,记者最初的文章往往描绘集中营的地形,第二、三轮文章则提供集中营内受害者讲述的具体细节。领地引来见证者,而领地与见证者一起提供了一个见证框架。例如,美联社记者霍华德·考恩从达豪发出数篇报道:先是报道集中营的解放,然后对附近满载尸体的车厢做了多篇报道,其他报道讲述见证者的反应。[39] 诸如此类的报道有助于见证行为,虽然见证行为可被归到解放实录当中,但二者契合得并不严丝合缝。

1.领地

集中营领地构成了一幅暴行地形图,记者可借此为其目之所见提供详细的言语地图,或曰文字之旅。对发生暴行的物理地形做细致描绘似乎会使暴行变得更真切,据实提供的独特细节也具化了物理地形。正如一名《纽约时报》记者笔下的布痕瓦尔德那样:

> 为了方便,死亡屋就建在旁边。这是一座整洁的砖房。若要进入其中,你得先穿过一个庭院,院内立有绞刑架,一次能绞死十余人……在死亡屋一侧,有段楼梯通往地下室。地下室铺有混凝土,地面朝排水沟一侧倾斜,还配有软管。楼梯旁有个滑槽,由室外通至地下室。

《曼彻斯特卫报》将文字之旅看得足够重要,为它那篇啰嗦至极的布痕瓦尔德报道文章拟了个"集中营导览"的副标题。[40]

虽然聚焦于地形细节可能会令读者备感不适,亦会在吸引注意力的同时招致反感,但细致的呈现是见证暴行之必要步骤。在贝尔森,一名记者写道:"这就是我四度参观集中营所看到的东西。"然后,他为集中营内的酷刑场所及其抵达路线,勾勒了一幅错综复杂的文字素描。在达豪,另一名记者写道:"理解这个地方的唯一方式,便是跟随我们这一行人,踏上一段令人作呕的旅程。"《时代周刊》一名记者则回忆道:"让我们继续吧。"

> 我们绕过这栋建筑,来到中央公墓。这里的房间依次为:(1)办公室,活人与死人都得从这里经过……;(2)淋浴间,受害者在此被毒气熏死;(3)火葬场……我们一次次地经受诱惑,从一栋建筑去往另一栋建筑。

从达豪的"火葬场与淋浴间",到贝尔森的"地狱小屋",再到布痕瓦尔德的研究区,记者以亲眼所见的恐怖细节震慑了读者。正如《柯里尔》记者玛莎·盖尔霍恩所写的那样,"在达豪,每当你想从一个恐怖中停下来稍事休息之时,你却又走去观看另一个恐怖"。强迫读者关注这些文字之旅,是强迫他们见证暴行。对于火葬场、绞刑室、科学与医学实验室、酷刑室的具体描绘,几乎没给想象留下什么余地,同时也使人们认识到,需要对集中营内发生之事有所反应。[41]

有些记者通过解释集中营领地如何随着时间而改变,稍微拓宽了文字之旅。《伦敦观察家报》的一名记者在参观布痕瓦尔德后指出:"今天的集中营与十天前已经迥然不同,彼时它还处于第三军占领之下,而如今已被清理干净。"对其他记者而言,日益严重的腐烂也是一个问题。例如,一名记者在提及贝尔森时说道:"从昨天到今天,我一直都待在这里。我在昨天的报道中所描述的最龌龊的恐怖跟我随后见到的东西比起来,真可谓小巫见大巫。"集中营也被拿来与营外更大的地形作比较,营外的花坛、教堂、溪流都与之构成了残酷的对照。随着德国平民和英美官员前来参观,集中营领地再一次得到报道。举例来说,《伦敦时报》的读者即读到了一群魏玛平民被迫参观集中营的情形:

> 在火葬场,被熏黑的尸体骨架仍在烤箱中,而外边的庭院里,有两堆形容枯槁的尸体,再过去是些小屋子,在屋内的三层架子床上,躺着已病入膏肓或羸弱得站不起来的活骷髅,再过去是些马厩,数以千计的人在此被枪毙,再过去则是研究区,医生在此拿活人试验新的血清。[42]

有些文字之旅很是突兀,对某些恐怖场面费尽思量,其做法通常是让寻常与残暴

相伴相生,正如在马伊达内克见到的那样。例如,一名记者细致描述了囚犯如何被连哄带骗地带进达豪毒气室:

> 毒气室……的门面虚伪透顶。每次通知 25 名到 30 名囚犯去淋浴。当他们走进一幢令人心旷神怡的大楼,会有一名女护士长在接待室迎接其到来。她的办公桌上摆着鲜花,屋内一片宁静。他们在史无前例的盛情款待中,领到了肥皂和洁净的毛巾,然后进入淋浴间。然而,淋浴喷头是假的,从密封房门到准备火化尸体,只不过寥寥数分钟。[43]

事实上,这种场景与其说是对达豪毒气室的准确描述,不如说更能代表其他集中营的毒气室。因为达豪毒气室好像并未被投入使用。

聚焦于集中营物理地形的重要性何在?文字之旅不仅通过具化暴行发挥了其报道功能,也通过使恐怖变得更加可以想象,使记者与公众得以见证暴行。在一名记者看来,文字之旅使记者处于一种自动转播模式当中:他们只需记录下暴行细节,无须强迫自己去理解它们。在参观一个集中营之后,他承认:"我跟跟跄跄地出来了,眼不能看,嘴不能说。"同样,《伦敦旗帜晚报》一名记者去贝尔森参观时,他的车擦到了几名国防军士兵的制服,他说:"我真想把方向盘一打,加入他们的行列当中。"不过,这两个人都立刻发出了报道,按部就班地将集中营场景处理为叙事。正如记者埃德温·泰特洛后来所言:

> 我急急忙忙地离开贝尔森,奔向我的吉普车,踏上返回驻地之旅,为的是趁记忆犹新,将自己在那可怕一天中见到的一切写下来。我写完后,如释重负。写作这个故事掏空了我的情感,等到我恢复元气后,才意识到自己并非恐怖的参与者,而是专业的观察者,我的责任是告诉别人贝尔森是什么模样。[44]

对许多记者而言,开展报道具有补偿作用,即它恢复了某种透视恐怖的视角。

2. 见证行为

记者也可通过叙述在集中营内碰到的见证者的言行来做见证。这些目击者的反应既具化了暴行,也为解放实录赋予了一种亲身经历的权威。

记者在解放实录中引用了四类见证者:(1)集中营内的囚犯与受害者;(2)德国国民,包括集中营附近的平民和前党卫军官员在内;(3)解放部队的士兵;(4)外国政府的官员与新闻机构。[45]在集中营解放后的头一两周里,这四个群体均见证了集中营场景。并且,尽管每个群体都分别为理解见证行为、深化并复杂化其意义增添了一个不同维度,但他们在叙事中呈现的事实往往有着先后顺序,这样便使更大的暴行故事扁平化了。

在一篇题为《纳粹恐怖可怕得令人难以置信》的文章中,《费城问询报》记者哈尔·博伊尔告诉读者,"你不一定非得透过记者的眼睛去观看它",他记下了自己在集中营内碰到的许多人的讲述。一名记者说:"我今天与幸存的活骷髅聊了四个小时。"另一名《纽约时报》记者则说:"我会首先讲述我和《星条旗报》记者安迪·鲁尼——我俩都是首批美国记者——看到的东西,""然后叙述在党卫军血腥屠戮中的一名幸存者告诉我们所发生的事情。"《每日电讯报》的标题《他们说"我们不知道"》拟得有点令人不可思议,它竟在重复不情不愿的德国旁观者的话语。[46]

对于见证行为,最常见的表征方式是逐层展开:被解放的囚犯看着德国平民,记者看着官员,每个人又都看着尸体。一名记者看着一名美军士兵,而该士兵又看着一群德国平民。

> 集中营的恐怖令许多妇女晕倒。其他人边抽泣,边用手捂住眼睛,想抹掉眼前事物。一名美国国会议员命令她们放下手。他告诉她们,要好好观看,永远不要忘记她们看到的这一切。

另一名记者讲述了行进中的德国平民如何"被刚进来的数千名被解放的'奴隶'团团围住。他们甚至挤满了营房屋顶。他们默默地注视着"[47]。

与目击者报道相一致,记者也认识到了他们自己的见证行为,并记录下"我看见"的事物。正如一名《费城问询报》记者所言:"我在着手记录前便已意识到,你们既不可能也不会相信,我知道你们对暴行故事的反应会是习惯性地耸耸肩了事。但我是到过那里的。"有时,记者会以奇特的方式转变为见证者的角色。一名通讯社记者在达豪报道中,通篇采用第三人称,只有讲述他看见满载尸体的火车车厢的那个段落例外。在那段叙述中,他改以第一人称告诉读者:"在战斗结束后不久,我便**抵达**集中营,我**看见**一列火车。"改以第一人称,增强了叙事的可信性,因为这么做弱化了以第三人称表示的"中立观察者"这一专业角色,转而承认其"见证者"角色。[48]

不过,记者也聚焦了集中营内囚犯与幸存者的反应。《纽约时报》记者哈罗德·丹尼写道,布痕瓦尔德的囚犯"显得人不人鬼不鬼的,有些已经失常,有些用瘦削脸庞上的锐利目光盯着我看,有些目光呆滞地望着前方,眼神中空空如也,还张着嘴巴"。幸存者仍旧无名,尽管有时也会交代某些人的姓名与出生国。在贝尔森,一名见证者步履蹒跚地来到《生活》摄影师乔治·罗杰跟前,他"操着德语跟我说话,我不明白他在说什么,我永远也不会知道他说了什么,因为他话还没说完,就倒毙在了我的脚下"。但凡可能,记者都会去追逐战前生活中那些有地位的人士,譬如医生、大学教授、作家、外交官、军官。一家报纸称达豪的囚犯名单为"欧洲名人录"[49]。

但记者即便找到知名人士,也不见得能将其反应形诸文字。一名记者品评了一番布痕瓦尔德的无名尸之后,留意到活死人中的生命迹象:"这是一位白发苍苍的法国人,已73岁高龄……他告诉我党卫军警卫对他施加的惩罚,这些惩罚太堕落、太下流,我除了悄悄耳语别人之外,断不能公开讲述。"寻常与残暴再一次相伴而生,"幸存"这一事实与世俗细节被一同讲述。一名幸存者在回顾从布痕瓦尔德到达豪的被迫行军时,也顺便描述了其战前的往昔岁月。有些记者考查了囚禁期间失踪或被认为已死亡的受害者的身份。例如,《曼彻斯特卫报》调查了关于法国前总理利昂·布鲁姆的谣言和关于玛法达公主(意大利国王的女儿)的谣言。在若干叙述中,可见到对他们以及其他类似者的命运之揣测。虽然对可辨识名字的寻找带给叙述指涉性,但记者的证实能力也相当有限。一名记者在报道一位捷克作家的失踪时,不无防御地得出结论说,"根据**我完全有理由相信**的他的狱友们的说法",他三周前已经死亡。[50]

记者还报道了德国国民在集中营内的所作所为。许多记者几乎毫不犹豫地要求他们对暴行负责,不是作为直接的加害者,就是作为间接的旁观者。由于德国人主要以无言的身份被援引,读者反倒能获得他们面对暴行时的大量生理反应细节。当平民作为去纳粹化运动之一部分而被盟军强行带进布痕瓦尔德之后,记者讲述了"魏玛的一千二百名男男女女走得多么勉强……哭泣、呕吐、晕倒"。一篇篇报道对于德国人如何哭泣、晕倒、对所见的东西犯恶心,都有闻必录。记者约翰·威廉写道:"这些德国市民穿上最体面的礼拜服,有的还戴上挺阔的白领子、平整的黑领带。我看见他们抬起这些枯槁而残缺的尸体,将他们跟自己的德国祖先并排而放。"记者也迅速指出了不敬之举。一名记者说,这些党卫军妇女"面对其任务的冷酷性无动于衷","有个人甚至在协助将尸体放入尸坑时面带微笑"。文章的副标题"她在微笑"以黑体字强调了这名妇女的不当反应。《纽约时报》的哈罗德·丹尼聚焦了希特勒青年姐妹会中一名年轻成员,她在集中营敞开的皮毛门前哭泣、颤抖、呻吟。丹尼时不时问上一两句,她提到"他们"的所作所为的可怕性质。当时,丹尼要她小点声,他发现"这个女孩并无个人责任感,尽管她曾宣誓要做纳粹政权的拥护者"[51]。

另一种二阶见证者是士兵,亦即"美国大兵观光客"。他们的见证之所以重要,是因为这既代表了一种对于解放后昭然若揭的集中营场景的军事反应,也代表了解放前缺乏军事反应的状况。《时代周刊》的珀西瓦尔·克瑙特说,他在布痕瓦尔德解放九天之后走了进去:

> 我们从地下室出来,走进另一个庭院,庭院四周围有一堵高高的木墙。院里有堆尸体,堆得有点像我家里的柴火,不太齐整……他们张着嘴,似乎很疼痛,从鼻孔中流出小股小股的血迹。一名医护人员说这是"某种出血"。一

名大兵则说:"见鬼,这些人被活活饿死了。"他盯着尸体看了又看,脑海里的这个念头挥之不去,一遍遍地重复着那句话。

记者告诉读者,"士兵哭泣"、"士兵扭过头"、士兵"茫然注视",而所有这些都暗示了军事专业主义的闪失。同时,记者也留意到士兵的强硬表现。在一篇题为《美国佬让德国人徒手刨出遇害囚犯》的文章中,《星条旗报》记者韦德·琼斯说,"美军抵达之时,满眼仇恨"。一名监督德国平民刨坟的士兵吼道:"闭上嘴,接着干。你们谁都与此脱不了干系。"《华盛顿邮报》的爱德华·福利亚德跟随"数千名美军士兵来到集中营",其中一名士兵——

是一个衣冠楚楚的年轻人,他见到尸体景象后,喃喃自语"天哪!"他沉默片刻后,说了些诸如当你读到它时真是难以置信之类的话,随即又补充道,"可事实便是如此"。

福利亚德为士兵的观察做了加持,写道:"是啊,事实便是如此。"记者的见证行为是对士兵的见证行为的补充,两者都反映了见证暴行这一更大的集体反应。[52]

有时,某些士兵的话语会被各大报刊不断重复。一名在贝尔森的英国医务官即为一例,《洛杉矶时报》《伦敦时报》《每日邮报》《每日电讯报》均转了他的话。他说,集中营内的妇女尸体"码得有齐桌高。我看见四个女孩抬起一具尸体,抛上尸体堆。我还看见一名妇女将死去的孩子抱上尸体堆"。其他人也发表了对自身经历的记述。例如,一名美国士兵致信《新闻周刊》的编辑,他说:"我昨天看到的事情,若非亲眼所见,绝不会相信。"[53]

三阶见证者是指四月下旬接二连三前来集中营参观的官员。一群又一群美国国会代表和英国国会议员"对暴行的目击者证据震惊不已"。这些官员被叫去"亲眼目睹,并充当代言人",他们的证词鲜有爆料,反倒证实了记者和军方人员的先前叙述,他们毕竟只是去"观看恐怖"——这是一种纯粹的见证行为。一名国会议员说:"毫不夸张、无以言表。"另一名国会议员评论道:"我们在上次战争中所听闻的暴行故事未予证实,而如今,我们亲眼目睹暴行,它们是我所能想象到的最龌龊的事情。"记者对官员的反应保持密切关注,可谓来者不拒。例如,一名记者反复说暴行如何"将观众吓傻了",另一名记者则反复说议员们如何一见到遇难者便开始哭泣。[54]

对女性的见证者角色亦有所关注。有篇文章转了参观集中营的英国国会议员的名单,题作《女性下议院议员去观看恐怖集中营》,文中提及议员马维什·泰特。《下午》和《新闻纪事报》均刊登了一篇路透社快讯,对英国代表团中唯一的女性见到布痕瓦尔德时哭泣的事实有闻必录。《纽约时报》在谈及美国国会代表团时,也同样聚焦代表团中唯一的女性——克莱尔·布思·卢斯,称她"不放过任何可怕景象"[55]。

艾森豪威尔召集的一个由 18 名美国报刊编辑所组成的事实调查团,带来了最后一轮见证报道。报刊大肆报道这次参观,各家报章杂志也都将旗下编辑的言论置于显要位置。《底特律自由新闻报》的马尔科姆·宾盖和《新奥尔良州与时代琐闻报》的伦纳德·K.尼科尔森整理了一个包含新闻剪报与日记摘录的小册子。这一次,见证者的话语同样不是爆料,而是证实,即编辑证实了本报记者的先前报道。《洛杉矶时报》的编辑诺曼·钱德勒告诉读者:

> 美国战地记者的报道是准确的,这并非宣传,而是赤裸裸的真相……无须再赘述细节,细节已被讲完。我的目的不过是证明美国记者的准确性——他们已道出真相。他们并未夸大其词。其实,很难夸大其词。[56]

有篇报道发表在美国报纸编辑协会的《公报》上,与其说它关注的是暴行,不如说它关注的是作为公共记录的暴行书写。它开宗明义:"美国记者已准确全面地报道了布痕瓦尔德与达豪的暴行。"他们——

> 跟解放部队一道进入集中营,他们有机会亲眼目睹的东西比现在留给我们观察的多得多……尽管如此,我们所见到的已足以让任何人相信纳粹对于饥饿、酷刑、贬低的系统工程。如果非要说我们的记者有什么差错,那就是轻描淡写,因为文字不足以形容那些纳粹建制极端的恐怖与堕落。[57]

因为每种类型的见证者都无法完整地讲述纳粹暴行故事,所以能证实某一故事的见证者愈多,对报刊而言证据则愈强。这意味着,只要记者还驻扎在集中营内,他们便会不断寻觅更多消息来源,不管他们是否有新的爆料可提供。对国会议员的描绘"已落入了一种窠臼当中,新闻短片与记者对此已有惊人的细致描绘"。美国众议员克莱尔·布思·卢斯承认:"我敢说自己是一个亲眼目睹了某些暴行之人,但不止我一人,另外还有许多人。"[58]可证实相同细节的人的数量貌似具有一种奇特的力量,之所以奇特,是因为它背离了"独家报道"的新闻目标。然而,记者们似乎从生产更多报道以证实先前报道中寻找到了慰藉。原因在于,聚焦见证有助于证实见证暴行这一更广泛的目标。

(三)见证的重要性

见证作为一种报道目标,需要报刊做出某些调整。独家新闻不如证实别处已经报道过的东西来得重要。要透过不同时间、环境、新闻机构及其记者的目击者报道,方能拼凑出集中营解放的故事片段。鉴于集中营的可怕场景，这不仅在道德上可以自圆其说，也有其实践蕴涵：新闻制作环境虽然不甚理想，报刊却可同时保证报道内容的真实性和讲故事的能力。

编辑认识到了这种暴行报道使命的改变，并对记者为此付出的努力表示赞赏。他们认识到，讲故事本身比由谁讲和如何讲更重要，他们将报道看作一种由大家共同取得的成就。通过编者按、旗式标题、副标题、字体加粗，集中营被定位为一个需要读者关注的故事。在《纽约时报》的每周评论栏目中，其中一部分内容是转载该报驻布痕瓦尔德记者的话语。《伦敦旗帜晚报》在一篇贝尔森解放的文章旁，加了个小框，放上一则编者按。编者按以《记录在案》为题，这样写道：

"我在印度见识了瘟疫带来的影响……但因为我一直都是一个实事求是的记者，着眼于事实，而非道听途说，所以当我告诉你们我今日所见比我在别处见过的任何事情都更加龌龊时，你们务必相信我。"这段摘录出自《伦敦旗帜晚报》记者罗纳德·蒙森的这篇贝尔森纳粹集中营报道。其报道对该集中营现有的纳粹耻辱记录是一个补充。

这个编者按不但将读者引向旁边的报道，也为正在进行中的集中营实录的真实性背书。《下午》也为其中一篇报道配了类似的编者按，声称："在我们《下午》杂志刊载的所有报道中，我们最不喜欢的是那些对轴心国死亡营的报道。但我们有义务刊登它们，因为它们乃生活之事实。"[59]

读者的注意力也被更具创新性的方式所吸引。举例而言，有家报纸转载了爱德华·默罗的广播，默罗恳请听众："请允许我告诉你，倘若你周四跟我在一起的话，你会耳闻目睹些什么。"社论矫正了早期文章中的无效论调。例如，《基督教世纪报》承认，"我们发现很难相信纳粹集中营报道确有其事，可证据又太确凿无疑"。《每日邮报》的标题运用极具创意。它将一篇贝尔森报道的标题《最可怕的战争故事》复制到次日头版上，以此作为贝尔森指挥官约瑟夫·克拉默的照片的文字说明。这一标题不但为照片带来一个具有共鸣的暴行故事，无须再为照片撰写文字说明，而且反过来证实了头天的报道，还创造了一个脉络，从而使读者可将两篇文章勾连在一起，将其解码为一个更大暴行故事中的配对篇章。[60]

编辑们的记叙也登上了新闻行业刊物。在英国行业期刊《报界》上，讨论了暴行报道如何小心翼翼地游走于公序良俗与"唤醒公众去充分认识何谓纳粹主义的目标"之间。在美国报纸编辑协会1945年6月号的《公报》上，开头几页亦论及此话题。这篇记叙题为《暴行反思》，刊发了三名编辑的反应，其中一人"惊恐万状地"回忆了布痕瓦尔德的绞刑室和"医学实验大楼"。当报纸编辑正式参观布痕瓦尔德后，美国行业期刊

《羽毛笔》刊登了一组集中营文章。其中一名编辑的记叙是这样开篇的:

> 作为在大报供职近20年的人,他深知普通公众的忘性有多大。当他有幸忝列于一小群美国编辑当中,趁恐怖还鲜活,前往视察纳粹集中营,他更有理由担心记忆的这种短暂性。E. Z. 迪米特曼看见了布痕瓦尔德和达豪,他终其一生都将会看见它们。他希望美国报纸可帮助确保我们不要遗忘。[61]

在本例中,对集中营场景的见证不但被脉络化为一种一阶性的专业实践,也被脉络化为一种具有道德重要性的行为。可见,在见证过程中,报刊认为自己所履行的责任已经超出了新闻业的应尽之责。

(四)见证的局限性

然而,将见证形诸文字还有一个成问题的方面。它对所发生事情的叙述不够充分,具体表现在记者之所见、他们如何报道与评价其所见、他们如何评价其报道表现等方面。

依赖目击者报道、不强调"暴行"而强调"解放",为证实集中营场景提供了一种有根有据的方式,而这些场景放在见证的目标下倒是可以自圆其说。但这本身并不是"好"新闻,因为它在建构集中营解放记录的过程中带来了其他问题。许多记者的报道太贴近于其所见事物的细节,以至于看不到更大的图景。许多记者仅仅专注于他们看到的东西,而不将所见证的可怕事件置于某一空间中去加以诠释。

1.见证与诠释

记者的工作。对报刊而言,见证的问题首先在于,它在很大程度上削弱了诠释工作,而报道往往要靠诠释工作来形塑。缺乏诠释加剧了记者在集中营内报道时所犯的差错。记者大多不但未对集中营场景做足够的诠释工作,而且随着集中营的陆续解放,对某一集中营的细节言之成理的诠释图式也变得不再适用了。

这起到了使屠杀场景正常化的作用。将集中营呈现为一系列聚焦于解放行动的目击者报道,带进了一种不断打转的评价标准,如此一来,每个集中营都被拿来与先前解放的集中营做比较。最终,诺德豪森集中营被称为"东线的马伊达内克",达豪被称为"最可怕的集中营",贝尔森被称为"最大也最可怕的集中营"。随着其他集中营相继解放,它们在与先前解放的集中营的比较中也被贴上了各种标签,诸如"又一个布痕瓦尔德"和"第二个达豪"。这样的标准在描述恐怖的同时,也起到了使恐怖主流化的作用。一名记者写道:"集中营数量如此之多,又一个比一个糟糕,以致它们几乎不再成其为新闻,而需要某种相当令人作呕的东西,才足以成为下一个故事。"[62]

这巩固了某些报道差错。举例而言，记者所见的场景立即就被定性为"最龌龊的"纳粹暴行。尽管它们当然是截至当时记者见过最龌龊的，但他们无从知道其他集中营内还有更可怕的故事在等着他们。并且，记者也想象不出比眼前所见更龌龊的情境是什么样子。然而，东线上已解放的集中营内惨无人道的恐怖故事，却还要再过一阵子才会浮出水面。同样，当记者建构叙事时，他们也过度渲染了"吃惊"的问题。吃惊对感到震惊的新闻从业者而言，无疑是一个被低估的参考框架。记者在叙事中一再地讲，没人知道集中营内发生了什么，但对吃惊的强调冲淡了英美官方对集中营的预感。正如学者罗伯特·阿布朱格所认为的那样，"集中营解放令人震惊，但这些解放并未披露盟军最先就纳粹摧毁欧洲犹太人的计划所掌握的切实证据。1945年春解放的那些集中营并非屠戮中心，它们甚至也不是率先被解放的集中营。"[63]

在某些情况下，记者的犯错在于未能区分已被准确报道的、未被准确报道的、尚未被报道的故事。由某些记者采集并写入文中的报道差错被迅速地固化在了总体的新闻记录中。集中营的名字与类别被搞错。例如，诺德豪森集中营被起了四个名字，这些名字仍在继续被人使用。"死亡集中营"和"灭绝中心"等两个标签被误用来描述像布痕瓦尔德之类的地方，从而混淆了西线集中营与东线死亡营之间的差别。此外，反犹主义也为围绕犹太人受害报道制造了问题。1945年，反犹主义在英美两国都甚嚣尘上，半数以上的民意调查对象认为，犹太人"势力太大"。人们相信犹太人是"成问题的受害者"，并且"提及对他们的迫害可能不会引来大家的同情"，并认为"认识到受害者中有多少犹太人可能会抑制人们对暴行的愤慨"。由此，纳粹受害者中压倒性的犹太人性质便从战略上被低估了。[64]

因此，人们对集中营的错误理解多少有点以讹传讹。正如托尼·库什纳所证明的那样，甚至在集中营解放后，恐怖仍经常被人误读，因为它被错误地与二十世纪三十年代人们的集中营认知放在一起。这样就造成了一系列不准确，譬如：关于集中营场景意味着什么，政府、民众与士兵对集中营的了解程度，集中营代表纳粹主义最龌龊一面的程度，由盟军解放的集中营与东方可怕得多的死亡营之间的关系，受害者的犹太人性质。

鉴于集中营解放报道中存在上述困难，报刊表现之不足便多少情有可原。但这些不足说明，见证作为一种对暴行开展新闻报道的言语模板，存在某些局限性。见证不但生产了一种相对于更大的暴行故事而言不准确的集中营记录，而且它在适应对集中营场景的"观看"需求中采取了一个从"内容"（集中营解放）和"形式"（目击者报道）两方面来讲故事的框架，而此框架对于处理更广泛的纳粹暴行故事力有不逮。这将会给记忆带来极大影响，在记忆当中，更广泛的故事将会浮现而成为记忆纳粹暴行更加有效的方式。

2. 见证与专业

新闻制作实践。见证行为削弱了对暴行故事报道中所牵涉的诠释工作的认识,并以诸种方式掩饰了记者在新闻制作中所经历的其他困难。在很大程度上,单单是到过集中营这一事实本身便足以值得报道,而对这种报道的实践倒无须多言。事实上,集中营内的许多报道工作具有临场性与互补性。因为记者得一边为报道收集信息,一边还得被迫处理自身的恐惧,许多记者快速地游走于震惊、厌恶、对自身健康的担忧之间。埃德温·泰特洛极其诚实地说,他满怀悲悯,在贝尔森集中营里穿梭,但当恐怖一个接一个地袭来时——

> 我不得不承认,自己开始感到厌恶。悲悯已让位于对自己可能受感染的担忧。我发现自己在集中营内其他地方转悠时,变得越发紧张与不情愿起来,我甚至不愿让我的靴子以超过走路所绝对必需的力度或频率,去触碰贝尔森那片疾患深重的土地。[65]

人们一再发现文字无力传达记者所见之事物,同时公认的报道实践也一直力有不逮。举例而言,对报道这个特定故事而言,依赖公认的消息来源、提供背景细节、查证事实等实践不是不充分,就是不相干。许多记者对于自己所报道的故事,甚至连最简单的细节都无法提供。通常,要统计一个集中营内受害者与幸存者的身份、姓名、国籍等信息是不可能的,或者即便统计了也站不住脚。一名美联社记者承认,有时记者会刻意回避他们身为记者正常说来会提的问题。在贝尔森,他在跟一名妇女交谈后写道:"记者有时甚至可能根本不提问题。我不仅不清楚这位女士口中小男孩的下落,而且我甚至连她姓甚名谁都不清楚。"英国《每日邮报》的一名记者后来回忆说,当一名小女孩哭哭啼啼来到自己跟前时,"我抑制住提问的专业冲动,对这个孩子的怜悯害得我如此痛苦不堪"[66]。

另一些困难与新闻讲述有关。记者在将其笔记写成叙事时,往往无法树立起一种权威的声音。他们在叙述中一再地说,无力找到恰当的语态来讲故事。当然,无力找到恰当的语态折射了一种更加根本的无力感,即无力理解所发生之事。一名英国记者给报社编委会拍了封电报,电报这样开头:"现在我有义务报道某种超出人类理解范围的事情。"[67] 不过,尚不清楚他们是如何带着这样一种无以言表的初衷而着手其报道的。

有时,报刊会试图突破新闻工作的盲点。举例而言,《下午》杂志煞费苦心地为自己的一名"非记者"(即一名充当观察家的士兵)树立起看似客观的立场。

> 戈登·沃克不是战地记者,他是训练有素的观察家。他不写报道,他记

录所见所闻。他会做调查,下面这些话即他的报告。[68]

但总体而言,集中营报道的重要性抵消了对其局限性的讨论。单单是到过集中营这一事实本身便够了,对具体的报道实践似乎倒无须多言。

许多记者后来承认,自己在集中营内崩溃了。美联社记者理查德·麦克米伦记得,在贝尔森的大部分时间里,他"被迫要像一个惊魂未定的孩子一般,透过指缝窥视"。当玛格丽特·希金斯在达豪外看见装尸体的车厢时,她恶心得直抽搐。爱德华·默罗大多数时候待在布痕瓦尔德,他木然地将从一场扑克游戏中赢来的战利品,塞到紧抓着他的骨瘦如柴的囚犯手上。记者艾伦·穆尔黑德因无法遏制痛苦,请求离开贝尔森。家喻户晓的BBC播音员理查德·丁布尔比回忆说,自己在录制贝尔森的节目时五度潸然泪下。当忆及如何与不想让他完整讲述故事的BBC抗争时,他坚持认为:"我必须如实地说出真相,包括它的每一个细节,哪怕人们不相信我,哪怕他们觉得不该把这些事情放进来。"

>……是BBC在拒绝相信它,或者说拒绝播放它。BBC坚持要有其他消息来源的证实,结果丁布尔比便愤慨而痛苦地致电新闻编辑室,下了最后通牒:若不通过其报道,此生绝不再播报。[69]

幸运的是,丁布尔比迅速收到确认,随后BBC播出了其报道。不过,在集中营解放之初,记者的不足极少得到公开承认。当记者报道这场令人难以置信的大屠杀时,需要做得专业加剧了他们的痛苦。

所有这些困难都与一个讲故事的根本悖论有关:一旦记者认识到既有的新闻标准无法帮助他们去见证,他们便会据此认为自己无力将看到的东西处理成合理的叙事。正如上面已经表明的那样,集中营的情形远远超出了记者的亲身经历,因此他们生产的合理叙事充其量是不完整的。那么,解决办法就是记者承认自身作为记事者的不足。

见证与新闻叙事。诉诸文字的见证有一个最戏剧化的特征,即记者一再承认自己在实录所见事物时能力有限。一名记者开门见山地声称:"除非你亲眼目睹布痕瓦尔德,否则你不会也不可能相信它。"另一名记者指出:"我们的亲眼所见证实了每一个可怕故事,也增添了我们不曾耳闻的可怕细节。"[70]集中营故事暗示了其讲述内容的背后是什么样的,它也由此成为一份对新闻业不足的实录,这就解释了为什么在记者记录其所见的同时新闻业的表现却差强人意。

新闻叙事之不足有诸多根源。其中一个跟对文字本身的选择有关:文字对所要承载的信息而言,并不是一种充分的载体。一名记者说:"'骇人听闻'一词没法定义我今天目睹的生死场面。"另一名记者说:"你听到的任何东西……都将会是轻描淡写。"在大多数人看来,"布痕瓦尔德完全超出了任何理解。哪怕你亲眼目睹它,也照样无从理解"。一名《星期六晚邮报》的编辑承认:"战地记者在事实报道上表现不俗,而能说出来的东西却有其限度。"克莱尔·布思·卢斯声称,集中营"比见诸报端的描述可怕得多"。或许,对布痕瓦尔德解放最著名的诉说,既不是来自文字,也不是来自图像,而是来自声音。哥伦比亚广播公司记者爱德华·默罗1945年4月15日的广播稿被世界各大报纸纷纷转载,他发现"那股臭味无法形容。我们刚走进庭院,一名男子就倒毙在地。另有两个人,肯定都有六十多了,在地上爬行"。默罗"恳请听众相信他",并说"我已报告了我的所见所闻,但这只是其中一部分,我对大部分见闻无以言表"[71]。

另一些记者强调了目击者报道中的普遍不足。《纽约时报》一名记者说:"要讲述一个前后连贯的布痕瓦尔德的恐怖故事是不可能的。"另一名时报记者写道:"我们在这场战争中已听闻太多暴行故事,但布痕瓦尔德并不是一个故事。"英国《世界新闻报》的一名记者在亲眼见到贝尔森之后承认:"我只告诉了你们故事的其中一部分。我不敢也不能写出整个故事。它实在太恶心。"路透社一名记者说,其报道"若采用医学报告之外的任何形式,都会冒犯公共道德"。而《新闻纪事报》一名记者承认:"依我之见,恐怖乃最难写的东西……我直到今天才目睹到它。"报刊也以其他方式强调了对这个故事的反感。《华盛顿邮报》将一篇联合通讯社电讯稿的电头署为"德国,贝尔森地狱之洞"。《下午》杂志以两张照片作为头条,题作《这就是敌人》,在照片顶部画了两个粗黑箭头,因此任何读者都不会错过重点。[72]

还有一些记者谈及新闻语言的普遍不足,称暴行故事的内容挑战了现有的语言适当性标准。这经常意味着,在引用一句话时,要对所排除的内容加以限定。《每日邮报》在讲述贝尔森一名高级医务官的故事之前,先承认"这位长官讲的许多东西没法刊登,而以下是他数分钟前所讲的可刊登的内容"。一篇新闻报道开门见山地宣称,"如果你试图实事求是地讲述布痕瓦尔德的恐怖,那么你写出来的将会是一个淫秽肮脏到没法刊登的故事"。《纽约时报》一名记者承认,"甚至连对当前的卫生状况的暗示都发不出来"。他说:"作者们虽试图描述这些东西,可是词不达意。就算词能达意,细节也太肮脏,无处可登。"爱德华·默罗告诉听众,他接下来的报告内容"听着不会赏心悦目。若你正在用午餐,或者若你不想听德国人的所作所为,现在是你关掉收音机的好时机"。当谈及集中营囚犯在一个厕所旁的行为时,他承认:"我看见了,但不会去描述它。"正如一名编辑所言,媒体正在经历一种失语的情形:"在这些德国恐怖营面前,语言失灵了。"[73]

可见,集中营解放的新闻报道具有诸多面向。新闻业实现了见证暴行的重要目的,因为记者提供了大量而广泛的细节,而要使纳粹暴行故事在公众想象中具化,这些细节非常必要。但记者无法全面地具化这一故事,结果在他们报道眼见事物的同时,也实录下了自身之不足。一旦将新闻报道视为一种关于集中营内发生之事的具有说服力的文献资料,对它的评价便会褒贬不一。

　　英美记者为记录集中营经历的困难具有诸多根源。首要根源是报道对象的性质和另一个根本问题,即如何将一个完全史无前例的事件转译至简陋的报道工具当中。除了围绕事件本身的困难之外,关于新闻采集与新闻讲述的公认标准亦被证明是成问题的。正常的新闻采集常规——核查故事、提供消息来源的背景细节、定位高级别的消息来源——通常都无法实现。日常新闻报道的语态、情绪与权威无法提供足够的新闻报道策略,以记录记者的所见所闻。同时,关于语言、体裁、措辞的适当性标准亦无法充分传达更大的暴行故事。最后,记者选择将其报道从形式上架构为"目击者报道",而从内容上架构为"解放实录"。这些选择虽提供了大量指涉性的文献资料,却几乎没有为对更广泛暴行故事的诠释工作提供多少余地。所有这一切都意味着,集中营内的报道使命被更大的见证目标打断了。

　　然而,公众需要解放部队所见内容的证据。为此,报道使命的局限性将暴行文献资料推向其他方向。若文字无法胜任在报刊上表征暴行故事的任务,报刊便需要更好的见证载体。正是在这里,摄影图像将会有用武之地。

注释:

[1]由于围绕集中营何时解放、是否真正解放、牵涉哪些军事单位等问题众说纷纭,集中营解放的历史变得相当复杂。我试图采用最具共识性的主导叙事,尽管在其他地方也可以见到不同于我所提供的描述的内容。有鉴于此,我的分析无意对所有集中营的解放报道做全面考察。相反,我主要关注布痕瓦尔德、卑尔根—贝尔森和达豪,将其作为西线集中营报道之"策略性选择的案例"[参见 Barney Glaser and Anselm Strauss, *The Discovery of Grounded Theory* (New York: Aldine, 1967)],以及关注对于作为此次报道之带妆彩排的马伊达内克解放的讨论。前三个集中营在数周内相继解放,被英美媒体大肆报道。关于解放的日期与细节出自:Jon Bridgman, *The End of the Holocaust: The Liberation of the Camps* (Portland, Ore.: Areopagitica Press, 1990) and Konnilyn G. Feig, *Hitler's Death Camps: The Sanity of Madness* (New York: Holmes and Meier, 1981).

[2]即使是在战争难民局发表了关于奥斯维辛集中营的报告后,有一家报纸(《芝加哥论坛报》)也怀疑地评论道:"没有发布任何照片来证实今天所发布的暴行故事。"(Hal Foust, "Nazi Brutality in Camps Told by 3 Who Fled," *Chicago Tribune*, November 26, 1944, pt. 1, p.l.)这一反应没考虑到美国于1944年6月至12月所拍摄的奥斯维辛—比克瑙建筑群的空中侦察图像。它亦未提及奥斯维辛集中营仍在德国人的掌握之中,而这一事实令拍摄集中营几乎不可能。

[3]"Poland: Vernichtungslager," *Time*, August 21, 1944, pp.36-37; "Lublin Funeral," *Life*, August 28, 1944, p.34.

[4]Ilya Ehrenburg, "Something I Can Never Forget," *New York Times Magazine*, December 26, 1943, p.5. 爱伦堡恳求美国公众相信他,文章开篇即写道:"我想告诉美国我所看到的。难道德国人已经超越了他们自己吗?"参见 Philip Knightley, *The First Casualty: From the Crimea to Vietnam: The War Correspondent as Hew, Propagandist, and Myth Maker* (New York: Harcourt Brace Jovanovich, 1975), pp.246, 329.

[5]"Atrocity Pictures from Polish Camp," *Chicago Tribune*, November 26, 1944, pt. 1, p.14.

[6]Paul Winterton, "Biggest Murder Case in History," *News Chronicle*, August 30, 1944, p.4.

[7]Cited in Bridgman, *End of the Holocaust*, p.20; "Murder, Inc.," editorial, *Messenger*, October 30, 1944, pp.5-6; "Biggest Atrocity Story Breaks in Poland," *Christian Century*, September 13, 1944, p.1045.

[8]The Editors, "This Is Why There Must Be No Soft Peace," *Saturday Evening Post*, October 28, 1944, p.18; W. H. Lawrence, "Nazi Mass Killing Laid Bare in Camp," *New York Times*, August 30, 1944, p.1. 劳伦斯在参观马伊达内克几天后发表了这篇文章,他在文章上以一个简单的词语注明要"延迟"发表。这篇文章作为社论第二天就被发表了。["The Maidanek Horror," *New York Times*, August 31, 1944, p.16; Bill Lawrence, *Six Presidents, Too Many Wars* (New York: Saturday Review Press, 1972), pp.92, 102.]劳伦斯后来指责《纽约时报》过度热烈地证实其报道技能。它试图正当化他,是因为"那天我从波兰所报道的很多东西遭遇到了怀疑的目光和看法,那些人不相信德国人有罪,因为他们并未像我这样亲眼目睹证据"。劳伦斯后来表示,他之所以能够相信自己在马伊达内克看到的东西,部分原因在于他之前淡化了娘子谷的故事。劳伦斯承认,自己有意识地淡化处理那个故事,同时报道了"我所听到的巨大罪行以及我能找到的可证实罪行的少量支持性证据"。

[9]Edgar Snow, "Here the Nazi Butchers Wasted Nothing," *Saturday Evening Post*, October 28, 1944, p.18. 斯诺发表这些评论是为了证明他作为一名杂志撰稿人为什么要去报道一个"已被日报充分报道过的"话题。

[10]"The Lublin of Alsace: The Nazi Order as It Operated in France," *New York Times*, December 18, 1944, p.3.

[11]John Taylor, *War Photography: Realism in the British Press* (London:

Routledge,1991),p.7.

[12]Winterton,"Biggest Murder Case," p.4.

[13]Snow,"Nazi Butchers Wasted Nothing," p.18；Lawrence,"Mass Killing Laid Bare," p.9；"Merchants of Murder," *Newsweek*,September 11,1944,p.64.与其他报道不同的是,后一篇报道对作者未予具体介绍,只简单地介绍他是"一名《新闻周刊》驻莫斯科记者,他传送回一篇目击者报道"。

[14]Snow,"Nazi Butchers Wasted Nothing," p.19；Richard Lauterbach,"Murder,Inc.," *Time*,September 11,1944,p.36；Maurice Hindus,"Lublin Inquiry Lays 1,500,000 Deaths to Nazis," *New York Herald Tribune*,August 30,1944,p.4.

[15]"Merchants of Murder," p.67；"German 'Death Factory,'" *Daily Telegraph*,August 14,1944.

[16]Uncaptioned pictures,*Daily News*,August 15,1944,p.11；"Atrocity Pictures," pt. 1,p.14.由苏联人拍摄的其他更可怕的照片似乎未能登上西方报刊的版面。

[17]Pictures appended to Snow,"Nazi Butchers Wasted Nothing," pp.18-19；"The Most Terrible Example of Organized Cruelty in the History of Civilization," *Illustrated London News*, October 14,1944,p.442.

[18]Picture appended to Snow,"Nazi Butchers Wasted Nothing," p.19.配图参见"Most Terrible Example," p.443.

[19]Picture appended to Snow,"Nazi Butchers Wasted Nothing," p.18；"Most Terrible Example," p.443.

[20]Captain D. McLaren,cited in Martin Gilbert,*Auschwitz and the Allies* (London：Michael Joseph,1981),p.334；Edward Folliard,"Skeptic Yanks See Proof of Nazi Atrocities," *Washington Post*,April 16,1945,p.1；Bridgman,*End of the Holocaust*, pp.21,17.

[21]Knightley,*The First Casualty*, p.328.

[22]Uncle Dudley,"Bedeviled Germans," *Boston Globe*,April 24,1945,p.10.

[23]A. M. Sperber,*Murrow：His Life and Times* (New York：Bantam,1986),pp.248-53；Edwin Tetlow,*As It Happened：A Journalist Looks Back* (London：Peter Owen,1990).

[24]我在此使用"解放"一词是有所犹豫的。解放往往会让人联想到纵酒狂欢的街头场景和公众无所限制地表达喜悦之情,而我这里所使用的"解放"会让人联想到更加清醒的画面。大量文献已证明了围绕解放概念的种种困难:从技术上讲,当解放部

队抵达某些集中营时,它们已被德国人遗弃,同时大多数"被解放的"幸存者并未完全自由,而是进入了一个被剥夺的新阶段,遇到了巨大的个人悲剧。对许多幸存者而言,他们只有在解放后才会意识到自己的全部损失是什么。尽管如此,解放还是值得纪念的,因为它将关于暴行的大部分抽象讨论转移到了一个可辨识的目标上,即集中营所在地。因此,在没有更好选择的情况下,我有意识地使用"解放"一词。

[25] 艾森豪威尔写道:"饥饿、残忍、兽性的视觉证据与口头证词是如此地令人无法抗拒……我特意去参观的目的在于,万一将来形成了一种为这些指控做宣传的倾向,我可以为这些事情提供第一手证据。"("M.P.s Report on Horrors Buchenwald," *Manchester Guardian*, April 28, 1945, p.3.)

[26] 例如,参见 John M. McCullough, Publicity Given Atrocities in Reich Stirs Speculation, *Philadelphia Inquirer*, April 24, 1945, p.16.

[27] Tetlow, *As It Happened*, p.75.

[28] Tetlow, *As It Happened*, p.78.

[29] M. E. Walter, "Nazi Camp Ex-Prisoners Still Dying from Effects," *Los Angeles Times*, April 24, 1945, pt. 1, p.3.

[30] Jan Yindrich, "9,000 Died at Dachau Camp in Three Months," *News Chronicle*, May 1, 1945, p.3.

[31] 这些话分别出自《生活》记者乔治·罗杰、《时代》记者比尔·沃尔顿、《时代》记者珀西瓦尔·克瑙特之口,转引自 "Foreign News: Germany," *Time*, April 30, 1945, p.38; Martha Gelhorn, "Dachau: Experimental Murder", *Colliers*, June 23, 1945, p.25.

[32] 解放后关于集中营的第一条消息来自奥德鲁夫,例如,参见 Robert Richards, "Nazis Butcher Yank, 30 Other Prisoners," *Washington Post*, April 9, 1945, p.2. 几天后,出现了带有布痕瓦尔德日期变更线的文章。

[33] Cited in Vicki Goldberg, *Margaret Bourke-White: A Biography* (Reading, Mass.: Addison-Wesley, 1987), p.290; Harold Denny, "Despair Blankets Buchenwald Camp," *New York Times*, April 20, 1945, p.3.

[34] William Frye, "Thousands Tortured to Death in Camp at Belsen," *Boston Globe*, April 21, 1945, pp.1, 3; Christopher Buckley, "Burgomasters at Belsen Say 'We Didn't Know,'" *Daily Telegraph*, April 26, 1945, p.5.

[35] Howard Cowan, "39 Carloads of Bodies on Track at Dachau," *Washington Post*, May 1, 1945, p.2; Antoinette May, *Witness to War: A Biography of Marguerite Higgins* (New York: Beaufort Books, 1983), pp.89, 90.

［36］Saul Friedlander, introduction to *Probing the Limits of Representation: Nazism and the "Fined Solution"*, ed. Friedlander (Cambridge, Mass.: Harvard University Press,1992),p.3.

［37］Victor O. Jones,"This Ends for All Time Notion That Only Small Groups Guilty," *Boston Globe*, April 21,194S,p.3.

［38］John McDermott,"How the S.S. Burned 22 Prisoners Alive," *New York Daily Worker*, April 21, 1945, p.2; William Frye, "Dead, Living Almost Alike in Nazi Starvation Camp," *Philadelphia Inquirer*, April 21,1945,p.8; R. W. Thompson,"S.S. Women Tied Dead to Living," *London Sunday Times*,April 22,1945,p.5.

［39］Cowan,"39 Carloads of Bodies,"p.2.

［40］Denny,"Despair Blankets Buchenwald Camp," p.3; "The Horrors of Buchenwald: A Conducted lour of the Camp," *Manchester Guardian*, April 18,1945,p.5.

［41］Ronald Monson, "Smug Guards Marched Out," *London Evening Standard*, April 20, 1945, p. 3; R. M. McKelway, "Clergy Were Used as Guinea Pigs; Dogs Were Turned on Prisoners for Sport," *Boston Globe*, May 8,1945,p.10; Sidney Olson, "Foreign News: Dachau," *Time*, May 7, 1945, p. 35; Gelhorn, "Dachau," p.28.

［42］"British M.P.s See Buchenwald," *London Observer*, April 22, 1945, p.1; Colin Wills,"Belsen Camp: The Full, Terrible Story," *News Chronicle*, April 19, 1945, p.1; "Forced Tour of Buchenwald," *London Times*, April 18,1945,p.3.

［43］Robert Chandler,"Horrors Recalled," *Bulletin*, June 1,1945,n.p.

［44］William Frye, "S.S. Forced to Bury Horror Camp Dead," *Los Angeles Times*, April 21,1945,p.3; Monson,"Smug Guards Marched Out," p.3; Tetlow, *As It Happened*, p.78.

［45］这些证人类别与纳粹大屠杀文献中更普遍引用的证人类别——加害者、受害者与旁观者——略有不同［参见 Raul Hilberg,*The Destruction of the European Jews* (New York: Holmes and Meier,1985)］。新闻报道并不试图过多提供观看行为的不同表现,相反,它们被记者以貌似全知全能的权威拼凑在一起。不过,它们确实在一定程度上符合劳瑞德对于见证活动层次的看法:"在见证自身经历的层次上、在见证他人证词的层次上、在见证见证过程本身的层次上。"［Dori Laub,"An Event without a Witness," in *Testimony: Crises of Witnessing in Literature,Psychoanalysis,and History*, ed. Shoshana Felman and Laub (New York: Routledge,1992),p.75.］

［46］Hal Eoyle,"Nazi Horrors Too Awful for Belief," *Philadelphia Inquirer*,

April 26,1945,p. 14; Frederick Graham,"Three Hundred Burned Alive by Retreating S.S.," *New York Times*, April 22,1945,p.12; Buckley,"Burgomasters at Belsen."

[47]Edward T. Folliard,"German Civilians Forced to See S.S. Horror Camp by Patton," *Washington Post*,April 18,1945,p.1; Gene Currivan,"Nazi Death Factory Shocks Germans on a Forced Tour," *New York Times*, April 18,1945,p.8.

[48]Ivan H. Peterman,"Nazis Kill 51,000 in Single Camp," *Philadelphia Inquirer*, April 22,1945,p.1.他接着说自己有一种想瞧瞧党卫军的冲动。"被拖往墙上的肉钩前,我本想仁慈地观瞻一下其下场"(第 3 版); Howard Cowan,"Dachau,Most Dreaded Prison Captured," *Los Angeles Times*, May 1,1945,pt. 1,p.5.

[49]Harold Denny,"The World Must Not Forget," *New York Times Magazine*, May 6,1945,p.8; George Rodger,"Belsen," *Time*,April 30,1945,p.40; Peter Furst,"Freedom Fighters Liberate Dachau Camp," *PM*, April 30,1945,p.1.

[50]Denny,"Despair Blankets Buchenwald Camp," p.3; Gene Currivan,"Germans Murder 5,000 Prisoners Removed from Buchenwald Camp," *New York Times*, April 30,1945,p.5; Colin Wills,"Belsen Victim," *News Chronicle*, April 23,1945,p.1.

[51]Percival Knauth,"Buchenwald," *Time*,April 30,1945,p.44; John R. Wilhelm,"German Villages Forced to Bury Jewish Victims," *PM*,April 30,1945,p.9; Edwin Tetlow,"Belsen:The Final Horror," *Daily Mail*, April 20,1945,p.1; Denny,"Despair Blankets Buchenwald Camp," p.3.

[52]Knauth,"Buchenwald," pp.41,42; Wade Jones,"Yanks Make Germans Dig Up Murdered Prisoners by Hand," *Stars and Stripes*, April 23,1945,p.4; Folliard,"Skeptic Yanks See Proof," p.4.

[53]"Piles of Bodies Found in Camp," *Los Angeles Times*,April 19,1945,pt. 1,p.2; "Nazi Barn Murders," letter to the editor,*Newsweek*,June 11,1945,p.10.

[54]"Buchenwald Tour Shocking to M.P.s," *New York Times*,April 23,1945, p.5; "To Look at Horror," *Newsweek*,May 28,1945,p.34; Knauth,"Buchenwald," p.44; "There Is a Camp Worse Than Buchenwald," *News Chronicle*, April 23, 1945,p.1.

[55]"Woman,M.P. to See Horror Camps," *Daily Telegraph*, April 20,1945, p.1 ; "3,500,000 Were Slain at Auschwitz," *PM*,April 23,1945,p.7; "Camp Worse Than Buchenwald," p.1; "Congressmen See Buchenwald," *New York Times*, April

22,1945,p.13.尽管文章起了这么个标题,但它对代表团中的男性成员并未给予如此的评价。关于女性和暴行照片的更多信息,参见 Barbie Zelizer,"Gender and Atrocity: Women in Holocaust Photographs," collection in preparation, ed. Stephen Browne.

[56]例如,参见"Editors Inspect Buchenwald," *New York Times*, April 26, 1945, p.12; "2 Pamphlets Contain Views on Nazi Camps," *Editor and Publisher*, June 23, 1945, p.28; Norman Chandler, "Stories of Nazi Prison Horrors Substantiated," *Los Angeles Times*, April 28, 1945, pt. 1, p.1.

[57]Walker Stone, "Words Cannot Describe Horrors," *ASNE Bulletin*, June 1, 1945, n.p.

[58]"To Look at Horror," p.35; Clare Boothe Luce, "German People Must Answer for Their Crimes," *PM*, April 27, 1945, p.11.

[59]"Nazi Murder Camp," *New York Times*, April 22, 1945, sec. 4, p.1E; "For the Record," *London Evening Standard*, April 20, 1945, p.3; "Nazis Deliberately Starved, Neglected Yank Prisoners," *PM*, April 19, 1945, p.10.

[60]Edward R. Murrow, "They Died 900 a Day in 'the Best' Nazi Camp," *PM*, April 16, 1945, p.4; "Gazing into the Pit," *Christian Century*, May 9, 1945, p.575; Edwin Tetlow, "The Most Terrible Story of the War," *Daily Mail*, April 19, 1945, p.1; headline reprinted in *Daily Mail*, April 20, 1945, p.1.

[61]"Press Exposure of German Horror Camps," *Newspaper World*, April 28, 1945, p.1; Chandler, "Horrors Recalled"; E. Z. Dimitman, "Lest We Forget Dachau!" *Quill*, July—August 1945, p.5.

[62]Victor H. Bernstein, "I Saw the Bodies of 3,000 Slaves Murdered by Nazis," *PM*, April 17, 1945, p.15; Jones, "This Ends Notion," p.3; Cowan, "Dachau, Most Dreaded Prison," pt. 1, p.5.除了这里聚焦的三个集中营外,这种比较的做法显然仍在继续:五月第一周获得解放的毛特豪森被贴上了"另一个布痕瓦尔德"的标签(William H. Stoneman, "Yanks Killed by Gas at Camp in Austria*Boston Globe*, May 9, 1945, p.8);苏联人所发布的奥斯维辛报告据说让"布痕瓦尔德、达豪、马伊达内克、娘子谷等集中营内的暴行变得微不足道"。("4 Million Killed in German Camp in Poland, Soviets Report," *Washington Post*, May 8, 1945, p.3.)

[63]Robert H. Abzug, "The Liberation of the Concentration Camps," in *Liberation, 1945* (Washington, D.C.: United States Holocaust Memorial Council, 1995), p.35.

[64] Tony Kushner, *The Holocaust and the Liberal Imagination: A Social and Cultural History* (Oxford: Basil Blackwell, 1994), p.126. 库什纳雄辩地讨论了自由主义如何限制对于犹太人的道德义务。由于对工业化的大规模屠杀地点缺乏关注,对集中营的错误定性进一步加剧。

[65] Tetlow, *As It Happened*, p.77.

[66] Frye, "Eyes of Breathing Cadavers," p.3; Tetlow, *As It Happened*, p.77. 当时,大多数记者并未试图确认集中营内丧生的受害者的身份。这最终对于承认纳粹大屠杀期间的犹太受害者来说可能很不利。

[67] Tetlow, *As It Happened*, p.81.

[68] "Belsen-World Must Know These Facts" (text of radio dispatch by Patrick Gordon Volker on Luxembourg Radio; released by Office of War Information), *PM*, April 25, 1945, p.11. 有趣的是,仿佛是为了强化记者与摄影师在重要性上的对比一样,文章配了两张贝尔森囚犯的照片。然而,摄影师及其机构均未点明他们的身份,每张照片下面的文字说明都只是非常泛泛而论地言及苦难。

[69] Richard Collier, *The Warcos: The War Correspondents of World War II* (London: Weidenfeld and Nicolson, 1989), pp.187-88; May, *Witness to War*, p.88; Templeton Peck Papers, Box 1, HIA; Leonard Miall, ed. *Richard Dimbleby, Broadcaster: By His Colleagues* (London: British Broadcasting Corporation, 1966), p.47.

[70] Peterman, "Nazis Kill 51,000," p.1; Denny, "World Must Not Forget," p.9.

[71] Richard J. H. Johnston, "Yanks Bare Prison Horror, 'Ghosts' Fight over Food," *New York Times*, April 4, 1945, p.7; Knauth, "Buchenwald," p.41; Ben Hibbs, "Journey to a Shattered World," *Saturday Evening Post*, June 9, 1945, p.22; Edward Murrow, "Buchenwald," *London Evening Standard*, April 18, 1945, p.3; Edward R. Murrow, "Buchenwald Was a Living Death," *Stars and Stripes*, April 17, 1945, p.4. 默罗的文章也在 BBC 播了,是被放在 BBC 自己的记者的文章前播的,因为一名美国记者的话会被认为更有说服力。(Kushner, *Holocaust and Liberal Imagination*, pp.214-15). 哥伦比亚广播公司的老将弗雷德·弗莱德利后来称,默罗的播报是"有史以来最好的电视新闻报道,尽管它显然并无图片……你的心灵之眼会比任何电视摄像机——电子的或胶片的——都更迅速、更准确地将你带至布痕瓦尔德"。(Fred Friendly/Edward R. Murrowlape, 1961, No. 0315 264, YVPA.)

[72] Julius Ochs Adler, "Buchenwald Worse Than Battlefield," *New York Times*, April 4, 1945, p.6; Knauth, "Buchenwald," p.40; Harry J. Ditton, "Prison

Camp Horrors Will Be Shown to Germans, *News of the World*, April 22,1945; "How Will Kremer [sic] Die? Victims Ask," *Washington Post*, April 22,1945, p.5; "This IS the Enemy," *PM*, April 26,1945, p.13.

[73] Tetlow, "Most Terrible Story," p.1; "Real Horror of Nazi Camps 'Unprintable'," *Stars and Stripes*, April 30,1945, p.3; Denny, "Despair Blankets Buchenwald Camp," p.3; Edward R. Murrow, "Despatch by Ed Murrow — CBS," transcription, April 15,1945, pp.1,3 (Templeton Peck Papers, Box 1, HIA); Uncle Dudley, "Evil Strips Down," editorial, *Boston Globe*, April 29,1945, p.4.

第 4 章　以图像报道暴行

利用图像来见证暴行,需要一种有别于文字的表征类型。当恐怖的具体迹象消失不见之后,图像仍可帮助人们将其记录于记忆中,而当图像这么做时,采取的方式是讲述一个更大的纳粹暴行故事。正如美国行业期刊《编辑与发行人》所宣称的那样,"欧洲人民因长期饱受铺天盖地的宣传之苦,不再相信书面文字。唯有事实性的照片,才会被他们接受"[1]。

虽然文字生产了一种既具体而微也有根有据的集中营解放实录,但照片对于向世界启蒙纳粹行径的更广泛目标来说却是这般有用,以至于当艾森豪威尔宣布"让世界看看"时,他已含蓄地呼吁以摄影的现实主义灵韵来协助此目标的实现。为此,摄影凭借作为"真值"与"象征"载体的双重功能,在展示事件的同时,也在为事件提供脉络,由此帮助世界去见证。

一、暴行照片作为文献工具

西线集中营解放后,照片浩繁众多,以致没有哪家英美出版物能够悉数刊载。原因在于,数十名各路摄影师——专业摄影师、半专业摄影师、业余摄影师,再加上携带相机的士兵——跟随解放部队进入集中营,他们多半立刻就处在了美国通信兵团、英军电影与摄影分队,以及其他军事单位的保护之下。在解放的头几天,摄影师便提供了大量暴行照片。他们展示的恐怖是如此广泛,也如此费解,由此增加了见证需要,还强加了一种要对所描绘的暴行承担公共责任的假定。

摄影师如何记录其遭遇的暴行场景?跟记者一样,跟随解放部队的摄影师也极少收到指示,告知他们会进入哪些集中营、到达后应该做什么,而关于应该拍摄哪些照片、如何拍摄的指导则更少。这意味着,对许多摄影师而言,他们对事件的所谓专业反应只不过是一种"权宜"反应,即要针对故障频频的设备、恶劣的天气、良莠不齐的训练与经验,而做出临场反应。一名英军电影与摄影分队的摄影师言简意赅地指出:"我们当时觉察到什么,就去做什么。"[2]

暴行照片在记录暴行中发挥了一种复杂的作用。跟言语一样,图像的代表性很有限,它们对于经年的强迫折磨、骚扰以及最终死亡所带来的后果,只提供了一个残缺不全的面貌——并非纳粹大屠杀本身,而是对其最后阶段的部分描绘。正如英国人 M. R. 梅维斯后来所评论的那样,"你能拍到苦难的结果,但绝拍不到苦难本身"。但摄影也提供了逼真的暴行表征,这些表征比文字更加难以否认。一名记者称,在摄影师发出的照片中,带有"纳粹堕落与残暴的确凿证据",它们"如此之恐怖,以至于通常无报纸会采用它们,可它们比不上现实可怕"。因此,照片一边通过将描绘与被描绘的事件紧密勾连在一起,推进让人难以置信的集中营场景的真实性,一边也标举了一个更广泛的纳粹暴行故事。那么,作为一种记录发生之事的有效方式,照片在报刊上蓬勃发展便不足为奇。[3]

(一)对暴行的拍摄

跟记者一样,摄影师也发现来集中营是一次可怕经历。他们为自己对拍摄目标的尊严的必要侵犯而苦苦挣扎。当摄影师实施窥探行为时,不管是描绘受害者或幸存者,死者或生者,还是描绘加害者或创伤者,他们对公私边界通常都有点麻木,而集中营场景对公序良俗的通行标准的挑战,亦进一步加剧了这种麻木。某些与记录集中营解放相关的摄影师——《生活》杂志的玛格丽特·伯克-怀特、乔治·罗杰、约翰·弗洛里亚、李·米勒、戴夫·谢尔曼、威廉·范迪维特都是其中声名最隆者——后来声称,这次经历对身为专业人士的他们带来了不可逆转的改变。他们发现,面对一幕又一幕人类屠杀,虽很难接受自己在大屠杀文献资料中扮演的角色,但又得强迫自己不断地拍摄。不管摄影师来自哪个大陆,他们都被集中安置到一块儿,以便同样的照片能够同时公布于英美。这为两国创造了共享的视觉记录,从而多少抹煞了英国乃近战与美国乃远战的差异。所生产的摄影记录虽庞大,但也统一。

玛格丽特·伯克-怀特或许是这群摄影师中最著名的,她跟随美国解放部队,先后进入埃尔拉和布痕瓦尔德两个集中营。她是受《生活》杂志的委派,当她拍照时,在内心蒙上一层"自我强加的麻痹"。她后来写道:"在拍摄屠杀集中营的过程中,我的保护面罩绷得如此之紧,以致我在见到冲洗出来的照片前,简直不知道自己都拍了些什么。我就仿佛第一次见到这些恐怖似的。"在正常情况下,伯克-怀特很清楚照相机的说服力与局限性,可集中营幸存者们仿佛随心所欲改变了这些方面似的。正如一名传记作家所言,无法将自我意识通过照相机强加于拍摄对象,因为"布痕瓦尔德已剥夺了自我意识与正常反应"。但伯克-怀特强迫自己"以底片图绘这个地方",并坚信"需要将诸如此类的暴行记录下来"。"尽管报道或拍摄这些事情可能很困难,然而这是我们务必做的事情……我们有义务将其传达给其他人"。后来,伯克-怀特承认,参观布痕瓦尔德对她的改变程度如此巨大,以至于促使她撰写了一本关于德国的书——《亲爱的祖国,安息吧!》。[4]

英国摄影师乔治·罗杰与卑尔根—贝尔森有关的类似故事也在坊间流传。罗杰同样效力于《生活》,他受集中营场景的影响巨大,在参观贝尔森后,他决定暂别新闻摄影。罗杰被认为是在英军刚巡视完该地区之后即进入集中营的第一位战地摄影师,他对将会发现的东西毫无准备。

罗杰对一堆堆人类尸体震惊不已,人们就在尸堆旁吃饭、洗涤、清洁用具,他一来便被屠杀吓得头晕目眩。但他强迫自己拍摄照片,令他感到恐惧的是,他很快发现自己竟从目睹的怪诞景观中获得了灵感。他开始疯狂拍摄,"下意识地在取景器中将地上的人群与尸体安排为富有美感的构图"。他发现自己在"将这可怜的人类残骸当作某种巨大的静物来对待",这令他既厌恶又震惊,于是他向自己保证"再也不拍摄战争"。后来,罗杰回忆说自己已经幻灭了。

> 这甚至不是一个我拍摄什么的问题,而是在此过程中我怎么了的问题。当我发现自己能观看贝尔森的恐怖……并且我只是在盘算好的摄影构图,我知道自己已经不对劲了,不得不终止拍摄……我告诉自己到了该辞职的时候了。

数十年后,罗杰将他对在贝尔森所见事物的反感转化成了一个更广泛的使命,去对其他地方的暴行做视觉记录。[5]

受《时尚》委派的李·米勒是跟随美国解放部队最早进入达豪的摄影师之一。具有讽刺意味的是,她起初宣布,暴行不在自己"美妙的德国贝德克之旅"的考虑范围之内,最后却拍出了一些最令人难忘的集中营照片。她也强迫自己拍照,须臾之间,她便行动了起来。"有两个男人被发现死了,他们被胡乱地拖拽出来,抛到街区外的尸堆上。除我之外,似乎没人在意此事。"米勒还表现出一种并非人人都有的强悍:尽管起初鼓励美国士兵去参观集中营,可"到了中午时分,随着许多真正的硬汉已被恶心得没法工作,便只准报刊和医务人员进入建筑了"[6]。

集中营的摄影师对于记录他们目睹的场景有着相同的意愿,这么做不但是为了第二天的报刊,也是为了子孙后代。因此,见证已变成摄影师记录暴行之使命的一部分。对大多数摄影师而言,拍摄集中营好比"踩着离合上坡",可很少有人会不去记录集中营场景。正如其中一人所言,"我之所以拍摄一家肥皂厂,是因为既然有人能干出这事来,那就得有人壮起胆子去瞧瞧它。你总不能假装它没有发生过。"[7]

(二)暴行图像

英美摄影师拍摄的暴行照片源源不断地涌来,致使两国的报刊几乎无暇讨论其影响。他们一卷又一卷地掏出黑白胶卷,这些胶卷对恐怖做了刺眼的、自然主义式的表征,无情描绘纳粹主义最龌龊的一面:横七竖八的尸体、烧焦的头骨、满是灰烬的焚尸炉、大规模人类屠杀场景旁边惊魂未定的德国平民。摄影师抵达集中营不过区区数日,直白可怕的恐怖快照便已充斥于电讯稿中,诸如此类的镜头也前所未有地充斥于英美大众报刊的版面中。

其中最早的一些暴行照片出现于1945年4月9日,当天,《伦敦时报》《新闻纪事报》《每日镜报》三家英国报纸均刊登了一张一群被德国人凌辱的苏联妇女的照片。《每日镜报》解释道,本报员工"刻意报道此事,坚信应当让我们的读者瞧瞧这些照片"。这些最初的照片中均不见尸体。《每日快报》申辩说,它选择的一张不见尸体的集中营全景照是"唯一适合刊载的照片"。不过,第二天就刊登了一组逼真的照片:《纽约时报》《洛杉矶时报》《华盛顿邮报》《下午》等美国报刊都展示了奥德鲁夫的一个尸体堆,这些尸体是在4月4日集中营解放时被发现的。这组照片亦出现在英国的《每日电讯报》《每日见闻报》与《每日邮报》上。[8]

在这组照片中,有一张格外令人难忘,在4月的第一周广为流传(图5)。照片上是一名美国陆军少校,他看上去痛苦而僵硬,猫腰坐在木棚中,身前是一堆撒上石灰的裸尸,尸体布满了照相机的整个视野,并溢出画面一侧,暗示恐怖已超出了所描绘的场景。有趣的是,这组照片配有广泛的文字资料,交代了陆军少校的姓名与家乡(图6)。

图5 奥德鲁夫内的美国少校与尸体,1945年4月。由美国国家档案与文件署提供;艾克米新闻图片社/科比斯·贝特曼档案馆

图 6　通信兵传真照片的复印件，1945 年 4 月。由美国国家档案与文件署提供

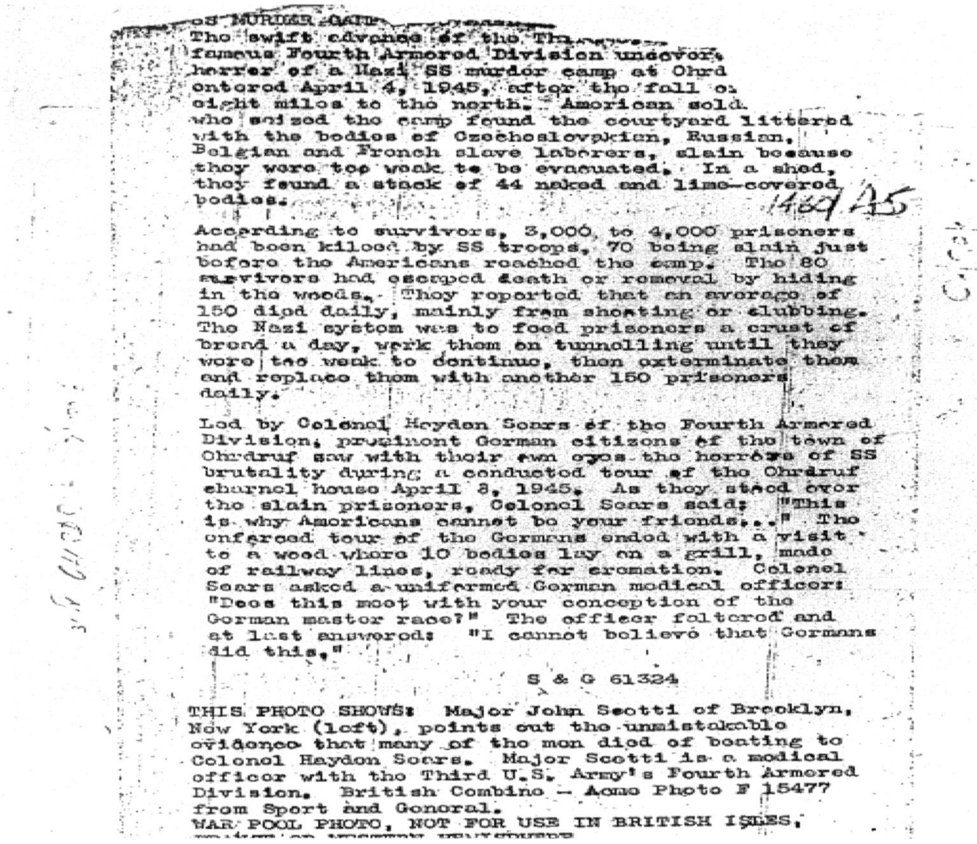

文字资料可分为关于怎样发现木棚这个事件的一般信息、尸体的具体信息、对发现尸体的反应、照片所描绘士兵的具体细节。文字资料是伴随大多数传真照片的典型信息。与后来的照片不同的是，大多数照片最初面世时，配有打印的文字说明。不过，暴行照片很快便不配发详细文字说明了，即便照片抵达时带有这样的信息。实际上，随着这张特别的照片继续现身于《时代周刊》《新闻周刊》以及其他地方，这种信息也通常被从文字说明中删掉了。及至 4 月中旬，同一张照片则带上了"纳粹恐怖"等普遍化的文字说明。[9]

在接下来几天里，可利用的照片越来越多，暴行照片也在英美两国报刊上迅速涌现。正如当时英国行业期刊《报界》所观察到的那样，"报刊可能从未如此刻意地——各报虽独自决策，却又如此不约而同——刊登暴行故事，尤其是暴行照片，以震惊公众"。在第一批奥德鲁夫照片发表后不久，大量布痕瓦尔德照片到来，它们既有拍于 4 月 11 日集中营解放后头几天的，也有拍于接下来官员与编辑分别参观集中营那几周时间的。4 月中旬，来自贝尔森的照片也陆续抵达，而在贝尔森照片发表十天后，达豪

照片又于 4 月 30 日见诸报端。可见,从 4 月 9 日到 5 月第一周结束,英美公众在几周时间内置身于一场既直白又连绵不断的摄影展示中,此展示对暴行做了视觉记录。在伦敦新闻办公室中,负责图像处理的妇女们在将美国通信兵拍摄的图像处理为新闻照片时大倒胃口。两大洲的观众"既对罪孽的图片证据感到恶心,也被它们吓坏了"[10]。

英美报刊从一开始登载照片时,便不太理会一旁的报道内容。尽管记者的叙事会一个营接一个营地依次推进,照片刊登却几乎不管其拍摄时间。一家报纸在集中营解放后数天内已登过的照片,数天或数周后又会在别处重现。5 月 2 日,《华盛顿邮报》刊登了一张三位达豪幸存者的照片,一周后,它又在《波士顿环球报》上重现,不过这次其中一名幸存者被裁掉了。这种裁剪照片的做法本身对报刊来说已颇不寻常,但更能说明问题的,是对时间延滞闭口不提。不关心照片的实际拍摄日期,说明作为指涉数据的时间与暴行照片的呈现之间无甚关系。确切而言,故事的可视化基本不分先后顺序。这种无序性便于利用画面来图解暴行故事的主要方面,而非图解某一特定暴力中的偶然细节。[11]

报刊在刊登暴行照片时,也同样不太理会拍摄地点。记录这个集中营的照片被用到那个集中营的故事上。例如,《时代周刊》上有篇集中营文章,配图为一张诺德豪森的照片,可文中对照片只字不提。通常,报刊极少或根本不告知公众照片展现的是哪个地方,而任由照片充当一个普遍化的纳粹恐怖之地。记者的叙述提供了集中营恐怖地形的各种细枝末节,在其如何布局物理空间方面也几乎不存在疑问,而与此不同的是,集中营的视觉表征既不交代物理空间的名字,也不做文字阐述。吊诡的是,这么做,却便于利用画面来图解一个广泛的暴行故事。[12]

照片展示了什么呢?英国《每日电讯报》4 月 19 日在一组横跨一个版面上部的照片下,宣称"这就是敌人"。据说照片展示了"数个世纪以来的恐怖之最"——德国平民在布痕瓦尔德挖壕沟、检查火葬场、察看死尸等场景。伴随文本中还提到,"其他照片显示了躺在德国人所挖长壕沟里的尸体,可怕得没法刊登"[13]。

然而,那些"可怕得没法刊登"的照片却现身于别处。这些照片包括人体骨灰堆、尸堆、火葬场、绞刑坑、活骷髅的茫然眼神、被铁丝网遮挡的面孔、挖开的埋尸坑。有张远景照是诺德豪森人行道上摆放的数百具尸体,这让人不禁想起一片整齐的庄稼地。《波士顿环球报》于 4 月 17 日刊登了此照。两天后,《新闻纪事报》《伦敦时报》《每日镜报》刊登了同一场景的近景照,其中《每日镜报》的照片是一个题为《世界要求正义》的两版摄影专题的一部分,编辑对它做了如下警示:

> 你将在第四、第五版上见到的德国平民照片展示了他们所置身其间的恐怖。有张照片会多少让我们更好地认识纳粹德国内部的邪恶。这是由跟随着盟军进攻的摄影师拍摄的众多可怕照片之一。它绝非最可怕的那一张。

就在同一天,《每日邮报》刊登了一张逼真的中景照,展示诺德豪森里一字排开的人类尸体,题作《这就是证据》,而《下午》刊登了一张更有寓意的照片——一口底部有活动门的密闭棺材,题作《德国人总是那么高效》。到 4 月中旬,《伦敦新闻画报》已推出它四期暴行增刊的前两期。每期增刊的编者按都利用某种方式,为发表照片而做解释,以免人们怀疑这些照片作为暴行文献缺乏相关性。[14]

可见,集中营图像从一开始便以令人信服的证据对暴行做了广泛多样的展现,同时说服了怀疑者与无知者。图像抹煞了新闻照片中典型存在的时空联系,其呈现方式亦有别于新闻报道中的文字。单独的一张照片的证据地位不如它对纳粹所作所为的单纯记录重要,故而摄影提供了一整套视觉文献以促进对纳粹暴行的见证,哪怕刊登照片时既无具体的文字说明,也未交代照片的拍摄时间与地点。

(三)对暴行照片的评价

尽管暴行照片与当代记忆中大多数其他事件的照片相比数量更多、出现也更频繁,但它们在那些处置照片的人中确实立刻引发了讨论。随着首批暴行照片源源不断地涌向战时新闻处,英美的行业期刊认识到了它们作为说服工具的内在威力。面对艾森豪威尔那"让世界看看"的指示,编辑大多表现出了非同寻常的合作程度,他们压根儿没想过不发照片。相反,他们开始争论应当如何刊登、何时刊登、刊登哪些照片,以及采取何种类型的按语驳论。

美国行业期刊《编辑与发行人》率先宣布:"对纳粹暴行照片做完善而有力的评判有益于美国公众。只要版面许可,报纸应当尽可能多登照片。"《大众摄影》称:"因为有照片的展示,人们便会相信……可更大的事实是,我们已经知道这些事情都是真的。照片只是在以一种可怕的冲击来提醒我们。"正值奥德鲁夫与诺德豪森的集中营照片开始流传之际,英国行业期刊《报界》刊发了一组短文,题为《刊登,抑或不登?》。它坚决主张刊登照片,并加了如下编者按:

> 在过去一周内,一连串关于德国反人类罪行的恐怖(或暴行)照片由西线抵达伦敦的报社,编辑再次面临刊登与否的问题……既想将德国残暴与虐待的现实主义带回家,又要不违背高雅标准和不冒犯读者,二者之间是存在冲突的。

该刊告诫那些在照片刊登上犹豫不决之人:"刊登正常情况下不予发表的照片,从而使某些场合下的读者感到震惊,乃至生出某种愤慨,倒也不无道理,只要这么做是怀着一种全面的责任感即可。"[15]

某些编辑对儿童会看到照片深感不安。《时尚》起先拒绝刊登李·米勒的达豪照片，后来态度有所缓和，便以《相信它》为题发表了。《伦敦新闻画报》解决困境的方式是，将暴行照片主要刊登在"四个版的分拆式增刊"上，告诉读者增刊"只面向我们的成年读者发行"。它建议，年轻家庭的订阅者可扔掉这些照片。其他报刊更直截了当地表示，儿童也应该观看。《每日镜报》上有篇社论，称照片的刊登令人拍手称快。"发表的原因之一，正是为了**保护**孩子。现在让他们'恶心'一下，总好过他们以后受残害吧。"[16]

跟文字一样，报刊在放置暴行照片时，会以种种方式宣称其重要性。利用文字说明、标题、加框线的编者按、伴随文章等，报刊大肆渲染照片在证明纳粹暴行中的作用。《伦敦时报》除了对贝尔森的言语叙述之外，也提醒读者："摄于诺德豪森、布痕瓦尔德、奥德鲁夫等集中营的照片见第6版，它们证实了先前已有的德国暴行报道。"英国《每日电讯报》同样也配发了一张纳粹使用酷刑的照片，并加了这样一个编者按：

> 关于德国集中营内恶劣条件的图片证据的分量在持续上升。英国《每日电讯报》昨日收到十余张照片，每一张都无可辩驳地证实了加诸平民的残酷虐待。但它们太让人倒胃口，本报决定不予刊登。然而，这里倒是可以刊登其中的一张。

《每日邮报》在一篇贝尔森故事的中间部分，以斜体字宣称："一份今秋对可怕景象的摄影记录，既为历史的记录而做，也为将来的证据而做。"《费城问询报》告诉读者："这些照片摄于德国集中营内，在那里，数千人丧命于简直令人难以置信的纳粹暴行。"而《新闻纪事报》以《无可争辩的证据》的编者按，引来了读者的关注：

> 在此，在今日的末版照片中，英国的男男女女可能会第一次见到纳粹罪行中某些更加令人反感的特征。这些均为官方照片，而《新闻纪事报》决定刊登它们的原因在于：没错，全世界都应当近距离地瞧瞧德国反人类罪行那无可辩驳的证据。

它继续写道："军方分发的其他照片在细节上比这些照片还要可怕得多，但在此选登的照片已足以讲清故事了。"[17]《每日镜报》拿出四分之一个版面，对一堆烧焦的尸骨作特写，题作《堆积如山的证据……》，照片下的文字说明要读者"好好看看这张照片，并记住它"（图7）。这张照片也跟另一些照片一样，画面左右两侧被截掉了，尸骨仿佛在无限延伸似的。

诸如此类的编者按之所以重要，在于它们呼吁读者关注暴行。不过，它们会根据

图 7 布痕瓦尔德中的骨头与骨灰堆,1945 年 4 月 8 日。由美国国家档案与文件署提供,承蒙美国纳粹大屠杀纪念馆惠允使用

公共视野中已有的场景来对所呈现的场景加以脉络化。发表出来的暴行照片只是所有图像的一个子集。对集中营的呈现方式并不像报刊声称的那般完整全面,而读者收到的是一份关于他们无缘得见之事物的持续不断的文字清单。这种表征模式既契合于故事的性质,也契合于没有哪一个图像能真正捕捉到故事之内核这一事实,然而它背离了要尽可能完整地呈现信息的新闻标准。相反,它诉诸一种另类的合作性新闻模式(我们在记者那里已见识了该模式),摄影师借此勤力记录暴行。这种另类模式与集体见证的目的相吻合。

如前所述,见证意味着并非只有一种暴行描绘方式。其实,单单是描绘本身即已足够,因为它记录了见证行为,哪怕是在对暴行的描绘隐而不彰的情况下。为此,没有哪个图像会成为最佳的暴行描绘方式也就不足为怪了。还有一种情形屡见不鲜:即使哪天报刊又翻出先前的照片来刊登,人们也极少去苛责这种延滞的展现。可见,见证允许报刊在选择发表图像时拥有非同寻常的判断。

(四)对目击者报道的取代

暴行照片凭借广泛的呈现策略,容纳了一个更广泛的暴行故事。最重要的是,摄影有能力将记者所偏爱的对文献资料的有闻必录——目击者报道——取而代之。这种能力使得暴行照片对见证行为的形塑比文字更有效。

　　领地与见证活动是见证报道之核心所在，而图像在处理此二者时诉诸其视觉等价物，这些等价物有时似乎已经取代了记者提供的言语线索。早期最司空见惯的描绘对象后来也在那些纳粹大屠杀符像中重见天日，诸如头骨与尸体、将幸存者和受害者与外界相隔离的铁丝网围栏、集中营庭院、暴行装备（如火葬场烟囱与焚尸炉）、受害的母亲与儿童、被遗弃的物件。[18]而其他类型的照片会从人们的视野中消失不见，尽管当初它们充斥于报端。

　　领地图像。图像捕捉集中营领地的方式非言语所能胜任。记者通过叙事，将领地压缩为合理的、具有先后次序的文字之旅，而摄影师对领地的可视化方式同时容纳了恐怖之细节、规模与范围。从视觉上说，一个个集中营都被呈现为笼统的受难场所，无确凿细节可言，而要细节确凿才能将其作为一个个地点的描绘而标记它们。这有助于图像在最宽泛层面上代表德国的战争暴行。

　　文本界面带给报刊一种实现此类诠释的方式。即便图像聚焦于特定场景，诸如一座建筑物的入口、一堆尸体、一排烤箱，伴随文本对图像的定性也比图像中描绘的场景更笼统。报刊有时会为了夯实对某些地点（或暴行）的报道，而不惜配发其他地点（或暴行）的图像，譬如为一篇布痕瓦尔德的文章配上一张贝尔森的照片，或是为一篇毛特豪森的故事配上一张布痕瓦尔德的照片。一个集中营的图像往往被排除在对它的实录之外。举例而言，一篇布痕瓦尔德报道的配图——马克特里德维茨内形容枯槁的美国士兵、加尔德莱根大屠杀、攻入德国阵地的苏联步兵——与布痕瓦尔德并无特定关联，但它呼应了更广泛的纳粹暴行话语。报刊还会利用特定的视觉标志，例如分别拿一张布痕瓦尔德、奥德鲁夫、贝尔森的照片来图解普遍的暴行故事，哪怕照片与伴随文本的讨论内容无甚关系。在《新闻周刊》上，有篇写纳粹大规模灭绝政策的整版报道，配发的四张照片均描绘的是德国平民在无名尸堆旁边的活动，可完全未交代它们与报道有何关联。最后，报刊也未交代照片的拍摄地点。照片带有的地点标志通常都大而化之，如"被征服的德国境内""德国劳改营内"或"德国集中营"[19]。

　　有张在英美都发表过的早期的诺德豪森庭院照片，展现了报刊对照片的独特运用。照片展示了一幅长景图：集中营内据说有近3000具尸体等待下葬，它们排列在庭院对面的长廊上，宛如阳光下晾晒的衣服。在照片中，三面被天空和摇摇欲坠的巨大建筑物包围，尸体齐整地散布于照片中部，从前景一直延伸至背景当中。这张照片实际上拥有不止一段生命。它并不总是会被标为出自诺德豪森，起码有一次它被拿来给一篇写另一个集中营的文章做了插图。在4月份的八天时间内，《伦敦时报》《华盛顿邮报》《波士顿环球报》也刊登了此照片，但它们都对时间差只字未提。当月月底，同一场景又无端地被刊登了一轮。相同的尸体仍散布在庭院当中，但这一次有美国士兵和德国平民穿梭其间（图8）。许多人从尸体旁走开，扭头不看它们，从而使得照片中部的庭院内那数千具尸体看似无关紧要,这样就从视觉上反映了尸体在纳粹信仰体系中无立锥之地。这种独特性表明围绕照片的时空指涉数据多么无关宏旨,也表明照片使用向着象征产生了飞跃。诺德豪森庭院代表着纳粹治下更大的苦难地形,在这里,大规模死亡的图像能以一种文字力有不逮的方式,让人们认识到暴行之范围。[20]

图8 诺德豪森的庭院,1945年4月12日。由美国国家档案与文件署提供

户外恐怖场景能格外有效地捕捉暴行的范围,而刊登它们的目的往往也正在于此。每个集中营都造成了其公共空间的退化,譬如布痕瓦尔德的马车、贝尔森的尸坑、达豪的铁轨。达豪被表征为集中营外面已超出了火车车厢的尸体,再配以"车载斗量的死亡"之类的醒目标题。《华盛顿邮报》上便有一张这样的照片,文字说明在新闻语言中突兀地插入了第二人称的表达:"乍一看,以为车上装的是脏衣服,接着你却看到了脚、手,以及皮包骨头的手指。"[21]

对领地的匿名可视化似乎最奏效,报刊上有数十张照片对集中营未做交代。《时代周刊》为了弥补对达豪解放的笼统化呈现,做了个罕见的举动:为一张照片配以"在达豪,尚有32000人幸存"的文字说明,照片展示了一名受害者正好死在被安葬的纳粹分子旁边。文字说明虽交代照片摄于达豪,但有个小星号将读者导向页面底部,这里又说照片摄于"斯图加特附近的贝尔森"。然而,这个交代是有问题的,不仅因为贝尔森根本不靠近斯图加特,与达豪报道毫无关联,也因为它揭示了图像与文本之间这种成问题的关联多么司空见惯。[22]

通过这些方式,对某一集中营的具体描绘便可被用以代表纳粹所占领的更大地形。为了讲述纳粹治下更广泛的苦难故事,每一个集中营均可拿来与其他地方化的场所互换。因此,对集中营领地的描绘将暴行故事提升至另一个讲述层面,由此不但揭示了人类苦难的细节,也揭示了其规模与范围。

见证图像。图像也使见证普遍化了,而记者的言语叙事精准地记述见证。照片提供了一系列见证表征:不同的见证实践、不同的见证对象、不同的见证者类型。每一种描绘都使见证超越其发生的实际情境而变得普遍化,而各种形式的描绘也诱使世界对被见证之事承担责任。有鉴于此,一张一名羸弱男子的照片的文字说明称,他请求为其拍照,为的是"要让全世界的自由人民知道德国战俘营对一个人都干了些什么"[23]。

跟文字相比,见证图像更是成为一个单独的暴行表征范畴。首先,对见证本身的描绘是分阶段的,报刊最先刊载的是前往集中营的官方代表团的照片。《洛杉矶时报》刊发了一个编辑代表团出发前站在飞机舷梯上的照片,题作《编辑与发行人员前往德意志帝国》。《纽约时报》展示了美国国会代表团踏上法国土地的情景。《每日邮报》于头版发表了一组肖像照,题为《国会议员将目睹恐怖集中营之秘密》。《星期六晚邮报》则描绘了美国报纸编辑们在艾森豪威尔将军的兰斯总部听取简报。在见证行为真正开始之前,这些照片为其提供了一个思考框架。[24]

见证图像也描绘了各种不同的见证对象,诸如正在察看尸体、酷刑场景、杀人工具的见证者。这些照片有个核心特征:照片展示暴行见证者,却不见暴行本身。《新闻周刊》上便有一张这样的照片:三名美国国会代表在某一集中营内摆出一副有点惊愕的表情,他们的目光越过摄影师,正在观看一种莫名的、未拍摄的恐怖(图9)。照片描绘了克莱尔·布思·卢斯及其他人小心翼翼地行走在某种不可见的悲剧四周,这一悲剧奇怪地处于他们与摄影师之间。照片未交代地点或日期,文字说明极笼统地称"国会代表在视察暴行",亦未提供别的确凿细节。[25]描绘暴行见证者却不见暴行本身,这是一种程式化的可视化见证活动的方式,同时平民、官员、编辑等见证者群体的照片虽然层出不穷,但照片中不见对观看对象的视觉描绘。这种架构行为之所以能言之成理,主要是因为它有助于实现更广泛的见证目标。

对不同类型的见证者的描绘也层出不穷。最司空见惯的是囚犯和受害者,二者均被匿名、笼统地描绘。举例而言,有张照片的文字说明对三位目光呆滞的达豪囚犯的解释是,"他们目睹了纳粹文化"。另一张布痕瓦尔德的照片展示了一群疲惫而消瘦的男子从四层拥挤的架子床上向外张望(图10)。这张照片最初由通信兵摄于四月下旬,照片中,床上挤满营养不良的男性幸存者,另有一名男子斜倚柱子,手里抓了件囚服遮身蔽体,他是唯一打破这张照片统一性的人。照片以《布痕瓦尔德集中营中拥挤

图 9　美国国会在布痕瓦尔德视察暴行,1945 年 4 月。由美联社/环球图片社提供

图 10　布痕瓦尔德的前囚犯们,1945 年 4 月 16 日。由美国国家档案与文件署提供

不堪的架子床》为题,刊登在五月初的《纽约时报杂志》上。他们的痛苦面孔让人久久难以忘怀。诸如此类的照片经常被用以衬托其他照片,诸如饱食终日的德国人、平民见证者,乃至尸体。在大多数情况下,并未交代拍摄对象,这种匿名性有助于传达堕落影响之有力的非言语讯息。[26]

德国国民(主要是德国加害者)也经常被描绘。报刊通常将他们与受害者、幸存者等其他集体一起描绘,展示他们挖掘坟墓、俯视幸存者、在集中营庭院里溜达等行为。其中一张这样的照片刻画了臭名昭著的弗里茨·克莱因,他穿行在卑尔根—贝尔森的尸坑当中(图11)。尸体再一次延伸出画面,克莱因的笔挺姿势凸显了纳粹举止的可怕性质。加害者通常以怪诞的角度出现于镜头前,镜头中展示了身着制服的硕大身躯,诸如满眼的怒火、无色的囚服、紧绑的头发(对女性而言)。德国平民也常被描绘为见证者,当他们与暴行遭遇时(诸如重新埋葬纳粹暴行受害者的尸体、观看焚尸炉、"被迫凝视"尸体堆)被人拍摄了下来。有张流传甚广的照片展示了魏玛的妇女与男孩,他们在布痕瓦尔德被迫观看尸体(图12)。这些平民处在情绪紊乱的不同阶段。有个人以手帕捂住嘴,另一个人眼看就要哭出来,还有一个人则满脸疑虑。所有人都齐刷刷地朝向照片左边,注视暴行证据,暴行已越出了镜头边框。照片由通信兵摄于4月16日,它出现在许多报章杂志上。[27]这种"有见证者、无暴行证据"的美学,迫使人们将注

图11　弗里茨·克莱因在贝尔森,1945年4月。承蒙伦敦帝国博物馆惠允使用

图 12　德国平民在布痕瓦尔德，1945 年 4 月 16 日。由美国国家档案与文件署提供

意力落在见证行为上。它将见证行为定格在时空当中，让读者关注被见证的东西，哪怕它隐而不彰。再推而广之，这也暗含着对其他暴行照片的认可，它们使这张特别的照片变得可理解，由此加持了所有照片之间的交叉指涉性。

　　大多数德国平民照片所传达出的似乎是困惑、震惊、茫然，从而复杂化了见证行为。举例而言，德国儿童被描绘为他们拒绝见证。有张照片上的小男孩正对镜头，远离占据大部分摄影空间的尸体，其目光传达的见证行为本质上是"不见证"。另一张照片上的男孩正走在贝尔森一条尸横遍野的路上，将头扭向一边，亦拒绝见证。[28] 其他平民照片也折射了德国人对暴行的复杂反应。有一张照片上，八位平民似乎被一具尸体吓坏了，都小心翼翼地绕开它走：第一个女人见状，掐住自己的喉咙；第二个女人捂住嘴，直视镜头，她背后那个女人也注视着摄影师，像是被相机闪瞎了眼似的。这些不同的反应不仅折射了德国作为一个国家的集体不安，也复杂化了公共想象中的见证行为。可吊诡的是，它们也增强了照片的权威。不管是与读者同时观看尸体，还是不看尸体只看相机，都与迫使德国人在其家门口观看证据时所遭遇的困难极其吻合。[29]

　　图像并未大张旗鼓地表现士兵见证者，究其原因，或许在于拍摄全副武装的士兵会显得有点冒失。实际上，最早的暴行照片中就有一张是个例外：它展示了一名美国医务官坐在奥德鲁夫尸体堆后面，那一组照片的附随文献资料还交代了他的姓名与家乡(见图5,参见本书第91页)。另一些例外则牵涉到著名军事人物。《伦敦新闻画报》将艾森豪威尔的正面照置于分拆式暴行增刊的顶部,《每日电讯报》给一张奥德鲁夫照片加上黑箭头,箭头上写有姓名,逐一交代艾森豪威尔将军、巴顿将军、布拉德利将军等关键人物。值得注意的是,每张照片都大差不差:前景为死尸、背景中的士兵见证者注视着镜头与尸体。镜头掠过死者,与生者相连接。[30]

最后一轮见证者是前往集中营的官方代表团,其中既有政客,也有编辑。有张流传甚广的编辑代表团的照片(图13):一群编辑忙于报道布痕瓦尔德的尸体发掘,全是白人男性,都埋头在本子上拼命地记录,仿佛是为了避免观看脚下的尸体似的。在画面一角,有几名士兵在观看尸体,代表着见证行为。5月3日,照片在拍摄一周后,以传真照片发布出来,《波士顿环球报》和《洛杉矶时报》分别以《美国编辑视察布痕瓦尔德受害者》与《布痕瓦尔德》为题作了刊登。尽管电讯社的文字说明交代了照片中的编辑及其供职的报纸,但两报均未交代这些信息。其他照片显示官员与编辑或在视察集中营地形,或在观看死尸。事实上,真实性也经常通过拍摄这样一种版本的见证行为而得以确立起来——尸体堆前的士兵、官员、政客。而照片中女性官员的角色似乎与男性略有不同,因为她们为人们对女性抚慰者角色的性别期待提供了支持。她们不仅被描绘为在观看死亡的受害者,也被描绘为在与幸存者交谈。[31]

图13 美国的编辑们参观布痕瓦尔德,1945年4月。由美国国家档案与文件署提供

对见证的这些精心描绘实现了什么呢？它们提供了一种文字无法提供的表征框架：它们将见证定格于场所当中。图像通过将见证与恐怖场景相分离，延长了见证。这些图像描绘各式各样的见证实践、见证对象与见证者类型，以此强调见证作为对纳粹恐怖的反应之核心地位。在言语叙事中，见证只是暗含于对集中营解放的有根有据的报道当中，与此不同，图像中的见证重要得足以自成一个表征范畴。尽管这未必与每日新闻的节奏或目的吻合，但与思考集中营内发生之事的更大框架极其吻合。

因此，当照片脉络化纳粹暴行时，它们将见证者报道的特征——"领地"与"见证活动"——拓展至偶发暴力事件之外。领地照片在堕落的纳粹世界中的某一地点与其他地点之间创造出有力的联系，而在记者具体可感的文字之旅中不见这些联系。同样，视觉表征凸显出见证行为的变异性（即行为本身的不同阶段、不同的见证对象、不同类型的见证者、不同类型的见证实践），从而不仅提供了一系列暴行表征，而且传达了一种得以延长的见证时刻，这一点在记者的叙事中是见不到的。这种变异性比文字更加有效地凸显了围绕见证行为的复杂性，同时也将见证行为勾连至更加广泛的诠释图式。只有借助于此图式，才有可能去普遍化、脉络化、象征化所发生之事。

可见，诠释行为本身在文字与图像中表现出了不同面貌。报刊借助文字，封锁诠释并使叙事根植于此时此地，从而约束着见证行为。报刊借助照片，则使暴行记录面向诠释开放，从而帮助世界更有效地去见证。

二、暴行照片作为象征

报刊也通过构图与表现方面的实践，将每张照片勾连至更大的暴行故事。每一套实践均有助于将集中营照片巩固为暴行之象征。

（一）构图实践：位置、数量、凝视

虽然暴行照片对暴行的描绘数量多、范围广，但不管摄影师的专业训练程度如何，他们都一再地复刻场景，使得这些暴行照片多少有点与众不同。通过调整镜头的位置、角度、焦距、光线、曝光时长而得到的描绘五花八门，进而可能为照片打上一种个性化的标记，不过这些照片的特征并不在于这一标记。相反，通过电缆于数小时或数天内所传来的图像简直如出一辙，只在焦点、焦距、曝光、角度上略有不同。

位置。关于将暴行证据摆在照片当中哪个地方的决定会在前景与背景之间创造一种层次，因为前景与背景往往传达出关于描绘对象的不同细节水平。许多图像同时描绘见证者和尸体，二者互为脉络。

暴行证据通常意味着尸体照片，并且暴行证据常与照片前景或背景中的见证者互换位置。有张照片流传甚广，拍的是艾森豪威尔将军以及其他高级将领在视察奥德鲁

夫前院中横七竖八的尸体(图 14),他们面对镜头,俯视前景中已延伸出镜头的尸体。照片由一名佚名摄影师拍摄,刊登在 4 月 16 日的《华盛顿邮报》上,而接下来的两周内,它又频频重现于其他报刊。《伦敦新闻画报》将它作为头版的整版照片,文字说明告诉读者,"一向和蔼可亲的艾森豪威尔将军以其冷峻的一面,显示了对德国暴行的恐惧"。这张照片不仅凸显了美国军人作为暴行见证者的角色,也让读者掠过尸体空间,与美国军人并置。倘若不先思考尸体,便无从思考美国军人的见证行为。[32]

图 14　艾森豪威尔将军与其他官员在奥德鲁夫视察尸体,1945 年 4 月 12 日。由美国国家档案与文件署提供

　　在别处,前景与背景互换,尸体位居照片画面后部。英国《新闻纪事报》于头版刊登了一张贝尔森照片,前景是妇女在做饭、削土豆,背景为尸堆。另一张布痕瓦尔德庭院的三角形照片流传甚广,它描绘了一种视觉对抗,将美国士兵、马车上的尸堆、德国平民的背影并置(图 15)。尸体在照片右后角,士兵在左后角,平民处于前景中。当读者观看照片时,得越过德国平民的肩膀,才能见到尸体,从而在前景(德国人站立处)与背景(受害者和解放者站立处)之间制造出了一种层次感。这一效果在照片中部被放大,在那里,看似无法逾越的空白区域将不同人群彼此隔开。这种美学在其他暴行照片中也得到了复刻。[33]

　　数量。第二种构图实践与暴行照片中展示的人数有关。照片在"人多"与"人少"之间摇摆。人多的照片展现了丛葬地:尸体被扔得乱七八糟,简直难以(如果不是不可

图 15 德国平民在布痕瓦尔德观看尸体，1945 年 4 月 16 日。由美国国家档案与文件署提供

能的话）分辨哪个器官属于哪具尸体。人少的照片展现了单具尸体，尸体以格外恐怖的姿态被定格下来，譬如一名饿死的男子仰面八叉地僵躺在一个集中营的地上。总之，照片既展示了个体的痛苦，也展示了大规模暴行的广泛性，进而暗示着对每起恐怖的展示都代表了千千万万有着相同命运的人们。照片不仅发挥着指涉功能，而且以最宽泛的形式，发挥着暴行象征标志的功能。[34]

总体而言，报刊上表现的集体暴行图像比个体暴行图像更加频繁。或许是因为集体照暗示了一种有助于抵消公众疑虑的集体地位，所以才经常出现，且不管其表征的是何种类型的集体——受害者群体、幸存者群体，抑或见证者群体。群体图像往往不如个体图像那么生动逼真，部分原因在于很少看得清眼睛与面孔，不太可能对作为拍摄对象的受害者细加分辨。在此，最重要的是玛格丽特·伯克-怀特拍摄的一张著名照片，被简单地题作《布痕瓦尔德集中营的受害者》。照片刚面世时并未署名，展现了成堆的头与脚，它们斜对镜头。这堆头与脚带给观众的印象是，要不是照片底端有根链子阻挡的话，它们眼看就要垮到摄影师身上了（见图16）。其他照片则不如伯克-怀特的照片有名，它们以远景照的方式展示了同一堆尸体，由远景视角观之，尸体被高高地码在集中营庭院内的马车上。这辆马车亦现身于上文所提及的布痕瓦尔德庭院的三角形照片中,它被从更远的距离做了描绘。[35]

图 16　在布痕瓦尔德遇害平民的尸体,1945 年四五月间。由美国国家档案与文件署提供

幸存者、德国平民、德国加害者、官方见证者等其他群体的图像也层出不穷,对每个群体的展现均具有重复的视觉特征。一群群见证者几乎总被摆在画面一端,侧视镜头视野内外的尸体。而一群群德国加害者几乎总以突兀的角度面对镜头,摆出僵硬笔挺的姿势(图 17)。这些加害者看起来愤怒而残忍,几近疯狂。这种感觉也为此类图像的文字说明所印证,如《伦敦新闻画报》为一群加害者贴标签为"女恶魔"。[36]

照片经常描绘不同群体之间的对峙,诸如德国平民与受害者的对峙、新闻编辑与幸存者的对峙。有张广为流传的照片题作《奴隶劳工指认罪犯》,它展示了一个匿名集中营内的一名幸存者指着一名德国卫兵(图 18)。卫兵站在照片的右侧,扭曲的脸避开镜头,也避开幸存者伸出来指控他的手指。尽管幸存者也侧对镜头,但摄影师对其明显抱以同情的态度。[37]在二人身后,站着其他官员,其中一名官员目睹了这场对峙。

可见,在每一个例子中,将对峙性的描绘构架为一种集体的(而非个体的)思考行为折射了一种讨论与理解暴行的集体需要。尽管强调集体表征或许不利于认识隐藏于每张照片背后的个体悲剧,但强调群体比聚焦个体倒是更行之有效地契合了艾森豪威尔的目标——将照片用作反击纳粹的说服工具。令反击纳粹迫在眉睫的,不是个体,而是群体。在此意义上,理解暴行的范围和幅度与认识每一起暴行同等重要。

图 17　贝尔森的女性党卫军,1945 年 4 月 17 日。承蒙伦敦帝国博物馆惠允使用

图 18　幸存者指认布痕瓦尔德的德国卫兵,1945 年 4 月 14 日。由美国国家档案与文件署提供

凝视。第三种构图实践与描绘对象的凝视有关。尽管形容枯槁、濒临死亡的幸存者的眼睛似乎无法理解观看对象,但他们往往正面凝视,似有坦率之意。英军电影与摄影分队中一名身在贝尔森的摄影师回忆道,许多幸存者"无法连贯地思考……思考是一件极安静沉默的事情。他们坐在那里,几乎纹丝不动。有些人已动弹不得"。对幸存者的表征几乎总采取正面凝视,他们或直视镜头,或位于摄影师身后不远处。在某种意义上,暴行幸存者似乎在视而不见。《下午》杂志上便有这样一张照片,它展示了两名年轻的妇女,以特写镜头去呼应她们凹陷的颧骨和茫然的眼神(图 19)。照片的文字说明写道,"纳粹就是这么对待俘虏的……"并恳请读者好好看看"这些妇女的面孔"。[38]

图 19　卑尔根—贝尔森集中营的两名幸存者,1945 年 4 月 30 日。承蒙伦敦帝国战争博物馆惠允使用

另一些照片还展现了死者那瞧不见的眼睛。在贝尔森解放后,《下午》和《星期六晚报》便登有这样一张照片,它展示了两个孩子,系一对兄妹。照片告诉读者,他们被饿死了(图 20)。躺在地上的孩子衣衫单薄,相拥而亡。两张脸都瘦削憔悴,其中一个还睁着眼睛。在照片左侧,裹着毯子躺在他们身边的母亲已经死去,这是一个同样有力的人物。照片未对她做清晰展现,只是到后来,她才作为配图出现于纪念文献中。纪念文献对这名妇女做了单独描绘,她没盖毯子,裸体,美丽,卷发披肩。其实,这张照

片当初未能在报刊发表,这说明它或许与所刊登的照片的程式化性质格格不入。[39]

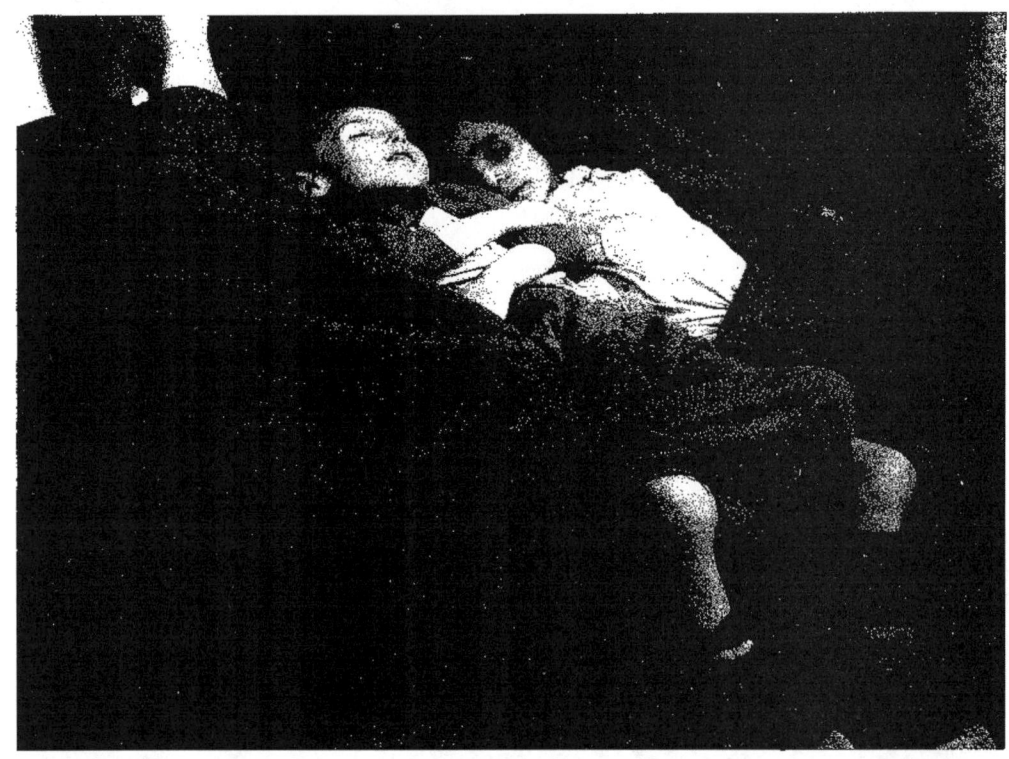

图 20　卑尔根—贝尔森中母亲与两个孩子的尸体,1945 年 4 月 17 日。经伦敦帝国战争博物馆授权

对德国加害者的描绘通常为侧视或上半身特写,其眼睛不是回避,就是眯着(图21)。他们往往侧视幸存者或士兵,而后者几乎总是要么直视他们,要么直视镜头。有张广为流传的照片展示了贝尔森指挥官约瑟夫·克莱默:他在贝尔森里行走,噘着嘴,五官紧绷,在照片右侧一角,一名卫兵注视着他。而在《每日邮报》上,同样的人物被从更远的距离做了描绘:克莱默在散步,身旁不仅跟着一名士兵,而且还有一名士兵拿枪戳着其后背。[40]

可见,在构图上,发表出来的照片所描绘的恐怖水平超越了一起特定的暴行,为的是将其呈现为一个具有代表性的事件。照片中尸体与见证者的结合既便于展示某一特定的野蛮行为,也便于展示更普遍的暴行脉络。暴行照片中的人数展示便于强调卷入暴行中的受害者、幸存者、加害者、见证者等集体。那些暴行相关者的凝视展开了见证行为的摄影记录,其中,对受害者、幸存者、加害者的构图各不相同。在每一种情况下,照片在构图层面均不流于对某一特定事件、行为、集中营只做指涉性的描绘。构图实践揭示了一个更广泛的故事层面,并由此超越了摄影描绘的具体对象。

图 21　牟尔根—贝尔森中的前女卫兵，1945 年 4 月。承蒙伦敦帝国战争博物馆惠允使用

（二）呈现实践：文字说明、署名、版式

迈向更广泛的暴行故事同样也可通过呈现而实现。许多暴行照片缺乏基本的可辨特征，它们给出的和未给的信息在类型上都是同样程式化的。文字说明极少交代所展示内容的信息。因照片对死亡与苦难的视觉描绘令人毛骨悚然，故它们通常隐去关于受害者、死于哪个集中营、死亡情境等确凿细节，也往往隐去照片由谁于何时何地拍摄等细节。有些时候，不见摄影师或摄影机构的名字。还有些时候，照片与伴随文本之间的关系亦成问题，或者直接以照片本身作为新闻，对读者之所见稍做或不做文字解释。

当图像的象征力量凸显，其指涉性便被削弱了。图像与其说是被用以为某些行为、集中营或受害者提供确凿信息，倒不如说是被用以标志关于暴行与战争的普遍话语。

文字说明。文字说明是一种确保照片反映更广泛暴行故事的有用方式。事实上，美国通信兵和英军电影与摄影分队在提供照片时，几乎都会在背面打上文字说明，但并未交代文字说明是由谁撰写的。尽管有时报刊以"根据通信兵团为这张无线传真照片所配的文字说明"的字样来给照片标注文字说明，但文字说明往往是由远离拍摄场景的人所写。这种极少明确告诉受众的做法带来了无数差错。[41]

举例而言，有张照片展现了一群妇女徘徊于贝尔森中的尸体旁，而读者得知的文字说明莫衷一是:有说她们从死尸上脱下衣服作燃料的,有说她们脱下衣服自己穿的,有说她们给爬满虱子的衣服清洁的,有说她们脱下衣服以便焚烧尸体的(图22)。尽管这里引述的原因可能都相关,但重要的是,报刊在呈现照片时已经为照片所展现的活动确立了不同的理解框架。另一张照片展示了一名消瘦的男子坐在一堆破布中间,对它的解释亦五花八门(图23)。照片中的他好像弯腰坐在破衣服上,骨头将身体顶得凸了起来,其他幸存者在背景中注视着他。《星期日快报》的解释是他"正在脱下自己又脏又破的衣服",而别的报刊要么说他在"使劲扯死囚身上的破衣服",要么说他在捉自己衣服上的虱子。[42]

图22　卑尔根—贝尔森中的幸存者,1945年4月29日。承蒙伦敦帝国战争博物馆惠允使用

解释上的差异之所以成问题,在于它们造就了一份夹杂错误的历史记录。奥德鲁夫解放后没几天,便出现了前文所提到的那张美国陆军少校猫腰坐在一堆撒有石灰的尸体后面的照片(见图5,第91页),然而它被说成摄于好几个集中营,包括奥德鲁夫、布痕瓦尔德、诺德豪森,以及附近的哥达镇。当《新闻周刊》展现它时,正确地指出尸体是在奥德鲁夫,可一周后的《时代周刊》将它错标为布痕瓦尔德。在指涉层面上,《时代周刊》的文字说明在细节上简直就是错误的,但对于说服一个怀疑的世界去相信暴行而言,一堆尸体到底是在奥德鲁夫还是在布痕瓦尔德却无关宏旨。重要的是,确有此事发生。可见,即便暴行地点不对,照片亦可发挥提供暴行证据的功能。[43]

图 23 卑尔根—贝尔森中的幸存者,1945 年 4 月。承蒙伦敦帝国战争博物馆惠允使用

报刊在撰写文字说明时,会利用语态进一步剥夺照片的指涉力量。1945 年 4 月,《时代周刊》发表了一篇长达五页的文章,文中集纳了数个集中营的小插曲,其中每一个都配以普遍化的照片:一名指挥官、一座丛葬墓、一座公墓、一具烧焦的尸体、可食用灯心木。其中一张展示贝尔森指挥官约瑟夫·克莱默那无伤大雅的肖像,简单地题作《指挥官克莱默:他爱花》。另五张照片则展示了可怕的死亡场景:诺德豪森的一座丛葬墓、贝尔森的一座公墓、埃尔拉的一具烧焦尸体、布痕瓦尔德的可食用灯心木、贝尔森的一名饥饿囚犯。这些照片在"人多"与"人少"的表征之间来回切换,其文字说明对于协商从"指涉性表征"向"象征性表征"的飞跃也特别有用。

《时代周刊》通过一组括号来为每张照片定位地点。一张露天尸坑照片同时署名为英国官方图片社和美联社,文字说明甚是古怪:"公墓(贝尔森)。"将"贝尔森"一词置于括号内是在告诉读者,暴行的确切位置是次要的,几乎是临时想到才加上的。其他文字说明对"诺德豪森""埃尔拉""布痕瓦尔德"等词语,亦做同样处理。事件发生于何处不仅无关宏旨,而且它可能也与照片那更为普适的意义不甚相干。照片摄于何时根本提都没提。事实上,文字说明仿佛在暗示,所展现的事件在第三帝国治下随时随地都可能发生。因此,报刊不是要用文字说明来将照片锚定于一个精准的时间与地点,而是要将其视作暴行之象征。

在许多照片中,文字说明有利于发挥照片的象征作用。有条文字说明发现,一座丛葬墓的照片"跟死亡本身一样无可辩驳"。鉴于照片显示了一座长墓中排列的数十具尸体,读者便不得不去想照片中无可辩驳的东西究竟是什么呢。而等读者读了正文,才知道该表述指的是记者发现"集中营的证据……跟死亡本身一样无可辩驳"。诸如此类的评论将照片置于一种逊色于正文的失衡地位,这种失衡对于图像的指涉是不利的。[44]

署名。另一种将集中营照片转变为更广泛暴行故事的象征的方式是,只为照片提供少许署名特征。读者往往并不清楚自己看到的照片是由谁拍摄的。照片的署名行有时被放在报章杂志的其他地方。举例来说,《纽约时报》在呈现一张布痕瓦尔德中拥挤不堪的架子床的照片时,几乎未交代由谁拍摄、在何处拍摄、如何拍摄等细节。读者只有在浏览到另一个版面时,才知道原来照片出自美联社。[45]

署名问题给英美摄影师带来无数问题。刊登照片时,往往根本不署名。当英军进入贝尔森后,《每日邮报》刊发了一系列照片,大多为集中营指挥官的照片,均未署名。《伦敦新闻画报》的暴行特刊登了 22 张集中营照片,也均无署名。甚至连后来著名的照片(如玛格丽特·伯克-怀特拍摄的马车上的尸体堆照片)当时亦经常不交代出处。[46]

即使有署名,也是一带而过,往往只包括掌管照片的官方军事单位的名称。因此,在集中营照片旁,最常见的署名是"照片由美国通信兵拍摄"。具体的图片社名称(如艾克米图片社、环球图片社)较不常见,特定摄影师的名字更是殊难一见。只有等到若干年后,英美读者才会得知哪张暴行照片出自哪位摄影师之手。时至今日,仍有些照片是佚名的。

最重要的是,报刊对文字和照片的使用态度迥然不同。《下午》刊登了一篇目击者报道,以回应盟军针对布痕瓦尔德的官方报告,报道援引绵密,仔细交代出处,而旁边的一张三位惨遭蹂躏的男子的照片却既无出处,又无署名。在本例中,文字与照片对出处的不同交代程度真是令人吃惊。就指示性而言,这篇报道构成了一个有力的叙事;对集中营官方报告的某些段落逐字逐句摘引,具体包括集中营的日常状况、囚犯人数、受害者人数、死亡人数、酷刑程序等细节。但照片无出处,无拍摄日期,也几乎未交代所展现的人物姓甚名谁。[47]

版式。版式也是一种通过图像以提示更广泛暴行故事的方式。在报刊上,照片往往出现于摄影专栏或所谓的图片版。图片杂志使得这种版式家喻户晓:四到八幅图,图与图之间隔以言语文本。例如,在《费城问询报》4 月 26 日的图片版中,就包括布痕瓦尔德、诺德豪森及其他地点的照片。[48]

不过,因当时摄影图像的使用标准不明确、不健全,报刊对暴行照片的定位良莠不齐。举例而言,军报《星条旗报》在集中营目击者报道旁边,定期推出照片专栏。有篇目击者报道描述了加尔德莱根和牟罗兹的集中营,而照片中呈现的尸体却是奥德鲁夫、诺德豪森、布痕瓦尔德的(图 24)。图像与其图解的言语叙事之间无具体的指涉关联——除了两者均为同一个更大的暴行故事提供证据这一点之外,并且照片均未标日期,未交代摄影机构或摄影师。同样,在《时代周刊》的一个德国专栏中,两张照片并置:一张为三名近乎赤裸的男子的照片,题作《布痕瓦尔德的幸存者:他们会是德国的希望吗?》;另一张为一名德国儿童的照片,题作《儿童们》。文字说明虽解释说三名男子是幸存者、儿童乃德国之未来,伴随文本却讲的是集中营内一场旨在建立一个反法西斯帝国的地下运动。不过,无论是在时人所熟悉的破碎、绝望的身体的照片中,还是

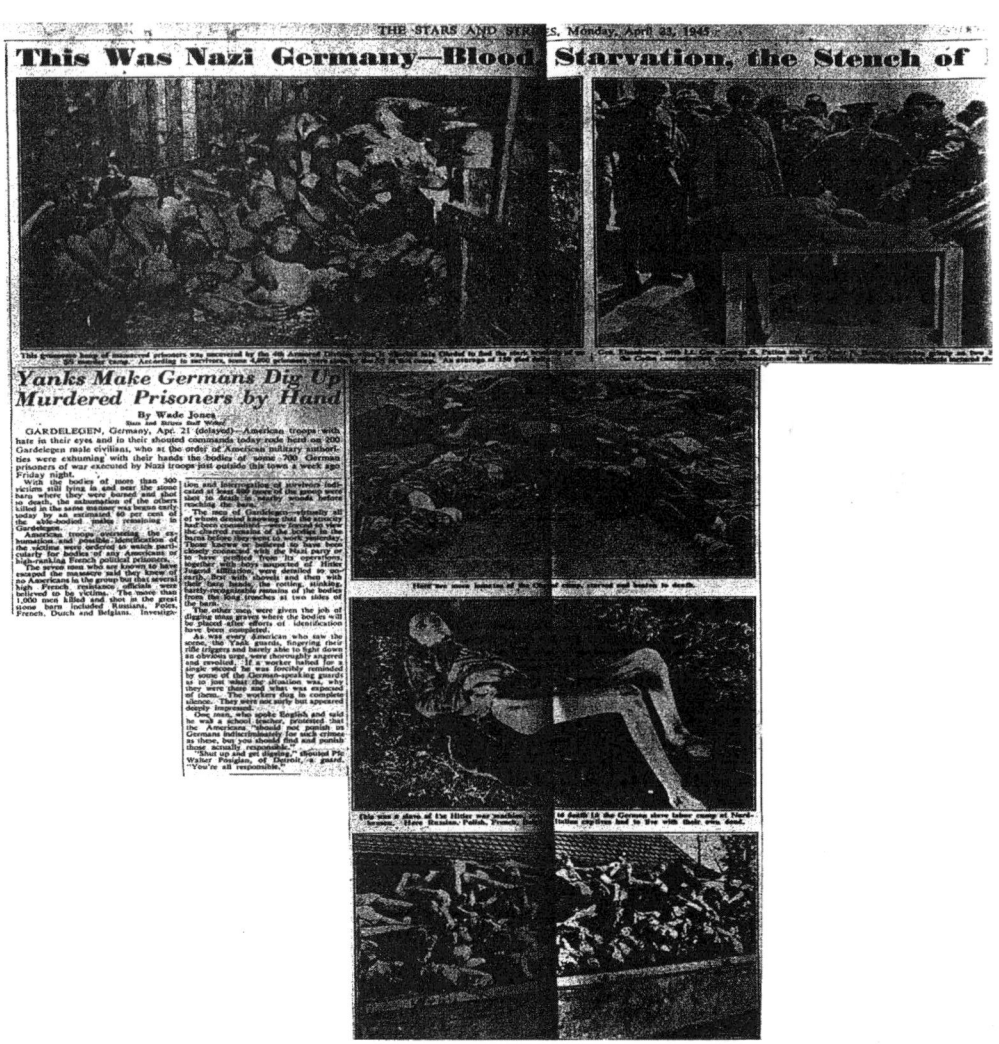

图 24 "这就是纳粹德国",《星条旗报》,1945 年 4 月 23 日。承蒙《星条旗报》惠允翻印

在他们不太熟悉的胖乎乎的德国金发儿童的照片中,文本均无从辨认。[49]

这意味着,即使报刊不交代所登图像的确切细节,也能将其勾连至更大的暴行故事。图像的这种宽泛的诠释作用使之对于凸显作为一种对暴行的恰当反应的见证行为而言至关重要。吊诡的是,这些图像的有用性竟依赖于其匿名性。事实上,图像凭借匿名性来声称真实性。尽管匿名性能在一种普遍化的水平上为暴行提供有力的视觉证据,然而它对图像中描绘的特定事件所提供的文献资料良莠不齐。

《时代周刊》上有篇关于贝尔森的文章可很好地说明这一点。两张照片被并置于一个小方框中:一张无出处,展示了一位满脸愤怒的金发女子的侧面;另一张出自艾克米图片社,展示了一群人在熊熊大火、滚滚浓烟附近之场景。在两张照片下方,文字说明在问:"贝尔森完蛋了吗?"从伴随文本中,读者得知:

> 这些照片来自贝尔森集中营。左为希尔德·洛鲍尔,被她恐吓的囚犯称之为"不穿制服的党卫军女人"。右为燃烧的贝尔森,英国人将这人类屠宰场付之一炬。

而描述性的正文向读者提供了他们在照片中见到(或未见到)的事物之确凿信息。不过,讨论并未止步于对照片的描述,因为随后的一个段落将刚才提供的信息普遍化了:

> 但是,若要摧毁贝尔森的产生根源,仅仅付之一炬还不够。因为根源处于比德国人的任何暴行倾向更深之处。它们处于极权主义的政治哲学中,这种哲学不是任何人的专有财产。只有理解了这一点,贝尔森中死于莫名痛苦的成千上万男男女女才不会白白牺牲。不理解这一点,则意味着他们没有死有所值,意味着贝尔森的意义将会在道德反感与谩骂中烟消云散,意味着还将会有其他贝尔森重蹈历史覆辙。贝尔森的意义,乃一切极权主义之终极意义。

后面所添加的这个段落至关重要,揭示了《时代周刊》怎样将贝尔森及其指挥官的特定形象转换为一个关于人类苦难与极权主义的故事的象征标志。贝尔森集中营变成了战时暴行之代表。[50]

所有这些都表明,报刊可利用图像的象征维度,为理解与解释暴行确立一个更加广泛的诠释图式。发挥这些图像的象征维度将会对公众产生重要影响,这不仅是因为象征维度对理解纳粹欧洲的悲剧可能是一种最行之有效并且也最不会令人不爽的方式,而且因为它们架构事件的方式,使得任何观看图像之人均可见证暴行。在此框架下,暴行的确切细节不如对见证的反应重要。对那些因未能更早做出反应而心生愧疚的人而言,这绝不是一个小目标。

跟文字一样,见证行为使得图像对记录暴行很有用。不过,将图像用作暴行的象征标志背离了新闻的呈现模式。与其在信息最令人难以置信时提供更多的线索,倒不如在信息让人难以置信时提供更少的线索。在此,图像愈是恐怖,伴随文本的锚定则愈不细节化。在这方面,图像格外得心应手的是,提供讯息以使人们觉得见证行为尚可忍受。它们对于集中营欢迎报刊来报道的情形来说,也是很适合的。

因此,见证正当化了图像在新闻中的另类运用,这种运用既有赖于图像的偶发细节,也有赖于其象征维度。记者早期对发生之事认识不周,如今,见证增强了图像的权威,也进一步增强了报刊在这一特定报道上的权威。尽管指涉性偏弱可能是大多数战争图像之通病,然而指涉性偏弱在此产生了极大作用,因为图像的象征性质格外适合被用以解释记忆中的纳粹暴行。

值得指出的是,这与报刊对摄影的期许相矛盾,因为报刊对于图像的指涉维度与象征维度的关联缺乏预见性。摄影师在集中营内的工作虽有价值,记者仍对其怀有矛盾心理,这并不奇怪。报刊几乎闭口不提拍摄集中营场景的摄影师,这说明,尽管共同的责任感已足以将图像作为文件囊括进来,却未能将摄影师也囊括进来。实际上,《伦敦新闻画报》在连篇累牍刊登贝尔森的摄影图像时,竟将其比作"多雷为但丁《地狱》绘制的**素描**"。可见,编委会仍不相信图像已完成劝服读者去相信暴行的工作。该报的对策是:一周后,它又推出一组素描来描绘照片已经展示过的许多集中营场景,这些素描在细节上倒也并无多少可指摘之处。这种矛盾心理与人们对新闻中摄影记录的价值的认识不足有关,它已渗透至暴行记录的内核之中。[51]

三、图片杂志与解放者

图片杂志和解放者是对集中营摄影抱有兴趣的另外两方,它们也使暴行照片在英美报刊上的展示得以增强。每一方都扩展了摄影在见证暴行中的作用。

鉴于图片杂志通常以图像为中心,因此,两大洲的图片杂志(尤其是《生活》《瞭望》与《图画邮报》)都在将暴行照片带回本国的过程中发挥了重要作用也就不足为奇。不过,较诸报纸,图片杂志不过是配角:当照片现身于图片杂志时,它们多半已被报纸刊登过了。可见,图片杂志的主要呈现效果不在于"信息",而在于"重复"。图片杂志偏爱的呈现格式是,集纳诸多图像,使之变成一个更大图片故事的一部分。借由这一格式,图片杂志强化了日报与周刊的既有效果,即提供更多已经刊登过的内容。

在1945年5月的第一周,两大洲每家图片杂志均推出了各自的暴行摄影专题。《图画邮报》和《生活》上的摄影专题都将恐怖巧妙编织为"图—文"(picture-essays)。图—文对诸多图像所做的组合式视觉呈现比任何单张图片的新颖性或信息价值要有效得多。

《图画邮报》以《让全欧洲叹为观止的问题》为题,推出一个多达六页的暴行照片专题。第一页，两张照片并置：一张是两名形容枯槁、茫然无助的幸存者，另一张是一名身材丰满、衣着考究的德国妇女，怀抱一个金发儿童（图25）。两组人物均注视镜头，

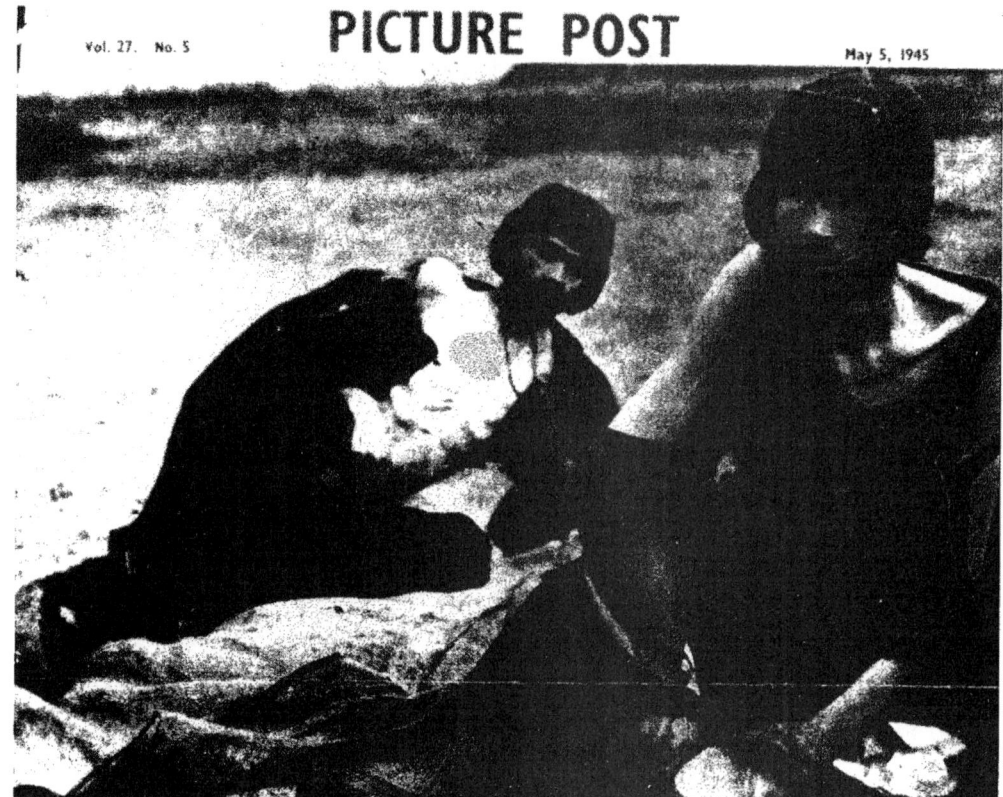

图25 "让全欧洲叹为观止的问题"，《图画邮报》，1945年5月5日。由《图画邮报》/TonyStone 图片社提供

均为半身照,两条文字说明将它们的视觉差异演绎为言语线索,分别是"铁丝网内"和"铁丝网外"。另一些照片拍的是被蹂躏的受害者的特写、集中营花名册、无名氏的干瘪面孔,它们都被置于同一条文字说明下:"这些都是在盟军挺进中获释的集中营囚犯,对许多人而言,我们来得太迟了。"照片均无人名、无集中营名称、无摄影署名。照片均为集体作者的文档,摄影师及其拍摄对象都被尘封于匿名状态。在同一篇文章中,还有一张照片拍的是诺德豪森的两名男子,他们坐在台阶上,注视着镜头。文字说明称此图为"面孔,并非人类面孔,而是饥馑面孔",从而使图像离身化了:令面孔与其所有者相分离,而变成饥馑之象征。

《图画邮报》杂志预言,该专题最后那张照片将是"一张子孙后代自有评判的照片"。那张照片十天前刊登在《星条旗报》上,展示了两名已经死亡的儿童,他们躺在壕沟里,张着嘴,双臂在泥地上伸开(图26)。在照片左上角,站着一名士兵,他注视着壕沟,心中自有判断。小标题为《诺德豪森集中营内死亡的儿童》。虽然小标题对照片有所解释,但伴随文本几乎未做解释:

> 满腔愤怒还不够,大声嚷嚷"消灭"德国无济于事。唯一能起作用的是:去理解人类何以堕落至此,以坚定的决心直面困难、不便与代价,这样才不会有任何国家再次这样玷污世界。[52]

在此脉络中,图像被认为是一种向纳粹主义过激行为发出的警示。与报刊中的图像一样,诺德豪森内的死亡儿童照片也被画报征用为一种暴行话语之普遍标志。

《图画邮报》又于6月推出一个图片专题,这次摄影师拍的是德国平民挖掘暴行受害者和挖掘新坟墓。八张记录平民被迫挖掘亡囚尸体的照片,再次提出了图像的象征价值问题。尽管叙事中讨论的是将纳粹的所作所为归咎于整个德国的想法及其可行性,照片则编织了一个已为时人耳熟能详的主题:以无声、无名、无作者的文档去证实暴行。最后一张照片题作《沉默的见证者,大地已呐喊出其苦难》,展示了一个新掘坟墓中一具因遮掩而不见面孔的尸体。这张收尾的照片仍旧无物理、地理、空间上的细节可供人们在现实生活中去定位它。相反,其象征韵味倒几乎更能够使之在集体记忆中占据一席之地。[53]

就在《图画邮报》推出专题的同一周,《生活》也推出一个暴行摄影专题。正如该杂志围绕其他争议性照片的惯常做法一样,它这样辩解自己为何会选择刊登它们:

> 上周,美国人再也没法怀疑纳粹暴行故事。随着盟军在前进中攻占集中营,首次掌握了无可辩驳的证据……《生活》有四名摄影师跟随在德部队,在此刊登的照片即出自他们之手。他们展示的东西很恐怖。《生活》之所以刊

图 26　诺德豪森内死亡的儿童，1945 年 4 月。由美国国家档案与文件署提供

登它们，理由跟七年前刊登关于西班牙和中国的战争死亡与破坏的早期照片一样："若是在世之人拒绝观看死亡之人，那些死去的人真的就白白牺牲了。"[54]

《生活》的这种防御姿态暗示着，受众对是否需要关注暴行照片尚未达成共识。

《生活》的摄影专题径直题为"暴行"。它在五页生动逼真的照片开头，称"攻占德国集中营后已累积了大量暴行证据，而暴行已使人类退化至底线"。照片展示了纳粹制造的一系列恐怖，包括布痕瓦尔德中茫然的囚犯、贝尔森中垂死的妇女、加尔德莱根中烧焦的尸体，每一种恐怖都被表现为一种大而化之的恐怖范畴。大多数照片已经在日报上刊登过。

摄影专题以三张整版中景照收尾，每一张都聚焦于战争蹂躏。第一张此前已在英美报刊上登过，展现的是躺在诺德豪森庭院中的尸体（参见图8，第98页）。第二张展示了加尔德莱根内一堆烧焦的尸体。在这两张照片中，都有美国士兵在尸体间穿梭，寓意生命正从死亡与腐烂中崛起。这组照片的最后一张是唯一的个人中景照：一名德国卫兵埋着头，不看镜头。照片告诉读者，他"从没膝深的腐烂尸骨中，将尸体拖入贝尔森丛葬墓"。以中距照片表现德国卫兵，并以此结束这组照片，传递了一个明白无误的讯息：纳粹已经被无可挽回地终结了。[55]

《图画邮报》和《生活》只给照片配零星的言语细节。文字说明提到，躺靠在架子床上的无名囚犯们在注视。有时，它们只告诉读者展现的是哪个集中营。文字说明只交代了镜头中最显而易见之物。照片极少署名。这种言语细节的缺乏对于更广泛的暴行故事而言，倒也无关宏旨。因此，图片杂志进一步夯实了起初由报纸确立的内容。

图片杂志通过采用日报上已经登过的许多照片，对某些暴行可视化回收功不可没。这对巩固摄影的重要性相当关键，即便图片杂志所扮演的只不过是配角。对诸多人们熟悉的图像的集纳式表现，令它们重焕了力量。可见，影响力既与任何一张照片在信息上的新闻价值有关，也与对某些照片的重复呈现有关。

如果说图片杂志相对于报纸上的照片而言提供了一种对照的话，那么由作为业余摄影师的解放者拍摄的照片则提供了另一种对照。解放部队的成员在集中营内来也匆匆，去也匆匆。许多人停下脚步，拿起私人相机，迅速闪上几张。照片构成了延伸他们在集中营内的匆匆经历的一种方式，使之超越了在那里度过的短暂时光。正如一名士兵所回忆的那样："我们有时下午才进去，到清晨，我们已打扫完那个地区，又继续踏上行程了。"[56]

牧师、步兵、其他军事角色也在记录其目之所见，但他们拍摄的照片有时模糊难辨。一位美国大兵回忆说，自己在某一集中营内拍摄的照片"暗淡不清，因为我不是摄影师"。而其他时候，他们的照片与专业摄影师竟如出一辙。例如，达豪外满载尸体的车厢、贝尔森中的尸坑、布痕瓦尔德中的尸堆等人们熟知的照片，均被士兵一一复刻过。照片的差别微乎其微，比如在照片一角多加了个士兵之类的。有时，报刊也刊登业余照片，尽管通常会有所延迟。[57]

解放者拍摄的照片之所以重要，在于这些业余文献资料可帮助公众相信发生之事，并巩固见证的需要。其实，照片若出自士兵，而非专业摄影师，反倒会加强公众对照片的信任感：公众欣赏业余照片，是因为"其中不存在场景篡改，也不存在胶片伪造"。不过，业余人士主要是出于个人使命而拍集中营照片，其驱动力是希望为子孙后代记录场景。一名士兵说："我所拍的东西就在那儿，它是事实。"照片由在德占区积极执行军务的人士拍摄；照片从阵亡或被俘的德国兵身上缴获而来；照片也由连长们所拍，他们随后还会制作拷贝并发给连队成员。对照片的关注反映了一种为历史记录场景的愿望。正如一名士兵所言："我们没有互拍。我们在拍摄环境。"[58]

士兵拍摄的照片既证明恐怖，也证明解放者到过集中营。从"骷髅尚在焚尸炉中"到"尸堆尚未掩埋"的各种照片，既展示暴行，也展示见证暴行的士兵。有位牧师拍摄了仍留在某一集中营外一堆木头上的烧焦尸体，他后来说道："拍照是为了告诉本国人民，对德国人在集中营、劳改营内的压迫与屠杀的报道完全属实。"约翰·艾森豪威尔中尉是艾森豪威尔将军的儿子，他带着便携式相机进入布痕瓦尔德，见一群幸存者正在踢一名德国卫兵的尸体，他"闪了几张照片，咕哝了句谢谢，便转身离去。幸存者们又围拢来继续踢尸体"。前解放者保罗·甘茨拍了张尸体照：因为太多，尸体从达豪一节火车车厢中掉了出来，站在照片中部的美国士兵注视着尸体（图27）。这张见证行为的照片也捕捉到了火车那不同凡响的长度，从而令每节车厢所包含的恐怖场景倍增。[59]

图27 保罗·甘茨摄影集，承蒙埃默里大学纳粹大屠杀的见证项目惠允使用

另一些摄于布痕瓦尔德的照片，复刻了英美报刊上流传的那种尸堆中景照。有张业余照片的唯一区别在于：在照片一角，多了名士兵，他不看尸体，而是回头看摄影师（图28和29）。这名解放者在照片背面这样写道：

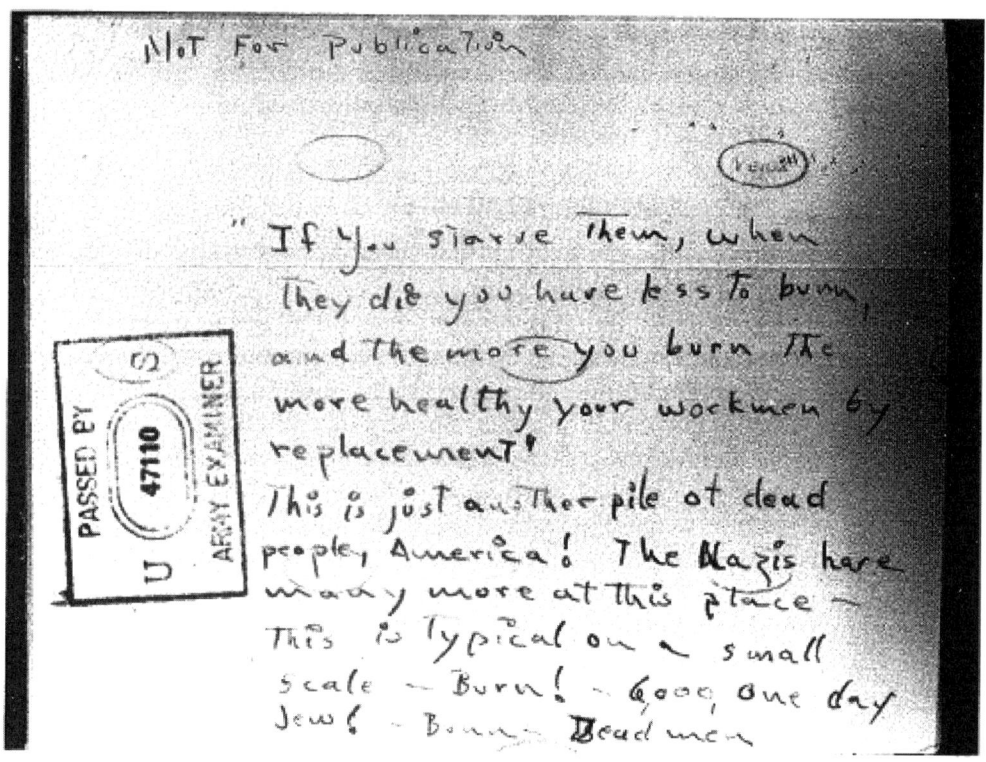

图 28 和图 29　丹尼斯·怀尔摄影集,承蒙埃默里大学纳粹大屠杀的见证项目惠允使用

如果你让他们忍饥挨饿,那等他们死后,你可烧的越少;你可烧的越多,你的工人便会经由代谢而变得越健康。这不过是又一堆死人,美国啊。这里还有更多纳粹。这是典型的小规模。焚烧!每天烧6000人,犹太人!焚烧。死人。[60]

从业余图像与专业图像的异同中可见,对暴行的视觉捕捉无须多少专业训练。言下之意是,微乎其微的差异多少缓释了专业摄影在记录集中营中的作用。

概言之,透过镜头的见证缓释了不同类型的摄影师之间的紧张关系。现身集中营的业余摄影师所拍的诸多照片与准专业人士、专业人士所拍照片的相似性使得"专业人士强过业余人士"的论断不得要领。在某种意义上,见证行为将所有见证暴行的人都变成了一个共同体,姑且不去管他们为何会置身于集中营。此外,对已报道过的内容的证实变得远比报道本身重要。

四、图像的胜利

暴行照片作为一种记录集中营的可行方式而出现,对此报界人士并非没引起注意。在英美,公众亦谈及利用图像证实记者的所见:"铺天盖地的新闻照片让欧洲和世界都在发问:这何以可能……"[61]

对于摄影在描绘暴行恐怖中所具有的核心地位的最有形暗示,也许来自最后一波表征,即描绘对照片本身的观看行为。所谓的去纳粹化运动要求向德国民众展示照片与胶片。正如《纽约时报》所言:"每个德国人都将会看到布痕瓦尔德、贝尔森及其他纳粹酷刑集中营加诸囚犯身上的不人道行径之图景。"[62]

为配合这场运动,开始涌现出了描绘人们观看暴行照片的照片。士兵、平民、战俘都被描绘为照片见证者。这些照片的重要性在于,它们展示了无数出现在对摄影文献的见证行为当中的其他集体。与先前照片中观看尸体的集体一样,此时的这些集体也在聚精会神地观看照片,他们往往摆出统一姿势,身体角度朝向暴行证据(本例中为照片)倾斜(图30)。1945年6月,《纽约时报》便刊登了这样一张照片,展示了一群德国平民正在观看摄影展。他们背对镜头,焦点是他们在仔细察看暴行照片,画面中的暴行照片本身亦历历在目。文字说明写道:"在被征服的德国内部——平民在观看集中营内所犯暴行的摄影展。"《每日镜报》指出,照片是一种"让德国人揽镜自照"的方式。它刊登了一张居住在集中营附近的德国人观看《每日镜报》内页的照片(图31),镜头也捕捉的是平民背影,画面当中的暴行照片清晰可见。虽然有些记者与摄影师质疑这些经官方批准的暴行展现意味着审查的放松,但报刊仍在继续刊印照片,由此将见证行为延伸至照片的新闻话语价值之外。可见,照片不仅被确立为一种新闻文档,也被确立为一种历史文档。[63]

图30　德国平民在观看摄影展,1945年4月到5月。由美国国家档案与文件署提供

对暴行照片的反应实际上增强了新闻照片更广泛的影响力。一家军报承认,"自摄影发明以来,没有任何图片故事在影响力上能与如今刊登纳粹暴行的版式相提并论"。它指出:任何地方的士兵都清楚,"他们是在印刷文字和版画艺术的限度内,竭力使正派人士了解其发现的真相";他们也清楚,"甚至就连最古板的报纸,也在连篇累牍地刊载从集中营流出的可怕照片"[64]。

与对集中营有根有据的叙事构成对照的是,在形形色色制图机器的帮助下,集体怀疑被转为伴随承认而来的震惊与恐惧。摄影证据意味着,集中营暴行"无从否认……布痕瓦尔德、贝尔森、达豪——其图像已经被永远地铭刻在记忆中"。伦敦《世界新闻报》先援引了一句"疏远也好,猜疑也罢,随你的便",然后说道:"某种东西阻碍着英美人民的充分理解。而这些照片……"有家报纸认为,对集中营的摄影展现"虽令人反感与厌恶,但它们让文明世界认识到了……冷酷的真相……如果说有人曾经对纳粹心灵当中的兽性心生怀疑的话,那么现在他再也无从否认它了"[65]。

与其他类型的文献资料相比,照片为评估堆积如山的德国暴行证据提供了更多确定性。英美报刊都小心翼翼地指出了这种摄影记录将会发挥的历史作用,并提请读者关注"德国人施加虐待暴行的摄影证据……要将对经过冷酷计算的屠杀和酷刑的这些

图 31　平民在观看图片，1945 年 4 月到 5 月。承蒙伦敦帝国战争博物馆惠允使用

揭露当作一种对德国迄今所犯罪行的记录"。《基督教世纪报》曾长期冥顽不化地拒绝相信德国暴行，它拒绝相信德国暴行的时间比大多数其他报刊都长，而此时，甚至连它都承认："要过很久之后，我们的目光才会停止去观看那些堆得如柴禾一般的裸尸的照片，或是那些成堆的腐尸与白骨的照片。"至少对该报而言，"观看照片"变成了一种纳粹主义经历的标志。因此，毫不奇怪，到 1945 年 4 月，相信暴行故事的英国人已从半年前的 37% 飙升至 81%。[66]

照片亦在盟军前线展出，权威人士强调它们在平息公众怀疑中所起的作用。黑白照片将人人都变成了见证者，"甚至那些安然在家、远离集中营恶臭的人们"亦然。报刊似乎已经认识到，图像有能力传达出文字无力传达的那种恐怖。当时的主流假设是,照片已经帮助将集中营定格在一个无可否认的空间当中。[67]

摄影的胜利也与摄影帮助促进了暴行见证行为这一事实有关。文字专注于集中营解放的细节,与此不同,图像则将英美两国公众导向纳粹暴行故事之核心所在,即图像经由最快捷的路线,将公众导向其优先意义。它们为观看纳粹暴行证据提供了一种载体,也通过拓宽对暴行证据的表现而减弱了其冲击力。如此一来,图像不仅维护了由艾森豪威尔提出的"让世界看看"的军事与政治目标,而且它们在"让世界看看"时所采取的方式也绕开了纳粹暴行故事之细节。报刊通过迎合照片的指涉维度与象征维度之间的关联,帮助世界将注意力聚焦于对纳粹主义做出广泛政治与军事回应的迫切需要上。

当图像以这种方式表征暴行时,既挑战了传统的新闻表征方式,亦强化了"见证"的另类目标。图像愈是恐怖,图像锚定便愈不细节化。在许多情况下,图像的可辨细节如此之匮乏,以至于很难将其锚定于某一特定的物理或地理地点上。然而,图像被用以唤起的故事愈广泛,其作为集体记忆载体便愈有效。暴行图像从作为对某些行为确凿的指示符号转换为暴行故事的象征标志,这与一种理解发生之事的普遍而紧迫的需要有关。当图像格外生动逼真时,报刊便不太需要解释它们,而更多需要将其勾连至更大的诠释主题,从而赋予描绘内容意义。可见,图像是一种比文字更加行之有效的见证手段。将言语性的解放实录变成视觉性的暴行故事,直接影响了由此而来的记忆面貌。

同样重要的是,利用照片来描绘暴行构成了大众报刊史上的一个转折点。见证通过要求一种另类的新闻实践方式——它不强调专业能力与竞争,而强调合作——实现了新闻业的自我超越,然而依赖于照片的见证将图像变成了集中营报道中的主要事件。暴行表征比过往的战争表征更直白与单调、解除对报道正在进展中的战争事件的审查限制、对新闻摄影如何发挥作用的专业期望落空,这些均为该转折点之明证。尽管图像避开了记者对照片的矛盾心理,也颠覆了他们长期以来的预设(即图像最有效的功能是作为指涉工具),但对记录纳粹暴行而言,图像成了比文字更加强大的工具。随着摄影被回收于集体记忆中,摄影的胜利将会渗透至暴行故事之核心所在,便不足为奇。

注释:

[1] Jack Price, "'Doormat' Label Develops Ire of Cameramen," *Editor and Publisher*, March 10, 1945, p.44.

[2] Interview with Sgt. W. Lawrie, Department of Sound Records, IWM; cited in Martin Caiger-Smith, *The Face of the Enemy: British Photographers in Germany, 1944—1952* (Berlin: Nishen, 1988), p.11.

[3]"Europe's Problem: What M.P.s Say of the Nazi Horror Camps," *Picture Post*, May 12,1945,p.25; Edward R. Murrow,"Despatch by Ed Murrow—CBS," transcription,April 15,1945,p.2 (Templeton Peck Papers,Box 1,HIA).

[4] Margaret Bourke-White, *Portrait of Myself* (New York: Simon and Schuster,1963),pp.160,259-60; Vicki Goldberg, *Margaret Bourke-White: A Biography* (Reading, Mass.: Addison-Wesley, 1987), p.290; Bourke-White, "Dear Fatherland, Rest Quietly"(New York: Simon and Schuster,1946),p.77.

[5]Jorge Lewinski, *The Camera at War: A History of War Photography from 1848 to the Present Day* (New York: Simon and Schuster,1978),p.14; interview with George Rodger, in *Dialogue with Photography*, ed. Paul Hill and Thomas Cooper (New York: Farrar, Straus and Giroux, 1979), pp. 59-60; Amanda Hopkinson,"You Have Been Framed," *New Statesman and Society*,June 30,1995, pp.32-33.

[6]Cited in Anthony Penrose,ed., *Lee Miller's War* (Boston: Bullfinch Press, 1992),pp.161,182,187.

[7]Cited in Goldberg, *Margaret Bourke-White*, p.291.

[8]"Press Exposure of German Horror Camps," *Newspaper World*, April 28, 1945,p.1; "Slain Internees Found in German Camp," *Washington Post*,April 20, 1945,p.3; also appended to John M. Mecklin,"I Saw Men,Women,Children Slain by Nazis," *PM*, April 10,1945,p.5.

[9]两例中的照片均署名为美国通信兵团。在前一例中,图像与一篇写林堡附近纳粹杀人工厂的文章一同刊登;在后一例中,图像与一篇关于波兰犹太人区火灾的报道一起刊登。两例中均未点明三个事件间的联系,但这两例中的图像都附有非常详细的数据。《华盛顿邮报》在文字说明中写道:"更多残忍!来自纽约布鲁克林的约翰·斯科蒂少校是美国第三军第四装甲师的医务人员,他正在察看被害囚犯的裸尸,他们在德国奥德鲁夫集中营内一个小木屋里被发现,奥德鲁夫位于哥达以南九英里。"

[10]关于围绕刊发照片的讨论,参见"To Print or Not to Print?", *Newspaper World*,April 14,1945,p.6; "Britain's Anger," *Daily Mail*, April 23,1945, p.2; "Press Exposure," p.1.

[11]Picture captioned "They Witnessed Nazi Culture," *Washington Post*, May 2,1945,p.3,and picture appended to R. M. McKelway,"Clergy Were Used as Guinea Pigs; Dogs Were Turned on Prisoners for Sport," *Boston Globe*,May 8,1945,p.10.

[12]Photo appended to "Foreign News: Germany," *Time*, April 30,1945,pp. 38-45.

[13]"This Is the Enemy—Horror Unequalled throughout the Centuries," *Daily Telegraph*, April 19,1945, p.5.所有照片均未署名。

[14]"World Demands Justice," *Daily Mirror*, April 19, 1945, pp. 4-5. According to Signal Corps files, it was taken on April 12 (Document #SC-203545, file "Atrocities," NA); picture appended to "Torture Camps: This Is the Evidence," *Daily Mail*, April 19, 1945, p. 2; picture appended to Captain C. A. Burney, "Prisoner Describes Horrors of Buchenwald in Broadcast," *PM*, April 19,1945, p. 11; "Lest We Forget! Some Examples of German Sadistic Inhumanity," *Illustrated London News*, April 14,1945, p.404; "British Prisoners of War Regain Freedom," *Illustrated London News*, April 21,1945, p.435.

[15]"Atrocity Pictures," *Editor and Publisher*, May 5,1945, p.40.这篇文章接着说,尽管美国人"已对他们所谓的宣传如此具有免疫力,以至于连照片也不相信,可现在该不是"瞻前顾后的时候——要刊登照片,要大量地刊登"。也可参见 John R. Whiting,"Candid Shots," *Popular Photography*, July 1945, p. 16; "To Print or Not," p.6.

[16]Penrose, *Lee Miller's War*, p.161; "German Atrocities in Prison Camps," *Illustrated London News*, April 28, 1945, supplement, p. i; cited in "Press Exposure," p.14.

[17]"Pictures of Germans' Victims," *London Times*, April 19,1945, p.4; uncaptioned picture appended to Ronald Clark, "1,800 Airmen Prisoners in Torture March," *Daily Telegraph*, April 21,1945, p.3; Edwin Tetlow, "The Most Terrible Story of the War," *Daily Mail*, April 19, 1945, p. 1; "Nazi Barbarism," *Philadelphia Inquirer*, April 26, 1945, p. 14; "Indisputable Proof," *News Chronicle*, April 19,1945, p.1; "Heaped Evidence…," *Daily Mirror*, April 18, 1945, p.5.

[18]关于艺术中这些象征的讨论,可参见 Ziva Amishai-Maisels, *Depiction and Interpretation: Visual Arts and the Holocaust* (Oxford: Pergamon, 1993), pp. 131-34.

[19]例如,照片附于 "Buchenwald Factory for Extermination," *Washington Post*, April 29,1945, p.8M; "Nazi Policy of Organized Murder Blackens Germany for All History," *Newsweek*, April 30,1945, pp.56-57; pictures appended to "The Problem That Makes All Europe Wonder," pp.7-11.在 11 张图中,只有两张(出自诺德豪森)可以辨识得出地点。

[20]较早的图像是一张配有说明文字的照片, "Bodies in Nordhausen Gestapo

Concentration Camp," *Boston Globe*, April 17,1945,p.16; and "At Nordhausen," *London Times*, April 19,1945,p.6. 第二张快照也有文字说明,"Bodies of Slave Laborers Await Burial at German Camp," *Boston Daily Globe*, April 26,1945,p.15.

[21]照片配文,"Death Measured by the Carload," *Washington Post*, May 2, 1945,p.3.

[22]照片附于"Foreign News：Dachau," *Time*,May 7,1945,p.35.

[23]照片附于"Problem Makes Europe Wonder," p.11.

[24]照片配文,"Editors, Publishers on Way to Reich," *Los Angeles Times*, April 26,1945,pt.1,p.3; 照片配文,"American Legislators in Europe to Investigate Atrocities," *New York Times*, April 25,1945,p.3; "M.P.s Will See Horror Camp Secrets,"*Daily Mail*,April 21,1945,p.1; 照片附于 Ben Hibbs,"Journey to a Shattered World," *Saturday Evening Post*,June 9,1945,p.20.

[25]照片附于"To Look at Horror," *Newsweek*, May 28,1945,p.35;"German Civilians Made to See for Themselves,"*News Chronicle*,April 19,1945,p.4.

[26]"Dachau—a Grisly Spectacle," *Washington Post*,May 2,1945,p.3. The image was taken on April 16 (Document ♯2O8AA-2O6K-31,file "German Concentration Camps—Buchenwald and Dachau," NA), and appeared as "Crowded Bunks in the Prison Camp at Buchenwald," *New York Times Magazine*, May 6,1945,p.42. 匿名规则的一个例外是一位名叫玛吉特·施瓦茨的达豪的幸存者,当给她拍照时,她坚持要摆个跟她唯一的战前拥有物——一张她站着的照片——中同样的直立姿势。尽管周围的人都在抗议,但她还是硬着头皮站了起来,并催促摄影师给她拍照。英国官方照片。(Document ♯208-AA-129G-3,file "Atrocities—Germany—Belsen," NA)

[27]照片附于 Harold Denny,"The World Must Not Forget," *New York Times Magazine*,May 6,1945,p.8;"World Demands Justice."

[28]未编号的文档所在档案名为:"Jews—Antisemitism—Germany,World War II," archive of Columbia University School of Journalism; picture appended to "Atrocities" file,p.32.

[29]照片由美国通信兵团拍摄。(Document ♯208-AA-207B-10,file "German Concentration Camps,Wobbelin," NA)

[30]"Slain Internees Found in German Camp," p.3; picture appended to "German Atrocities"; uncaptioned picture appended to "Take Hitler Prisoner Unless He Resists," *Daily Telegraph*, April 20,1945,p.5.

[31] "American Editors View Buchenwald Victims," *Boston Globe*, May 4 1945,p.4; "Buchenwald," *Los Angeles Times*,May 4,1945,pt.1,p.3; picture cap-

tioned "M.P.s View Hun Cruelty," *Daily Mirror*, April 24, 1945, p.5; Clare Boothe Luce, "What Angered Me Most at Buchenwald," *London Evening Standard*, April 27, 1945.

[32]照片配文："'Ike' at Scene of Atrocity," *Washington Post*, April 16, 1945, p.4; picture appended to "German Atrocities".

[33]"There Was Fuel in Plenty," *News Chronicle*, April 21, 1945, p.1.拍下这张照片的英国摄影师后来在家书中讲述了他在拍摄过程中遇到的困难。他写道："数百具尸体横七竖八地躺着，在许多情况下，尸体堆得有五六米高。妇女们正坐在尸堆中削土豆和煮着残羹剩饭。当我举起相机给她们拍照时，她们漠不关心。她们甚至还笑了。"(Letter from Sgt. Midgley, IWM, cited in Caiger-Smith, *Face of the Enemy*, p.14.)那张布痕瓦尔德的三角形照片摄于1945年4月16日，刊登在许多报纸上，有两家报纸将它分别题为"At Buchenwald"(*London Times*, April 19, 1945, p.6)和"German Civilians See Truckload of Bodies"(*Boston Globe*, April 25, 1945, p.13)。

[34]这样的照片在一个两版的图片专题上很典型，该专题题为"When You Hear Talk of a Soft Peace for the Germans—Remember These Pictures," *PM*, April 26, 1945, pp.12-13.这家报纸第二天又刊发了一个版的暴行照片。

[35]照片附于"This Was Nazi Germany—Blood, Starvation, the Stench of Death," *Stars and Stripes*, April 23, 1945, pp.4-5.摄影师运用一个同一辆马车的长镜头，以描绘不同群体的见证活动，诸如前面所提到的那张布痕瓦尔德三角形照片中的面对盟军的魏玛平民或者正在视察尸体的官方代表团。参见"Nazi Barbarism," *Philadelphia Inquirer*, April 26, 1945, p.14, and "Penna. Congressman Sees Evidence of Foe's Cruelty," *Philadelphia Inquirer*, April 26, 1945, p.14.

[36]照片配文："Study in Evil: The S.S. Women of Belsen," *Daily Mail*, April 23, 1945, p.3；照片来自一个照片集，"Like a Dore Drawing of Dante's Inferno: Scenes in Belsen," *Illustrated London News*, April 28, 1945, supplement, p.iii.

[37]照片配文："Slave Laborer Points Finger of Guilt," *Washington Post*, April 26, 1945, p.9.

[38]Interview with Sgt.M. Lawrie, cited in Caiger-Smith, *Face of the Enemy*, p.11；照片附于"Heres How Nazis Treat Their Captives..." *PM*, May 1, 1945, p.8.

[39]照片附于Peter Furst, "Anti-Nazi Bavarians Helped to Seize Munich," *PM*, May 1, 1945, p.12.也附于Hibbs, "Journey to Shattered World," p.21; *Lest We Forget: The Horrors of Nazi Concentration Camps Revealed for All Time in the Most Terrible Photographs Ever Published* (London: Daily Mail, 1945), p.73.

[40]照片配文："Belsen's Commandant," *London Times*, April 21, 1945, p.8;

"The Beast of Belsen," *Daily Mail*, April 21,1945,p.4.文字说明在提及先前一张一位坐着的纳粹士兵的照片时,它问读者:"记住这个男人的脸庞,是刊登在昨天的《每日邮报》上吗?"

[41]值得一提的是,许多照片(尤其是那些由美国通信兵团发送的有线传真照)实际上附有文献。其中,许多照片在背面贴有关于照片由谁拍摄、在何处拍摄、如何拍摄等详细信息。此外,信号兵还就照片拍摄前的情况提供了大量背景信息,并且图像往往会根据背景信息而分组,这些信息可能最主要的是对于围绕某一事件的更广泛情况加以解释。不过,采用照片的新闻机构极少(倘若有的话)会提到这些信息。

[42]第一张照片配文:"Like a Dore Drawing of Dante's Inferno";"Horror, Starvation, Death in German Concentration Camps Revealed by Allies' Advance," *Stars and Stripes*, April 30,1945,p.4;*KZ*:*Bildbericht ausjunf Konzentrationslagein* (prepared under the supervision of the American Office of War Information for the Commander-in-Chief of the Allied Forces,1945),p.31.第二张照片附于 *Lest We Forget*,p.23;"Horror,Starvation,Death in German Concentration Camps Revealed by Allies' Advance," *Stars and Stripes*, April 30,1945,p.4;"The Murder Gang of Belsen Spread This Horror in the Name of the Germans," *Sunday Express*, April 22,1945,p.9;"Like a Dore Drawing of Dante s Inferno," p.ii,and to *KZ*,p.6.

[43]照片附于 Percival Knauth,"Buchenwald," part of the larger section entitled "Foreign News:Germany," p.42; as a picture captioned "Victims of the Beast" appended to Al Newman,"Nordhausen:A Hell Factory Worked by the Living Dead," *Newsweek*,April 23,1945,p.52; and as a picture appended to "This Was Nazi Germany," pp.4-5.在后两例中,正确确认尸体在奥德鲁夫。而在一本由英国共产党于1945年4月出版的小册子中,该地点被确认为诺德豪森。[参见 *Fascist Murders:Pictures of the Concentration Camps You Must Never Forget*(London:Communist Party,April 1945),n.p.; taken from file ♯K4H,WL]这张照片实际上是由战争照片组所拍摄的系列中的一张,共同署名为英国联合图片社和艾克米新闻图片社,摄于1945年4月4日至8日之间的某个时间。(Photo 1460/41,F 15476,YVPA)事实上,这同一张照片在4月10日也同时刊登在《华盛顿邮报》和《下午》上,照片配文:"Slain Internees Found in German Camp," p.3. 附于 Mecklin,"Men,Women,Children Slain," p.5.

[44]照片附于"Foreign News:Germany," pp.38-40.这张照片被作为来自埃尔拉、贝尔森、布痕瓦尔德的一系列目击者报道的配图,然而诺德豪森郊外的集中营无这样的报道。因此,这张照片在《时代》的报道中充当着诺德豪森的唯一标志。

[45]照片附于 Denny,"World Must Not Forget," p.42.我们只需要想想在一份

报纸的其他地方要找到记者的署名是多么不寻常就行了。

[46] *Daily Mail*, April 20, 1945, p.1; *Daily Mail*, April 21, 1945, p.4; *Daily Mail*, April 23, 1945, p.3; Pictures appended to "German Atrocities".

[47] 照片附于"Official Report on Buchenwald Camp," *PM*, April 30, 1945, p.9. 不同寻常的是，文字说明中指出前景中的人物是一名"匈牙利籍犹太人"。然而，总的来说，报刊上鲜少提及纳粹大屠杀中犹太人的受害。例如，此图也见于《周六晚报》，文字说明写道："编辑们在布痕瓦尔德见到了这些活生生的人类漫画以及数以百计类似的东西。"（照片附于 Hibbs, "Journey to Shattered World," p.21.）

[48] "Daily Feature and Pictorial Page," *Philadelphia Inquirer*, April 26, 1945, p.14.

[49] "This Was Nazi Germany," pp.4-5; 照片附于"Foreign News: Germany," *Time*, May 14, 1945, p.43.

[50] "The End of Belsen?" *Time*, June 11, 1945, p.36.

[51] Bryan de Grineau, "As Dore Might Have Conceived It: Belsen Death Camp," *Illustrated London News*, May 5, 1945, pp.471-73. 编辑告诉读者，这些画作"进一步阐明了上一期所刊登的照片"。然而，与未署名照片不同的是，画作上都有创作它们的艺术家的名字与签名。

[52] "Problem Makes Europe Wonder," pp.7-11, 26.

[53] 照片附于 Bertrand Russell, "Whose Guilt? The Problem of Cruelty," *Picture Post*, June 16, 1945, p.13. 专题刊登在第 10-13 版。

[54] "Atrocities," *Life*, May 7, 1945, pp.32-37.

[55] "Atrocities," pp.32-37. 语出第 33 和 37 页。

[56] Interview with John Henry Baker Jr., on Ohrdruf, February 27, 1980, WHP.

[57] 写信人实际上拍到了奥德鲁夫的解放，但他显然只是偶然拍到的。他写道："奥德鲁夫解放的那天早上，我正好在那里。几天前，我拿了一部相机，里面的胶卷大约还剩了十张，我就在那里拍了它们。"（Letter from Raymond J. Young to John B. Coulston, taken from file "Jews in the American Army Liberation of Ohrdruf," Document B/60; K/15/82, YVPA.）我们可以假定，这种记录集中营的情形很常见。

[58] Cited in Robert H. Abzug, Inside the Vicious Heart: Americans and the Liberation of Nazi Concentration Camps (New York: Oxford University Press, 1985), p.138; interview with Joseph B. Kushlis, on Ohrdruf, March 30, 1979, WHP; Baker, interview.

[59] Interview with William A. Scott, April 9, 1979, WHP; Letter from Captain James B. Ficklen, April 15, 1945 (Collection 1986, Document ♯031.24a, USHMM);

taken from Paul Gumz file, WHP; Tom Infield, "Witness," *Philadelphia Inquirer Magazine*, April 9,1995, p.26.

[60] Taken from Dennis Wile file, WHP.

[61] "Problem Makes Europe Wonder," p.7.

[62] *New York Times*, April 24,1945. 文章详述道:"今晚,英美两国情报部门与盟军最高司令部正在共同携手完善这样一项计划。这些部门将布痕瓦尔德和贝尔森的场景布局图与在其中抓获的男女典狱长的照片拼在一块。这些照片将被复制,然后贴在被征服的每个德国社区中的大展示板上,进进出出家门的居民们将要被迫观看它们。

[63] 照片附于 Tania Long, "Goering's Home Town—under American Rule," *New York Times*, June 3,1945, sec. 6, p.9; picture captioned "'Holding the Mirror Up to the Huns," *Daily Mirror*, April 30,1945, p.5.

[64] "The Pictures Don't Lie," *Stars and Stripes*, April 26,1945, p.2.

[65] Goldberg, Margaret Bourke-White, p.290; "Public Crowd for Pictures of Atrocities," *Worlds Press News*, April 26,1945, p.1; "The Pictures Don't Lie," p.2. 在伦敦,对放大的集中营照片所做的公共展览上人头攒动。

[66] "German Atrocities"; "Gazing into the Pit," *Christian Century*, May 9, 1945, pp.575,576; "Special Pre-Peace News Questionnaire," April 18,1945, pp.14-22; cited in John Taylor, *War Photography: Realism in the British Press* (London: Routledge,1991), pp.62-66.

[67] Amishai-Maisels, *Depiction and Interpretation*, p.50.

第5章 为了记忆的忘却：
摄影作为早期暴行记忆之背景

图像在记录纳粹暴行上的胜利直抵集体记忆之核心，在那里，照片向公众提示纳粹恐怖场景。尽管摄影的权威在随后的若干年中仍持续存在，暴行照片作为纳粹暴行的有效记忆载体却跌宕起伏。对那些满以为世界不会忘记发生之事的人而言，令人震惊的是，照片已到了不再继续作为暴行记忆载体而起作用之地步。

战后初年，纳粹暴行记忆从诠释性趋势中汲取着力量，这种趋势在集中营解放后即初见端倪。随着1945年报章杂志上的照片进入其他记忆生产领域，尤其是书籍、电影、博物馆、公共展览、电视回顾，图像取代文字而成为更加有效的暴行故事载体。正如一名学者所观察到的那样，"通过将纳粹大屠杀转译为象征性的术语"，更便于保持对大屠杀的介入。这种介入在一定程度上由摄影所促成，并成为大部分暴行记忆工作之特征，但它也最终令记忆部分地失效，即见证并未让人们记住纳粹暴行的突出之点。[1]

一、记忆浪潮：暴行记忆的景象

纳粹暴行的视觉记忆不但不总是可预见的、突出的，而且对那些暴行亲历者来说也并非总是行得通的。尽管如此，它们却折射出了英美两国中更广泛的问题，这些问题与时下文化中的更大脉搏相扣合，并由此重构与挑战着暴行的相关性。

记忆工作的三次浪潮让纳粹暴行在公共想象中随着时间的流逝而跌宕起伏。首先是一个被高度关注的初始期，持续至二十世纪四十年代末。然后是一个被遗忘的悬置期，从四十年代末至七十年代末。再接着则是一个记忆工作密集的复兴期，从七十年代末持续至今。在前两个时期中，照片相对于实际的暴行叙述而言，不过是欠发达的"背景"（ground）而已。在晚近的这次浪潮中，摄影本身则在重述纳粹暴行故事的过程中变成了"图形"（figure）[2]。

在整个三次浪潮中，有一个事实始终在形塑着暴行记忆，即未能与时俱进地为理解纳粹大屠杀事件建立起一个站得住脚的结构。正如学者索尔·弗里德兰德所观察到的那样,"在公共领域中,似乎尚未出现一个让人心悦诚服的意义框架"。随着暴行故事从时间上逐渐远离其核心事件,它未能将过去的恐怖重新纳入对当下有意义的经验教训之中,由此引出了关于历史经验的局限性问题。可见,记忆对于纳粹暴行提供的回应并不完整。同时,由 1945 年的照片所确立的视觉记忆景象造就了一系列记忆能力。而如今,走向一个更广泛暴行故事的最初主旨需要顺应各个诠释社群的不同目标,他们都在试图与时俱进地理解见证行为。[3]

(一)第一次记忆浪潮:摄影作为背景

早在 1945 年,纳粹暴行即已接管了英美的公共讨论。虽然数以亿计的人事实上与集中营相距迢迢,但辗转流传的暴行照片将其变成了见证者,而此时,他们见过的黑白照片已被转化为首要的"纳粹大屠杀的视觉象征"[4]。

早期记忆工作在两种矛盾的趋势之间左支右绌:大多数人仍需见证所发生之事,报刊却在为如何最好地记忆暴行而备受专业煎熬。报刊在解放前的暴行报道工作做得不够典范、解放时的报道又遭遇困难、对摄影在记录集中营中的作用举棋不定,所有这些背离了战后初期继续见证的早期需求。

1. 民间记忆:继续见证的背景

对纳粹欧洲集中营的描绘引来热烈讨论,许多英美民众讨论摄影在将暴行新闻带给后方民众中所取得的胜利。正如一名观察家后来所言,"人们通过照片认识到了战争的影响",由照片发表激起的"深深愤怒"经久不散。某摄影杂志的编辑认为,"是照片……最终唤醒了世界的良知"[5]。

在暴行照片发表后不久,英美大多数主要出版物络绎不绝地收到读者来信。信件大多来自认为图像有着一种历史功能的读者,尽管有少数读者担心刊登暴行照片可能会危及事情的和平解决。来信者倾向于支持图像发表。《曼彻斯特卫报》的一名读者说,报刊"刊载暴行恐怖的照片,可算是帮了全世界一个大忙"。另一位读者致信《伦敦时报》:"我们要感谢你们刊登那些可怕照片,它们揭示了纳粹集中营的全部含义,这是过去十年的言语描述所不曾做到的。"《每日镜报》在发表读者反应时宣布:"务必将所有这些恐怖公之于众。"有读者称,暴行"必须被曝光。世界务必明白,它们不是新闻人的向壁虚构,而是实实在在发生的"。一名读者甚至向《生活》建议,将暴行照片放大至壁画尺寸,用以装饰即将到来的和平会议的会议室。读者还提议可以有其他见证行为,诸如派大学代表前往集中营参观、向希特勒青年团成员展示集中营的照片与胶片。正如一位读者所言,"或许,等到 1965 年欧洲胜利日二十周年时,重刊这些照片将会是很棒的一件事情。我们是如此健忘之人"[6]。

然而,并非人人都相信暴行照片的描绘。1945 年 5 月,尽管美国公众几乎都相信发生过某种形式的暴行,但 84%的人仍然认为暴行报道夸大其词。异见者虽为少数,却浮现出了两种批判性话语,两者分别牵涉摄影权威的不同维度:一种话语处理的是照片复刻现实之能力,另一种话语则是挑战摄影文献资料的真实性。图像能否像人们预期的那般加持新闻,这个问题仍然悬而未决。[7]

在一定程度上,怀疑源自对摄影的记录能力长期存在一种专业矛盾心理。在将数百名纳粹罪犯送上法庭审判的任务开始启动时,《图画邮报》刊发了一篇报道,它开篇即写道:

> 当4月15日贝尔森集中营解放时,对腐尸堆又是拍胶片,又是拍照片,恐怖报道也从新闻营中倾泻而出。这些成就了埃德加·爱伦·坡的小说的恐怖报道读来宛如童话故事一般。然后,随着集中营被付之一炬,它便淡出了新闻。

这篇报道之所以引人注目,是因为作者并非名副其实的记者,他其实是该报的美术编辑,同时他还向读者分享了自己三度参观贝尔森时画的五幅素描。虽然以这种方式标志即将到来的纽伦堡审判揭示图像对记忆暴行是多么关键,但选择素描而非照片凸显了对摄影图像仍然抱有矛盾心理。它还表明,与摄影所提供的更残酷现实相比,素描倒是让人更能承受一些。[8]

第二种话语暗示暴行照片是伪造的。士兵们一回到家,即被告知其私人照片看起来像是宣传。有位士兵称,他太太止不住地怀疑,将其拍摄的集中营照片撕了个粉碎。在一定程度上,这种不愿相信源于缺乏一个理解发生之事的脉络。举例而言,《改良》杂志于1945年5月向摄影证据的真实性发出挑战,一一枚举"荒诞不经的不实之处"。它说:"按照美国的正常司法实践,毒气室照片、形容枯槁的尸体堆照片、被解放囚犯的证词、事后的现场勘察等证据在性质上均不足以对人判处死刑。"该刊认为,对德国发泄仇恨毫无价值。[9]

怀疑还在一定程度上与挥之不去的反犹主义有关。《每日邮报》刊登了一封读者来信,信中反犹主义昭然若揭,对该报"片面的"与"非英国式的"战争呈现横加指责,声称"暴行照片中形容枯槁的尸体更有可能是伤寒死亡之证据,这是拜盟军摧毁居住地所赐"。除了自诩的反犹分子之外,暴行照片也成了攻击目标,企图削弱其权威,弗雷德里克·鲍曼、道格拉斯·里德、奥斯瓦尔德·莫斯利等具有法西斯倾向的作家公然反对照片,声称"图像证据啥也证明不了"[10]。

那些参观过集中营的人迅速对针对暴行照片的批评予以回应。《华盛顿邮报》的一名编辑猛烈抨击"国内不惜自掉身价为杀人工厂的最新报告做'宣传'的人"。《圣路易斯邮讯报》的编辑约瑟夫·普利策在《告美国人民书》中抱怨道,仍在怀疑暴行报道的人"应当去检查一下他们的脑袋,或许还有其心灵"。他正告他们,不要"介意我的话,而要去观看……照片"。英国一名下议院议员犹疑地写道:"许多人宁可相信照片系伪造的。"他解释说:"大量英美士兵,外加十位下议院议员,决不允许谁将那些照片归到伪造图片之列。"[11]

对暴行照片的怀疑令那些到过集中营的人如此之不爽,以致 1945 年 4 月《星条旗报》推出一篇社论,题为《照片不会撒谎》。这篇社论乃一篇摄影真实性的檄文,配有一张暴行照片(图 32)。它首先承认,盟军士兵"对世界新闻界本着史无前例的坦率刊发摄影证据感到欣慰",但它提醒,照片"比任何其他媒介都更加能够"让人认识德国发生之事。在它看来,"那些不以为然地将德国暴行报道视作对业余的一战报道在专业上更聪明的翻版之人"和"那些无法经由文字去可视化可怕现实景象之人"都不得不相信照片:

图 32　"照片不会撒谎",《星条旗报》,1945 年 4 月 26 日第 3 版。承蒙《星条旗报》惠允翻印

很少照片不让人倒胃口，很少照片是一家普遍发行的报纸中善解人意的编辑们正常时候所刊登的那种类型。但本着一种公众必须知情、必须眼见为实的信念，甚至就连保守出版物也拿出版面，不加修饰地刊登贝尔森、奥德鲁夫、布痕瓦尔德的照片。

不过，值得注意的是，文章讨论摄影证据之真实性，但为图解其论点而配发的竟是一幅既无文字说明又无出处的暴行图像，它不加解释地展示了一具趴在地上的烧焦尸体。缺乏指涉数据意味着，哪怕是在一篇谈图像真实性的文章中，报纸也没觉得它找来强化其论点的这种图像文献有多重要。[12]

虽然不乏反对者，但英美公众的绝大多数还是相信照片的。在照片刊登后的一个月内，几乎能在一切可能的地点见到其身影，从报刊、传单，到新闻短片，乃至人行道上的摄影展，这些展览将其放大至海报尺寸。对某些照片而言，四处展示带来了观众的饱和。《生活》杂志编委会的一名审读者问道："为什么——对呀，为什么——你非登那张照片不可呢？为什么就不能让我们不看其中的某些东西呢？"尽管如此，"让世界看看"的命令仍在继续，图像几乎渗透至一切公开展示的地点当中。[13]

暴行照片被从通信兵、英军电影与摄影分队、新闻协会、其他军事部门所拍的战争照片集中单独拎出来翻印成册，而书店也在临街橱窗中展示着尸体、集中营庭院、丛葬墓的大照片。《每日邮报》以小册子的形式出版暴行照片。英国报纸在人行道上举办摄影展。在美国，《圣路易斯邮讯报》与《华盛顿夜星报》共同主办了一个12英尺特大照片的公共展览，在短短25天内，便引来8万余名观众。[14]

盟军也发行小册子，其中含有欧洲各占领区暴行的摄影证据。有本摄影册名为《KZ》，其美学颇值一提，因为它凸显了照片之于盟军的核心地位。KZ是德语"集中营"（Konzentrationslagern）一词的缩写，副标题为"来自五个集中营的图片报道"。它开门见山地告诉读者，"本书主要由照片构成，因为书面文字无法真正地代表目之所见"。开篇第一幅图是布痕瓦尔德庭院的三角形照片，其中士兵、尸体、德国人隔着无法逾越的空白相向而视，收尾的照片则是艾森豪威尔将军在俯视奥德鲁夫的尸体。可见，在视觉上，小册子本身就被架构为见证行为。书中收录了大量先前充斥于报端的照片，诸如布痕瓦尔德的架子床与马车、贝尔森中为死亡囚犯脱衣服的妇女、观看堆积如山的尸体的德国人与英国议员、诺德豪森的庭院、奥德鲁夫内撒有石灰的尸堆上方的美军少校。《KZ》传递的讯息非常简单：要以照片而非文字为中心。模棱两可的寥寥数语只是向读者暗示了所见之物，而小册子告诉读者，图像"所讲的乃一种再明白不过的语言"。诸如《KZ》之类的小册子不仅表明了盟军在证明暴行时赋予图像的价值，也表明盟军将图像视为一种持续表征纳粹暴行之载体。[15]

暴行照片是如此可信的暴行表征，以致它们也现身于其他纳粹大屠杀的表征形式中,充当着现实之标志。举例而言,艺术家开始以死者照片为视觉线索。巴勃罗·毕加索的名画《藏尸所》即在暴行照片的基础上创作而成。里科·莱布伦称:"暴行的摄影文献给了我必备的'事实',这样我才能呈现栩栩如生的图像。"他把基于尸体照片的画作直白地题作《布痕瓦尔德的车厢》《布痕瓦尔德的尸坑》与《达豪的牢房》等。对集中营的早期虚构性表征也被编织进视觉场景中,而这些场景又被报刊铭刻进了记忆中。例如,约翰·赫西的《墙》征用早期暴行照片,以此作为看似不连贯的叙事之起点。若干年后,阿纳托利·库兹涅佐夫在他关于娘子谷的那本书中,塑造了一幅"宛如摄影般准确的真实事件之图画",其场面是他对先前所看过的暴行照片的二度创作。[16]

照片引发了如此巨大的共鸣,甚至连集中营解放者也确立了其照片实践。解放者更加偏爱群体的视觉记忆,而非一己的视觉记忆,他们对照片心怀敬畏。一名士兵回忆了长官如何因伤寒而将连队赶出诺德豪森集中营,随后又"折回去取出整个系列的照片。他给我们一人发了一套。这些照片仍然存放在我家里。若是你偶尔想重温一下记忆,便可拿出来看看"。士兵拍摄的照片也在集体当中"不时传阅……以重新激起那曾经感受过的恶心"[17]。

战后初期,许多解放者在军事通讯和军事单位史上发表图像。某些美军单位和师部为其所解放的集中营编纂小册子。由美国陆军第七军编纂的一本小册子于1945年出版,径直题作《达豪》,其中收录的照片同时出自该军成员和第163信号照片连。有些解放者也自行在报刊上发表其图像。例如,一名美军士兵将私人照片寄给《瞭望》,恳请杂志刊登它们,以增进记忆:

> 致编辑:在这些风雨如晦的日子里,我认为应当记住不久前数百万人所遭受的非人待遇。随信附上受压迫的波兰犹太人的照片,它们是1945年从慕尼黑一位德国盖世太保长官处查抄而得。我当时将照片寄给了纽约的父亲……如今,我渴望贵刊的数百万读者能看看它们,同时也回想一下,无辜之人在战时何以变成了最悲惨的受害者。

然而,照片并不总是能够得以发表。1945年6月,尽管《托莱多刀锋报》刊发了一名解放者的长信,却说两张"随信附上的摄于达豪监狱一侧的照片如此具有震慑性,恕编辑不能发表它们"[18]。

某些照片进入了暴行电影,这些电影在两大洲的各大影院放映。由美国通信兵、英军电影与摄影分队拍摄的照片与影像片段放了两周,纽约一家连锁影院报告说,这期间的观影人数上涨了25%。新闻短片以恐怖描绘催眠观众,倒也"无人闭目逃避",因为几乎所有"光顾者都决心瞧上一瞧"。个别影院也有反对之声,例如,无线电城市音乐厅拒不放映暴行的新闻短片,因为它"不愿让任何神经脆弱之人感到恶心"。此外,有些英国民众走出影院,不想观看暴行场景,但又立即被盟军士兵赶了回去。[19]

为记住纳粹主义的恐怖所做的早期努力与经由图像的帮助而确立起来的广泛暴行故事相契合。《星条旗报》早在1945年4月即已报道了拟议中的纪念馆,用以存放与战争相关的图书、报纸、杂志、广播、电影。它还暗示,照片将会是记忆纳粹恐怖的首要方式。不过,这一前提要取决于对摄影的象征力量与指涉力量做等量齐观的理解。[20]

翌年秋,暴行照片的影响力随着纽伦堡审判的临近而迎来了第一次真正的考验。围绕审判的讨论立即引来是否应当发表处决战犯的照片等问题。许多早期支持刊登暴行照片的人,如今也主张刊登处决照片。一本摄影杂志的编辑说,"世界应当感谢照相机,感谢它重述了某些决不能遗忘之事"。英国记者协会会刊《报章》的一名读者喟叹道:"多年来,从支离破碎的男人、女人、孩童的照片中,我们已见识了罪恶战争的恐怖。全世界同样有权去揭示轴心国那些疯子们的可怕下场。"行业期刊《主编与发行人》对美国新闻界的民意调查发现,编辑大多希望刊登照片,但对如何刊登并无明确的共识,诸如是刊登在头版、分拆式增刊、还是某些类型的报纸上。这些讨论表明了对照片说服力的坚决认可,但不太确定该如何去适应它。[21]

报界人士对于纽伦堡照片的反应方式五花八门。虽然最初的公告预测照片会作为档案而封存,但同盟国管制委员会只是禁止在德国发表它们,其他地方的编辑可自行决定刊登与否。英国政府反对发表它们,《星期日画报》却不顾政府禁令,刊登了一张赫尔曼·戈林死后的照片。在美国,《纽约时报》拒登照片。赫斯特的《美国人报》提前广而告之,说自己将刊登照片,并提前一天建议读者购买其报纸。《新闻周刊》告诉读者,它"基于品位与公共服务的考量",决定不登照片。《亚特兰大日报》则"双管齐下:它没刊登照片,却又告诉读者……'会把照片放在橱窗中展示,以供感兴趣的读者自行察看'"。尽管不同的图像展示实践显示了对公众容忍程度的担忧,但也揭示出一种挥之不去的矛盾心理,即表征可能会激发人们对纳粹的同情。在很大程度上,这与对图像本身的适当性的持续怀疑有关。矛盾心理既牵涉发挥图像力量的方式,也牵涉哪些情境值得这样去做。[22]

这种矛盾心理也与报刊以照片为证的标准良莠不齐有部分关系。事实上,虽然人们认识到了摄影在记录暴行中的作用,却并未由此引发关于报刊对暴行照片的使用方式之讨论。随着照片的暴行描绘大获成功,缺乏署名、错误或误导性的文字说明、成问题的图文关系也就显得无足挂齿了。人们赞赏图像在见证方面的作用,也赞赏它加持广泛的纳粹暴行故事的能力,便不足为奇。

可见,在整个二十世纪四十年代,围绕纳粹暴行出现了"大量名副其实的表达"。纳粹暴行的故事与照片俯拾即是,暴行亦多半为集中营的叙述与照片所证实。这些叙述与照片如此众多、如此细致,以致它们构成了学者西德拉·德科文·埃兹拉希所谓

"作证的必要性"。第一次记忆浪潮的特点,在于持续的见证需要,哪怕见证行为以一种比战后初期有更多删节的版本而存在。[23]

2.职业记忆:对暴行的矛盾心理之背景

对于持续见证纳粹暴行的需要,报刊的态度比公众更加矛盾。一方面,在许多记者与摄影师的个人记忆中,战后的第一个时期光芒四射。因为最初那几年闪耀着从报道战争中收获的自豪感,那些参加过集中营解放的人一开始便努力将其重建为职业胜利。对他们而言,亲身见证集中营的经历具有一种道德意义。行业期刊《大众摄影》上的一篇早期社论宣称:"在摄影的全部106年历史中,从不曾将这样一种讯息烙印于人们的心田。或许,历史上从来没有哪种观念的传播曾如这般点燃情感之火。"[24]

许多报界人士明确指出,亲历集中营构成了一枚值得被分享的职业荣誉勋章。有人出战争回忆录来讲述其经历,英国记者约翰·妲西-道森、美国记者玛莎·盖尔霍恩正是如此。妲西-道森在《欧洲的胜利》中,以近十页篇幅,讨论了他在贝尔森的时光。盖尔霍恩则翻印其集中营文章,其中包括他那篇写达豪的文章,此文被《民族周刊》盛赞为"理解战争意义"的最出色努力之一。摄影师玛格丽特·伯克-怀特则称,正是集中营之行,激发她撰写了关于德国民族性格的专著《亲爱的祖国,安息吧》。她在自传中也谈及集中营,书中翻印了她的一张暴行照片。玛格丽特·希金斯因报道达豪解放,被纽约报纸妇女俱乐部授予1945年度最佳报道奖,她也因"在困难条件下的杰出军事服务",而荣膺陆军军功绶带。行业期刊《美国照相机》在1946年的年度回顾中,拿出五页篇幅刊发集中营图像,而被标榜为"二战摄影报告"的《战争之眼》在1945年的选集中,也收录了近十张暴行照片。最后,《纽约先驱论坛报》在1946年的战争概述中,将该报的头版复印件与其他报刊上的暴行照片并置。该报忧郁地说,这些照片"就是你眼瞅着发生的历史"[25]。

不过,有关暴行的职业胜利光环并不适用于一切报界人士。因为早期的报刊回顾在谈及纳粹暴行时,极少提及摄影在暴行文献中的作用。举例而言,美国行业期刊《编辑与发行人》1945年对图片编辑的民意调查发现,报刊对集中营照片的援引五花八门、良莠不齐,往往将其化约为"暴行照片之一"或"一张来自贝尔森的照片"。在战争摄影的成就话语中,并未单列暴行照片,仅温和地称其从战争照片中"脱颖而出"。环球相机公司在《编辑和出版人》上刊登器材广告,其中翻印了从死亡或被俘的德国兵身上缴获的暴行照片,而该刊竟为被纳粹射杀、绞死、鞭笞的平民的图像配以讽刺性的文字说明。结果,给人的印象是摄影器材需要背离图像描绘。与此同时,文本也在支持这种感觉:它认为"摄影是我们的生意,但我们孜孜以求,希望不拍摄上面那种照片的一天能早日到来"。这个广告将摄影的批判作用理解为一剂预防针,并将其植入广告当中,可这种植入方式并未增进人们对暴行或摄影的认识。

哪怕当摄影是眼下工作之核心所在时,亦复如是。早期回顾极少对记者与摄影师在讲述战争报道故事中的工作给予同等肯定。在 1945 年的一篇战争回顾中,既有美国战地记者短小难忘的陈述,也有详实的传记,但正文旁的三张巴黎解放照片却无署名、无解释。在这里,照片也被用作次要的文献资料,无须正文所要求的那种指示性信息。同样,1945 年,美联社也在名为《为了记忆而报道》的小册子中宣称:

> 倘若如今世界能吸取惨痛的战争教训,朝着更好的时代迈进,那么战地记者的英勇成就便功不可没。因此,当日后历史学家可以开始更全面地评价二战时,他们必定会极仰赖于记者绘声绘色的日常叙述、书籍与回忆。

它继续写道:"这些美联社记者精彩而英勇的工作真是在为了记忆而报道**和摄影**。"可除此评价之外,正文却闭口不谈摄影。在小册子的附录中,有个不做任何解释的部分,叫做"要记住的照片",它对照片摄于何时、何地、由何人所摄等信息完全不提。可见,美联社虽有摄影师骁勇工作于前线,但它也只是将摄影编纂为记者成就之附记而已。[26]

在报刊上的许多早期回顾中,还表现出另一种阻碍暴行记忆的记忆工作模式,即这些回顾将暴行报道从战争叙述中剥离了出去。报刊上的大多数战时回忆极少(即使有的话)提到集中营,战争报道集极少翻印暴行报道,战争报道实录索性省去集中营解放故事,早期摄影集也让暴行故事在战争报道中无立锥之地,在战时摄影集中要么仅收录几张暴行照片,要么干脆就不收录。有本纪念册向读者许诺了"由通信兵的战斗摄影师和陆军艺术家所拍的令人难忘的真实照片",但是全书一味展示战斗照片,只在最后一页有张照片,拍的是一堆尸体,既无解释,也无出处。《大众摄影》整理了一篇对玛格丽特·伯克-怀特的回顾,其中翻印了她最令人难忘的十张照片。尽管伯克-怀特提及自己拍摄集中营的意义,该回顾中却根本不见暴行照片。[27]

由行业协会和报刊自身推出的回顾也同样在淡化集中营。1945 年,美国广播公司推出一本纪念文集,题作《这是自罗马胜利之秋以来的欧洲解放故事》。它告诉读者,该书"由新闻记者……向美国听众播报",书中却对集中营解放只字不提。另一本纪念文集由美国报纸发行人协会推出,题为《欧洲的胜利》,表彰新闻业的作用。它宣称,"报纸从未对如此多的人如此重要过",接着广泛讨论了战时报刊之价值,可绝口不提其纳粹暴行报道。在某些关于战争报道与摄影的学术概述中,亦极少(即使有的话)提及集中营。在这些例子中,纳粹大屠杀及其集中营的具体地点简直被从对造成大屠杀的战争的报道中剥离了出去。集中营的见证故事并不总是能够获得支持,确切而言,它已经让位于某种围绕纳粹暴行问题的健忘症。[28]

为什么早期的报刊叙述中会出现这种对暴行报道的矛盾心理呢?除了暴行报道所引起的根本不适之外,职业矛盾心理可能也与报刊在解放前的早期暴行报道上遭遇的败绩有关。若要承认集中营解放是一个值得关注的报道点——不管是摄影报道,还是文字报道,那么多多少少都得提到1945年以前的报道败绩。此外,因为报刊的战时报道不仅报道了集中营解放,也报道了一系列更加广泛的战争事件,所以报刊可能找不到什么理由,去从对战时事件流的报道中将集中营解放报道单独拎出来。对摄影记忆的抵抗可能还源于一个事实,即报刊尚未准备好让图像凌驾于文字之上、让新闻摄影师凌驾于记者之上。即使摄影表征在向世界展示暴行的过程中所起的作用是如此至关重要,许多记者仍然对是否给予它应有的地位举棋不定。对报刊而言,所有这一切都使暴行成为一个成问题的记忆之所。因此,或许并不奇怪,在这一时期的许多职业记忆中,矛盾心理导致对暴行故事的重述良莠不齐,而这比民间记忆中类似的记忆鸿沟要早得多。

跟所有记忆工作一样,职业记忆也有例外。在此期间,图片杂志热切地试图记住暴行。1947年,《图画邮报》的创办者称,暴行为继续以照片记录当前事件提供了正当性,他问道:"当看到贝尔森毒气室中上千名受害者的照片时,谁不是深有感触,又有谁愿意让此等怪物卷土重来呢?"同样,《时代—生活》从战后初年起即着手战争回顾,对集中营加以系统梳理。《生活》的一名员工后来回忆说,发生之事的"意义由深入骨髓的照片所赋予",并认为战争照片"带给杂志一种基本的人类尊严乃至宏伟,而宏伟乃一种讲述唯有战争才能带来的苦难、怜悯及人类取得胜利的非凡能力之语调"[29]。

《时代—生活》的早期回顾同时将暴行与摄影标举为战争故事的重要部分。举例而言,1950年推出了一本名为《生活版二战图片史》的书作回顾,该书由亨利·卢斯和约翰·肖·比林斯对员工的致敬开篇,他们宣称:"《生活》杂志的编辑自豪地向这群英勇的新闻从业者——**尤其是本刊的摄影师与记者**——致敬,他们如此慷慨地贡献了本书接下来的历史报道。"该书对那些非受雇于《生活》的摄影师视而不见,它在讲到战争转折点时,对《生活》员工的成就击节赞赏。但不同于当时掩盖暴行与集中营的其他做法,《生活》则敦促读者去思考纳粹大屠杀场景。《生活》以"囚犯"为题,重刊了一组照片,其中大多出自该刊摄影师之手。这些照片以前按摄影组的规定,被署为通信兵,如今则被署作《生活》的摄影师,例如约翰尼·弗洛雷亚、乔治·罗杰。可见,在记忆中,《时代—生活》的回顾取得了图像署名权,而先前署名权为该刊与其他报刊机构所共享。这部分地解释了为什么《时代—生活》开始热衷于出版纪念书籍。[30]

因此,记忆工作的第一次浪潮在特征上表现为两个记忆趋势:民间记忆想要继续见证暴行;专业记忆既想见证暴行,又想遗忘它们。后者在一定程度上由对摄影的矛盾心理所致。而在第二次记忆浪潮中,这两套记忆之间的紧张关系将会有所缓和,到那时,报刊的早期矛盾心理与普通民众的集体失忆会更加吻合。

(二)第二次记忆浪潮:集体失忆之背景

当故事迈入记忆之中,暴行记忆的初始目标——见证——便焕发出新的意义。先前的讲故事模式已使表征远离最初记录中的暴行细节,这种更广泛的诠释主旨尤其关乎集体记忆,使得关于过去的既普适又普遍的讯息蓬勃发展。随着最初那种要对发生之事负责的需要开始从大众想象中烟消云散,见证面貌为之一变。正如利昂·韦斯蒂埃所评论的那样,"对一个事件的记忆本身便是对它的诠释,而作为记忆容器的暴行照片随着时间的推移,已变成一种参数极其有限的背景,供人们去思考、挑战、再接合暴行故事"[31]。

跟人们对二战的其他理解一样,纳粹恐怖的记忆背景会随着每一次回忆而共振,因为记忆改变了暴行"理所当然"的含义。一旦对暴行故事的最初震惊让位于听天由命——因无力回应早期暴行报道而举国上下茫然失措,这时英美民众便开始重振旗鼓,肩负起要搞清楚纳粹德国发生之事的重任。集中营解放以前,报刊只提供了支离破碎的事件图景,而在集中营开放后,报刊提供了一种见证方式,迫使两大洲的公众部分地认识到了纳粹暴行。对许多人而言,图像比文字往往更能带来"闪光灯记忆",并由此折射二战期间的人性沦丧程度。正如诗人 A. 阿尔瓦雷斯在时隔二十年后所观察到的那样,"尽管二战的一切苦难都已褪色,但集中营图像仍然挥之不去"。图像有助于保鲜暴行记忆。按摄影批评家艾伦·塞库拉的讲法,随着摄影加入图片之行列,"一切其他形式的记忆都开始褪色了"[32]。

许多见过最初的暴行照片的人认为,见证行为乃一种足以将暴行永远铭刻在记忆当中的方式。想让世界继续关注纳粹暴行,暴行的极端恐怖似乎是一个充分理由。记者威廉·L. 切纳里坚信,照片将会占据上风,他于 1945 年 6 月在《柯里尔》上写道:"许多人已见过照片。观看并记住它们也算是一件好事情。"不过,尽管许多人不假思索地向公众保证,纳粹暴行记忆会持续下去,然而观看暴行照片是否会让每个人产生同一种记忆,谁也不能未卜先知。[33]

对许多人而言,在和平时期,纳粹暴行仍不失为一种令人信服的加持方式。战后初年,修补工作要求人们万众一心,并使纳粹暴行成为人们心之所系,以便英美政府人士推进战后议程能变得更加容易。

但有不止一种共享暴行记忆开始涌现出来,尤其是在对 1945 年发生之事的集体反应度过了最初的震惊阶段以后,更是如此。事实上,随着纳粹暴行故事迈入记忆之中,它所能维系的公众关注水平在发生变化,同时证据也在被重构,其重构方式既与暴行本身有关,也与将过去带入当下的更广泛议程有关。在某种意义上,纳粹暴行记忆已变成一个重构过去以适应当下议程的竞技场。

集体记忆为理解暴行提供了五花八门的选项。当人们可以在不止一个集体中调用其成员身份,他们便会共享不止一种纳粹暴行记忆。集中营记忆不仅提供了广泛的记忆参数——这些参数与艾森豪威尔最初的"让世界看看"的命令相呼应——也提供了诠释社群更独特的记忆,这些诠释社群是沿着族裔、种族、宗教、年龄、阶级、专业以及其他边界而构成或重构的。

这样的记忆由博物馆、朝圣地、回顾、周年纪念、纪念物等形形色色的文化的实践、形式与场景形塑而成,同时记忆参数也往往会与时俱进地要求对当初的呈现内容加以回收。因此——

> 表征遵循极传统的指导方针。用以书写纳粹大屠杀的工具有线性年表、以牺牲分析为代价的强大经验证据,以及将事件锁定为救赎、美/苏解放、以色列建国(及由此回归进步)等故事。

这样的指导方针往往忽略了有关过去的另类来源,诸如那些由"语言、修辞、道德等方面的选择,或者从摄影的取景框中加以排除"所提供的来源。[34]

有鉴于此,集中营的解放被迅速地、简单化地编纂成典。到战争结束时,它已被转换为一面思考纳粹暴行的棱镜,最终被视作纳粹大屠杀之结束,使得见到集中营的那一刻也成为理解纳粹暴行之结晶。但正如托尼·库什纳所认为的那样,纳粹大屠杀并未简单地随着西线集中营的解放而"终结"。确切而言,这样的看法与西方自由主义的世界观相当契合,而这种世界观对于理解集中营的恐怖束手无策:暴行图像"被自由主义的想象力束缚住了"[35]。

记忆也常有差池。报道中的差错和诠释上的差错乃最初记录之特征,它们因回收而得以固化下来。最初的不准确性(例如,将布痕瓦尔德、贝尔森、达豪称为"灭绝中心"、低估了纳粹迫害的犹太人性质、将集中营场景评价为"最恶劣"的纳粹罪行、认为集中营的发现让盟军各国政府大吃一惊),在往后岁月里层出不穷。在视觉叙述中,含有错误信息、署名也不充分的文字说明被固化于历史记录中,使人们更加难以确定图像当初描绘的是什么。甚至连流行于电影、小说、诗歌中的暴行处理也在回收诸如此类的差错,为其带来数十年之久的生命力。学者罗伯特·阿布朱格认为,所回收的记录中的差错至关重要,因为它们将"1945年四、五月间盟军遭遇恐怖的恒久意义"置于"一种清醒的历史现实"的脉络下,从而为理解暴行何以发生留下了一道鸿沟。[36]

随着时间的流逝,事实的准确性进一步削弱。对纳粹大屠杀的批判性概述开始关注记忆工作中所牵涉的各种记忆议程。集中营的相关术语被拓宽了,以便适应广泛的议程。举例而言,到1979年,吉米·卡特总统已经在提1100万纳粹受害者,而非600万犹太人。这种改口会带出死于纳粹治下的其他人,如同性恋者、各种宗教团体、政治对手,然而许多纳粹大屠杀学者认为,它弱化了纳粹受害者的犹太人性质。学者们称,纳粹大屠杀正在丧失其独特性:

> 纳粹大屠杀期间的罪行严重性,再加上当前侵犯人权行为的泛滥无度,

致使其独特性大幅而急剧地贬值。因为所要了解与记忆的细节太多,意义已迷失于大量的可怕细节中。为此,我们应着眼于更大的图景,以便把握某些合理的解释。

对许多人而言,要想最有效地记忆,"总是得朝着下一个更大的框架迈进……图景愈大,我们愈有望从中检索出更多意义"。那些记得纳粹大屠杀的人"总是采用更大的框架、更宽的解释、更具涵盖力的范式",他们摒弃细节,"转向抽象原则与历史连贯性。我们掩饰细节,旨在得出某些通俗易懂、连贯一致的模式"。按照小说家辛西娅·奥齐克的讲法:"我们愈是狭隘地观察奥斯维辛那令人费解的镜头,知觉便会愈痛苦。从具体滑向抽象,在道德上轻而易举。"通常,迈向更广泛的框架会由此激发一种偏好,即对非理性现象做理性的解释。[37]

在此,各种因共同的议程与世界观而聚到一起的诠释社群搬出各种各样的场景,以解释纳粹德国发生之事的大致轮廓。有种观点认为,对于"有不止一套含义"的暴行而言,没有什么东西会是"特别离谱的"。因为:

> 历史记忆是有选择的,它不会也不可能什么东西都记。在象征中思考,或以象征来思考,是指以历史之部分代表历史之整体,从而将其收缩至可驾驭的规模。[38]

不过,收缩之后留下的东西未必就是继续前行中所需要的记忆。包括解放者、幸存者、记者、摄影师、各民族/国家的成员在内的各种诠释社群对于凋敝的经济体系、政治替罪羊、具有可比性的种族灭绝、对人性之恶的悲叹等问题忧心忡忡。他们对暴行的记忆不仅与已发生之事相结合,而且其记忆方式也会折射正在展露出来的认同与社群建设等问题。将焦点由过去的记录转向当下的关切,直接关系到纳粹暴行的见证行为。

(三)记忆中的暴行图像

随着图像将记忆锚定在具体场景中,诸如一组铁轨、一排熟悉的营房、一扇通往集中营的大门,利用照片来记忆暴行便为见证行为带来了新的意义。某些暴行照片反复呈现,将人们对集中营的认识化约为熟悉的视觉线索,而这些线索会在岁月流逝中被过度使用。正如一名学者针对奥斯维辛图像所评论的那样:

> 照片(即由正像的底片所印出的正片)明白无误地充当着记忆对象的替代物。不过,从第一批奥斯维辛照片发布以来,为奥斯维辛所赋予的意义包

含在隔离网、坡道、著名的入口大门等象征框架之中。这些东西当然是集中营的重要组成部分,可它们并非集中营,而只不过是我们希望继续看到它的方式。[39]

可见,在记忆中,图像继续做着它们当初在集中营解放时所做的事情:使暴行故事由偶然与特殊走向象征与抽象。如今,照片被回收到了其他表征形式中,在继续标记暴行记忆的大致轮廓,它们既使暴行保持着鲜活,又促进了其表征转型。

然而,图像提示着不同类型的共享记忆。自1945年以来,照片便充当着幸存者苦难经历之证据。战后,布痕瓦尔德的孤儿立刻被成群结队地送往法国,他们对让人拍照表现出持久而强烈的兴趣:"他们会经常观看照片。对他们而言,这是证明自己还活着的证据。"解放者、记者、摄影师、官员等以其他方式经历过集中营的人也证实,照片的记忆力量如此强大,以致取代了个体记忆。《每日电讯报》记者埃德温·泰特洛后来说,他得"看着当时拍摄的照片,才能确信自己真的目睹过其中描绘的场景"。摄影师乔治·罗杰坚持认为,正是对自己在卑尔根—贝尔森所拍事物的记忆,才促使他在往后岁月中投身于人道主义工作。参与解放的士兵也一再证明了照片的记忆锚定之力。在集中营解放近五十年后,一名前美国大兵在《人文主义》杂志上撰文思考:"那些迄今我们已经见过太多次的图像,是太多,还是太少? 谁知道呢?"[40]

另一些在暴行照片最初面世时无缘得见的人也证实了后来见到照片时的那种震撼。据一名作家回忆,自己在集中营解放若干年后才见到纳粹大屠杀的死者照片,"疏离、恐惧、怜悯、好奇、兴奋,五味杂陈","我还记得那种迷恋,那种诱惑,那种我可能会继续观看、看得停不下来的恐惧"。文化批评家苏珊·桑塔格坚持认为:"无论在照片中,还是在现实生活中,我都从未见过任何东西这般锋利、深刻、倏然地刺伤我。"在纳粹大屠杀后出生的德国人格外受影响,正如一名学者后来所回忆的那样:

> 黑白图像是我对纳粹大屠杀最挥之不去的记忆。我最先碰到的犹太人都被照片记录了下来:奴隶劳工、囚犯、骷髅、尸体。我记得逮捕与花名册的照片,也记得成堆的眼镜、鞋子、衣服的照片……在这些照片上,犹太人一再濒临死亡,永远是受害者。他们已经被转换为一个濒死隐喻。[41]

可见,集中营图像既证实着个体之经验,又代表着经验(即见证行为的具身性)之缺席。

并不奇怪的是,报界人士在与时俱进地形塑这些视觉记忆中唱主角。虽然记忆纳粹暴行的许多方式在二战后的岁月中已经发生改变,但报刊仍一直是记忆工作中的积极能动者。不过,这种记忆工作也有其不利的一面,这既与报刊插手过去时的既定性有关,也与报刊表征的准确性有关。尤其是,报刊的图像回收依赖于一个它未必有兴趣讲述的摄影胜利故事,它对讲述该故事的矛盾心理也在帮助形塑着对暴行故事的重述。

随着时间的推移,英美报界人士对重述暴行故事已经做好了准备。报刊既拥有讲故事的各种技术,也拥有存储过去的视觉与言语信息的丰沛能力,因此它们便可以从许许多多时空点上来处理暴行。尽管报刊可容纳广泛多样的暴行记忆,然而其参与制造的集中营解放文献却提供了一种方式,给记忆打上独特标记。这样一来,便增加了公共领域中的既有事物被继续回收的可能性。

图片档案为将熟悉的照片整编于对暴行故事的新近重述中,提供了一种恰当方式。照片从文件库中以模式化的方式出现,倒也并不稀奇。举例而言,《新闻周刊》系统地重刊其图片档案中的暴行照片,而归属于时代—生活公司的照片被移至一个共享"图片集"当中,不仅《生活》的相关公司可使用它们,而且《时代》和《福布斯》的相关公司也可使用它们。随着时间的流逝,照片也跨越媒介边界,现身于视频、电视回顾、博物馆与电影当中。传播熟悉的知识乃流行表征之关键所在,而在流行表征中征用暴行照片,则使之在纳粹大屠杀话语中重新获得了可见性。[42]

在大多数情况下,利用照片来佐证暴行故事仅限于展现少数几个一再出现的框架。正如朱莉娅·克里斯蒂娃数十年后所观察到的那样,战争的结束暂时压抑了人们在解释纳粹治下发生之事时的言说能力。这种压抑不仅呼应了最初报道在文字上的不足,也凭借"丰沛的图像和节制的文字",将纳粹暴行定位在了战后意识当中。可见,图像利用了一个早期表征中的熟悉维度,同时见证行为也从战后初年即开始改变,以适应更加精简的暴行视觉参照框架的需要。换言之,见证的视觉框架已变得高度程式化。[43]

有什么东西从最初的暴行视觉记忆中消失了呢?集中营解放初期的表征中凸显了见证行为的复杂性,而随着只有少数熟悉的照片在不同表征领域间辗转流传,表征的多样性被抚平了。加害者与幸存者的对峙图像愈发罕见,刚解放时层出不穷的死尸描绘也愈发罕见。纳粹加害者难以捉摸的面孔愈发罕见,也根本见不到诸如描绘见证却不见暴行证据之类见证行为的复杂性。换句话说,在战后时期,早年间使见证行为成为一个丰富的表征论坛的每一种变体几乎都立即枯竭。

取而代之的是何种类型的图像呢?表征主要展现了更大暴行故事的两个维度:幸存者与暴行装备。一方面,通过反复描绘幸存者来可视化纳粹暴行,譬如在匿名集中营的隔离网或障碍物背后那一小撮一小撮的幸存者的正面全身照。有张流传甚广的埃本塞合照描绘了二十余位身着囚服、光着双腿的男性,他们茫然无措、心不在焉地注视着镜头(图33)。这些照片中形容枯槁的人们将故事指向了对未来的微茫希望。另一方面,暴行装备强化了大规模死亡的工业性质。照片再三展现空炉子、绞绳、骨灰瓶、酷刑、毒气室。尤其是,每当言语报道向围绕纳粹德国发生之事的大众共识发出挑战之时,便会出现此类象征纳粹暴行的图像。对焚尸炉赤裸裸的描绘(图34)即为典

图33　埃本塞中形容枯槁的犹太人幸存者，1945年5月7日。由美国国家档案与文件署提供

图34　布痕瓦尔德火葬场中的人体遗骸，1945年4—5月。由美国国家档案与文件署提供

型:炉门半掩,炉内的人体遗骸与烧焦的衣服依稀可见。在这每一个例子中,图像都只对描绘对象做简单化的、图示化的反映,见不到由不同群体、不同见证者、不同见证对象以及不同见证实践所体现的更复杂的联系,而不同的群体、见证者、见证对象、见证实践乃早期照片之特征。

描绘内容的变化很能说明问题。对幸存者与暴行装备的这种新偏好说明,见证行为已经发生了改变。暴行的视觉描绘不再提供形形色色的表征,以敦促各种集体对所看见的东西承担责任。如今,与过去相比,描绘内容更简单化、更少卷入度,这只会巩固大众想象当中的某些暴行故事维度。到第一个十年结束之际,暴行故事在视觉上的诸多细微差别已经丧失。

因此,随着二十世纪四十年代让位于五十年代,见证行为开始失去意义也就不足为奇了。随着关注暴行作为一种公众共识行为开始丧失意义,大众观看与聆听纳粹暴行的需要便式微了。暴行故事不再服务于战争努力或者为战后亟须的共识寻求支持等受到鼓励的政治目的。

失忆有诸多根源。长期以来的反犹主义、对不作为的负罪感、无力理解发生之事,所有这些在复杂化见证行为。在欧美两大洲,公众"已经被对肮脏讲述的猛烈抨击和对自身被动表现的负罪感搞得麻木了",因为人们在扪心自问,见证取得了何种成就,实现了何种目的。矛盾心理也源于战后初期所出现的细节过度饱和。对某些人而言,集中营的故事与照片已变得过于无情,提醒着人们发生了什么。汹涌而来的报道与照片提供了一个"令人不胜其烦的细节泥淖",让许多不知情的读者不知所措,如今他们只想从记忆中径直抹掉暴行。[44]

全球政治气候的变化——尤其是在如何实现与轴心国的战后团结、战后经济繁荣等方面出现强烈情绪——也在使"让世界看看"的命令变得不太相关。即使是对许多犹太人而言,纳粹大屠杀也以一种与他们的集体融入目标格格不入的方式,提出了特殊主义的问题。在整个二十世纪六十年代,他们几乎不曾公开提及纳粹大屠杀对其生活有何影响,按爱德华·林恩塔尔的讲法,纳粹大屠杀已变得"几乎不可见"。许多犹太人养成了这样"一种倾向:淡化纳粹大屠杀的种族灭绝焦点,并为人类寻找行之有效的道德(如果可能的话)"。因此,随着时光流逝,见证纳粹暴行引发的共鸣开始日渐稀少。正如索尔·弗里德兰德多年后所言,"过去被一天天清除,等再过二十五年,便会销声匿迹"[45]。

由此而开启了一个悬置纳粹德国暴行的失忆时期。从二十世纪四十年代末至七十年代末,有关暴行的故事与照片淡出了记忆背景,"集中营内的人物与风景已变得难以区分"。报刊上的暴行文章几乎销声匿迹,到二十世纪五十年代初,有些地方的"证言出版已然枯竭"。读者的缺乏导致出版商缺乏,从而使得纳粹大屠杀记忆成为关于过去的不受待见之证据,并非人人都乐意聆听这段过去。[46]

在欧美两大洲,与集中营相关的那些人,从幸存者、解放者、记者,到摄影师,从五十年代以来都学会了对自己的经历三缄其口。一家新闻杂志认为,"窥探过深渊的美国士兵、将军、记者都想将其记忆连同死者一起埋葬"。幸存者"发现,最好别去谈集中营",根据奥斯维辛幸存者姬蒂·哈特的观察,"在敌对行为结束后,英国人个个都能对其战争经历津津乐道数月,乃至数年。而我们……却要一言不发,以免令人难堪"。解放者也发现很难去谈论其经历,尽管某些经历改变了其回国后的生活,诸如放弃以狩猎为乐,或放弃从事那些与因目睹集中营而引发的忧郁相一致的职业。1956年,解放贝尔森的英国皇家陆军医疗队的一名成员向《每日电讯报》抱怨人们忽视了对集中营的纪念。他指出"老兵或能永垂不朽,他们为之奋斗的事业却在迅速地悄然而逝",他还声称全世界的人们都在"急急忙忙地遗忘"。另一些人建议其战友别跟人讲述欧洲发生之事,因为"你说了人们也不相信"。那些为集中营拍照的人的处境尤为窘迫。起初,许多人还乐于将私人照片作为所见事物之证据而示人,将其置于触手可及之处,可随时拿来回敬否认暴行之谣言,而此时已经将它们藏匿起来了。集中营照片被藏在行李箱、地下室与阁楼中。后来,有名解放者花了三年时间才发现照片放在哪儿了,因为"它们很久以前便被藏了起来,远离视线之外"[47]。

在这一时期,极少对纳粹暴行的受害者做出制度性的纪念反应。无论在美国,还是在英国,指向纳粹受害者的纪念物都寥寥无几,而纳粹大屠杀意识也仅囿于幸存者团体和某些学术期刊。即使可供调阅的政府文献愈来愈多,难民与幸存者也在孜孜以求,也仍然于事无补。漠不关心如此无所不在,以致《新闻周刊》于1975年以《直面纳粹大屠杀》为题发表了一篇报道,追踪大众对于纳粹暴行的漠不关心。它评论道:"全世界——不管是犹太人,还是非犹太人——只是直到现在才开始接受这一事件。"当时有位英国编辑说,纳粹大屠杀"几乎不再成为一个新鲜话题"[48]。

对暴行的漠不关心也蔓延至英美的教育体系中。尽管那些追求更好融入的人做了种种努力,但暴行故事在欧洲史的教科书与课程中仍处于普遍缺席的状态。集中营幸存者开始被看作发生之事的不太可信的代言人,甚至就连历史学家在围绕暴行"寻求历史真相的证据时也不信任他们"。当历史学家刚开始为集中营与纳粹暴行著史时,对那些曾作为囚犯而身处集中营之人的证言置之不理。因为"来自受害者的证言与其他来源的信息相比,被认为既不太有说服力,也不太客观",所以首批主要的纳粹大屠杀史学家,如法国的莱昂·波利亚科夫、英国的杰拉德·赖特林格,都不让受害者与幸存者在其书中发声。1972年,历史学家彼得·盖伊跟人合编了一本《哥伦比亚世界史》。据说他后来尴尬地发现,这本皇皇巨著既没提奥斯维辛,也没提惨遭屠杀的600万犹太人。更加尴尬的是,其实他本人就是来自德国的犹太难民。后来,种族灭绝学者们抱怨,忘记纳粹大屠杀与纳粹暴行契合了历史清洗的更大议程:

在历史上的大部分时间里,人类生存的粗陋与残暴几乎不是我们学校课程中的主题之一。只说好消息,不说坏消息。过去的大屠杀超出了望远镜的观察范围,这些望远镜旨在关注正义必胜的证据……换言之,数百万手无寸铁的平民死于非命,而其命运被隐而不彰。

直到1980年,仍有人在抱怨现代史教科书"完全掩盖暴行故事",甚至连这些教科书中的欧洲地图,也与人们的二战理解相冲突,"地图对德国人囚禁与摧毁犹太人的达豪、布痕瓦尔德以及其他集中营闭口不提"。当然,也有某些例外。1966年,《美国遗产二战图史》在战争故事中收录了暴行照片,而对照片的公然强调(这体现在它自封的"图史"标签上)与对暴行的提及齐头并进并非纯属巧合。[49]

并不奇怪,英美报刊在很大程度上仍然抱着先前对暴行故事的矛盾心理不放。事件作为新闻简讯出现,来去匆匆。举例而言,从1951年到1952年,报刊针对卡廷大屠杀发表了一组文章,而奥斯维辛审判的文章迟至二十世纪六十年代中期才见诸报端。不过,这两个故事均极少或根本没有利用集中营的视觉线索。值得一提的是,对暴行故事的矛盾心理跟对摄影兴趣的式微齐头并进。到六十年代,摄影已不受电视的青睐。摄影杂志开始倒闭,《图画邮报》《瞭望》《生活》相继于1957、1971、1972年关门大吉。与此同时,照片(尤其是图—文)也"备受打击"。因此,虽然确实有若干暴行视觉线索浮现出来,但它们在以持续的方式处理纳粹暴行的材料中并非主体,倒也不足为怪。[50]

在确有照片重现的情况下,照片的使用方式与集中营解放时如出一辙:无署名、文字说明良莠不齐、与旁边的文本关系不明朗。文本中的地点与图像中的地点极少相对应。给1964年从另一集中营返回德国的一名幸存者的叙述配了张奥斯维辛集中营的照片,给一名士兵讲述他在欧洲和北非的美国陆军军械部队中经历的当代回忆配了张达豪集中营的照片。在这些照片中,与尸体相比,大群大群的幸存者重现得更加频繁,往往是集中营解放时所拍摄的幸存者正面照。早在1945年年底,军报《陆军谈话》便回收了这样一张埃本塞集中营幸存者的照片,据说它刻画的是"蓄意饥饿之影响"(参见图33,第150页)。饥饿主题一直持续至二十世纪六十年代,当时《时代周刊》在一篇关于阿道夫·艾希曼审判的文章中,将这张照片题作"忍饥挨饿的犹太囚犯",而埃本塞本身未被提及。[51]

行业与专业报刊对此话题的处理方式则是,自我褒扬先前的报道。战争报道的选集与实录鲜有提及暴行的,也极少描绘它们。即便有提及或描绘,它们也往往转载爱德华·默罗发自布痕瓦尔德的电台广播。报刊记者的话语极少被重刊,摄影师的图像亦极少被回收。不过,时代—生活公司继续系统地将暴行与摄影相联系。1960年,它推出《生活》二十五周年纪念选集,其中收录了一张玛格丽特·伯克-怀特拍摄的照片:

一群男子站在布痕瓦尔德的隔离网后面(图35)。[52]照片描绘了一群身着囚服无自我意识的男子,他们在标志性的隔离网背后摆着姿势,与现实似乎有点格格不入。

图35　布痕瓦尔德,1945年4月,玛格丽特·伯克-怀特,《生活》杂志,时代公司版权所有

暴行故事在民间话语中遭遇到的反应良莠不齐。散文化的集中营记忆充其量只是零星地提及纳粹德国发生之事。虽然里昂·尤里斯、内莉·萨克斯等作家以小说或诗歌作了描绘,而其他人仅间接言及暴行,极少点明受害人的犹太性质。对暴行的现实主义描绘颇成问题。举阿伦·雷乃的电影《夜与雾》(1955)为例,它围绕尸体与露天墓的图像加以结构,从视觉上维护了纳粹暴行故事中的既有错误,从而既低估了将犹太人锁定为受害者目标,也抹煞了出现在粗糙图像序列中的各类集中营的重要差异。[53]

在有些情况下,兴味索然可谓显而易见。埃利·威塞尔备受赞誉的奥斯维辛小说《夜》"在一家小出版社甘愿冒险出版它之前,辗转了一家又一家出版商"。在他看来,"没人想聆听奥斯维辛的故事"。安妮·弗兰克日记未刊稿的读者们发现,起初荷兰的出版商对它兴味索然,甚至在二十世纪五十年代该书已成畅销书之后,阿姆斯特丹的安妮·弗兰克之家仍险遭拆除。[54]

在另一些情况下,纳粹暴行的残暴性被高度清洗,以一种防腐的方式加以表现。举例而言,有人将戏剧《安妮·弗兰克日记》视为那个时期的主要记忆作品,该剧强调小女孩的"人性本善信念",而非其犹太人身份,同时聚焦于她在阿姆斯特丹一间阁楼上度过的青春之旅,而非她在卑尔根—贝尔森遭遇的可怕结局。事实上,此剧改编自经过她父亲编辑的日记,父亲希望日记"摆脱其特殊性,而成为一种对普遍宽容的呼声……他删掉了令安妮的犹太性太显豁的细节"[55]。

在艺术界中,有个远离现实主义的运动,艺术家们拓宽了与纳粹暴行相关的描绘对象。布痕瓦尔德艺术家鲍里斯·塔斯利茨基以一种戏剧性的表现主义风格,取代了他早期对集中营的所谓"客观报道"。另一些人赋予"死者以象征意涵,将尸体转变为普通人"。拉萨·塞加尔在1950—1951年的油画《被谴责者》中,毫未揭示其描绘的谴责之原因,而暗示了一种"对遗忘和普遍化的需要"。在接下来的十年,格哈特·弗兰克尔画过一幅布痕瓦尔德的画,泛泛地题作"卧铺",其他艺术家则有意地"不以纳粹大屠杀作为标题",反倒偏爱"中性的名称,譬如'裸体'或'人物',这些名称甚至对图像会立刻引发的联想都不做任何暗示"[56]。

这种记忆工作的作用是可以预见的。在某些情况下,不关注暴行还带来了一种更为复杂的失忆,指向那些过于仓促地遗忘纳粹德国发生之事的有名之士。在其他情况下,记忆的良莠不齐已经将纳粹故事拓宽至无法修补之地步:纳粹暴行的野蛮性"被普遍化到这样一种地步,不但无法再辨识,而且毫无意义"。纳粹暴行图像暗示了"人类在战后世界中的处境、人类对即将发生的(而非过去的)灾难的焦虑,以及人类对技术的担忧"。[57]

可见,在大多数情况下,纳粹暴行从英美公共想象中或多或少消失了近三十年。正如纳粹大屠杀学者贝雷尔·朗后来所言,这些年是"沉默年代",其中:

> 那些直接受影响却幸存下来的人抓住机会,留下了众声喧哗。这形形色色的声音合在一起,与其说像声音,不如说像噪音……其中,很多只是条件反射、无声之叹。这一次,历史无言以对。[58]

虽然文字、照片、人工制品等记忆载体并未消失,但它们继续作为一种未被激活的记忆背景而存在。

毫不奇怪,在纳粹暴行失忆的时期,先前由报刊造成的记忆空白在此成为更普遍化的回忆之标志性特征。当人们的暴行失忆日益严重时,暴行故事与更大的战争故事便分道扬镳。尽管二战已经被重塑为冒险故事和反法西斯主义的崇高追求故事,作为其反面的暴行故事,却削弱了这些故事的大体轮廓。因此,暴行被视为一种对更大战争叙事的阻碍。对于暴行的重述被归结为一个仅具狭隘道德重要性的事件,这种重述也仅囿于与纳粹大屠杀议程相关的活动,诸如犹太教会学校的课程、战争受害者研究、幸存者组织。

因此,对于摄影在记录暴行中的作用仍然抱有职业矛盾心理便不足为奇。因为图像对暴行故事是格外有力的表征,它们在这段失忆时期中继续退居后台,同时战争摄影文献方面的书籍中也极少展示集中营照片。确有暴行照片出现时,它们对纳粹主义也只是泛泛而论,不对集中营做精准描绘。当时发生于其他战争中的事件对于纳粹暴行的讨论似乎无甚作用。由此可见美国公众或许已经看腻了二战暴行。[59]

可见,暴行记忆的第二次浪潮所带来的反应在重塑纳粹暴行的见证行为的同时,也关注了当前的文化认同、技术、专业主义等议程。正如一名作家最近所阐述的模式那样,照片、纪念碑、博物馆等各种纪念物都是"哀悼过程中的一个事件……我们制造纪念物的目的在于,终于可以开始遗忘了"。在最初的三十年中,人们可能尚未准备好将他们的记忆转化为纪念物。唯有先将暴行故事一点点地解决掉,方可将其处理为一种能作为对过去的集体表征手段而起作用的记忆。照此看法,记忆容器(其中主要是照片)会继续作为记忆工作之背景,直至这些问题都得以解决为止。[60]

概言之,纳粹大屠杀记忆的前两次浪潮都属于一种为了记忆而忘却的情形。记忆工作将照片定位为背景,与暴行的早期视觉遭遇在此背景下发生。虽然见证行为尚在持续,但自从二十世纪五十年代以来,其大部分共鸣已经丧失,反倒让大众对暴行产生了极大的矛盾心理。

在第一次记忆浪潮中,摄影为定位最初的纳粹暴行经历提供了一个背景。早在战后头几年,该背景便已见分歧:一边是民众的见证需要,一边是报刊对于如何记忆暴行故事的职业矛盾心理。在第二次记忆浪潮中,暴行已变得几乎不存在,对它们的摄影描绘则成为一个无言的暴行记忆背景。

不过,等这两次记忆浪潮结束后,摄影将会扮演一种不同的角色。自二十世纪七十年代以降,记忆工作成为主要工作,作为载体之一的摄影变成纳粹大屠杀表征的"图形",而非"背景"。按学者杰弗里·哈特曼的讲法,八十年代出现了一种"从匮乏向过剩的转向",即从"不真实的沉默"转向往往看似对记忆工作的痴迷。[61]这种转向暗示记忆实践乃记忆工作的变量之一,同时预示着人们不仅对记忆对象的内容,而且对其形式产生了新的兴趣。它也使见证行为为之一新,不过也将其共鸣复杂化为一种对其他事件的野蛮行径之回应。

注释:

[1]Ziva Amishai-Maisels, *Depiction and Interpretation*: *Visual Arts and the Holocaust* (Oxford: Pergamon, 1993), p.123.

[2]在建立图形与背景的区别时,我援引了社会心理学中常见的知觉理论。在一个大家耳熟能详的例子中,当一个人感知到一个花瓶的两侧或两个女人的侧面时,图中的图形与背景便会交替出现。

[3] Saul Friedlander, *Memory, History, and the Extermination of the Jews of Europe* (Bloomington: Indiana University Press, 1993), p.45.

[4] Amishai-Maisels, *Depiction and Interpretation*, p.50.

[5] Jorge Lewinski, *The Camera at War: A History of War Photography from 1848 to the Present Day* (NewYork: Simon and Schuster, 1978), p.136; Sydney Gruson, "British Anger Deep at Atrocity Proof," *New York Times*, April 20, 1945, p.3; John R. Whiting, "Candid Shots," *Popular Photography*, July 1945, p.16.

[6] "Supplement to Committee, Letters to the Times," *New York Times*, May 7, 1945, p.16; "Nazi Camps," letters to the editor, *Manchester Guardian*, April 25, 1945, p.4; Robert Donington, "Germany and the Camps," letter to the editor, *London Times*, April 24, 1945; "All These Horrors Must Be Known," *Daily Mirror*, April 23, 1945, p.2; "Atrocities: Letters to Editor," *Life*, May 28, 1945, pp.2-4.《伦敦时报》收到的信件如此之多，以至于分了两批来刊登："German Crimes," letters to the editor, *London Times*, April 21, 1945, p.5; "Apparatus of Nazism," letters to the editor, London Times, April 28, 1945, p.5.

[7] Report on George Gallup's American Institute of Public Opinion, May 1945; cited in "What the Homefront Thinks," *Army Talks*, July 10, 1945, p.5.

[8] Edgar Ainsworth, "Victim and Prisoner," *Picture Post*, September 22, 1945, p.13.

[9] E. Z. Dimitman, "Lest We Forget Dachau!" *Quill*, July—August 1945, p.138. 在二战期间，甚至连官方的照片诠释者也"没有历史或社会背景以判断照片……他们通常要急于做出判断，并经常在做判断时想走捷径"。(Dino Brugioni, cited in Thomas O'Toole, "44 Photos Showed Auschwitz Camp," *Washington Post*, February 23, 1979, p.A26); Milton Mayer, "Let the Swiss Do It," *Progressive*, May 14, 1945.

[10] "Letter from a British Hitler?" letter to the editor, *Daily Mail*, April 27, 1945, p.2.关于莫斯利、鲍曼和里德的讨论，参见 Tony Kushner, *The Holocaust and the Liberal Imagination: A Social and Cultural History* (Oxford: Basil Blackwell, 1994), p.224.

[11] Marquis Childs, "Washington Calling: Victims of Nazism," *Washington Post*, April 27, 1945, p.14; Joseph Pulitzer, "A Report to the American People," *St. Louis Post-Dispatch*, May 20, 1945, p.ID; "Europe's Problem: What M.P.s Say of the Nazi Horror Camps," *Picture Post*, May 12, 1945, p.25.

[12] "The Pictures Don't Lie," *Stars and Stripes*, April 26, 1945, p.2.这张照片

是由美国通信兵团电传来的,附加了关于 1945 年 4 月 13 日一名奴隶劳工在德国莱比锡被德国军队点燃后用机关枪打死的广泛记录。《星条旗报》并未如实点出其身份,尽管它显然收到了随同照片一起传来的这种记录。(参见 Massacre at Leipzig, Document ♯14581/166,SC 203743-S,YVPA).多年后,电台广播员约翰·麦克·范恩在描述这张照片时,还想得起莱比锡郊外的受害者是怎样"一副皮包骨头的活骷髅的样子,他们怪诞的躺姿就像是在睡梦中被枪杀的一般。其中一个人跪伏在地上,双手合十恳求,就保持着被枪击时的僵硬姿势"。[John. Mac-Vane, On the Air in World War II (New York:William Morrow,1979),p.313.]

[13]"Letter to Editor," *Life*,June 4,1945,p.3.这张照片描绘了一名盟军飞行员即将被俘虏他的日本人斩首。第二封信抗议所谓的缺乏真实性,呼吁《生活》提供更多背景信息。

[14]Nat Hyman,ed.,*Eyes of the War:A Photographic Report of World War II* (New York:Tele-Pic Syndicate,1945); *Lest We Forget:The Horrors of Nazi Concentration Camps Revealed for All Time in the Most Terrible Photographs Ever Published* (London:Daily Mail and Associated Press,1945); "Record of the Horror Camps," *Sunday Express*,April 29,1945.美国的展览名为《以免我们忘却》,它禁止 16 岁以下的人参观。[Robert H. Abzug,*Inside the Vicious Heart:Americans and the Liberation of Nazi Concentration Camps* (New York:Oxford University Press,1985),p.134.]

[15]*KZ:Bildbericht aus funf Konzentrationslagern*,是 1945 年在美国战时新闻处的监督下为盟军总司令准备的,它是流传最广的军事小册子。作为埃默里大学的弗雷德·R. 克劳福德(Fred R. Crawford)大屠杀见证者出版物系列之一而被重印,第 5 号,1983 年。

[16]勒布朗的创作灵感显然来自 1946 年美国相机年鉴上展示的照片,当年战争结束时,他把这些照片当作纪念品保存了下来。毕加索创作《藏尸所》的灵感没准儿来自马伊达内克的照片,它们的发布早于西线集中营照片,参见 Amishai-Maisels,*Depiction and Interpretation*, p.62; John Hersey, *The Wall* (New York:Knopf, 1950); interview with Anatoli Kuznetsov,"The Memories," *New York Times Book Review*,April 9,1967,p.45.

[17]Quoted in Studs Terkel,*"The Good War":An Oral History of World War II* (New York:Pantheon Books,1984),p.144; interview with Jack D. Hallett, on Dachau,December 26,1978,WHP.

[18]*Badge*,March 1975,pp.7-8; *45th Division News*,May 31,1945,p.1,and *Timberwolf Tracks:History of the 104th Infantry Division*,1942—1945 (Wash-

ington, D. C.: Infantry Journal Press, July 1946), both in Dachau File, WHP; "The Seventy First Came...to Gunskirchen Lager," 1945；作为埃默里大学的弗雷德·R. 克劳福德大屠杀见证者出版物系列之一而被重印，第 1 号, 1979 年; "Dachau," 7th U. S. Army, 1945；作为埃默里大学的弗雷德·R. 克劳福德大屠杀见证者出版物系列之一而被重印，第 2 号, 1979 年; Frank M. S. Miller, *Buchenwald Concentration Camp: A Letter Home* (n.p.: May 5, 1945), Buchenwald File, WHP; John Weitz, "To the Editor," letter to the editor, *Look*, June 6, 1950; Lloyd Marker, "Eyewitness to Scene, Results of Crimes at Dachau," letter to the editor, *Toledo Blade*, June 29, 1945, Dachau File, WHP.

[19] "What the Homefront Thinks," p. 6; "Camp Horror Films Exhibited Here," *New York Times*, May 2, 1945, p.3; "Music Hall Atrocity Film Ban Protested," *Hollywood Reporter*, May 7, 1945, p.1; "Allied Troops Compel London Audience to View German Atrocities Films," *New York Times*, April 22, 1945, p.5; "Soldiers Insist Civilians View Atrocity Film," *Washington Post*, April 21, 1945, p.2. 据《华盛顿邮报》报道，"全国各地的电影院都有人走出电影院，而许多地方都有士兵告诉他们回到电影院中面对现实"。矛盾情绪其实很普遍。当美国通信兵团向主要的新闻短片公司发布其录像时，许多人在质疑展现集中营场景是否明智，认为这样做会令与德国达成和平的难度增加。这似乎"至少在一定程度上是因为不愿面对集中营场景本身"。(Abzug, *Inside the Vicious Heart*, p.135.)

[20] "Wants Factual Record of German Atrocities," *Stars and Stripes*, April 23, 194S, p.5.

[21] Whiting, "Candid Shots," p. 16; Joseph Upton, "Nuremberg Pictures," *Journal of the British Institute for Journalists*, January 1947, p.7.

[22] "Pictures of Death," *Newsweek*, September 4, 1946, p. 71; "Picture Story," *Time*, November 4, 1946, p.75.

[23] Robert Antelme, cited in Annette Wieviorka, "On Testimony," in *Holocaust Remembrance: The Shapes of Memory*, ed. Geoffrey Hartman (Oxford: Basil Blackwell, 1994), p.26; Sidra DeKoven Ezrahi, *ByWords Alone: The Holocaust in Literature* (Chicago: University of Chicago Press, 1980), p.21.

[24] Whiting, "Candid Shots," p.16.

[25] Margaret Bourke-White, "*Dear Fatherland, Rest Quietly*" (New York: Simon and Schuster, 1946); John D'Arcy-Dawson, *European Victory* (London: MacDonald and Company, 1945); Martha Gelhorn, *The Face of War* (New York: Simon and Schuster, 1959); Joseph Waldmeir, "The Documentation of World War II," *Na-

tion, November 19, 1960, p.396; Margaret Bourke-White, *Portrait of Myself* (New York: Simon and Schuster, 1963); cited in Antoinette May, *Witness to War: A Biography of Marguerite Higgins* (New York: Beaufort Press, 1983), p.91. 希金斯的荣誉中有一个插曲: 她正要离开集中营时, 道路被车队封锁了, 以致其文章迟了一天才得以刊登, 日期署为"4月29日（延迟）"; Tom Maloney, ed., *U.S. Camera Annual* (New York: Duell, Sloan and Pearce, 1946), pp.227-31; Hyman, *Eyes of the War*, pp.266-69; *New York Herald Tribune: Front Page History of the Second World War* (New York: Herald Tribune, Inc., 1946), n.p.

[26]"'Best Photo' Tags Go to a Jig and a Jerk," *Editor and Publisher*, June 30, 1945, p.48; untitled advertisement, *Popular Photography*, June 1945, p.72; National Broadcasting Company, *This Is the Story of the Liberation of Europe from the Fall of Rome to Victory* (n.p.: May 1945), p.16; Associated Press, *Reporting to Remember: Unforgettable Stories and Pictures of World War II by Correspondents of the Associated Press* (New York: Associated Press, 1945), p.5.

[27]John C. Oestreicher, *The World Is Their Beat* (New York: Duell, Sloan and Pearce, 1945); Ralph G. Martin and Richard Harrity, *World War II: A Photographic Record of the War in Europe, from D-Day to V-E Day* (Greenwich, Corm,: Fawcett Publications, 1962), n.p; Natalie Canavor, "Margaret Bourke-White-a Retrospective," *Popular Photography*, May 1973, p.135.

[28]National Broadcasting Company, *This Is the Story*; American Newspaper Publishers Association—Bureau of Advertising, *Victory in Europe* (New York: ANPA, 1945), n.p; Joseph J. Mathews, *Reporting the Wars* (Minneapolis: University of Minnesota Press, 1957). 这本书有三章谈二战报道, 但它们都对集中营只字不提。这也是二战历史教科书的特征, 它们将纳粹大屠杀作为一系列彼此独立的事件来对待。

[29]Stefan Lorant, cited in Robert E. Girvin, "Photography as Social Documentation," *Journalism Quarterly*, September 1947, p.219; Loudon Wainwright, *The Great American Magazine* (New York: Alfred A. Knopf, 1986), p.159.

[30]*Life's Picture History of World War II* (New York: Time, Inc., 1950), p.v.照片出现在第310—312页。

[31]Leon Wieseltier, "After Memory," *New Republic*, May 3, 1993, p.20.

[32]"闪光灯记忆"这一术语由乌尔里克·奈瑟推广开来, 参见 Ulric Neisser, "Snapshots or Benchmarks?" in *Memory Observed*, ed. Ulric Neisser (San Francisco: W. H. Freeman, 1982), pp.43-48: "记忆主要是通过事后赋予它们的意义才得以成为闪光灯。当天晚些时候、第二天、接下来的数月与数年。需要解释的是（记忆）的长久

耐力"(第 45 页);A. Alvarez,"The Concentration Camps," *Atlantic*, December 1962,p.70; Allan Sekula,"Reading an Archive: Photography between Labor and Capital," in *Photography/Politics: Two*, ed. Patricia Holland, Jo Spence, and Simon Watney (London: Comedia,1986),p.159.

[33] William L. Chenery,"I Testify," *Collier's*,June 16,1945,p.14.

[34] Dan Stone,"Chaos and Continuity: Representations of Auschwitz," in *Representations of Auschwitz: Fifty Tears of Photographs, Paintings, and Graphics*, ed. Yasmin Doosry (Oswiecim: Auschwitz-Birkenau State Museum, 1995),p.27.

[35] Kushner,*Holocaust and Liberal Imagination*, p.311.

[36] Robert H. Abzug,"The Liberation of the Concentration Camps," in *Liberation, 1945* (Washington,D.C.: United States Holocaust Memorial Council,1995),p.35.随着对这一事件的记录让位于记忆,也冒出了其他一些同样不准确的说法。有种说法认为,人们之所以记得贝尔森,因为它是"第一个被解放的集中营"。(S.J. Goldsmith,"Belsen: Chamber of Incredible Horrors," *Jewish Digest*, September 1957,p.41.)贝尔森当然不是第一个,但它是被宣传得最多者之一,由此可能给人们造成了它是第一个的错误印象。

[37] Alvin H. Rosenfeld,"The Americanization of the Holocaust," *Commentary*,June 1995; Bjorn Krondorfer,*Remembrance and Reconciliation* (New Haven, Conn.: Yale University Press, 1995), pp. 115, 117; Cynthia Ozick, "A Liberals Auschwitz," in *The Pushcart Press: Best of Small Presses*, ed. Bill Henderson (New York: Pushcart Press,1976),p.153.

[38] Jonathan Webber,"Personal Reflections on Auschwitz Today," in *Auschwitz: A History in Photographs*, ed. Teresa Swiebocka,English edition prepared by Jonathan Webber and ConnieWilsack (Bloomington: Indiana University Press, 1993),p.284.

[39] Stone,"Chaos and Continuity," p.27.

[40] Judith Heemminger,"The Children of Buchenwald: After Liberation and Now," in *Echoes of the Holocaust*,ed. Shalom Robinson (Jerusalem: Bulletin of the Jerusalem Center for Research into the Late Effects of the Holocaust,July 1994),p. 43; Edwin letlow,*As It Happened: A Journalist Looks Back* (London: Peter Owen, 1990), p. 75; George Rodger, "You Have Been Framed," interview by Amanda Hopkinson,*New Statesman and Society*, June 30,1995,pp.32-33; Melvin Seiden,"Remembering 1945," Humanist,September—October 1994,p.30.

[41]Francine Prose,"Protecting the Dead," *Tikkun*,May—June 1989,p.50; Susan Sontag,*On Photography* (New York: Anchor Books,1977),p.20; Bjorn Krondorfer,"Innocence, Corruption, Holocaust," *Christianiy and Crisis*, August 11, 1986,p.276.

[42]Robert R. Littman, introduction, *Life: The First Decade, 1936—1945* (Boston: New York Graphic Society,1979),n.p.

[43]Julia Kristeva,"The Pain of Sorrow in the Modern World: The Works of Marguerite Duras," *PMLA* 102 (1987): 138-52.

[44]Ezrahi,By Words Alone,p.22.

[45]Edward T. Linenthal,*Preserving Memory: The Struggle to Create Americas Holocaust Museum* (New York: Viking,1995),p.8; Kenneth L. Woodward,"Facing Up to the Holocaust," *Newsweek*, May 26,1975,p.72; Saul Friedlander,*Reflections of Nazism: An Essay on Kitsch and Death* (New York: Harper and Row, 1984),p.12.

[46]Alvarez,"The Concentration Camps," p.69; Wieviorka,"On Testimony," p.26.例如,在1945至1947年间,《期刊文献读者指南》中提到关于二战暴行的70多条引用。在1951至1954年间,有关纳粹暴行的引用缩减至只有16条了,其中11条是关于卡廷屠杀的。在1957至1959年间,只有7篇文章被引用。

[47]Gerald Parshall,"Freeing the Survivors," *U.S. News and World Report*, April 3,1945,p.65; Anton Gill, *The Journey Back from Hell: Conversations with Concentration Camp Survivors* (London: Grafton Books,1988),p.152; Kitty Hart, *Return to Auschwitz* (New York: Atheneum,1985),p.11; Kushner,*Holocaust and Liberal Imagination*, p.243; Barry Markowitz,"Saharovici Receives Holocaust Pictures," *Hebrew Watchman*,August 1984,n.p.,Dachau File,WHR.

[48]Woodward,"Facing Up to Holocaust," p.72.

[49]William H. Honan,"Holocaust Teaching Gaining a Niche,but Method Is Disputed," *New York Times*, April 12,1995,p.B11; Stella Dong,"Study Criticizes Coverage of Holocaust by 43 Current History Textbooks," *Publisher's Weekly*,August 27,1979,p.296; Andrea Reiter,"Literature and Survival: The Relationship between Fact and Fiction in Concentration Camp Memoirs," *European Studies* 21 (1991): 259; Kushner, *Holocaust and Liberal Imagination*, p. 3; Woodward, "Facing Up to Holocaust," p.72; Frank Chalk and Kurt Johassohn,*The History and Sociology of Genocide* (New Haven,Conn. Yale University Press,1990),p.7; Gideon Hausner,chairman of Yad Wshem,in an address to the British Yad Vashem

Committee, April 30, 1980, cited in *Kushner*, *Holocaust and Liberal Imagination*, p. 254; Randolph Braham, ed., *The Treatment of the Holocaust in Textbooks* (New York: Columbia University Press, 1987); Gerd Korman, "Silence in American Textbooks," *Yad Vashem Studies* 8 (1970): 188-89; C. Z. Sulzberger and *American Heritage*, *The American Heritage Picture History of World War II* (New York: American Heritage Publishing Company, 1966).

[50]"Katyn Forest Massacre," *Time*, November 26, 1951, p.25; "Katyn as a Weapon," *New Republic*, April 14, 1952, p.7; A. Schalk, "Return to Auschwitz," *Commonweal*, July 9, 1965, pp.498-501; S. Bedford, "Worst That Ever Happened," *Saturday Evening Post*, October 22, 1966, pp.29-33; Susan Moeller, *Shooting War* (New York: Basic Books, 1989), p.418.

[51]Leon H. Wells, "Living Ghosts of the Concentration Camps," *New York Times Magazine*, January 26, 1964, p.55; Herbert P. Schowalter, "This Was Dachau—Part I and Part H," *National Jewish Monthly*, September and October 1966; "Crime and Punishxnent," *Army Talks*, July 10, 1945, p.4; "The Man in the Cage," *Time*, April 21, 1961, p.23.

[52]M. L. Stein, *Under Fire: The Story of Americas War Correspondents* (New York: Julian Messner, 1968); John Hohenberg, *Foreign Correspondence: The Great Reporters and Their Times* (New York: Columbia University Press, 1964); Louis L. Snyder, ed., *Masterpieces of War Reporting: The Great Moments of World Wax II* (New York: Julius Messner, 1962), pp.426-36; "Moments Remembered," *Life*, December 26, 1960, p.100.

[53]对这一时期集中营生活的两个最著名的描述可能是：Elie Wiesel, *Night* (New York: Hill and I960); Tadeusz Borowski, *This Way for the Gas, Ladies and Gentlemen* (New York: Viking, 1967).关于雷奈电影的讨论，请参见 Friedlander, *Memory, History*, p.52.

[54]Quoted in Paula E. Hyman, "New Debate on the Holocaust," *New York Times Magazine*, September 14, 1980, p.67;转引自 Kushner, *Holocaust and Liberal Imagination*, pp.5-6.

[55]正如托尼·库什纳所说，《安妮·弗兰克日记》是二十世纪五、六十年代中忽视大屠杀的唯一主要例外。安妮·弗兰克的故事于1952年首次出版，1955年被改编为戏剧，1959年被拍成电影，它对于大屠杀的美国化与普遍化发挥了重要作用。(Kushner, Holocaust and Liberal Imagination.)亦可参见 Judith Doneson, *The Holocaust in American Film* (Philadelphia: Jewish Publication Society, 1987).这本书的

另一个版本于1989年出版,旨在回应荷兰国家战争文献研究所对其真实性的否认。[*The Diary of Anne Frank: The Critical Edition* (New York: Viking. 1989); Edward Rothstein,"Anne Frank: The Girl and the Icon," *New York Times*, February 25,1996,p.H23.]

[56]Amishai-Maisels,*Depiction and Interpretation*, pp.8,46,48,73,90,66,123.但像佐兰·穆西奇、格哈特·弗兰克尔等人转而诉诸暴行照片,并将其艺术命名直接与集中营联系起来。

[57]"Hope for a Speedy Armistice: Anguish from Atrocity Report," *Newsweek*, November 26, 1951, p. 31; Amishai-Maisels, *Depiction and Interpretation*, p.69,73.

[58]Berel Lang,*Act and Idea in the Nazi Genocide* (Chicago: University of Chicago Press,1990),pp.328-29.

[59]"Murdered Yanks," *Newsweek*,July 24,1950,pp.12-13.

[60]Lance Morrow,"The Morals of Remembering," *Time*, May 23,1983,p.88.

[61]Geoffrey H. Hartman,"Introduction: Darkness Visible," in *Holocaust Remembrance*, p.8.

第 6 章　为了记住的记忆：
摄影作为当代暴行记忆之图形

随着二十世纪七十年代的结束,纳粹欧洲集中营已在大众意识中发生了变化。过去三十年的漠不关心开始消退,记忆工作卷土重来,并由此重塑了大众想象中的见证行为。摄影已成为纳粹大屠杀表征的"图形",而不是"背景",同时在当代对过去的记忆中,二战暴行也更多地(而非更少地)成为核心之所在。

一、第三次记忆浪潮:摄影作为图形

到二十世纪七十年代末,纳粹大屠杀来到公众意识的前沿阵地,使得大屠杀记忆备受争议。按学者劳伦斯·兰格的讲法,公众开始"进入对纳粹大屠杀的下一个反应阶段,从我们对事件知道什么迈向了我们如何记忆它"。与此同时,纳粹欧洲的暴行重回公共领域,成为日渐远去的过去的线索来源。见证变成了一个事件关注框架,这些事件不再位于公众的家门口。同时,人们开始关注的与其说是事件,不如说是它们在记忆中的表征。见证已经变成一种为了记住而记忆的情形。[1]

从二十世纪七十年代后期至九十年代,纳粹大屠杀记忆抓住了公众的想象。关于记忆与遗忘二战暴行的文章,不时见诸报端。八十年代初,对纳粹大屠杀纪念的关注风起云涌,主要推动力是纳粹大屠杀否认者的崛起。1995 年,一篇针对埃利·威塞尔著作的书评一针见血地题为《记忆是对那些幸存者之责任》。在这次记忆浪潮中,纪念以一种齐心协力的事业的面貌出现,纳粹大屠杀既被确立为一个崭新的学术课题,也被确立于更加大众化的文化表征当中。这样的"重释过去"既关注记忆行为,也关注记忆什么的问题。[2]

在这个时期以前所发生的若干事件将纳粹大屠杀重新定位为记忆工作的对象,并一举结束了先前的失忆时期。记忆主旨被这些事件点燃,它们既增强了公众的自我反省,又促进了悼念过去的能力。

某些事件与纳粹大屠杀直接相关。耶路撒冷的艾希曼审判(1961—1962)、法兰克福的奥斯维辛审判(1964—1965)等公开审判给那些努力处理暴行的人们带来了一丝安慰。自二十世纪六十年代以降,像汉娜·阿伦特的《艾希曼在耶路撒冷》、露西·达维多维奇的《反犹战争:1933—1945》、劳尔·希尔贝格的《欧洲犹太人的毁灭》等著作,已经在迫不及待地开始探究纳粹治下的生活。犹太人的民族认同问题经由 1967 年的"六日战争"、1973 年的"赎罪日战争"等事件而得以具化,由此吸引了一群漠不关心的记忆者——犹太人——去积极展开记忆工作。美国特别调查局的成立使得将躲在美国的纳粹战犯绳之以法的当前努力引起了公众关注。美国电视上播放的《根》(1977)和《纳粹大屠杀》(1978)、英国电视上所播放"战争中的世界"系列片中的《种族灭绝》(1975),点燃了人们对种族起源日益高涨的兴趣,从而将纳粹暴行日益带至犹太人民族意识的前沿阵地。而最重要的是,幸存者的老龄化与逝世令记忆工作刻不容缓。[3]

另一些事件虽与纳粹大屠杀不太相关,却激起了人们对一切违背道德秩序的行为的兴趣。纳粹大屠杀跟英美的国内与国际正义、围绕越南的动荡、种族主义与贫困问题都有关系。1978 年,新纳粹分子威胁要在伊利诺伊州的斯科基游行,"使得言论自由原则与一种看似寻常的公序良俗(即承认幸存者的情感)相冲突"。如今,能动性问题在处理暴行中开始凸显出来,并促使公众将过去的事情与当前的认同、集体团结等议程一并考量。同样重要的是,能动性问题将注意力转向"如何"记忆,于是对记忆工作的考量变成了考量记忆是"什么"的前提条件。[4]

还有些进展也照样增进了对摄影(尤其是新闻摄影)的认识,而摄影又将其注意力放在暴行上面。战争照片的美学因越南而发生了改变,此时它们在更大的战争脉络下描绘平民之困境。虽然电视永远无法像静态照片那般直白,但电视上的暴行报道使得直白的头版照片(即"以前会因太惊悚而被压下不发的战争照片")也频频见诸报端。其实,正如苏珊·莫勒所言,主要的越战符像仍旧是那些描绘平民暴行的静态照片,诸如黄功吾描绘的身着汽油弹的小女孩赤身裸体地狂奔在一个越南村庄的街道上。它们的展现及其文化共鸣给二战暴行照片带来了新的生命。[5]

(一)对暴行的重新整合

二十世纪七十年代后期,人们对纳粹大屠杀重拾兴趣,这体现在博物馆、官方纪念活动、媒体回顾等各种场景当中。1979 年,美国开始正式在国家仪式中纪念纳粹大屠杀受害者。与此同时,对那些寻求记住纳粹暴行的人而言,欧洲集中营也成为朝圣目的地。教堂开始将纪念纳粹大屠杀受害者的仪式增添到礼拜日历上。1981 年年末,肩负"永葆纳粹大屠杀记忆活力之任务"的美国纳粹大屠杀纪念委员会举办了首届解放者国际会议。回忆录、学术研究、电影与小说开始"随着麻木的沉默让位于对纪念的热情,而不断涌现出来"[6]。

风起云涌的记忆实践在美国来得比英国更早一些。托尼·库什纳认为,犹太裔美国人介入二战记忆,帮助纳粹暴行在美国变成了热门话题。"到二十世纪七十年代末八十年代初,这一话题在美国社会中已成为近乎痴迷的兴趣之一。"与此形成对照的是,在英国,正如乔治·斯坦纳所言,纳粹大屠杀"不是我们的地盘"。不过,截至八十年代末九十年代初,记忆在两大洲都已成为规则。按照托尼·朱特的讲法,随着1989年的革命"强行揭开了东欧的过去",英美公众对战争记忆的关注与日俱增。纳粹大屠杀在"被遮蔽近四十年"后,再度成为热门话题。[7]

纳粹大屠杀记忆不再是次要的话语问题,而是首要的话语问题。对大屠杀记忆的重新强调直接影响着纳粹暴行的讨论面貌。到二十世纪九十年代初,标题中含"记忆"字眼的著作比比皆是。诸如埃利·威塞尔的《在记忆与希望之间》、詹姆斯·扬的《记忆的纹理》和《被冒犯的记忆》(一本关于在奥斯维辛建立通风口的著作)等著作的标题,在处理暴行时都标举了记忆工作之关切。1993年,伊扎克·朱克曼关于华沙隔离区起义的回忆录《记忆的过剩》推出英译本。同年,《新共和》刊登了一篇纳粹大屠杀的封面故事,题作《记忆之后》。纳粹大屠杀否认者被贴标签为"记忆谋杀者"和"记忆的敌人",否认本身被构架为"对真理与记忆的攻击",证言则被构架为"记忆的废墟"。1995年,埃利·威塞尔在回忆录中指出:"记忆是一种激情,其威力与说服力并不亚于爱……记忆指的是什么呢?记忆是为了生活在不止一个世界当中,是为了阻止过去烟消云散,是为了呼吁未来以烛照过去。"《纽约时报》认为,威塞尔以"广角镜"处理人们耳熟能详的纳粹大屠杀记忆问题,他拓展了这些问题,旨在将记忆本身视作一种表征形式。[8]

对纳粹暴行的兴趣令其术语与图像都为之一新,并将它们重塑为记忆容器。纳粹大屠杀成为意指二战暴行的一个快捷方式,"一个象征,即以一个术语去概括、浓缩发生在诸多国家与场景中的巨大而复杂的过程,其中六百万犹太人灰飞烟灭"。纳粹大屠杀作为一个可辨识的范畴而出现,该范畴牵涉一系列与纳粹治下的生活相关的具体经历,纳粹大屠杀开始被用作"悲剧的隐喻和阻止悲剧进一步发生的宝贵教训"。不过,它在成为当代悲剧之参照点的同时,也适应(而非抵制)了其自身的表征片面性。正如一名学者所观察到的那样:

> 运用象征往往意味着,对于正常而符合逻辑的问题,人们并不一定知道准确而详细的答案:纳粹大屠杀于何时开始?何时结束?于何处发生?为何发生?一个象征的全部意义在于,它允许人们可以不必掌握全部事实而拥有文化知识。

换句话说,通过将对集中营的细致记叙拓宽为更广泛的纳粹大屠杀故事,人们如今可以在并不全然了解暴行如何发生或为何发生的情况下,去关注纳粹暴行问题。

随着纳粹大屠杀意识的增长,人们在接纳暴行故事时已经不会有明显的不适,人们开始注意到了那些最初与集中营相关却沉默不语之人。幸存者从别人身上看到了一种新的意愿,即愿意观看和聆听其证言。参与集中营解放的士兵开始公开报告其经历,有些人还会出示照片。已经沉寂了数十年的前解放者"再也不能将我看到的东西紧锁于心",他们开始出版回忆录。一名前解放者致信《纽约时报》,赞赏让纳粹大屠杀进入费城与纽约市的公立学校的计划,他指出:"我在解放达豪的十六小时里见到的东西,至今仍然让我心有余悸。"[9]

在二十世纪七八十年代,纳粹暴行积极地引发了两大洲的作家、诗人、剧作家、电影制作人的想象力。菲利普·罗斯、威廉·斯泰伦、索尔·贝娄、艾萨克·巴什维斯·辛格等作家均在书中谈及纳粹暴行,赢得公众的交口称赞。《悲哀和怜悯》《铁皮鼓》《巴西男孩》《拉孔布·吕西安》《最后一班地铁》等影片,都利用了人们对此话题日益浓厚的兴趣。1985 年,由克劳德·朗兹曼执导的电影《浩劫》上映,使得记忆的中心地位以及幸存者在形塑记忆中的作用重获说服力,尽管影片对集中营做了缺席而非在场的表现。《浩劫》之所以备受好评,正是因为它没有对暴行做视觉描绘。《集中营血泪》等电视片将集中营场景径直带入美国的起居室。在这每一个例子中,记忆本身都仍然存在争议。[10]

变革也开始将纳粹大屠杀纳入英美的中、高等教育框架当中。纳粹大屠杀教育在某些中学被列为必修课,纳粹大屠杀课程亦被纳入大学课程。1992 年,《纳粹大屠杀与种族灭绝研究》《英国纳粹大屠杀教育学刊》等新的期刊问世。大学里还设立了纳粹大屠杀教育的冠名教席。[11]

人们对纳粹暴行的兴趣已经增长至如此之地步,以致造成了一些不当的记忆工作。出现了诸如"盖世太保:关于纳粹大屠杀的学习经历"之类的模拟游戏。纳粹风格的营地以"隔离网、探照灯、瞭望塔、身着党卫军制服的五十名警卫"为度假噱头。在两大洲商店的衣架上,挂有灵感源自纳粹的复古装。1995 年,《纽约时报》在旅游专刊上刊登了一篇关于"波兰纳粹大屠杀遗址"的旅游文章。由这些例子可见,大众文化在积极地塑造纳粹暴行故事。例如,1993 年,《辛德勒的名单》荣膺多个颁奖礼的最佳影片奖,让纳粹大屠杀话题"贴近了寻常百姓"。所有这些例子都说明,大众文化正在为见证行为带来新的生命,不过有时也会通过重新脉络化而侵蚀它。记忆与其说是一种东拼西凑地填补意识漏洞的方式,不如说是一种借助于过去以构架与处理当下的正当方式。可见,见证表现出了一种允许公众在时间上来回往复的回溯性质,从而既关注暴行,又关注当代议程:人们是在为了记住而记忆。

尽管对记忆机制的强调将注意力重新指向确立记忆的工具与策略,但也不免令人对其用途产生怀疑。正如杰弗里·哈特曼所观察到的那样,"揭示真相的手段——无论是言语的、摄影的、还是胶片的证据——已经被怀疑玷污。一切证据都会遭遇一种祛魅话语,或是遭遇对操纵的指控"[12]。换言之,对记忆容器的这种新的强调已经使得其生产的过去表征相对化了。

(二)暴行照片的复兴:视觉记忆的中心性

摄影在更新暴行记忆中拥有出色的表现。从二十世纪七十年代后期至九十年代,集体记忆为暴行照片的复兴推波助澜,并由此将摄影重构为纳粹大屠杀纪念中的"图形"。在很大程度上,照片的重现源于其有能力去加持人们对于纳粹暴行故事重新焕发的兴趣,同时报刊在图像回收中也会利用这一联系。对照片感兴趣的可不止报刊。事实上,二十世纪八九十年代,在《在邪恶心灵的内部》和《纳粹大屠杀的终结:解放集中营》这两本论述集中营解放的学术著作中,均大量以照片作为历史文献。唾手可得的照片以一种其他记忆能动者望尘莫及的方式,推动着暴行故事的重述。[13]

报刊之所以能够帮助复兴暴行照片,是因为报刊擅长围绕对熟悉材料的表现而展开工作——对一个事件当初的表现加以储存、回收、重构。视觉线索的价值尤其体现在,它们可压制、维持、改变针对事件图像的得体性、说服力、适当性的各种修辞主张。照片出现于图式化的、惯例化的表现中,描绘幸存者群体、暴行装备等耳熟能详的镜头。虽然其他类型的描绘对最初的见证行为来说很关键,但如今已经殊难一见。

二十世纪七十年代以来,暴行照片开始重现于许许多多公共场域当中,诸如博物馆、文化展览、读书会、杂志回顾、电视回顾,它们都利用了利昂·韦斯尔蒂埃后来所谓的"刻薄的客观性"(tart objectivity)。1975年,《曼彻斯特卫报》写道,照片"在记忆中宛如幽灵一般"挥之不去——

> 它们以种种方式为已然遥不可及的东西赋予意义。这种多重作用充分体现在那些"纯粹"记录目的的图像和宣传目的的图像在战后的立即重现中,也体现在后来各种形式的重现中,包括给谈论纳粹大屠杀如何挑战基督教神学的书籍配插图、大众化的战争记叙中对于同样的图像的煽情迷恋、可以在博物馆里买到的浪漫化的明信片……同样的照片经常被用于不同的脉络下,这一事实揭示了照片的脉络如何改变其意义。[14]

一旦纳粹暴行故事日益规律地出现,暴行照片就开始作为验证者而浮出水面。当纳粹大屠杀相关事件的周年纪念日需要被公开纪念时,报刊对集中营的描绘便会建立一种"今夕"感,并由此从视觉上去证实重述。往往会将当代的图像与先前的照片并置,以此向读者强调岁月的流逝,诸如拿一张集中营解放时的照片来标识集中营解放的周年纪念日,或是拿二十世纪四十年代的照片来脉络化纳粹大屠杀的电视专题片。在这一时期,选集、年表、概述开始借由暴行照片来记录纳粹大屠杀。纳粹大屠杀幸存者的旧照片与早期事件的言语叙述被一同刊登。《费城问询报》描绘了一名中年妇女,旁边是一幅她早年的肖像照,当时约瑟夫·门格勒拿一群双胞胎儿童来做实验(图36)。在这每一个例子中,图像同时标举"今夕"的能力将对于遥远的过往岁月的叙事当代化,在过去中给出一个中途停泊点,这样言说者便有权在当下发声了。[15]

图36 "一名幸存者自集中营发出的讯息",《费城问询报》,1995年2月13日。承蒙《费城问询报》惠允翻印

与记忆相伴而来的是对摄影的更大承认,并由此带来了摄影图像的复兴。暴行照片复兴的发生,离不开关于表征载体为纳粹暴行伸张正义的能力这一更大的话语。实际上,图像将诸如此类的情绪带到人们头脑当中,并带来"图文超载",进而使人们的注意力偏离了这样一个事实,即一切表征载体对表征任务而言都是差强人意的。有人认为"对图像轻率而重复的过度使用,将暴行化约为报刊电视上一幅几乎司空见惯的景象",如此一来,暴行照片便成为"关于纳粹大屠杀及其幸存者的知识总和。纳粹大屠杀的'流行研究'动辄把这些图像作为起点,也把它们作为终点"。玛丽安娜·赫希说过:

> 我们的反应是恐怖,哪怕都还没看文字说明,哪怕对于图像脉络一无所知……观众会自行脑补被排除于照片之外的东西:观看的恐怖未必在图像里,而在我们用以填补被排除在图像之外的东西的故事当中。[16]

对许多人而言,这使照片成了不太充分的表征载体。按照索尔·弗里德兰德的讲法:

> 为什么我们会觉得毕加索的《格尔尼卡》有力地表达了在德国人袭击这个和平的西班牙小镇之后死亡与破坏的恐怖,但我们既不知道也想不出有任

何视觉表达足以充分表达灭绝欧洲犹太人的极端恐怖呢?[17]

在这样一种对记忆工作脆弱性的认识下,暴行照片继续被征用为纳粹大屠杀的大众化纪念之载体。

暴行照片如此令人共鸣,以致它们也重现于其他表征形式当中。暴行照片被展现于阿特·斯皮格尔曼的《鼠族I》和《鼠族II》中,这两本书是他对其父往返于奥斯维辛的经历所做的漫画式表征。埃里克·库尔卡的《逃离奥斯维辛》、菲利普·米勒的《目击奥斯维辛》等集中营目击者的回忆录,都利用照片来"证实和增加真正的目击者叙述之权威性"。集中营的静态照片成为纪录片和电影(如《辛德勒的名单》)所偏爱的暴行描绘方式。而唐·德利洛的《白噪音》、D. M. 托马斯的《白色旅馆》等小说对纳粹大屠杀相关场景的描绘方式则是,将那些经常被回收的暴行照片直接安插在小说当中。《白色旅馆》里包含了对基辅娘子谷声情并茂的描绘,而这是作者对党卫军别动队成员摄于1941年12月的照片的描摹。[18]

艺术家则开始将暴行照片融入新的表征形式。举例而言,罗伯特·莫里斯在一张卑尔根—贝尔森的妇女尸体照片的四周涂上情色光泽,其裸体与死去孩子的身体被一同描绘出来。在1987年的这个翻新形式中,妇女看上去仿佛是在霓虹灯与闪光灯下天真无邪地睡着了,而在《无题》这一标题中,也没什么东西可以消除这种印象。其他人将可辨的纳粹大屠杀主题与对其后的不人道行径(如尼日利亚的比亚夫拉饥荒或阿尔及利亚的战争)的关怀相结合。有位艺术家在谈及自己的关于纳粹大屠杀的艺术转向时说:"凡事都得讲究生逢其时……在达豪,我们不是经常不厌其烦地说这样的事情绝不应当在此世界上重演吗?它们正在被重演。"[19]

(三)暴行记忆的增强

随着暴行照片重现于二十世纪九十年代的新场所当中,暴行记忆被两种特别突出的实践所强化:一是事件驱动型记忆,关乎对某些事件的纪念;二是裂痕驱动型记忆,牵涉到当前暴行故事共识中的裂痕。这两种类型的记忆都是由报刊的介入而促成的。

1. 利用暴行照片以增强记忆:事件驱动型记忆

报刊在复兴暴行照片中的作用,与它当年在报道纳粹大屠杀相关事件中的作用不分伯仲。随着暴行记忆距离暴行本身渐行渐远,报刊催生了一个记忆纳粹大屠杀的家庭手工业。从"水晶之夜"的周年纪念日、华沙隔离区陷落的周年纪念日,再到围绕其他纳粹大屠杀事件而新冒出来的目击者证言,事件驱动型记忆使得英美公众能以一种可预见的、程式化的方式去标识过去。

在激活记忆工作时,报刊提供了大量场景以展现照片,诸如记叙某一特定集中营的解放、全部集中营的解放、战争中的其他事件、一般性的纳粹大屠杀纪念活动,而所有这些都有着常规化的日程安排。围绕每个事件,都有大量书籍、文章、电影、视频问世。譬如,《麦克林》关于德累斯顿爆炸案的封面故事,或是《新闻周刊》纪念诺曼底登陆的专栏,二者都将集中营征用为有形的记忆场所,从中涌现出了相关的战争话语。照片被用以表征各种各样的事件,但并非所有照片都与描绘内容直接相关。例如,《时代周刊》给一篇欧洲胜利日的纪念文章配了一张贝尔森受害者的照片。照片有"记忆挂钩"的功能:照片传达的视觉信息往往没变,对于它们的言语脉络化却应时而变。这造成了一种结果:读者借助于视觉画面而与过去相连接,一旁的叙事则从各种不同角度进行到了现在。《费城问询杂志》上有篇封面故事以奥德鲁夫解放五十周年纪念日为契机,叙述艾森豪威尔将军关于在德国开展去纳粹化运动的决定。文章以《见证者》为题,开篇即告诉读者:"我们正在透过一台老式电影摄像机35毫米的镜头观看,场景为纳粹集中营。"它探测将军面对庭院内尸堆的反应、木棚中撒有石灰的尸体、树林中烧焦的尸骸,而所有这些都是透过摄像机镜头模拟出来的。[20]

在事件驱动型记忆中,某些照片变成了回收的大热门。虽然英美报刊都倾向于选用幸存者的正面集体照,但在回收哪些照片上有所差异。通常,两国都重刊那些居于各自集体记忆最核心位置上的集中营照片。贝尔森于1945年由英军解放,因此贝尔森的照片在英国便重现得更加频繁。反之,在美国,由美军解放的布痕瓦尔德的照片则比贝尔森的照片重现得更加频繁。例如,在美国的大量二战回顾文章中,都可以见到玛格丽特·伯克-怀特对布痕瓦尔德装载尸体的马车的特写镜头。[21]

有张照片同时重现于欧美两大洲,描绘的是1945年5月站在埃本塞大门口的一群囚犯,他们形容枯槁、衣不蔽体(参见图33,第150页)。这张照片早在二十世纪六十年代即被用以指称解放,这种暗示一直持续至今,如今它被简单地题作"集中营幸存者""解放日的囚犯",或是被误作"死亡营幸存者"。在个别情况下,提及照片摄于埃本塞,但几乎没有提及解放者进入集中营时的情境方面的信息。这张照片也经常现身于其他公共表达领域。例如,美国纳粹大屠杀纪念馆将其用作1995年集中营解放展的封面照片,题为"解放,1945年"。[22]

另一张同时重现于英美的照片拍的是一群男囚抓着布痕瓦尔德刚断电的铁丝网栅栏(参见图35,第154页)。照片出自玛格丽特·伯克-怀特之手,题为"1945年布痕瓦尔德隔离网后面的幸存者"。载于报章杂志的周年纪念日特刊和新闻摄影概述的数十篇纳粹大屠杀回顾文章回收了此图。二十世纪七十年代后期,当伦纳德·巴斯金为纪念富兰克林·罗斯福遴选照片时,认为这张照片应当入选。1989年,《时代周刊》将其评选为新闻摄影十大标志性图像之一,理由是它"告诉了世界纳粹大屠杀的真正性质"。这张照片也被用作其他表征形式的描绘起点。在奥黛丽·弗拉克的肖像画《二战(瓦尼塔斯)》(1976—1977)中,它被置于由蝴蝶、玫瑰、精心装饰的糕点组成的富丽堂皇的静物当中。这是一种奇特的并置:男性幸存者不仅被镶嵌在铁丝网背后,也被镶嵌在静物对象背后(图 37)。弗拉克指出,肖像画的本意乃揭示"记忆在空间中渐行渐远:我的想法是讲述一个故事、一个战争寓言……我要的就是震惊"[23]。

图 37　奥黛丽·弗拉克的《二战(瓦尼塔斯)》,融合了玛格丽特·伯克-怀特的照片"布痕瓦尔德,1945 年 4 月"的局部。版权由时代周刊公司所有,承蒙纽约路易斯·K. 迈泽尔画廊惠允使用

值得注意的是,这张在诸多方面备受褒扬与模仿的图像在集中营解放时并未被发表。[24]尽管当初未获发表,但它被用作纪念工具揭示了记忆工作的关键特征,即彰显了如何模糊化或重新安排某一事件的构成特征,以使记忆变得有效。这也再次表明了图像在记忆中发挥的效力如何胜过其作为新闻传播工具之效力。在记忆中,图像经常被置于另类的诠释图式中。

在上述每个例子中,文本中的事件与图像中的事件之间最初的脱节倍增,因为事件驱动型记忆给记忆过去带来了新的机会。最初的视觉文献形式——其描绘的事件未必是文本中讨论的事件——带来了新的视觉记忆形式,并由此对"记录"与"被记忆的事件"做了进一步的区分。因此,事件驱动型记忆为利用暴行照片提供了别的方式,这些方式与它们最初的记录无关。

不过,记录的图像与记忆的图像之间的脱节并不会任意或无限地发生。要想最好地看到事件驱动型记忆的这些边界,不妨检视一张在英美流传甚广的暴行照片,这是一张由美国通信兵拍摄的布痕瓦尔德营房照片(参见图10,第100页)。

这张照片1945年首见于《纽约时报》和《洛杉矶时报》上,它描绘的是躺在布痕瓦尔德架子床上的囚犯。这张照片当时就已从指称布痕瓦尔德的解放迈向了指称全部解放,并告诉读者他们看到的是从一个佚名集中营获释的劳奴。因此,该照片后来现身于标识解放故事(而非标识布痕瓦尔德)的纳粹大屠杀文献中,便不足为奇。举例而言,1995年《新闻周刊》发表了一篇奥斯维辛解放五十周年的封面故事,虽然文本讲的是奥斯维辛,照片拍的却是布痕瓦尔德(图38)。在本例中,人们熟悉的那种文本地点与图像地点的差异被转移到了记忆当中。[25]

当暴行可视化对五花八门的战争处理加以征用,这幅特别的图像便日复一日地愈加远离了最初的描绘场景。大量纳粹大屠杀相关话题,包括讲纳粹大屠杀否认者、纳粹大屠杀教育,以及所谓的纳粹大屠杀政治的文章在内,都拿它作插图。1982年,有家报纸以这张照片给一篇写英国纳粹大屠杀修正主义者大卫·欧文的文章配插图,它仍然在重复着先前的诠释错误。虽然文本讲的是欧文的论调——希特勒并未原谅或下令系统地灭绝犹太人,但照片被误作"死亡营幸存者"。在当前一篇讨论纳粹大屠杀修正主义的文章中,却重复先前对布痕瓦尔德的不准确表征,可见那些为新闻配图之人对自己的实践是多么缺乏批判眼光。[26]

也经常可以见到对于这张照片的其他有问题的表现,这些表现也凸显了类似的图文关系。该图在一份出版物中被一再地误作"死亡营幸存者",并被错误地与达豪联系在一起。1979年,《麦克林》刊登了一篇讲述布痕瓦尔德的前囚犯重聚的故事,以集中营内架子床室友的照片为插图,另一张并置的照片描绘的是四名六十多岁的男子对着镜头微笑和扮鬼脸。这种并置暗示着先前的照片实际上拍了重聚的前囚犯,尽管它并未拍过更晚近照片中的任何一个人。并置反倒造成了一个额外的历史错误:被摄的重聚者当年是作为非犹太人的盟军战俘而被监禁的,然而照片拍的却大抵是犹太囚犯。由于这两群囚犯待遇不同,"今夕"的视觉比较不但从历史角度看是无效的,而且从表征角度看也是无效的:"今夕"比较建立了一个非常粗糙的"他们—我们"类比。这张照片貌似被无伤大雅地征用为一件记忆作品,却在不经意间至少庸俗化了暴行是如何造成的这一前提。[27]

毫不奇怪,这张照片也以其他表征形式得到重现。1995年,它装点了山达基教会一则呼吁德国增加对纳粹受害者的赔偿的广告。1993年,它为朱迪·芝加哥的一件

图38 奥斯维辛的幸存者,1995,新闻周刊公司版权所有,经允许翻印。奥斯维辛照片承蒙索夫布托通讯社/塔斯社惠允翻印

艺术装置提供了一个现实标志,朱迪给营房中男人们凄凉的黑白面孔绣上色彩柔和的生物。在这个题为"双重危险"的脉络下,照片使之可以处理集中营内的性别问题。她将彩色的女性经验与"男性经验的黑白照片"并置:男性的活动为女性的活动提供历史

脉络,以隐喻这样一个事实,即女性通常会被由男性策划的历史事件影响。[28]

因此,在每一种情况下,这张照片都允许其使用者去超越对布痕瓦尔德解放的简单提示。它不但帮助他们记忆集中营,而且帮助他们记忆暴行与纳粹大屠杀。在许多情况下,这种当代处理彰显了图像的指涉性屈居其象征地位之下,哪怕是在照片巩固了旧错误和引入新错误的情况下亦然。可见,这便是见证的新面貌,其中的关注目标为记忆和为了当前议程的记忆征用。

有趣的是,这张特别的照片在解放后的岁月中还收获了另一段指涉生命。在照片发表与回收以后,有两人站出来公开身份:著名作家埃利·威塞尔、洛杉矶商人梅尔·默梅尔斯坦自称架子床上的囚犯。二十世纪八十年代,当默梅尔斯坦在法庭上成功地挑战修正主义历史评论研究所的论调之后,美国一家新闻杂志对他做了这样的描绘:他手持原始照片的装裱副本(图 39)。与利用故事来标识记忆的主旨相一致,在这幅更晚近的图像中,照片原始的出处与文字说明都被拿掉了,以便放上晚近图像的出处与文字说明。[29]

对布痕瓦尔德营房照的这些用法告诉了我们什么呢?跟其他例子一样,指向记忆的每一次扭曲也许不太能够说明问题,但并非无足轻重,因为每一次扭曲都凸显了记忆的根本可变性。记忆可出人意料地在诸多时间方位上同时起作用。之所以重刊照片,不见得是出于对刊登照片的原始出版物表示支持,而是因为它们有助于发动新的修辞论辩。可见,作为记忆工具的照片同时催生着前世与今生,可以在诸多不同层面上唤起纳粹大屠杀记忆。然而,在一个报刊可任意回收历史信息的时代里,这就向利用照片来记忆提出了问题。因为在对布痕瓦尔德营房照的回收过程中,照片里所对应的事件已经与对这一事件的最初表现渐行渐远了。

2.利用暴行照片以稳定记忆:裂痕驱动型记忆

针对最初的纳粹暴行记录的当前话语存在争议时刻,而英美报刊也利用暴行照片来稳定这些争议时刻。随着纳粹暴行故事被从日益广泛的时空点上加以重述,当代议程面临着打破该故事并重组记忆的危险。记忆工作通过改变迄今为止完好无损的表征模式,以因应诸如此类的张力,并围绕裂痕去制造新的事件。正如爱德华·林恩塔尔所表明的那样,"纪念膜对知觉到的任何亵渎行为都如此敏感,以致它马上就会变成一个事件"[30]。

每当记忆线索的征用对于在记忆的塑造与维护中拥有既得利益的群体而言缺乏可行性或共鸣时,裂痕便会发生。通常,裂痕与其说关乎事件本身,不如说关乎针对其处置权利的挑战。裂痕围绕如何记忆暴行的问题而浮现出来,譬如围绕罗纳德·里根是否应该在比特堡向美国国防军士兵的坟墓敬献花圈的论辩、围绕应该如何在波兰纪念奥斯维辛解放五十周年的论辩。在比特堡的例子中,数百名观察家蜂拥而至现场,按《新闻周刊》的讲法,他们是去"见证"里根"伤害纳粹大屠杀幸存者"的行为,他们的

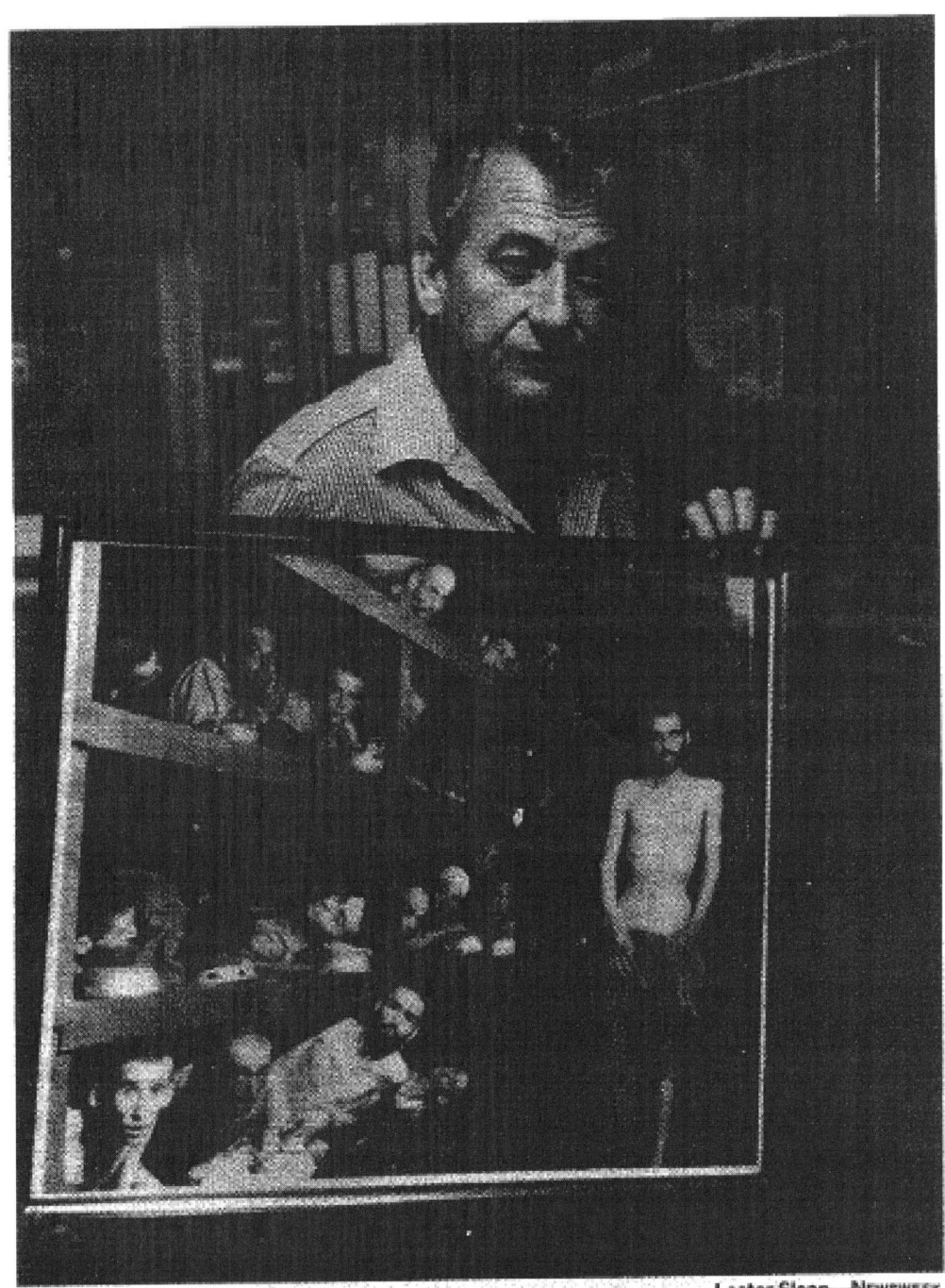

图 39 "纳粹大屠杀的注脚",《新闻周刊》,1981 年 10 月 19 日,莱斯特·斯隆。新闻周刊公司版权所有,经许可翻印

见证与其前辈对纳粹暴行的见证如出一辙。在奥斯维辛的例子中,受邀参加典礼的犹太团体既抱怨计划不周,也抱怨典礼的波兰"民族主义"味道令犹太人的受害相形见绌。在如何记忆的问题中,也隐含着关于何种记忆载体最能胜任此项工作的次要问题。因此,围绕是否要审查来自互联网上的纳粹材料、美国报纸是否应该向纳粹行为否认者提供平台等问题展开的论辩,将纳粹大屠杀记忆提升到了新的论述层次,这种论述处理的是"如何"记忆的问题。[31]

在这里,视觉证据至关重要。一旦话语摇摇欲坠,报刊便会利用暴行照片去稳固它:拿出视觉证据,以期消除残存的矛盾心理。每当裂痕侵蚀围绕发生之事的大众共识,就会出现关于毒气室、焚尸炉、绞刑架等暴行装备的描绘。历史学家阿诺·迈耶的著作《为什么天堂没有变暗?》便是如此,该书遭到一些学者的围攻,他们在该书所挑战的记录上面有过投入。有篇文章配了一张美联社照片——烧焦的人体遗骸,对迈耶著作引发的话语井喷予以视觉驳斥。同样,对达豪焚尸炉的描绘于1993年重见天日,以回敬否认纳粹大屠杀的文章。值得注意的是,图像也被用以对付否认者。当报刊为讨论否认者的文章配插图时,往往会选择性地展示特别怪诞的场景。举例而言,1993年9月,让-克劳德·普雷萨克发表《奥斯维辛火葬场》一文,《新闻周刊》为它配了这样一张照片:一具尸体从达豪焚尸炉中伸了出来。有传闻说普雷萨克与纳粹大屠杀否认者有染,文中却提供了毒气室的文献资料。在本例中,生动的图像被用以驳斥文中阐述的否认论调。换言之,话语造成的震动愈大,图像则愈需要对暴行直白以待,甚至是对所谓奥斯维辛相册的"重新发现",也再次将摄影带至纳粹大屠杀记忆话语的前台,并强调了摄影文献的用途与滥用。这本相册描绘的是奥斯维辛集中营内看不到的挑选过程,于二十世纪五十年代中期被发现,数十年后被重新发现。[32]

报刊也利用摄影来稳定大众对电影《解放者》(1992)的反应。本片围绕解放布痕瓦尔德与达豪,在美国制造了一道表征裂痕。本片是由威廉·迈尔斯、尼娜·罗森布拉姆为美国公共广播公司的《美国经验》系列片而制作的,描绘由非裔美国士兵组成的"761兰克营"的经历,声称他们协助解放了这两个集中营。起初,影片因改善犹太人与非裔美国人这两个社群的关系而备受称赞,可后来该营的健在者认为,"制片人为了让影片更戏剧化和政治上更讨喜,歪曲了该陆军营的历史"。"761兰克营"不但未协助解放集中营,而且其成员也从未到过那里。[33]

对电影的反应相当迅速,老兵和幸存者均抨击它歪曲了集中营的解放。"761兰克营"的老兵否认到过达豪或布痕瓦尔德,他们担心如今的历史记录已玷污了其真正成就:解放毛特豪森集中营的卫星营贡斯基兴、在突出部战役中作战。而历史上被认为解放集中营的白人老兵,则为影片对他们闭口不提而愤愤不平。关于集中营如何被解放的大众共识,是争论之关键所在。

讨论这部电影的文章抛出了集中营解放的视觉文献来回应裂痕。暴行照片帮助报刊站位,支持或反对影片《解放者》。大量报纸展示集中营内白人解放者的照片,其中一张照片因展现布痕瓦尔德中的非裔美国解放者利昂·巴斯而令大众记忆复杂化了,尽管并不清楚照片是在该集中营解放中的哪个时间点上拍摄的。在许多情况下,解放者在集中营内的在场有尸体为证,显示了一种二十世纪四十年代司空见惯的表征——在见证行为中对受害者与见证者加以并置——之复兴,且不管这一复兴何其短暂。[34]

1993年2月,美国犹太人委员会在一份长达十三页的报告中批评了这部影片,其中大部分内容聚焦于集中营视觉文献的持久性与可信度。报告认为,"影片存在严重的事实缺陷,这些缺陷已大大超出'艺术许可'的范围"。它认为"我们生活在一个有人质疑存在纳粹大屠杀的时代",遗憾影片关于发生了什么、谁参与其中给人留下了错误的视觉印象。在论及电影的形式时,报告提到了摄影图像。它承认:"诚然,利昂·巴斯所在的布痕瓦尔德仍然尸横遍野:**有一张照片为证**。同样,诚然,另一名非裔美国士兵保罗·帕克斯在达豪。而其他黑人士兵也在这些集中营内:**有若干照片为证**。"问题出在图像与其支撑的论调之间的联系上。正如学者兼电影顾问罗伯特·阿布朱格后来所观察到的那样,"在被确定为布痕瓦尔德和达豪的图像中,有些其实是其他集中营"。阿布朱格对图像运用的反应之所以有趣,是因为:利用甲地的图像去代替乙地的图像在暴行表征中本是一种司空见惯的做法,而这里的不寻常之处在于图像的命名与其实际的表征内容相矛盾,那么问题就来了:是图像本身有问题,还是围绕图像的命名程序有问题?不管是哪一种情形,暴行照片都充分稳定了裂痕,为的是抵消《解放者》的论调,恢复对发生之事的大众共识。[35]

(四)暴行照片的复兴与额外的记忆能动者

对记忆的见证不止于关注报刊,职业论坛、解放者、博物馆、图片杂志等也在致力于为了记住的记忆行为,它们都在帮助复兴作为记忆线索的暴行照片。纳粹大屠杀否认者也试图使作为文化记录的照片重新提振共鸣。每个记忆能动者都在以各自的方式,使人们重新对暴行照片产生兴趣,这些方式既挑战也支持着既有的纪念努力。

1.职业论坛与暴行照片

对职业论坛而言,暴行照片的复兴伴随着另一种发展:对新闻摄影的进一步认可。即当二者中的一个出现在职业记忆中,另一个也相应地出现。

二十世纪七十年代以来,随着电视带来的竞争,摄影开始重新自我定义,摄影出版业也重新确立其地位。1978年,《生活》复刊,这时市场上充斥着摄影图书,"摄影历史学家和摄影师都开始密切关注战争图像。另一套记忆——往往是摄影记者的记忆——也开始铭刻在我们的脑海中"。新闻摄影书籍迅速摆满了图书馆和书店的书架,与此同时,诸如八十年代的电子相机和卫星图像传输之类的新技术变革也在改变着人们对摄影的认识。早些时候,人们对电视的趋之若鹜暂时埋没了静态照片,而如今已经开始能够正确看待它了。正如一名摄影学者所看到的那样:

> 在电视新闻及至深夜电视上的专题片中,若是一条三分钟的报道不结合运用静态图像与印刷文本,就极少能做出持续的复杂陈述。若没有 VCR 技术,谁也做不出那种可供观众回看与玩味的报道。随着人们在电视新闻播报出现二十年后认识到这一点,静态照片与摄影散文便回归荧屏了。

照片的可玩味性使之特别适合于记忆工作与见证行为。如今,随着对普通摄影和作为职业的新闻摄影的兴趣得以巩固,人们开始将注意力放在那些有着良好摄影记录的事件上。[36]

因此,毫不奇怪,二十世纪七十年代末八十年代初,摄影图书将注意力转向了纳粹暴行。与过去迥然不同的是,如今追踪新闻图像历史的著作将暴行照片作为优秀新闻摄影的图像库之一部分收录进来。玛丽安娜·富尔顿的《时间的眼睛:美国摄影新闻》、豪尔赫·莱温斯基的《战争中的照相机》、薇姬·戈德堡的《摄影的力量》均于这一时期出版,并均在职业概述中配了些照片。有趣的是,其中每本书都翻印了玛格丽特·伯克-怀特那张布痕瓦尔德铁丝网后面的男人的照片,尽管这张照片在集中营解放之初其实并未得到发表。可见,摄影作为记忆线索和作为时事记录者都受到了关注。这张照片也见诸《报道战争:二战新闻报道》,置于"二战摄影师"那一章的顶部。[37]

卷土重来的暴行照片在无数纪念册和新闻机构史中自成一格,它们重新关注了摄影对于记录暴行的作用。菲利普·奈特利的《第一个牺牲品》作为其中的一本早期叙述,将集中营勾连至某一特定类型的新闻业和摄影史。该书在对战地记者工作的历史概述中,含有关于集中营文字与图像报道的大量讨论。对集中营特辟专章,题作《永远不再发生》。奈特利的叙述成为其他暴行处理的样板。到二十世纪八十年代,报刊的战争叙述时常提及暴行,典型者如《波士顿环球报》的《二战:从诺曼底登陆日到对日作战胜利日,四十年后》,以及《伦敦新闻画报》的《战火纷飞的世界》(1990)。后者历数这家画报在记录英国历史中的作用,表达其战争观,还翻印了画报暴行照片增刊的其中一个整版,跟 1945 年 4 月报纸中的那个版面一模一样。实际上,这样的图片专题不时重见天日,是一种于方寸之间描绘大量图像的有用方式。[38]

战争回顾也开始收录暴行照片。有本英国战争摄影的新书,开篇即讨论了摄影师在贝尔森发现的东西。1995 年,《纽约时报书评》评论了两本当时的战争报道选集,这些选集扫描了约翰·赫西、多萝西·汤普森、威廉·夏伊勒的报道,提到"各路记者对马伊达内克、达豪、布痕瓦尔德等集中营的描述令人毛骨悚然",还配有一张年轻的玛格丽特·伯克-怀特在前往拍摄战争的路上的照片。在战争报道选集中收录伯克-怀特的照片,这与先前基本忽略摄影师作用的做法大相径庭。[39]

2.解放者与暴行照片

集中营解放者也在复兴暴行照片的过程中发挥了关键作用。虽然许多解放者已经将其集中营快照藏匿于公众视线之外数十载,但随着二十世纪八九十年代纳粹大屠杀意识的成长,他们开始从藏匿之处取出自己的业余图像。他们出席解放者会议,将数十年前所拍相册示人。正如一名解放者后来所言:"我对这段特殊时间的记忆就写在这些照片中。"这之所以令人好奇,是因为相机与照片几乎不是解放者的职业工具,它们"属于"摄影师。然而,在某种意义上,由士兵展开的记忆工作澄清了集中营摄影记录中一个鲜为人知的事实,即非专业制图者所起的作用。照片是他们到过那里的证据,夯实了作为一种暴行反应的见证之核心地位。[40]

通过视觉来记忆的这一主旨,源于一种要让人们相信的使命。有位观察家讲述了他如何给邻居看他的照片,这位邻居曾跟他说自己不相信存在什么集中营。据他回忆,"他看完我的照片后说:'那好吧,我想它确实发生过。'"1978年,一名前解放者为了回应一篇针对一本关于达豪的著作的书评,寄给当地报纸一封信和一些照片,随后报纸以"卡尔顿·雷珀摄于达豪的照片"为题刊登了它们。其他报纸将前美国大兵的照片与先前的照片一并刊登。例如,有张照片显示,一名前解放者正在凝视达豪的焚尸炉。[41]

随着时间的推移,解放者越来越多地接受报刊采访,他们趁机在照片的帮助下讲述其经历。一名前美国大兵在讲到七八张奥德鲁夫照片时说:"你几乎不能称之为纪念品,但我已将其示人了。"另一名美国大兵在接受报纸采访时,谈及自己在解放达豪中的作用,并拿出"他当时所拍的五张照片。每张照片里都有数十具尸体,横七竖八地最终堆了六英尺那么高"。还有一名士兵,"看到自己很久以前拍摄的颗粒状黑白照片,扮了个鬼脸,忧伤地说道:'即使到现在,再看这些照片,我有时仍然可以闻到那股气味。'"[42]

业余从业者与报刊工具的这种结合加持着照片的复兴。当然,它也加持着作为见证工具的暴行照片。尽管士兵们的话语与集中营解放时的报道内容大差不差,譬如前解放者所说的尸体"堆得如同柴禾一般"这一表述便直接取自布痕瓦尔德报道,然而专业图像与业余图像却惊人地相似。许多业余照片与英美报刊上最初刊登的照片简直一模一样。业余者以图像方式描绘的表征,从贝尔森的露天尸坑、布痕瓦尔德的尸堆,再到达豪外满载尸体的火车车厢,都与报刊最初的展示如出一辙。

随着暴行渐行渐远,士兵的业余照片效应反倒在增强。到了二十世纪九十年代,对业余照片的公开展示已成为一种熟悉的文化实践。当时,在由美国纳粹大屠杀纪念委员会主办的解放者国际会议上,前美国大兵拿出残破的快照,展示他们曾经看到的东西。有位到会的前美国大兵在美国国务院大厅里展示了其相册。正如一名观察家所言：

> 这名前美国大兵向我解释：这本相册只是他家里数千张照片其中的一部分。他本来是有底片的，但弄丢了。三十四年过去了，他仍记得照片里展现的许多东西，记得照片里纳粹军官的名字，记得这个或那个幸存者的故事。这种记忆十年后会怎么样？他也不知道。

二十世纪九十年代初，美国犹太军事历史国家博物馆以"美国大兵的记忆"为题办了个展览，讲述集中营的盟军解放者中犹太士兵的故事，其中，照片"不是出自专业摄影师，这些小小的黑白照片，往往是由美国人在到达集中营最初的可怕时刻拍摄的"。甚至还流传着这样的照片，其中显示前美国大兵正在查看自己的照片。[43]

可见，在记忆中也跟集中营刚解放时一样，解放者消弭了专业与非专业摄影师之间的边界。他们创造了一个共同的社群，许多记忆能动者在其中继续见证暴行，且不管一开始使之聚到一起的情境是多么千差万别。

3.博物馆与暴行照片

二十世纪八九十年代的博物馆热创造了一个额外的记忆能动者，它也在帮助复兴暴行照片。博物馆生产了另一个场所，在那里，人们以视觉方式思考纳粹大屠杀。爱德华·林恩塔尔对美国纳粹大屠杀纪念馆的修建作了引人入胜的叙述，讲述摄影如何通过种种方式帮助人们解决在何处纪念和如何纪念纳粹大屠杀受害者这一更大的问题。利用哪些照片、如何展示照片、在何处展示照片，这些问题是理解博物馆中记忆工作的视觉面貌之核心所在。[44]

在欧美两大洲，暴行照片均被视为博物馆工作之核心所在。从二十世纪八十年代末开始，出现了齐心协力正视纳粹大屠杀的局面，后来伦敦的帝国战争博物馆分别于1991年和1993年举办了贝尔森解放永久摄影展、华沙隔离区起义摄影展。两者都主要围绕暴行照片的展示而加以组织，这些暴行照片为事件提供了一份回收的视觉记录。在美国纳粹大屠杀纪念馆中，策展人发现自己偏爱所谓的"脏照片"，这些照片被划痕、灰尘、污垢、数代人的复制所玷污，"脏照片"被授予了一枚本真性之徽章。当博物馆在安装意在复刻战前立陶宛小镇上犹太人生活的三层亚法·埃利奇照片塔时，也显示了对图像的尊重。在欧美两大洲，那些投身于纪念馆工作的人们为是否将对波斯尼亚、卢旺达、亚美尼亚等地暴行的视觉表征与对纳粹欧洲的暴行表征放置到一块争执不休。

毫不奇怪，照片被公众视为博物馆体验中的一种核心记忆工具。观众带着相机来纳粹大屠杀博物馆里参观，给摄影展拍照，这样他们以后足不出户便能翻看照片。报刊上经常有照片显示博物馆观众在观看照片，它们描绘了复兴状态下对暴行图像的见证行为。在某些情况下，博物馆展示也会造成问题。美国国家艺术基金会前主席认为，一张纳粹大屠杀照片可能不适合放在纪念馆入口处展示——

> 若放在那里，不管愿意不愿意，人人都得面对它。但为它贴上适当标签后悬挂起来展示，则是合适的，这样只有那些选择面对照片的人才会面对它。

1995年，这样的问题围绕以色列纳粹大屠杀纪念馆内一个集中营摄影展达到了白热化。这个由来已久的图像展因展示裸体女性，而引发了一场关于照片是否有违东正教在公序良俗问题上的极端宗教观念。东正教犹太人要求撤下照片，但关于撤掉逼真的图像能否净化纳粹暴行的论争不绝于耳。纪念馆援引摄影现实主义的熟悉论调——"我们既无理由也无权力掩盖或美化可怕的真相"，郑重其事地拒绝了抗议。一些观察家声称，本质上，问题与其说是在于照片，不如说是不同声音（世俗的和东正教的）对于形塑纳粹大屠杀集体记忆的争夺。但重要的是，这场论争是在摄影图像的加持下发生的。[45]

博物馆热也造就了一系列纳粹大屠杀纪念册，由此凸显了摄影之显著性。1991年，大英帝国战争博物馆推出一本纪念贝尔森解放的图书《贝尔森浮雕》，该书围绕集中营解放时拍摄的广泛、直白的照片而加以组织。伦敦维多利亚与阿尔伯特博物馆举办过一场展览，该展览构成了《战事》的基础，这是一本关于女性、摄影与战争图像的书。以色列纳粹大屠杀纪念馆的《纳粹大屠杀图片史》、美国纳粹大屠杀纪念馆的《世界必须明白》、奥斯维辛-比克瑙国家博物馆推出的纪念图书（如标题十分抢眼的《奥斯维辛：一部摄影史》和《奥斯维辛表征：五十年来的摄影、绘画与图形》），均出版于二十世纪九十年代初。每家机构都将自己的年表叠加于纳粹大屠杀事件之上，以彰显各自机构的记忆论调。其实，美国纳粹大屠杀纪念馆的《世界必须明白》还有个副标题——"由美国纳粹大屠杀纪念馆**讲述的**纳粹大屠杀故事"。1990年，以色列纳粹大屠杀纪念馆的《纳粹大屠杀图片史》出版，书中有三章——分别关于大屠杀、死亡营、战争终结——都以集中营解放时拍摄的照片作为插图。其中包括布痕瓦尔德的架子床、达豪的尸堆、贝尔森的尸坑等迄今已为人们耳熟能详的照片。[46]

图片专题在这方面备受青睐。美国纳粹大屠杀纪念馆推出一本《1945：解放之年》，书中翻印了三个整版的暴行图片专题，它们首载于《伦敦新闻画报》。然而，强调图片专题对围绕初始的集中营解放记录的记忆造成了另外一种脱节：它帮助凸显了图片杂志最初所起的作用。这或许有助于解释这样一个普遍看法，即向公众提供最初的暴行可视化的不是日报或周刊，而是图片杂志。其实，最初的暴行可视化是由日报与周刊率先提供的。[47]

在上述每一个例子中,作为记忆载体的照片都远离了其最初呈现,尤其是逼真性和指涉性。照片署名通常会指出其所有权,而非其原始建构。在以色列纳粹大屠杀纪念馆 1990 年出版的那本书中,照片均未署名,只在最前面的版权页注明它们属于该馆所有。这种以图像的所有权代替著作权的做法表明,博物馆的视觉记忆论调在性质上已经发生转换。它也再一次表明了一幅图像的偶发细节及其原始建构的细节是多么无关紧要。值得注意的是,这一趋势也被报刊所证实。有家新闻杂志在为纪念奥斯维辛集中营解放五十周年而发表的回顾文章中,虽收录了十三张最初的照片,但署名中闭口不提其拍摄情境,只是告诉读者它们归哪个档案馆或博物馆所有。因此,照片通常以机构所有权予以鉴别,由此可见图像的原始建构不如其所属机构来得重要。这样的实践也证实了一点:照片乃记忆线索,而非信息传播工具。[48]

4. 图片杂志与暴行照片

图片杂志也在复兴暴行照片的过程中扮演着至关重要的角色。随着摄影出版愈加受到青睐,时代—生活公司在复兴暴行记忆中发挥了重要作用。战后数十年来,公司为高质量的复制品和大型摄影专题不惜重金,并出版其摄影作品。自二十世纪七十年代末以降,作为《生活》与《时代周刊》两本杂志的母公司,它一直在以其特有方式处理暴行。[49]

时代—生活公司积极地回顾旗下记者先前对主要新闻事件的报道,与此模式步调一致的是,它也借助其最初的集中营解放照片来回忆解放,这些照片刊登在 1945 年 5 月的《生活》杂志上。公司以一种高度组织化的方式来利用这种摄影记录,在脉络化集中营解放的言语讨论时,通常也与视觉材料相一致。因此,会形成一种"二战图像主要多亏了《生活》才传回国内"的印象便不足为怪。尽管集中营解放时的情形并不如此,当时日报与周刊早在《生活》之前即已提供了照片,然而时代—生活公司以其高度的机构性努力与组织,在记忆中制造出了这一印象。[50]

从二十世纪七十年代末至九十年代,时代—生活公司造就了一个与二战相关的家庭手工业,专注于暴行方面的材料。对原本刊载于《生活》、特刊、图书中的集中营描绘的翻印,既是在纪念时代—生活公司,也是在纪念公司旗下杂志所报道的事件。大多数翻印将集中营故事与战争故事合而为一。举例而言,《生活》先后于 1985、1991、1995 年推出战争回顾,其中均含有集中营的内容。在一本战争回顾中,甚至以暴行照片作为一本珍珠港珍藏版的插图。时代—生活公司还于 1989 年推出了《二战:时代—生活书系之二战史》。该书详述战争中的军事事件,并为"纳粹大屠杀"辟有专节,以二十余页篇幅的文字和三十张照片,图文并茂地记录了集中营解放前后的暴行。解放照片则见诸"告诉世界真相"一节,该节记述了记者和摄影师如何跟随部队去目睹集中营恐怖。毫不奇怪,对于照片(其中不少是由《生活》的摄影师摄于布痕瓦尔德和贝尔森)所展现的,舍弃了原本的许多指涉数据。甚至就连描绘贝尔森中臭名昭著的医生弗里茨·克莱因走在齐膝深的尸坑里的那张著名照片,也懒得交代其身份,而文字说明竟称他正准备将尸体埋至丛葬墓当中(参见图11,第101页)。1991年,时代—生活公司以一整本书的篇幅讲述了东线暴行,其中以奥斯维辛为主。该书题为《死亡机器》,主要通过传播集中营解放后由苏联人拍摄的照片,对解放前的暴行做了视觉记录。[51]

在对《生活》的组织性概述中,也能见到暴行照片,这些概述聚焦这本图片杂志的成就,与战争无明显瓜葛。1979年,《生活:第一个十年(1936—1945)》翻印了暴行照片,以此作为该书重构这十年之一部分。照片原本由《生活》摄影师所拍,见刊于该杂志1945年5月7日的暴行专题,其中也包括玛格丽特·伯克-怀特摄于布痕瓦尔德的那张满载尸体的马车的著名照片。而非同寻常的是,《生活》为照片添加了摄影师自己的话语,这些原原本本的话是若干年前摄影师写给编辑的。譬如,伯克-怀特写道:

> 我刚才看到的景象如此令人难以置信,若不是看到照片,我想连我自己也不会相信……今天要紧的事情不只是集中营本身,更有这样一个事实:德国平民在被迫观看其政党领袖的所作所为。

出自布痕瓦尔德的照片也登上了《时代周刊》特刊《一百五十年来的新闻摄影》。[52]

虽然无法断定这些回顾对于形塑暴行记忆的确切影响,但很显然,时代—生活公司的所作所为在建立某种视觉记忆的过程中发挥了重要作用。或许,它回收的暴行图像比其他任何专业新闻机构都多。这不仅使之成为记忆生产领域中的积极参与者,也使之能够自夸在记忆中所起的作用远远胜过了它当初在记录暴行事件中的作用。时代—生活在地位上的这种回顾性抬升可能也帮助确立了这样一种看法,即集中营的摄影记录实际上是出自《生活》。换言之,通过后退式地重塑历史记录,时代—生活创造了自身在记忆当中的位置。

5. 否认者与暴行照片

纳粹大屠杀否认者构成了与暴行照片相关的最成问题的记忆能动者之一。有时,搬出他们的照片作为证据可以产生积极后果。譬如,1986年,奥地利总理库尔特·瓦尔德海姆的一张身着纳粹制服的照片被刊登出来,此前他一直矢口否认其纳粹过去。不过,当照片被纳粹大屠杀否认者收编之时,则不成其为证据问题,而成其为操纵问题,也就是说,打着表征的幌子,大行宣传之实。

在集中营解放后的岁月中,公众起初都对报道的其中一个方面深表赞同:纳粹暴行绝不容否认。摄影图像在记录暴行上的威力如此确凿无疑,以致观察家们坚定地预言,暴行会永远活在历史记录当中。然而,集中营解放才不过数十年,否认者已企图驳斥集体记忆中一个被人们认为不可触碰的部分。否认者称从未发生过纳粹大屠杀,并向包括照片在内的一切记忆载体发起挑战。[53]

否认者的论调还向摄影图像的权威发出了别的挑战。他们为否认纳粹大屠杀而提出诸多前提,这些前提直指摄影现实主义问题之内核,亦直指暴行照片的真实性。否认者认为:照片对集中营受害者的描绘纯属无中生有;照片被贴上错误标签,乃人工合成,系画作;"矛盾"的光影运用暴露了图像篡改。举例而言,修正主义报纸《聚光灯》有一期声称,一张达豪内的尸体照片其实拍的是丧生于德累斯顿爆炸中的德国人。许多否认者质疑那些拍摄和回收照片的人的动机。例如,一位否认者就说:"人们能指望好莱坞经营者什么呢?他们既有手段,又有能力,还蓄意拿虚构的'证据'欺瞒这个世界,这已经让犹太复国主义者的金库财源滚滚。"二十世纪八十年代初,一家比较大型的否认纳粹大屠杀的中心开始出版一本名叫《历史评论学刊》的刊物,"摄影真相"问题屡屡成为其主题。该刊不时讨论若干纳粹大屠杀的相关图像(包括那张华沙隔离区一名小男孩双手举过头顶的著名照片在内)的所谓"真值",并聚焦于日报与周刊上所载暴行照片的文字说明中的失实数据。[54]

否认者对摄影文献的明显兴趣引发了关于照片最初松弛的指涉性等问题。虽然将照片用作象征的主旨在集中营解放之初即已确立,但随着时间的推移,该主旨已剥夺了暴行照片中太多的指涉数据,为否认者论调大开方便之门。我们可以公允地假定,即便无成问题的照片可供否认者提出其否认论调,他们也会找其他地方下手。尽管如此,将照片搬出来作为一种修辞性的说服与宣传工具,仍然值得深思。

6.将过去回收进将来

如今,在我们的公共空间中,随处可见对于纳粹政权有案可查的恐怖之提醒。从美国纳粹大屠杀纪念馆,到电影《辛德勒的名单》,再到围绕否认纳粹大屠杀的论争,二战暴行照片继续在我们的集体生活中占据要津,提醒着我们当时的邪恶与恐怖。正如一名观察家所言,"它们作为半压抑式的照片与新闻短片,盘桓于我们的意识中,最初的图像始终在提醒着如今人们所谓的纳粹大屠杀"[55]。暴行照片是一座收纳纳粹大屠杀记忆的房子的一堵承重墙。

然而,将纳粹暴行的视觉记录定位于记忆当中,以及通过种种方式搬出这一记录以破坏、挑战、歪曲、玷污对过去的集体记忆,带来了重要的问题。视觉记忆不仅表明作为历史文献的视觉图像在激发共鸣方面有着恼人的局限,也使人质疑利用照片来见证过往事件的能力。这说明,为了记住的记忆可能丧失了其作用。电影学者安东·克斯已表明,等到某一时刻,电影、照片、叙事等记忆载体将会活力不再,反倒要靠记忆本身才能使之活力焕发。[56]在此情形下,是记忆为照片注入生命,而非相反。携带着纳粹暴行记忆的我们可能已抵达了这一时刻点,因为照片作为那段可怕过去的有效标志已是油尽灯枯。可见,对记忆的见证可能在不经意之间丧失了其全部威力,记忆得以确立的线索不再促使公众去做出反应。

这并非什么新的观点。苏珊·桑塔格早就说过,暴行照片已经丧失作为记忆容器的力量而达到"饱和点",她同时还指出,"'关怀'摄影对良知的窒息与唤醒至少是不相上下的"。可见,在事件过去数十年后,摄影在促进见证行为的同时,它与自己起初描绘的事件之间可能已丧失了联系。因此,正如安德烈亚斯·许森所言,纳粹大屠杀图像的问题"不是遗忘,而是无所不在,是过量"。因为,不断重复的图像回收也会适得其反。暴行照片帮助确立起一个更广泛的故事,这个最初的主旨虽然促进了一种见证行为,但这种见证行为与处于故事核心地位的事件之间的联系是有问题的。暴行照片既在赋权那些力图证实纳粹暴行者,也在赋权那些暴行否认者,因而它们有成为一种徒有虚名的表征之危险。[57]

注释:

[1] Lawrence Langer, "Memory's Time: Chronology and Duration in Holocaust Testimonies," *Yale Journal of Criticism* 6, no. 2 (1993): 263.

[2] 例如,参见 C. McConkey, "Forgetting the Holocaust," *Christian Century*, July 20, 1977, pp.669-70; F. Brown, "French Amnesia," *Harper's*, December 1981, pp.68-70; Michiko Kakutani, "Remembering as a Duty to Those Who Survived," *New York Times*, December 5, 1995, p.C19.

[3] 例如,参见 Gideon Hausner, "Eichmann and His Trial," *Saturday Evening Post*, November 3, 1962, pp.19-25, November 10, 1962, pp.58-61, November 17, 1962, p.6; "Auschwitz Comes Alive Again," *New York Times Magazine*, April 19, 1964, pp.14-15; Hannah Arendt, *Eichmann in Jerusalem* (New York: Viking, 1963); Lucy S. Dawidowicz, *The War against the Jews: 1933—1945* (New York: Holt, Rinehart and Winston, 1975); and Raul Hilberg, *The Destruction of the European Jews* (New York: Holmes and Meier, 1985).

[4] Tony Kushner, *The Holocaust and the Liberal Imagination: A Social and Cultural History* (Oxford: Basil Blackwell, 1994), p.249; Edward T. Linenthal, *Preserving Memory: The Struggle to Create Americas Holocaust Museum* (New York: Viking, 1995), p.11.

[5] Susan Moeller, *Shooting War* (New York: Basic Books, 1989), pp.402, 410; John Berger, "Photographs of Agony," in *About Looking* (New York: Pantheon, 1980), p.37.

[6] Gerald Parshall, "Freeing the Survivors," *U.S. News and World Report*, April 3, 1995, p.65.

[7] Kushner, *Holocaust and Liberal Imagination*, p.255; Tony Judt, "The Past

Is Another Country: Myth and Memory in Post-War Europe," *Daedalus* 121, no. 4 (fall 1992): 108.

[8]Carol Rittner, ed., *Elie Wiesel: Between Memory and Hope* (New York: New York University Press, 1990); James E. Young, *The Texture of Memory: Holocaust Memorials and Meaning* (New Haven, Conn.: Yale University Press, 1993); and Carol Rittner and John K. Roth, *Memory Offended* (New York: Praeger, 1991); Yitzhak Zuckerman (Antek), *A Surplus of Memory: A Chronicle of the Versaw Ghetto Uprising* (Berkeley and Los Angeles: University of California Press, 1993); Leon Wieseltier, "After Memory," *New Republic*, May 3, 1993, pp. 16-21, 24-26; Pierre Vidal-Nacquet, *Assassins of Memory* (New York: Columbia University Press, 1992); Walter Reich, "The Enemies of Memory," *New Republic*, April 21, 1982, p.20; Deborah Lipstadt, *Denying the Holocaust: The Growing Assault on Truth and Memory* (New York: Free Press, 1993); Lawrence L. Langer, *Holocaust Testimonies: The Ruins of Memory* (New Haven, Conn.: Yale University Press, 1991); Kakutani, "Remembering as a Duty," p.C19.

[9]Kushner, *Holocaust and Liberal Imagination*, p.248; Lewis H. Weinstein, "The Liberation of the Death-Camps," *Midstream*, April 1986, p.20; Walter J. Fellenz, "Holocaust: I Am Still Shocked by What I Saw at the Liberation," letter to the editor, *New York Times*, December 22, 1977.

[10]Philip Roth, *The Ghost Writer* (New York: Farrar, Straus, and Giroux, 1979); Saul Bellow, *Mr. Sammle's Planet* (New York: Viking, 1970); Isaac Bashevis Singer, *Enemies: A Love Story* (New York: Farrar, Straus, and Giroux, 1972); *The Sorrow and the Pity*, directed by Marcel Ophuls, 1972; *The Tin Drum*, directed by Volker Schloendorff for Franz Seitz Films, 1979; *The Boysjrom Brazil*, directed by Franklin J. Schaffner for the Producer Circle, 1978; *Lacombe Lucien*, directed by Louis Malle, 1974; *The Last Metro*, directed by Francois Truffaut for Les Films du Carosse, 1980; *Playing for Time*, directed by Daniel Mann for CBS, 1980.

[11]在二十世纪七十年代后期,美国一些中学开设了一个大屠杀教育的模块作为必修课,而这方面的大学课程始于二十世纪八十年代初。英国的情况稍显落后,但到了二十世纪八十年代末,英国的大屠杀教育即使不比美国更好,也与之旗鼓相当。(参见William H. Honan, "Holocaust Teaching Gaining a Niche, but Method Is Disputed," *New York Times*, April 12, 1995, p. B11; Kushner, Holocaust and Liberal Imagination, p.263.)

[12]Geoffrey Hartman, "Public Memory and Its Discontents," *Raritan* 13, no.

4 (spring 1994): 28.

[13] Robert H. Abzug, *Inside the Vicious Heart: Americans and the Liberation of Nazi Concentration Camps* (New York: Oxford University Press, 1985); and Jon Bridgman, *The End of the Holocaust: The Liberation of the Camps* (Portland, Ore.: Areopagitica Press, 1990). 与之前的做法不同的是, 这两本书都逐个地检视集中营的解放记录, 并为其叙事配以当时拍摄的照片作为插图。尤其是, 阿布朱格在书中收录了近 90 张集中营照片。

[14] Wieseltier, "After Memory," p.19; Val Williams, "Prints of Darkness," *Manchester Guardian*, January 22, 1995, p.26; Dan Stone, "Chaos and Continuity: Representations of Auschwitz," in *Representations of Auschwitz: Fifty Years of Photographs, Paintings, and Graphics*, ed. Yasmin Doosry (Oswiecim: Auschwitz-Birkenau State Museum, 1995).

[15] Pictures appended to Lily Eng, "A Survivor's Message from the Camps," *Philadelphia Inquirer*, February 13, 1995, p.B6.

[16] Saul Friedlander, *Reflections of Nazism: An Essay on Kitsch and Death* (New York: Harper and Row, 1984), p.96; Sybil Milton, "The Camera as Weapon: Documentary Photography and the Holocaust," *Simon Wiesenthal Center Annual* 1 (1984): 60; James E. Young, *Writing and Rewriting the Holocaust* (Bloomington: Indiana University Press, 1988), p.163; Hirsch, "Family Pictures," p.7.

[17] Saul Friedlander, *Memory, History, and the Extermination of the Jews of Europe* (Bloomington: Indiana University Press, 1993), p.58. 事实上, 毕加索自己对纳粹暴行的反应——《藏尸所》——几乎完全没有像《格尔尼卡》那样在公众想象中引起巨大反响。

[18] Art Spiegelman, *Maus I* (New York: Pantheon, 1986), and *Maus II* (New York: Pantheon, 1986); Marianne Hirsch, "Family Pictures: Maus, Mourning, and Post-Memory," *Discourse* 14, no. 1 (winter 1992-93); Young, *Writing and Rewriting*, p.60; Erich Kulka, *Escape from Auschwitz* (South Hadley, Mass.: Bergin and Garvey, 1986); Filip Mueller, *Eyewitness Auschwitz* (New York: Stein and Day, 1979); *Nightmare's End: The Liberation of the Camps*, directed by Rex Bloomstein for Discovery Channel, 1995; Don DeLillo, *White Noise* (New York: Viking, 1985); D. M. Thomas, *The White Hotel* (New York: Viking, 1981). 讨论也见于 Young, Writing and Rewriting, p.57. 正如扬所言:"如今当代纪实小说家将其叙事与照片、报纸文章、目击者证词等修辞性的事实材料熔于一炉, 以赋予它们某种事实权威。"

[19] Ziva Amishai-Maisels, *Depiction and Interpretation: Visual Arts and the*

Holocaust (Oxford: Pergamon,1993),pp.91,96,360.

[20]"The Faces of War," *Maclean's*,September 4,1989,pp.36-39; Meg Greenfield,"Misusing World II," *Newsweek*, June 6, 1994, p. 86; "A Gigantic Death Camp," *Time*, April 29, 1985, p. 21; Tom Infield, "Witness," *Philadelphia Inquirer Magazine*,April 9,1995,pp.12-15,24-31.

[21]西比尔·弥尔顿认为,照片在档案场所中的混乱无序可能是她所说的"有限而重复地运用某些图像"之原因所在。许多图像如今依然散乱不堪、未被标记、无补充性信息,从而令它们丧失视觉记录价值的风险大大增加。参见 Milton,"The Camera as Weapon," p.62. Photos also resurfaced in museum work,as in the Imperial Museum's commemorative book, *The Belief of Belsen* (London: Imperial Museum, 1991),pp.5,14,and 15,and literature on the exhibit "Warworks" at the Victoria and Albert Museum,London,in 1995.

[22]The photography appeared in Jerry Adler,"Hitler and the Holocaust," *Newsweek*, May 2,1983,p.62; Kenneth L. Woodward,"Facing Up to the Holocaust," *Newsweek*, May 26, 1975, p. 72; Kenneth L. Woodward, "Debate over the Holocaust," *Newsweek*,March 10,1980,p.97; the cover photo to Liberation,1945 (Washington,D.C.: United States Holocaust Memorial Council,1995).

[23]The photo appeared in *1945: The Year of Liberation* (Washington,D.C.: United States Holocaust Memorial Council,1995),p.10; "25 Years of Life," *Life*, December 26,1960,文中将这张照片引为有史以来 18 张"伟大照片"之一; "*Life*: 50 Years," *Life*, special anniversary issue,fall 1986,p.192; "Life Celebrates 1945," *Life*, special collector's edition,June 5,1995,pp.30-31; "150 Years of Photojournalism," *Time*, fall 1989, p. 47; Malcolm N. Carter, "The FDR Memorial: A Monument to Politics,Bureaucracy,and the Art of Accommodation," *Art News*,October 1978,p.56; and Audrey Flack,*On Painting* (New York: Harry N. Abrams, 1981),pp.78-80.

[24]Vicki Goldberg,*The Power of Photography: How Photographs Changed Our Lives* (New York: Abbeville,1991),p.37.

[25]这张照片最初刊登时题为"Hitler's Slaves",*Los Angeles Times*, April 24, 1945,pt. 1,p.3,它也附于 Harold Denny,"The World Must Not Forget," *New York Times Magazine*, May 6,1945,p.9.后来也见于 Andrew Nagorski,"The Last Days of Auschwitz *Newsweek*,January 16,1995,pp.58-59,同时还有埃利·威塞尔的纳粹大屠杀回忆。

[26]Walter Goodman,"The Politics of the Holocaust," *Newsweek*,September

27,1982,p.33.

[27]Martin Gilbert, *Atlas of the Holocaust* (London: Pergamon,1988),p.239; Kenneth L. Woodward,"Hitler and the Holocaust," *Newsweek*, July 11,1977,p.77; "Buchenwald Remembered: They Were Not Alone," September 24,1979,p.12.

[28]"No Remorse, No Recourse, advertisement," *New York Times*, January 18,1995,p.A17; "Double Jeopardy," Judy Chicago, *Holocaust Project: From Darkness into Light* (New York: Penguin,1993),p.175,overleaf.

[29]Melinda Beck,"Footnote to the Holocaust," *Newsweek*, October 19,1981, p.73.

[30]Cited in Gustav Niebuhr,"Whose Memory Lives When the Last Survivor Dies?" *New York Times*,January 29,1995,p.5.

[31]Niebuhr,"Whose Memory Lives?" p.5; Barbara Nemick,"Auschwitz Is Yielding New Anger," *Philadelphia Inquirer*, January 26, 1995, p.1; Jeffrey R. Young,"U.S. Campuses Debate German Censorship of Nazi Materials on Internet," *Chronicle of Higher Education*, February 16,1996,p.A26.

[32]Tamar Jacoby,"The Holocaust: Why the Jews?" *Newsweek*, May 15, 1989,p.64; Laura Shapiro,"Denying the Holocaust," *Newsweek*, December 20, 1993,p.120; Lipstadt,Denying the Holocaust.也可参见 Pierre Vidal-Nacquet,*Assassins of Memory*,以及他的 "Theses on Revisionism," in *Unanswered Questions: Nazi Germany and the Genocide of the Jews*, ed. Francois Furet (New York: Schocken,1989); Randolph L. Braham,"The Photographer as Historian: The Auschwitz Album," *Shoah*, fall-winter 1983-84, pp. 20-23; Jo Thomas,"'Holy Document' at Auschwitz Found," *New York Times*, August 14,1980.

[33]Jeffrey Goldberg,"The Exaggerators," *New Republic*, February 8,1993, pp.13-14; Stephen J. Dubner,"Massaging History," *New York*, March 8,1993, p.48.

[34]Interview with William A. Scott,April 9,1979,Emory University,WHR.

[35] Kenneth S. Stern, *Liberators: A Background Report* (New York: American Jewish Committee,1993),p.2; Dubner,"Massaging History," pp.49,51.

[36]Vai Williams, *Warworks* (London: Virago Press,1994),p.13; Moeller, *Shooting War*, p.418.

[37]Marianne Fulton,*Eyes of Time: Photojournalism in America* (Boston: New York Graphic Society,1988),p.162; Jorge Lewinski, *The Camera at War: A History of War Photography from 1848 to the Present Day* (New York: Simon and

Schuster,1978),pp.18,20,98,134,135; and Goldberg,*The Power of Photography*,pp.32-37.暴行照片也见诸 Ken Baynes,ed.,*Scoop,Scandal,and Strife：A Study of Photography in Newspapers* (London：Lund Humphries,1971),p.138; Frederick S. Voss,*Reporting the War：The Journalistic Coverage of World War II* (Washington,D.C.：Smithsonian Institution Press for the National Portrait Gallery,1994),p.40.

[38]Philip Knightley,*The First Casualty：From the Crimea to Vietnam：The War Correspondent as Hero,Propagandist,and Myth Maker* (New York：Harcourt Brace Jovanovich,1975); Thomas F. Mulvoy Jr. and William T. Stewart,eds.,*World War II：From D-Day to V-J Day,40 Years Later* (Boston：Globe Newspaper Company,1986).该系列翻印了诺德豪森附近集中营内一壕沟尸体的照片,这张照片首登于1945年4月的报纸上；*The World at War*,1939—1945 (London：Bracken Books,1990),p.169.这一页展示了七张最怪诞的照片,其中一张是"一向和蔼可亲的艾森豪威尔将军"在奥尔德鲁夫察看尸体。文字说明跟照片最初在报纸上刊登时一模一样。与最初报道时一样,书中的照片均未署名。

[39]"The Faces of War"：of twelve images,one depicted children in Buchenwald (p.38); Martin Caiger-Smith,*The Face of the Enemy：British Photographers in Germany*,1944—1952 (Berlin：Nishen,1988); Malcolm W Browne,"Reporters at War," *New York Times Book Review*,August 27,1995,pp.22-23.

[40]Reich,"The Enemies of Memory," p.21; interview with John Henry Baker Jr.,February 27,1980,WHR.

[41] Arthur C. Dietrich, cited in Infield, "Witness," p. 28; Carlton Raper, "Dachau," letter to the editor,*Greensboro Daily News*, December 20,1978,Dachau File,WHP; Bill Varner, "Holocaust Horror Part of This Coachs Life," *Rockland County (New York) Journal-News*, October 7,1979,p.3D,Dachau File,WHP.

[42]Arthur C. Dietrich,cited in Infield,"Witness," p.28; Bill Wallace,quoted in Dan Hardy,"50 Years Later, Horrors of Dachau Lingers with One Who Saw It," *Philadelphia Inquirer*, April 23,1995,p.MD1; Hardy,"50 Years Later," p.MD4.

[43]Reich,"The Enemies of Memory," p.21; Leigh Rivenbark,"Faith in the Field," *Army Times*,May 22,1994; Barry Markowitz,"Saharovici Receives Holocaust Pictures," *Hebrew Watchman*, August 1984,n.p.,Dachau File,WHP.

[44]Linenthal,*Preserving Memory*,particularly pp.171-210.

[45]Philip Gourevitch, "In the Holocaust Theme Park," *Observer Magazine*, January 30,1994,p.24; Clyde Haberman,"In a Museum of Hell,Qualms about De-

corum," *New York Times*, March 7, 1995, p.A4; John E. Frohmayer, quoted in Andrea Liss, "Trespassing through Shadows: History, Mourning, and Photography in Representations of Holocaust Memory," *Framework* 4, no. 1 (1991): 33; Haberman, "In Museum of Hell," p.A4; Allyn Fisher, "Holocaust Photos Cause Rift," *Philadelphia Inquirer*, February 10, 1995, p.A14.

[46] *The Relief of Belsen*; Williams, *Warworks*; Yitzhak Arad, *The Pictorial History of the Holocaust* (New York: Macmillan, 1990); Michael Berenbaum, *The World Must Know: The History of the Holocaust as Told in the United States Holocaust Memorial Museum* (Boston: Little, Brown, 1993); and Teresa Swiebocka, ed., *Auschwitz: A History in Photographs*, English edition prepared by Jonathan Webber and Connie Wilsack (Bloomington: Indiana University Press, 1993), and Doosry, *Representations of Auschwitz*.

[47] *1945: The Year of Liberation*, pp.118-19, 122-23, 126, and 140.

[48] Arad, *Pictorial History of Holocaust*; Nagorski, "Last Days of Auschwitz"; pictures appended to Woodward, "Debate over the Holocaust," p.97.

[49] Wendy Kozol, *Life's America: Family and Nation in Postwar Photojournalism* (Philadelphia: Temple University Press, 1994), p.7.

[50] Dora Jane Hamblin, *That Was the Life* (New York: W.W. Norton, 1977), p.33. 一名小说家回忆起她第一次看到这些残暴照片时,声称她对自己记忆中的《生活》所扮演的角色产生了不确定性:"我记得在《生活》杂志上看到过(这些照片),不过这个记忆模糊了,兴许是我记错了。"(Prose, "Protecting the Dead," p.51.)

[51] "World War II: 40 Years Later," *Life*, special issue, spring—summer 1985; "Pearl Harbor: December 7, 1941—December 7, 1991," collector's edition, *Life*, fall 1991, and "Life Celebrates 1945"; *WWII: Time-Life Books History of the Second World War* (New York: Prentice Hall Press, 1989), p.351; Editors of Time-Life Books, *The Apparatus of Death* (Alexandria, Va.: Time-Life Books, 1991).

[52] "25 Years of *Life*," and "*Life*: 50 Years," *Life: The First Decade, 1936—1945* (Boston: New York Graphic Society, 1979), p.171; "150 Years of Photojournalism."

[53] Lipstadt, *Denying the Holocaust*, and Vidal-Nacquet, *Assassins of Memory*.

[54] Linda Marie Delloff, "Revising Holocaust History: Malice in the Mails," *Christian Century* July 16-23, 1980, p.725; Frank Tompkins, "$50,000 Offered for Proof of Gassed Jews," *Spotlight*, September 24, 1979, n.p., WHP; "Famous 'Vic-

tims' Emerge as Public Figures," *Spotlight*, December 24, 1979, pp.4-5, WHP; Mark Weber, "The 'Warsaw Ghetto Boy,'" *Journal of Historical Review*, March—April 1994, pp.6-7; Mark Weber, "Inaccurate Time Magazine Photo Caption Defames Ukranians," *Journal of Historical Review*, March—April 1994, p.8.

[55] Abzug, *Inside the Vicious Heart*, p.ix.

[56] Anton Kaes, *From Hitler to Heimat: The Return of Histoiy as Film* (Cambridge, Mass.: Harvard University Press, 1989), p.179.

[57] Susan Sontag, *On Photography* (New York: Anchor Books, 1977), p.21; Andreas Huyssen, *Twilight Memories* (New York: Routledge, 1996).

第7章 为了忘却的记忆：
当代的暴行剪贴簿

迈入二十一世纪，我们愈发依赖视觉记忆，以帮助我们理解过去与现在。我们留下二十世纪，翘首回望。从整个纪念馆村、复古时装到有线电视的历史频道，甚至到集体纪念的实验录像带中，我们"不是沉湎于失忆迹象，而是沉湎于对过去的真正痴迷"。然而，我们对过去的痴迷可能并不尽如人意，因为"对诸如纳粹大屠杀之类的事件的纪念冲动其实可能源于一种想要遗忘它们的相反相成的欲望"，从而使我们的记忆举动变成了一种"卸下我们的记忆责任"的努力。[1]可见，我们着手记忆有时候可能是为了遗忘。

尽管见证行为的晚近变化还是暂时的，但似乎已经证明了这一点。本书已揭示过去几十年来暴行见证行为如何随着当时更大的文化脉动而变化。一开始的需要是对纳粹大屠杀之后直接目睹的东西承担责任，而这很快便让位于一个失忆期（即为了记忆而忘却），从二十世纪五十年代持续至七十年代。失忆期又被一个痴迷于纳粹大屠杀的时期（即为了记住的记忆）取代，一直持续至今。不过，当记忆在公共想象中层出不穷时，见证行为却在式微，同时我们针对记忆工作而提出的论调往往空洞无物，从而使得我们的记忆无非是为了在记忆的阴影中将其遗忘。

在由过去到现在的旅程中，为了忘却的记忆制造了无数坑坑洼洼。我们不清楚一个记忆终于何处，另一个记忆又始于何处，还将事件与我们记忆事件的工具混为一谈。安德烈亚斯·许森犀利地观察到，"仅仅被记住的过去可能会变成一种神话记忆……变成当前需要的一块绊脚石，而非历史连续统中的一个机会"[2]。

当我们的记忆关注暴行时，为了忘却的记忆会显得特别棘手。一方面，我们留给二十世纪的剪贴簿上堆砌着恐怖快照。这些快照带领我们在世界各地踏上一段令人毛骨悚然的旅程，它们描绘了种族灭绝与野蛮行径，它们自二十世纪初以来已经造成5000万至1.7亿平民丧生。暴行范围极其广泛，从萨达姆·侯赛因针对伊拉克库尔德人的种族灭绝、伊朗针对巴哈伊教徒的暴行，到卢旺达及其邻国布隆迪的大屠杀，再到波斯尼亚的大规模暴行、阿尔及利亚的屠杀。这些暴行为我们的剪贴簿添枝加叶，一枝一叶都进一步扩增了由这一特定暴力范畴所造成的累计死亡总量。因此，难怪二十世纪会赢得诸如"种族灭绝的时代""历史上最残暴的世纪"等可疑称号。[3]

尽管当代暴行不管是在规模、频率、地理分布、方法上，还是在官僚机构、科学、技术的操纵上，都比昔日暴行更为深远，而在公共表征上，它们也比昔日暴行更直接地依赖于媒介。许多公共表征与摄影有关，多年来，摄影在帮助公众见证他们不曾亲眼目睹的暴行中已经发挥了重要作用。这意味着媒介不仅能够而且也确实曝出了世界各地新的暴行，也意味着当代的媒介展示有别于那些我们极少或根本未目睹暴行的岁月中的媒介展示。然而，报道并未阻止暴行的再度上演。二战时，全体人民都称自己对发生之事毫不知情；如今，我们分明知道经由许可的暴行正在再度上演，却仍然无力阻止它们。尽管我们对于正在上演的暴行握有大量证据，但我们对于暴行照片的反应往往引来无助与漠然。为此，我们只是将每一起恐怖放在之前、之后的那些恐怖中来加以脉络化。[4]

接二连三的暴行快照正在使我们对他人之痛麻木吗？由为了忘却的记忆可见，有时可能的确如此。为了忘却的记忆打破了见证行为最初得以建立的共识，表征与责任的联系也已然破裂。尽管本书已揭示了摄影如何帮助我们去记忆，但摄影也在帮助我们为了忘却而记忆。借助图像来遗忘是一种历史悠久的理念，罗兰·巴特、玛格丽特·杜拉斯、苏珊·桑塔格等众多批评家都曾对此有所着墨。[5]因此，对暴行的图像化有时可能会将暴行从记忆中推开，便不足为奇。

一、媒介与暴行剪贴簿

为了忘却的记忆告诉我们，二战中人们对人类苦难的漠不关心"倒也并不太令人费解"。按照学者杰弗里·哈特曼的讲法，利用熟悉性，媒介可以轻而易举地将新暴行变为新闻报道。媒介运作表现出"一种脱敏趋势，在不断提高着我们的反应门槛"，不过媒介也可"运用旧事物、意料中的事物以创造新事物，并为新事物之新颖性赋予可辨识的意义"。不管是在构成暴行故事的文字还是图像中，暴力与残忍都如此司空见惯，以致旧暴行才消退，经由政治许可的新暴行似乎又接踵而至了。每当拿起报纸、打开电视、收听广播时，我们几乎都会得知，恐怖行径库中又添了新暴行。符像性的暴行图像如期而至，它们为已经确立的视觉表征范畴增添着新来者：只要一见到痛苦万状的幸存者与受害者群体、铁丝网后面的瘦削脸孔、受折磨者的茫然眼神、各式刑具，我们即可辨认出暴行美学。媒介通过向我们显示应当将新的恐怖置于何处，在帮助我们对暴行美学做出反应，而不是在帮助我们理解这些新恐怖，即对我们看到的东西如何分类、如何范畴化，以及在许多情况下，如何遗忘它们。[6]

(一)暴行的言语线索

媒介通过文字,对"纳粹大屠杀""种族灭绝""大屠杀""种族清洗"等关键字眼加以回收,从而为公众对新暴行的体验赋予秩序。从某种程度上说,这个不断打转的术语词库根据先例来脉络化暴行,并通过提醒我们先前发生之事以保持暴行的活力。正如1992年《新闻周刊》在一个栏目中针对种族灭绝的发问:

> 若不是《纽约每日新闻报》在头版标题中运用了"死亡营"的表述,人们会对波斯尼亚的战争出离愤怒吗?……在西方社会里,集中营图像与种族灭绝指控具有独特的感召力和政治影响力。希特勒、波尔布特的幽灵从西方的良知上掠过。世界再一次被"永远不再发生"的誓言搅得心绪不宁。

受一种挥之不去的信念——"极端情形在某种程度上更能揭示人类处境"——的激发,对于过去的共鸣制造了无数第二代暴行称号:将越南美莱村与1942年德国人摧毁的捷克利迪策村相提并论;二十世纪七十年代柬埔寨的暴行堪称"亚洲的奥斯维辛";东帝汶的大屠杀成了"另一个柬埔寨";萨尔瓦多游击军被叫做"波尔布特左派";布隆迪的暴行为该国赢得"下一个卢旺达"的绰号。这个恐怖连续统在不断地持续发展,有时甚至会逆向运作。譬如,《纽约时报》称柬埔寨制造的恐怖"先于卢旺达、波斯尼亚",或称波尔布特为"柬埔寨的萨达姆"[7]。

媒介通过文字也回收了更为特殊的言语线索。在卢旺达纳塔拉玛镇的一个教堂里,数以百计的男人、女人、孩子被砍死了,据说这里存放着"卢旺达自己的奥斯维辛"的骸骨。在巴尔干半岛,阿尔巴尼亚被指控实施了一项迫害的"纳粹政策",阿尔巴尼亚战争也被叫做"教区纳粹大屠杀"。出现了关于人的新范畴,譬如"种族灭绝的孤儿",此乃卢旺达政府为被胡图民兵强暴的图西妇女们所诞下的婴儿贴上的标签。还有关于记者的范畴。《卫报》记者埃德·武利亚米因揭露奥马尔斯卡的波斯尼亚集中营,而被拿来与二战记者威廉·夏伊勒及其纳粹恐怖报道相提并论。[8]

虽然不断的提及使得暴行存留于公共想象当中,但它也被遗弃于此。将熟悉的术语用于如此多新的暴行脉络中,既抹平了原始术语的共鸣,也否定了术语所指涉事件的复杂性。换言之,媒介可能并未阐明其报道的每起新暴行的意义。正如记者梅格·格林菲尔德喟叹的那样,对这些言语线索的过度使用会钝化意义:"它隐藏意义,也模糊意义,至少会使之与直接性和真实性相去甚远。"[9]

这生动地体现在对与暴行最直接相关的两个术语的回收过程中,即"纳粹大屠杀"和"种族灭绝"。"纳粹大屠杀"一词被过度使用的范围之广,到了这样的地步:它与最初将它推入公众视野中的事件之间已经没有直接联系。这个词如今被许多人搬用,想要"将公众注意力导向人权滥用、少数种族(或族裔)和妇女遭受的社会不平等、环境灾难、艾滋病,以及其他诸多事情",它"已经被抹平,以致降临于任何地方的任何人身上的任何邪恶都变成了一种纳粹大屠杀"。"纳粹大屠杀"一词被人们用以描述他们赞成或反对言论自由、军售、反恐活动等众多问题的观点。可见,从某种意义上说,在搬用词汇来描述暴行上所遭遇的失败正在令这个原始术语变得空洞化。[10]

同样,"种族灭绝"一词也常被用以描述各种暴行。"种族灭绝"一词始用于1944年,《联合国种族灭绝公约》将其定义为"基于完全或部分摧毁一个民族、族裔、种族或宗教方面的群体之特殊目的"而采取的行径。它既指对民族或族裔实施系统的大规模杀戮,也指不那么普遍化的暴行,如斯里兰卡和尼日利亚的暴行。种族灭绝的指控甚至也指向了更为广泛的情形,诸如非裔美国人对青少年中与日俱增的凶杀率的抨击、巴拿马的曼努埃尔·诺列加对美国入侵本国的悲叹。吊诡的是,种族灭绝是一个如此有力的标签,以致有时得颇费一番功夫才能避免使用它。起初,美国的官僚们拒绝将"种族灭绝"加诸卢旺达暴行,"以免出现要求制止大规模杀戮的道德压力"[11]。

词汇的微妙变化,譬如从"Holocaust"向"holocaust"的变换、从"genocide"向"genocidal"的变换,也在进一步抹平术语的原始指涉对象。"最终解决方案"一语变成了复数"final solutions",用以指涉波尔布特、"医生爸爸"等政权的暴行。"种族清洗"一语在二十世纪九十年代初被用以讨论巴尔干半岛时已不加引号,用以指"故意地利用恐怖大规模驱逐所垂涎之地上的人们",后来也被用于布隆迪、卢旺达等地的冲突中。[12]

因此,对恐怖进行脉络化的需要有时会助长奇特的词汇选择,倒也不足为奇。《伦敦时报》将卢旺达暴行称为"当今世界发生的最严重暴行",而《华盛顿邮报》选择以并不妥贴的"双重种族灭绝"来指涉布隆迪大杀戮。在这两个例子中,媒介都根据先前的暴行来脉络化新恐怖,以便为后者赋予意义。然而,这么做抹平了原始事件的复杂性,制造出一个令人毛骨悚然的暴行连续统,从而既主流化了暴行,也让公众震惊得呆若木鸡。《华盛顿邮报》认为,每每有"新的种族冲突爆发,'永远不再发生'的呼声——永远不要再发生另一场毫无争议的种族灭绝——都会减弱"[13]。所有这一切都表明,见证行为可能已经不再强加责任。

(二)暴行的视觉线索

照片在帮助公众为了忘却而记忆时起到了至关重要的作用。首先,持续地展现暴行的视觉证据正在消解一个流行的前提:描绘会增进反应。照片过去在制造反应性公众中的作用已经被拿来跟亚美尼亚种族灭绝等放在一起讨论。[14]在每一个例子中,都预设了不描绘则无反应。

然而,见证行为后来的转型可能向此预设发出了挑战。举例而言,为什么围绕卢旺达、波斯尼亚等暴行有了视觉描绘,却并无足够的反应?这种摄影描绘表明,纵然世界知悉亚美尼亚治下的暴行,其作为可能也并无不同,由此证明了世界在面对恐怖时的诸般无助与无为。苏珊·桑塔格认为:"针对波斯尼亚人民的种族灭绝就发生在世界报刊与电视报道的众目睽睽之下,谁也不敢称自己对暴行毫不知情。"或者,正如专家们在公共广播公司的《麦克尼尔·莱勒新闻时间》节目中所评论的那样,假设有线电视新闻网的镜头可以揭示二十世纪三十年代德国犹太人的困顿,"即时的电视图像也无法改变当时的历史进程,如同它们无法改变当今的历史进程一样"[15]。可见,与其说认识在促使我们做出反应,不如说它在促使我们去遗忘,而见证根本就在消解着公众的反应能力。

当代反应的部分性质与人们对当代暴行照片令人毛骨悚然的熟悉度有关。一些照片展示了铁丝网后面的脸孔,如《伦敦时报》便展示了巴尔干半岛上一个大眼睛儿童的面孔(图 40)。照片题作"前景黯淡",照片中一对母子相依相偎,他们貌似都抓着铁丝网,其实他们抓的是窗户防护网。另一些照片展示了一堆堆头骨与身体部件,如《纽约时报》展示了一名柬埔寨妇女和一大堆人类颅骨(图 41)。位于照片右边角落里的

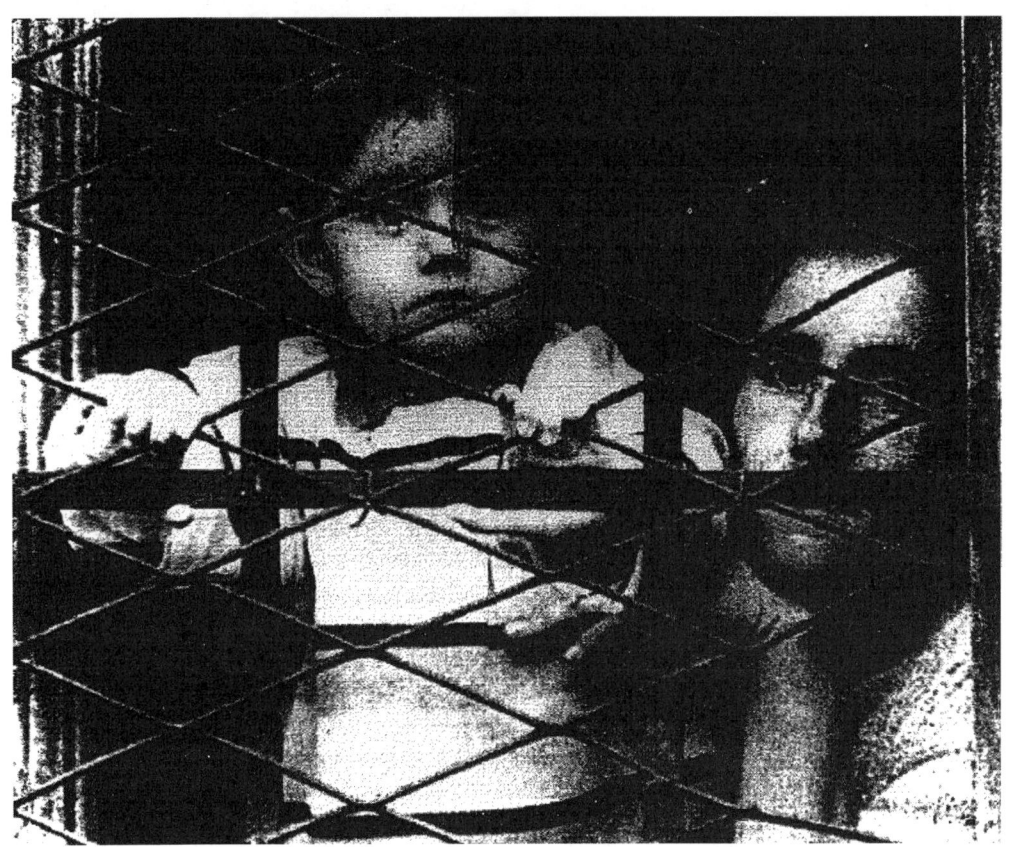

图 40　铁丝网背后的儿童,《伦敦时报》,1993 年 7 月 9 日,法新社

妇女扭过头来,不看颅骨,手却朝后,为读者指示颅骨。还有些照片展示了屠杀坑。《经济学人》上就有这样一张照片,展示的是沿着一个人类尸坑站立的卢旺达平民,与对贝尔森中一座敞墓四周站立的平民的展示如出一辙。

图41　柬埔寨的妇女与颅骨,《纽约时报》,1996年5月27日。承蒙《纽约时报》惠允使用

在这些例子中,照片都展示了苦难时刻,这些时刻——

引来极大关注,但它们与其他所有时刻之间都发生了断裂。它们孤立地存在。被照片俘获的读者可能觉得这种断裂是出于自己道德感不够充分。一旦他如此认为,就连他的震惊感也会烟消云散。(图像背后的暴行)被有效地去政治化了。照片变成一种人类普遍处境的证据。照片没有谴责任何人,却又在谴责每一个人。[16]

暴行的图像化在为见证暴行创造机会的同时,也模塑了见证的发生类型。过去几十年来,恐怖描绘已经从1945年时五花八门的表征,走向被过度使用的暴行符像。最初的视觉库描绘了见证实践、见证者、见证对象等各种见证行为,而如今,它被收窄了,只是在可怜巴巴地挑选可以反复出现的常备照片。跟从前的暴行照片一样,当代暴行照片的表现方式也几乎没有增进人们对于描绘对象的了解:照片与伴随文本无甚关系、鲜少或根本不署名、针对特定暴力的文字说明在渲染普遍化的恐怖氛围。而与从前的暴行照片不同的是，当代暴行照片被重新注入了一种永不餍足的暴行范畴，将其作为判断、评价、理解新的大杀戮之标准。数十年前的暴行照片所起的作用，正在于此。

关于幸存者、受害者、庭院中的恐怖、恐怖装备与见证人的纳粹暴行照片，在描绘东帝汶、柬埔寨、波斯尼亚、卢旺达时重见天日，并充当后来暴行的证据。纳粹大屠杀虽然不是种族灭绝、大杀戮的最早案例，却成了原型式的案例，以致在描绘当代暴行时会闪回到那些挥之不去的纳粹暴行图像。正如《伦敦时报》在一篇关于波斯尼亚的文章中所观察到的那样：

> 当你在苍茫暮色中徜徉于萨拉热窝，此情此景中的某些东西似乎再熟悉不过了。中欧的断垣残壁、涌入街头的官员们烧焦的内脏、扭曲变形的公共汽车、沙包与狙击手屏障，这些自然都是来自二战的图像风格。[17]

可见，我们的暴行记忆库在时间上逆向运作，即以过去代替现在。最终，它直抵由日报上的照片广泛、精心描绘的最初的主要屠戮场——二战集中营。正是这些屠戮场，在讨论后来暴行时被不断地闪回。

这种见证行为与其带给我们的暴行相比起来，有着奇特的面貌。共享的暴行记忆处于来自其他时代的暴行照片的剪贴簿中，细节清晰而生动。可见，二战暴行照片构成了挪用于后来屠戮场的初始心理步骤。当描绘世界上各式暴行时，那些最初的暴行照片仍旧是起点、标准、背景。因此，毫不奇怪，如今人们将1945年的暴行定位为只是"种族灭绝史上的发展阶段之一，而绝非其尾声"[18]。有种流行假定认为：其后的暴行只不过是在以更大、更复杂、更骇人的形式到来，而观看暴行会导致习惯化，即一种出于道德、政治、技术等原因的习惯化。

二、现在中的过去：不断变迁的见证行动

本书已经揭示了集体记忆的容器如何在向后、向前的时间运动中生产关于过去与现在的各种讯息。通常，几乎无法预见某一特定的标志会重现于何处、会图解何种事件、会有何种联想浮现为共鸣线索而将过去带至当下。相反，记忆载体与过往事件的联系会沿着有点难以预测的路线，倒退着进入现在，并携带着不同的意义与联想。纵然如今我们可能比以往任何时候都有更多工具与手段来保存图像，结果却未必能够展现出被描绘事件的逼真性。因为，我们不仅拥有可视化过去的强大能力，也拥有在众多（而非单一）议程中表征过去的非凡能力。对视觉化的过去做权威的记录反倒已成

了濒危资源。苏珊·桑塔格所谓的"整齐的时间切片"即道出了这一点,这些切片跟它们所出自的更大脉络或图景之间并无可以预见的相关性、接近性或一致性。[19] 因此,也难怪开明世界的许多人在面对加诸他者的暴行证据时,依旧会感到无助与失措。

当代见证行为的空洞性质为我们不断变迁的战争观所助长,而战争观又随着见证含义的变化而变化。在很大程度上,战争已经从一种光荣英勇的追求走向了一种令人不爽乃至不必要的任务。战争观在不断变化,新的暴行可视化标准也随之而来。一方面,我们一再得知,当代暴行的可视化已经是何等广泛。1992 年,《新闻周刊》写到,"从波斯尼亚传来的令人震惊的图像向布什施压,要他决定美国应当为此做些什么";"照片灼伤了世界之良心"。或者,正如《时代周刊》所言,"描绘死亡的儿童、被囚禁的成人的照片有力地捕捉到了残忍,成功地激起了道德愤慨"[20]。

但果真如此吗?首先,围绕二战暴行涌现出来的描绘并未在后来的暴行中得到复刻。在表征的范围与直白性、照片的数量与显著性、照片的展现等方面,当代暴行的照片库良莠不齐,以致它在展示战争对于平民的蹂躏上远不及我们在几十年前所见到的情形。正如捕捉了贝尔森恐怖的乔治·罗杰宣称的那样,"全世界务必了解这种堕落深渊,以确保其决不再度降临"。不过,他认为"全世界并未做到。从印度尼西亚、拉美到非洲,仍然存在同样残暴和堕落的种族灭绝"[21]。

在某些情况下,对暴行的视觉表征非常薄弱。举例而言,福克兰群岛战争和海湾战争为英美公众带来了干净的防腐战描绘,其中几乎不见暴行描绘。在对福克兰群岛战争的描绘中,统共只有可怜巴巴的两百幅照片,英国死者的照片和近两百名阿根廷伤亡人员的照片干脆被从档案中删除掉了,战争"干净得令人难以置信",由此有人提出了令人震惊的照片有何效果这一假想性问题,因为"不见令人震惊的照片……可怕战争的缺席带来了一场干净战争的幻象"[22]。同样,1991 年海湾战争中照片稀缺,令人对这场冲突的报道疑窦丛生。零零星星的视觉描绘偏爱战斗活动的照片,对技术和美军人员的存在感夸大其词,对人类苦难却轻描淡写。甚至是在有线电视新闻网上,由电缆所驱动的摄像一味追踪被炸建筑的大门,而不去描绘建筑物外所遭受的破坏,由此对战争的野蛮性做了一种奇特的视觉建构。因此,时隔多年之后,我们仍然见不到忠实记录由这场战争带来的暴行的静态照片,便不足为奇。海湾战争至今仍然是一场"被审查得隐而不彰、无真实的暴力与痛苦图像"的战争。[23] 尽管这可能与摄影不断变化的性质不无关系,但这种今夕差异应该让我们停下来好好思考一番。

在其他情况下,暴行的视觉表征已成为争论话题,而制图技术的变化又进一步助长了争论。电视、电缆、计算机图形、光纤的逐步出现改变了见证的技术基础,创造出一种有图像意识的文化。按照媒介批评家伊库·阿达托的讲法,有图像意识的文化过度关注"图像的奇技淫巧;我们的文化对现实主义与奇技淫巧之间的区别已经模糊到了几近消失之地步"[24]。尽管这可能对一切事件都提出了重要的问题,但具体到见证行为上,则提出了一些道德问题,这些问题不仅指向那些作为悲剧描绘对象的人,也指向自诩见证了其苦难的全世界。因为,若不显示人们直接接触范围之外那些人的真正苦难,媒介的暴行表征又价值何在?若世界不必为它见到的东西担责,它为何还要继续见证这种苦难?换言之,当代的见证行为想要达到何种目的?若不为阻止暴行的再度上演,暴行的摄影描绘作用又何在?

本书认为,摄影最直接的功能可能是成就了本应被扼杀的东西——暴行的正常化。让人们观看可能正在开始取代让人们去行动;见证虽然牵涉到了狭隘的暴行表征,却极少牵涉真实的反应,因此它正在变成二十世纪的"想象行为"(acte imaginaire)。其实,当代见证的空洞性质可能并不是一种新的现象。近半个世纪前,社会学家保罗·拉扎斯菲尔德和罗伯特·默顿便已对他们所谓的"麻醉"发出警告:人们将如此沉湎于信息当中,以致不再能够付诸行动。虽然他们当时是针对政治选举而言,但其话语如今对于一切信息传播方式仍然不无道理。1994年,美国广播公司在《晚间新闻》节目中省察了波斯尼亚与纳粹大屠杀的相似性,在三名"专家"嘉宾中,有两位承认自己对发生于前南斯拉夫的暴行的微妙之处不甚了了。一名电视评论员悲哀地问道:"观看得越多,我们反倒了解得越少吗?"[25]

这样的话语对于暴行的视觉描绘尤其切中肯綮,在此,照片的真实性、逼真性、"现场感"等伴随品质定义着它在公共想象中的面貌。在某些情况下,如今图像观看可能已取代行动本身,从而对当代公共反应的面貌提出了至关重要的问题。可见,见证可能已成为一种由习惯化的阴影中蚀刻而来的行为,它无非是一个呼吁实质性行动的提纲,而这种实质性行动在二战结束时似乎有过用武之地。将暴行照片挥之不去的作用放到这种场景下来理解,则是顺理成章的。因为,照片作为有力的暴行记忆载体,它们所重构的是什么东西可以被"看见",而非什么东西可以被"记住"。对照片的过度使用可能会制造出一种许多公众满足于"不见"的情形:观看是为了不见,记忆是为了遗忘。

三、得到越多却看得越少:习惯化与暴行描绘

随着描绘大规模暴行的技术愈发唾手可得,对"观看即对暴行威胁的充分反应"的强调存在一种变本加厉的危险。我们生活在暴行表征的雷区中,它们模糊了记忆的时空竞技场。在有线电视新闻网的24小时摄像机、电缆驱动图像等技术中,或是在慢放、定格、即时回放等重播设备中,一个个瞬间均可从时间上被定格为静态照片,从而带给我们广泛的技术能力去观看更多。[26]

然而,到头来,我们中许多人的"观看"反倒变少了。技术、政治、道德上的种种问题都在钝化着我们观看的东西与我们关心的东西的关联。在此情形下,媒介使得——

公民身份、宗教、种族、地理等藩篱土崩瓦解,而它们曾将我们的道德空间分割为我们要对其负责之人和我们不予负责之人……它使我们变成他人苦难的偷窥者,或曰他们的苦难景观之游客。虽然它使我们与他们的命运面对面,但遮蔽了横亘在我们之间的社会、经济、道德方面的距离。[27]

可见,观看得更少的原因在于,如今我们对于自己愿意经常接触暴力视觉描绘的程度,存在一种根本的矛盾心理。

(一)技术习惯化:照片的真值在减弱

从"习惯化"角度回应暴行似乎有诸多根源。传统上,人们对暴行描绘的最初反应都是不信任,然而这种不信任是与当时对照片真值的普遍情绪一道被塑造出来的。这里,最重要的是摄影表征不断变化的性质,以及这种表征在我们的文化中不断变化的重要性。举例而言,1969年,逼真的美莱暴行照片展示了在越南大屠杀中倒毙在泥路上的男人、女人、儿童的正面,但公众对这些照片的反应与当年对二战暴行照片的反应大相径庭。一开始,人们强烈抗议发表它们,谴责发表照片之人不爱国。"许多人干脆拒绝相信包括照片在内的任何报道……有些人认为,报刊对整个事情夸大其词。"直到后来,随着更多照片问世,"编辑和读者才开始感到,有理由相信此事的的确确发生过"。尽管暴行图像最终变得如此有力,以致它们帮助公众播下了质疑美国在东南亚战事的种子,但这需要时间。换言之,二十世纪六十年代后期的民众远不像当年他们欢迎二战照片那样被说服。在批评家薇姬·戈德堡看来,这是因为,在先前的时代中:

人们仍然完全信服于照片。虽然对文字叙述的不信任早已泛滥成灾,但当时对照相机的信任完好无损。战后24年来,尤其是在二十世纪六十年代,电视、世界大事、美国政府已经改变了信任气候。[28]

而如今,这种差异甚至变得愈加分明。

流行看法认为,随着图像变得日益先进,其力量也会日益增强,由此造成了乔治·斯坦纳所谓的"文字世界"在萎缩。[29]而本书想表明,情况可能相反。随着图像变得更加复杂、更加多媒体化,图像的真值得以在其中传递的这种型构却使我们的观看变少了:在某些情况下,真值会挥发;在另一些情况下,真值会被重构;在其他情况下,真值会彻底消失。人们宣称,图像乃我们赖以见证过往事件与当前事件的载体,但在某些情况下,图像会变得令人捉摸不定,由此传递出了矛盾的讯息:它们既能摹写现实切片,亦能激进地重构现实,经常到了无中生有的地步。

这对摄影表征的公共地位产生了各种影响。有批评家称,在当代,"眼见与为实已经脱钩":如今,许多公众不再接受摄影的真值,转而认可摄影真相的替代物,它们为修饰、裁剪、蒙太奇、摆拍、拼贴所助长。有鉴于此,《伦敦时报》在谈及索马里时指出:"照相机可能不会撒谎,但它会通过聚焦摩加迪沙,带给美国观众一幅高度迷惑的真相图景。"同样,英国外交大臣道格拉斯·赫德在谈及波斯尼亚时说:"照相机即演员。照相机会激发拍摄对象以不同方式表演。"其实,赫德的评论强调了照相机有能力干预正在展开中的暴行。[30]

不管公众对摄影原理懂得多少,他们都能用照片服务于不同的目的,从而可以更加轻而易举地超越对现实生活中某一事件的纯粹摄影证实。因此,在越南,利用图像的真值假定乃挑战政府之重要一环:一名身中汽油弹的越南小女孩赤身裸体地在南越壮庞村的公路上狂奔,这张照片一经问世,暴行照片和见证行动立刻发生了转向。1972年6月8日,美联社摄影师黄功吾的这张静态照片同时登上了美国广播公司和美国全国广播公司的节目,翌日在《华盛顿邮报》《纽约时报》《伦敦时报》的头版上横跨了四五栏,并最终变成"反战运动最后的主要符像"。同样,当南越警察总长阮玉鸾对一位匿名的越共囚犯行刑时,埃迪·亚当斯拍下的照片也变成了越南暴行中一个重要的符像表征。在这两个例子中,摄影证实与官方目的之间都没什么关系。[31]

但这并不意味着新闻中摄影图像讲真话的光环正在消失。即使在描绘对象的真实性成问题的情况下,仍旧存在真值,也仍旧存在与之伴随的外延、指涉性、指示性等特征。即使人们可能有无数理由去怀疑摄影,但"摄影图像乃新闻的视觉推论"这一根本信念依然完好无损。不过,图像近乎自动自发的威力已经不复存在。正如一名批评家所认为的那样:

> 很难想出有哪幅晚近图像在国际甚至国内产生了像伯明翰照片、达豪照片、阮玉鸾路边行刑照片那么大的影响力……没有哪张照片成为共同的精神财产,也没有哪幅图像或哪个图像序列足以概括尼加拉瓜冲突或柏林墙的倒塌。

如今,许多当代的摄影讨论都承认某种主张伸缩性与建构性的摄影观,而承认这一点,可能会令人对图像的"验证者"角色产生怀疑。一些批评家认为,迫在眉睫的问题是,"一旦大部分公众不再将照片看作值得信赖的传播手段,那么他们还会相信什么呢?"批评家弗雷德·里钦指出:"摄影与现实的关系跟其他媒介与现实的关系一样脆弱……摄影构成了一种丰富多样的语言,它跟其他语言一样可精妙、可含混、可揭露、可歪曲。"[32]倘若如此,我们记住的事件和我们用以记忆的技术都可能会根据更具试探性的评估而重做安排,我们也借助这些评估来理解技术本身。

(二)政治习惯化:观看暴行的政治命令在减弱

对当代暴行的习惯化反应的另一个原因与缺乏将晚近暴行视为具有政治重要性的命令有关。虽然政治习惯化与限制记者和摄影师前往暴行发生之地不无关系,但它也与官方在命令能够观看或将会观看哪些事件时的矛盾心理大有关系。正如《新闻周刊》所指出的,有一种经常被援引的政治论点——一种"非此即彼"的情形——承诺要么军事介入,要么袖手旁观,其误导性的框架加持了一种"便利的虚构":军事行动乃"在政治与军事上的可悲方式之外的唯一选择,而作为一个集团的西方国家以及世界上其他大多数地方迄今都在以这种可悲的方式做出反应"[33]。这可能令许多暴行照片变得不必要,因为其实这些照片缺乏相应的政治目的。

这并不意味着政治当局会要求去揭发某些暴行。在某些情况下,情况恰恰相反。举例而言,当媒体批评英国的波斯尼亚政策后,英国外交大臣道格拉斯·赫德指责媒体是"井底之蛙":媒体将公众的注意力聚焦于波斯尼亚等冲突,以牺牲苏丹、利比亚等虽不易接近但同样令人肝肠寸断的悲剧作为代价,歪曲了外交决策。赫德称,媒体报道并不"像灯塔均匀而规律地扫射"那般运行,媒体对于组织与实际等方面的考量(诸如将记者送往报道点、搞到金钱或技术将记者送回伦敦)会在其决定将哪起暴行置于"媒体报道的探照灯下"发挥重要作用。[34]

这种缺乏关注可以同时被用以形容柬埔寨与东帝汶的暴行,二者都未获得广泛的摄影报道。丧生者虽数以万计,但均未引起媒体的关注。二十世纪七十年代中期,东帝汶在印度尼西亚入侵时有二十万人(占总人口的三分之一)丧命,这被叫做"未被电视报道的恐怖"。在1975至1978年间的柬埔寨暴行当时被贴标签为"一起最彻头彻尾的种族灭绝",但到了二十世纪九十年代,它已经"不再成其为头版新闻"。二十年后,《民族周刊》哀叹暴行仍在柬埔寨肆虐,它将暴行化约在了"屠宰场之二"的标题当中。[35]

与媒体将暴行和其他野蛮行径归入同一范畴的做法相一致,对于已知暴行的关注与其他地方还有哪些暴行也需要公众同时保持关注大有关系,这倒也不奇怪。因为暴行描绘按照替代规则展开,新暴行会取代旧暴行,并且公众也只能消化少量报道。有鉴于此,《新政治家和社会》对下面这一事实深表遗憾:"波斯尼亚的流血牺牲有镜头和手机随时待命,而柬埔寨那平淡无奇的死亡却成不了新闻;显然,尚未等来头条新闻的光临,便已经尘埃落定。"同样,缺乏报道也是东帝汶暴行的特征。二十世纪九十年代早期以前,东帝汶人的死亡颇不为人注意。九十年代早期,百名东帝汶人在西方记者的众目睽睽之下惨遭枪决。然而,即便那时候,电视与摄影对此事的报道也没能产生什么影响。照片对这两起暴行的处理是有规律可循的。譬如,《经济学人》上有张照片,一个柬埔寨男孩痛苦地抱紧自己,未署名的文字说明下有"谁会在乎呢"之类的设问句。几乎没有为照片添加任何指涉细节。[36]

即使报道或拍摄并不全面,对报道的脉络化却是恰当的。与纳粹大屠杀的相提并论提供了最令人信服的脉络。将波尔布特称为阿道夫·希特勒的转世,冠以"亚洲的阿道夫·希特勒""卷土重来的阿道夫·希特勒"等称呼。将其罪行称作"继纳粹之后世界上所有地方发生过的最龌龊罪行"。将印度尼西亚的苏哈托视为"具有希特勒倾向的暴徒网络"中的一员。照片复刻了一种狭隘却熟悉的二战暴行美学:一群群受害者与幸存者、屠宰场的枪杀、看守柬埔寨难民的狱吏。尽管并无经由官方许可或命令的行为去逼着人们必须观看柬埔寨或东帝汶的暴行,然而搬出纳粹大屠杀来作为这两起屠杀的背景,却制造出了一种见证能力,哪怕只是高度删节版的见证。[37]

可见,见证仍不失为一种可供当今公众选择的行为,这一事实可能会遮蔽这样一种可能性,即如今它只为政治干预提供了一个最粗略的轮廓。公共话语并不敦促我们去行动,它已经分裂为"委婉语、诡辩、回避",而这些东西所需要的无非是"自说自话与自欺欺人的瞎折腾"。正如1993年专栏作家梅格·格林菲尔德所言:

> 你本以为,这个种族灭绝的世纪眼看就要过去,我们如今至少已经想出某种初步的办法来证实一再发生的恐怖。可是我们并未想出来。我们只能更好也更微妙地另觅出路了。[38]

(三)道德习惯化:观看暴行的道德需求在减弱

暴行习惯化的第三个原因可能影响最为深远:人们会从一再重复观看恐怖照片中感到如此无助,也就不想再看更多了。《华盛顿邮报》在一篇谈卢旺达的社论中说:"哪怕不看,我们也知道那里正在发生什么。"在一定程度上,"对暴行的抗拒"源于这样一个事实:我们正在经受着安东尼·刘易斯所谓"同情疲劳"的煎熬,要少看一点,才能心安。对柬埔寨、东帝汶、卢旺达、索马里、波斯尼亚等国所发生的暴行报道,使人产生一种道德无奈感:明知暴行再度上演,却又无力采取行动。鉴于别的变量(例如存在于世界某些地方的种族主义、偏见、对暴行的漠不关心)也会复杂化我们的"观看"能力,隐含于习惯化中的缺乏反应才会变成一种默认反应。《基督教科学箴言报》在一篇关于波斯尼亚屠杀的社论中说道:

> 二十世纪有着多达1.67亿人丧命的两次世界大战、100多场规模小些的战争,随着二十世纪的结束,又一起暴行似乎无非是愤怒的回音而已。

因此,可能会存在一个关闭点,在此点上,甚至连照片也会变得不再重要。正如《华盛顿邮报》在论及卢旺达时所言,"一开始,全世界都对屠杀场景目不转睛……然而,到了某一点上,世界之眼会闭合,摄像机会关闭……对这样一场活生生的噩梦的消化能力也会关闭"[39]。

可见,并不奇怪,与二十世纪四十年代不同,如今我们对于该如何展示暴行照片或该将其置于公共话语的何种位置上,往往莫衷一是。起初,来自索马里的生动的死亡与苦难图像带来了人们针对黄色新闻的论调、对其破坏家庭神圣性的抗议,以及对其有限的策略用途的认识。结果,图像描绘的东西很有限。二十世纪九十年代中期,《费城问询报》因描绘一名利比亚男子的行刑,而引来250多封抗议信,搞得新闻评审员专栏为刊登这张照片而致歉。1995年8月,加利福尼亚一家报纸在头版刊登了一张彩色图片:在饱经战争蹂躏的波斯尼亚,一名妇女上吊自杀了。此举招来读者抗议,他们抱怨这张照片强迫公众对暴行展开不必要的讨论。其他报章杂志或许预见到了抗议,对该图的展示较为温和。《纽约时报》只是在内页上以黑白照刊登。《华盛顿邮报》未登照片,只是在一篇头版报道中对其做了描述。这些例子都与1945年的情形形成了鲜明的对照。

即使牵扯到恐怖主义行径,暴行的可视化方式也是不温不火,无法与二战描绘相提并论。1988年,一架泛美航空的飞机在苏格兰的洛克比上空爆炸,英美报刊显示出了一道"书面记录与图像记录之间的鸿沟。所发表的尸体照不是远景,就是尸体被警察拿布或旗子遮盖着"。记者却描述了"破碎的身体""模糊的血肉"和"扭曲的残骸",所有这些均未得到图像表现。同样,1996年3月,一名哈马斯恐怖分子在特拉维夫市一个购物中心旁自爆,文字记录了丧葬协会成员收集支离破碎的身体残骸时的可怕细节,照片却是另一回事。虽然逼真的照片唾手可得,但媒体对发表只见人类屠杀的图像慎之又慎。例如,《费城问询报》在头版展示了一张商业广场上死伤遍地的照片,但附有对发表决定的解释:

> 这种生动的暴力图像虽然会让某些读者心绪难安,但《费城问询报》斟酌再三,之所以决定在头版刊发这张照片,是因为它如此有力地图解了恐怖爆炸运动所造成的不幸与生命浪费。

一周后,该报新闻评审员再次为刊登照片辩解,称照片的敏感性质标志着编辑政策之变化。《费城问询报》将按照编辑政策,时不时地向读者解释其决策过程。[40]

在一定程度上,道德习惯化与未能发展出可助长道德反应的新闻表征形式有关。其实,好莱坞电影(如《战火屠城》《辛德勒的名单》《现代启示录》与《全金属外壳》)吸纳暴行照片的能力似乎在与日俱增，其暴行描绘方式比新闻直白多了。同样，一场对波斯尼亚暴行的讨论甚至认为，它们"与其说是过去半个多世纪的黑白闪回，不如说是一部撷取自那些后核启示录电影的剧本"[41]。

四、记忆的背景：当代暴行中的纳粹大屠杀

本书已经表明，照片可以如此有力地延长人们对一个事件的记忆，以致表征消解了反应能力。二战暴行照片便是如此。它们被回收进对当代暴行的讨论中，构成一个描绘背景，并由此抵消了人们对其他反人类行为的大部分潜在反应。尽管暴行照片的浮现相当契合于纳粹大屠杀在英美的政治工具化，然而每一次新的搬用都在以新的形式提出了一个老问题：将纳粹大屠杀推及这一事件本身之外何以可能？因为纳粹暴行图像不仅在纳粹大屠杀话语的边界之内被搬用，也被搬用至对其他暴行的表征中。纳粹大屠杀图像已分别见诸利昂·戈卢布的越南装置艺术、伊加尔·图马金的以色列装置艺术、安东尼奥·安图内斯·莫雷拉的黎巴嫩装置艺术，而1982年莫雷拉还将那个来自华沙犹太人区著名的小男孩变成了一个戴阿拉伯头巾的巴勒斯坦人。《时代周刊》认为，昔日图像与今日图像之间的联系如此一目了然，以致时间之桥失掉了意义，已经被"报纸、电视上那些使人浮想出令人惴惴不安的纳粹暴行记忆的可怕图像"所透支。[42]

纳粹大屠杀通过三种方式来提示暴行记忆：通过文字引领我们穿越图像、通过图像中的相似之处、通过一种替代性表征的模式。传统上，环绕在图像周围的文字会利用纳粹大屠杀来脉络化新的暴行，就像利用文字将图像描绘的某个二战暴行扩展为一个更大的纳粹暴行故事一样。有鉴于此，《纽约时报》在谈及二十世纪六十年代后期的越南暴行时回忆道，越南暴行可以与"最可怕的视觉图像之一（……一名纳粹冲锋队员领着一个蹒跚学步的孩童走进毒气室的图像）"相提并论。奥马尔斯卡的波斯尼亚集中营出现在无数报章杂志的照片中，并被贴上了"1992年版的贝尔森"的标签。《纽约时报》为一张波斯尼亚囚犯的大照片拟了个头条标题，"永远不再发生，却再度发生"（图42）。这里，有着人们熟悉的纳粹大屠杀美学：两个一丝不挂的男子瘦削的、营养不良的面孔。他们注视着镜头。[43]

利用纳粹大屠杀照片提示记忆的第二种方式是，借助于图像本身的相似之处。在此情形下，由于纳粹大屠杀照片的美学被一再重复，它们挥之不去，哪怕它们并不出现。铁丝网边形容枯槁的身体、幸存者注视照相机的茫然眼神、整齐堆放的尸体与颅骨，都在以最当代的形式凸显着暴行。正如《时代周刊》所言：

> 由辨认所带来的震惊十分剧烈。铁丝网后面骨瘦如柴的身躯。公共汽

图 42　南斯拉夫的波斯尼亚特诺波尔耶集中营,《纽约时报》,1996 年 1 月 14 日,罗恩·哈维夫/塞巴

车上被杀害的儿童。250 万人在"种族清洗"的狂欢中被赶出家园。拘留营,甚至集中营。可以肯定的是,这些照片……来自另一个时代。

尸体被以各种方式描绘,从巴尔干畜牧场的尸坑(图 43),到柬埔寨骇人的整齐排列的颅骨(图 44)。[44] 这两张照片分别来自巴尔干半岛和柬埔寨,分别让人不禁想起卑尔根—贝尔森的敞墓、布痕瓦尔德整齐堆放的尸体。

从这些表征当中消失的事物揭示了当代见证形式的许多东西。这些照片缺乏早期表征中的微妙性与复杂性,这种缺乏已达到如此地步,以致公众在二战后的暴行中完全见不到二十世纪四十年代展示的那种恐怖程度,见不到二战中所展示的照片数量、将照片摆在首位、报刊与专业文献对照片的不断讨论,见不到见证对象、见证者、见证活动的多样性,也见不到对于见证人观看照片等暴行证据、观看镜头之外其他证据的描绘。同样重要的是,在很大程度上,先前照片中展示的暴行见证集体不见了,通常

图 43 "发掘邪恶",《时代周刊》,1996 年 1 月 29 日,美联社/环球图片社拍摄

图 44　整齐排列的颅骨,《纽约时报》,1996 年 2 月 25 日,希帕图片社拍摄

被个体取而代之。譬如,《纽约时报》描绘了联合国一名特使在俯视波斯尼亚新出土的尸体(图 45),与先前的暴行见证集体不同,照片上只有他一个人在端详颅骨。个体性见证在俯视暴行证据的方式上,与二十世纪四十年代国会议员、政府官员、记者等集体如出一辙,暴行美学由此得以复刻,却不见了先前时代的描绘中所隐含的那种对于集体行动的执念。[45]

在第三种情形下,纳粹大屠杀照片事实上已经取代对当代暴行的描绘。这时候,照片的符像性、惯例化、简单化等性质消弭了今夕距离,替代性表征将此前文本地点与图像地点的脱节延伸至事件本身之外。《纽约时报》对波斯尼亚战争罪的讨论便是如此(图 46)。这篇关于波斯尼亚战争罪审判法庭的文章刊登了两张照片:小图为一名被告,大图为纽伦堡审判,横跨多半个版。将两张尺寸失衡的照片并置,从视觉上揭示了记忆如何排挤对于这一事件的关注能力。文章还宣称:"电视法庭在准备它的下一个'世纪审判'时,纽伦堡是参照点。"然而,令人好奇的是,参照点在版面上的视觉篇幅

图 45 联合国特使在波斯尼亚的斯雷布雷尼察,《纽约时报》,1996 年 4 月 7 日。《纽约时报》授权使用;路透社/资料照片

远远大于即将出庭受审的波斯尼亚的塞尔维亚人。在别处,一篇针对波斯尼亚的讨论以华沙犹太人区犹太人的图像作插图,放在一张一名塞尔维亚人正在处决某教徒的照片旁边。同样,1993 年 5 月,贝尔格莱德电视台的一则新闻绘声绘色地报道了波斯尼亚的克罗地亚人如何袭击一个塞尔维亚人村庄。《新政治家和社会》的一名记者评论道:"报道内容属实,但记者漏掉一个细节。这起大屠杀发生于五十多年前,是在二战期间。"[46]

因此,对纳粹集中营图像的引用激活了一个记忆库,使观众在可视化当代暴行时,可以加进自己从被回收的二战图像中记得的东西。将数百具和衣骷髅留在一个卢旺达教堂外以提醒人们那里所发生的暴行的决定,被《经济学人》称为"一张恐怖快照",这样便将该事件勾连到了二战期间对尸体的公开展示。在柬埔寨的丛葬墓被发掘以后,还可见到类似情形。在柬埔寨,一堆堆新出土的骸骨被堆放在建筑窗台上,这里被称为亚洲版的纳粹大屠杀纪念馆。可见,在一定程度上,对当代暴行的见证借由对纳粹暴行的见证而得以实现。[47]

不过,在为描绘暴行提供视觉范畴时,过度地利用纳粹暴行照片可能会让人们想

图46 "关注对真正恶魔的判决",《纽约时报》,1995年11月12日。承蒙大卫·范德维恩/《纽约时报》惠允使用

"观看"更多当代暴行的需要减弱。虽然二战屠宰场上的久远图像为当代暴行事件提供了一个脉络,但该脉络削弱了这些事件。因此,我们之所以会对这些更为当代的暴行感到无助,可能是因为我们有这么一种感觉,即我们已经知道它们看起来会是什么样子。

所有这一切都揭示了习惯化已经被牢固树立为一种默认暴行反应的程度。因为,只要我们对赖以提供新闻的工具的真值心存怀疑,只要没有政治利益来命令我们要充分地观看这些事件,只要没有道德律令来促使描绘与行动发生关联,那么习惯化仍将是一种优先的暴行反应。同时,对纳粹大屠杀的集体记忆仍将继续作为当代暴行的背景而存在。

这一点是有问题的,因为今夕距离的坍塌是不稳定的、被过度使用的、自相矛盾的。它之所以是不稳定的,在于纳粹大屠杀记忆如同一幢已经部分损毁的建筑之底楼一般苟延残喘。过去虽然无法抹除,但也无可挽回。它之所以是被过度使用的,在于它不仅在重置我们观看什么、我们记忆什么,也在重置我们对过往事件应记忆什么、我们对当前事件应观看什么。它之所以是自相矛盾的,因为我们的行动能力可能在于与纳粹大屠杀之间的联系已被改变:我们可能需要少记一点纳粹大屠杀,以便能多记一点当代暴行。《纽约客》在思索布隆迪严重的暴行时,嘲讽"西方虽记住了卢旺达,但它什么都不做"[48]。死抱着先前的暴行记忆不放,并不一定能促进对新野蛮的积极反应。本书认为,其实可能正好相反:我们记忆先前的暴行,或许正是为了遗忘当代的暴行。

(一)欧洲暴行:波斯尼亚的纳粹大屠杀

我们不妨想想自己在波斯尼亚都观看到了些什么。在那里,与纳粹大屠杀的相似之处仍在持续当中,并由此为巴尔干半岛事件与二战蹂躏之间提供了大量言语与视觉上的联系。尽管二战暴行并非可以被用来理解波斯尼亚的唯一记忆,譬如波斯尼亚的事件导致的框架跟美国内战和越南一样广泛,然而前南斯拉夫平民遭受的野蛮暴行却令纳粹大屠杀的类比格外贴切。

虽然不乏典范报道,但报道大多既未揭示巴尔干的暴行程度,也未揭示一再出现的暴行之规模与强度。截至1995年年中,一个联合国战争犯罪法庭收集了千余张可以证实暴行的照片,其中见诸英美媒体的照片其实寥寥无几。相反,暴行报道变成了《纽约时报》所谓的"无法被观看的战争",该报的故事与照片"陷在二手报道的迷雾中",其"记者几乎无法去到那里"。与二战暴行照片相比,波斯尼亚的照片苦于缺乏细节。因此,即使当1995年美国公布的卫星照片揭露说,波斯尼亚的塞尔维亚人丛葬了数千名波斯尼亚的宗教徒,暴行视觉证据也是姗姗来迟。[49]

那些真正见诸报端的照片也采取了早期暴行的那种表征实践:文字说明与正文中缺乏指涉细节;缺乏署名;旨在适应广泛的暴行故事,而非照片的偶发细节。大多数照片给出的文字说明跟人们先前见到的文字说明一样泛泛而论,讲述了"悲痛欲绝"的人们和"拘留营里的俘虏"。《新政治家和社会》以半版篇幅,刊登了一张未署名的照片——一条毯子盖着十余具尸体,题作"武科瓦尔屠杀"。在《时代周刊》上,两张成群难民与囚犯的照片被简单地题为"自由者与囚禁者",其中一张是铁丝网背后的男子,向读者展示了"野蛮之符像"。有些照片发表时无文字说明、无署名、无解释。[50]

毫不奇怪的是,文献资料的问题接踵而至,同样的暴行照片被同时用作塞尔维亚人和克罗地亚人的暴行证据。文字说明将军事人员描述为塞尔维亚人,尽管可由制服上的徽章断定他们是克罗地亚人。围绕营养不良的被拘留者是否为因抢劫罪而被捕的塞尔维亚结核病人,引来人们的抱怨。《纽约时报》指责电视台的工作人员通过请波斯尼亚指挥官摆拍"砰砰砰照片",一手导演了对纳粹大屠杀照片怪诞的视觉闪回。媒介如此"迷恋于聚焦塞尔维亚人的侵略与暴行,以致许多人无力去研究或追踪不计其数的恐怖片段和针对塞尔维亚人的敌意"[51]。

与二战类似的做法也见于署名中,见于照片与文本之间的联系中。关于波斯尼亚的绝大多数照片未署名,哪怕是在提出真实性问题时亦然。还有大量照片取自文献资料方面的其他能动者,譬如从电视剧照中定格出来的巴尔干照片。举例而言,《纽约时报》重刊了一周前已现身于美国广播公司《晚间新闻》的照片,而《华盛顿邮报》重刊了一张一名在其丈夫葬礼上悲痛欲绝的妇女的照片,此照片取自美国纳粹大屠杀纪念馆中的一个摄影展。通过将照片与文本相联系,波斯尼亚照片便于对事件做象征性的诠释,而非描绘照片的偶发细节。《纽约时报》为一篇谈报道中所遇困难的文章配了一张塞尔维亚士兵的照片,而《新政治家和社会》为一篇谈波斯尼亚所受破坏的文章配了张一位指名道姓的男子的照片,他蹲着,手里握着枪。差错再一次显现:照片并未显示塞尔维亚人的死亡及其遭受的财产破坏。[52]

而媒介对这些暴行的脉络化倒是更为有效,在这里,与纳粹大屠杀的相似之处被牢牢地锚定到位。在文字中,媒介以今日故事驳斥昔日故事,提醒读者"时钟已被拨回到半个世纪以前"。《时代周刊》告诉读者,"在希特勒倒台五十年后,上演于巴尔干半岛的战争犯罪水平令人不禁会想到纳粹德国"。波斯尼亚拘留营中刚获释的幸存者被描述为"纳粹集中营受害者",拘留营本身则被描述为"德意志帝国之回响"。《民族周刊》发现,交战双方正"沿着纳粹路线,奔往集中营"。在《华盛顿邮报》看来,许多"屠杀、破坏、被迫流亡等噩梦……滋生了无可避免的二战图像",因为"波斯尼亚冲突的恐怖令人不禁回想起半个世纪之前的纳粹噩梦"。《洛杉矶时报》表示,"纳粹大屠杀的类比再恰当不过了"。1993年的一篇报道称,将五万宗教徒驱赶入"一个肮脏的地区,唤起了二战中纳粹囚禁华沙犹太人的犹太人区之图像",于是给莫斯塔尔镇起了个"波斯尼亚的华沙犹太人区"的称谓。1996年,一篇关于波斯尼亚分裂的报道被认为"双重存并",它提醒读者:"在一个曾经充满欢乐的波斯尼亚足球场旁,被虐待、杀害、草草埋葬的宗教徒在数量上无法与纳粹大屠杀相提并论"。在这些例子中,照片的缺乏都将公众导向了熟悉的视觉记忆,对它们已经无须再做描绘。[53]

当确实有图像出现时,相似之处更加微妙,但也潜在地更加有力。在表现波斯尼亚照片时,采用了二战中所确立起来的实践,却并无早期照片看重的重复、直白、数量、显著性、中心性。此外,尽管照片的指涉性文献良莠不齐,但其脉络化都过度地运用了纳粹大屠杀。

摄影美学以诸多方式复刻了先前暴行图像的摄影美学。早在1992年年中,照片便复刻了忧心忡忡的妇女怀抱惊魂未定的孩童、铁丝网后面被囚禁的男子、地上横七竖八的尸体等符像性照片。惊恐痛苦的妇女与儿童的特写照片亦屡见不鲜,其中有张波斯尼亚哭泣的妇女的照片题作"从过去走来"(图47)。悲恸的妇女直视镜头,看向镜头之外,其中一人泪眼汪汪。照片中,无任何东西交代她们所处的时代。至于有关死者的照片,从被狙击手击倒的尸体,到数百名已变成骷髅的受害者组成的丛葬墓,不一而足。《华盛顿邮报》刊发了几张躺在牛棚里的男子的照片,而《伦敦时报》展示了悲痛欲绝的妇女捂着脸,推水车的男人从焚毁建筑外墙旁经过。跟二十世纪四十年代一样,儿童透过铁丝网,睁着一双双哀求的大眼睛,凝视着摄影师。[54]

图 47　哭泣的妇女,《经济学人》,1991 年 8 月 10 日

许多照片越过死尸,将读者与摄影师连结在一起。照片前景中的一排排尸体模仿的是二战暴行照片的美学,而巴尔干半岛上死者与囚犯的庭院场景复刻了二战集中营庭院里的屠杀(图48)。《新闻周刊》上有张照片,男囚排成僵硬的队列,正等着被砍头。照片题作"战争的伤亡"。忧心忡忡的妇女儿童注视着摄影师,瘦骨嶙峋的男子的凝视来自铁丝网背后。《时代周刊》上塞尔维亚布尔奇科村庄外畜牧场上的尸坑则令人不禁回想起了贝尔森的尸坑(参见图43,第211页)。[55]

有时,货真价实的纳粹大屠杀图像为后来的照片树立了一种视觉脉络。在一张塞尔维亚人处决宗教徒的照片中,《纽约时报》展示了二十世纪四十年代波兰犹太人排着队被处决的场景。在"世界还认得一场纳粹大屠杀吗"的标题下,将二十世纪四十年代的照片与半个世纪后的照片两相并置,而文章的标题"再一次发生"化用了纳粹大屠杀

图 48 "战争的伤亡",《新闻周刊》,1992 年 8 月 17 日,希帕图片社拍摄

的表述"永远不再发生"。1993 年,《时代周刊》上一篇讲波斯尼亚的强暴的文章配了张二战照片,其中的犹太女孩据说在波兰遭人强暴。该刊采用这张照片引来了 750 封读者来信,纷纷质疑该刊对女孩的身份认定。读者的介入迫使《时代周刊》对照片做进一步研究,然后它得出的结论是:"尽管我们已经竭尽所能,但是仍无法断定照片展示的确切情境是什么。"[56]

有趣的是,关于照片对改变政策多么无能为力也有大量讨论。英美公众被假定是见过当代暴行证据的,并且已留意到历史相似性。正如《纽约时报》记者莱斯利·盖尔布所写的那样,波斯尼亚事件搅起了"过往恐惧那令人痛苦的回响"。"我们仿佛得到了一个历史闪回的机会,与 1936 年挺进莱茵地区的希特勒大军狭路相逢。而对如今知晓的一切都了然于胸的我们,这一次仍然只是对其斥责一番,便耸耸肩了事。"不过,讨论也在一定程度上证明了这样一个事实:观看并不能促使人们采取足够的行动以制止暴行。在《经济学人》看来,巴尔干半岛已经变成"一场更加难以被看见的战争"。尤其是在英国,尽管波斯尼亚冲突在这里被叫做"欧洲的首场电视大战",但图像并未带来巨大影响,因为"欧洲公众出奇地沉默"。1994 年,欧洲人因对 1945 年后欧洲大陆上首场重大战争置若罔闻而遭到批评:"来自波斯尼亚的电子图像尚未动摇任何欧洲政府的根基。"甚至连斯雷布雷尼察的死亡行军——据说是"纳粹时代以来欧洲最严重的大屠杀",亦未获得广泛的摄影描绘。"只是眼睁睁看着这样的事情发生,会有一种羞耻感。"正如一名立法委员针对波斯尼亚暴行公然质问的那样,"难道我们还要等再发生些什么,才能最终下决心不再只是袖手旁观吗?……有人遭屠戮,人们怎能只是袖手旁观呢?"[57]

(二)非洲暴行:卢旺达与布隆迪的纳粹大屠杀

或许,"他者感"在任何其他二战后的暴行中都不如在卢旺达与布隆迪这般残酷。对非洲暴行的描绘所存在的局限已经将一个故事抹平,该故事讲述的事件制造了两起针锋相对的屠杀:在卢旺达,胡图人屠杀图西人;在布隆迪,图西人屠杀胡图人。虽然非洲的暴行图像(例如惨遭蹂躏和饱经苦难的男男女女、地上横七竖八的被害尸体、整齐堆放的骸骨补充了暴行的视觉描绘清单,但几乎未能推动见证行动去超越默认的习惯化框架。[58]

对卢旺达的报道也跟对波斯尼亚的报道一样良莠不齐。对卢旺达的报道林林总总,从提供简单化的"部落战争"框架的故事,到某些杂志上严肃且深思熟虑的报道。在这里,企图破坏暴行讨论的举动亦很猖獗,通过不将公众拖入故事的经济与政治后果中,而是将它架构为种族战争,"媒介正当化了这么一种感觉:对这种人(你懂的:野蛮人),什么都做不了"。在卢旺达一万人被屠杀后的那一周,《新闻周刊》给了科特·柯本自杀报道三个页面,却只给了卢旺达一个页面:"媒介不知道报道什么。"但正如《改良》所言,"这里的种族主义如此彻底,如此自然化,如此微妙,以至于必须好好下一番功夫,才能辨识它。正是种族主义,在替道德上的听天由命开脱"[59]。

与对波斯尼亚暴行的照片表现一样,对卢旺达和布隆迪暴行的照片表现也跟二战中的照片实践如出一辙。再一次浮现出来的暴行图像也同样是符像性的,多半还是过度决定性的,诸如残疾的或缠着绷带的儿童、被封锁地区幸存者的集体照、整齐堆放的骸骨。照片越过尸体而与读者发生联系。例如,在图49中,照片前景为一排整齐的颅骨,背景中包括卢旺达纳塔拉玛镇的教堂,它提醒着读者发生在教堂门阶上的大屠杀。文字说明或泛泛而论,或言不及义,或干脆没有,它们支撑着照片的象征维度,诸如"无处可逃"和"日常屠宰"。《经济学人》将一张漂在河里的尸体照片标为"夺命之水",而在另一张题为"刀锋边缘"的照片上,一名身着制服的佚名男子手里握着一把刀。《伦敦时报》上有张照片题为"乌干达渔民在排列等着下葬的卢旺达人的尸体",文章谈的是该地区的历史,与照片展示的尸体毫不相干,除了是更普遍的暴行故事之外。1994年,《华盛顿邮报》推出了一个关于卢旺达暴行的整版图片专栏,在"死亡不知国界"的总标题下,包括八张恐怖照片。即使是该图片专栏,也只起了些泛泛而论的标题,诸如"白色的英勇勋章""最后的避难所"和"御寒"之类。[60]

有时,媒体并未试图系统地为面世的照片署名。在《伦敦时报》上,卢旺达的图西族难民和图西族平民的照片均未署名。在《经济学人》上,卢旺达难民照片既无确凿的文字说明,亦无署名。一对缠着绷带的姐妹被弃于尸堆等死的照片为《伦敦时报》的头版增色不少,却并未署名。许多照片与一旁的文本毫不相干。有张照片展示了一群难民蜷缩在毯子下取暖,而所伴随文本讲的是联合国在该地区的作为。缠着绷带的儿童

图 49　卢旺达纳塔拉玛镇一座教堂前的颅骨，照片刊登于 1996 年 1 月 27 日《华盛顿邮报》，1994 年莫莉·宾汉姆拍摄

幸存者们的照片被拿来给讲卢旺达和布隆迪的暴行后果的文章配作插图。《伦敦时报》上有张照片显示,在卢旺达卡布加伊镇一个避难所中,图西平民透过铁丝网往外偷看,而文本详述了穆沙一名六个孩子的母亲如何杀害邻居家的孩子。同样,《华盛顿邮报》上有篇讲卢旺达大屠杀人数的文章,照片上的男子刚回到满目疮痍的基加利居民区,他"一心只想被认定为穆迪人"。在许多照片中,残暴与寻常两相结合:在一幅非洲地图下方,一具仰躺的尸体被标为校长;另一尸体仰躺于一座教堂大门前,正好位于一尊张开双臂的基督雕像的下方。[61]

媒体的表现备受诟病。《伦敦时报》一名记者报道说,卢旺达难民"已经厌倦了被人告知有序地排队数小时,也厌倦了被世界各大报刊拍照"。这名记者在别处还指出,"报刊嗜好尸体、伤残、不幸,而这些一应俱全"。一家杂志尖刻地发现,纳粹暴行照片的闪回在某些当代暴行中比在其他二战后暴行中更加有效。存在这样一个"政治事实:巴尔干半岛——它位于西方门阶之上——上的铁丝网背后骨瘦如柴的男子的画面会比亚非的许多恐怖更加深刻地激起美国人的共鸣"[62]。

尽管如此,卢旺达和布隆迪的暴行还是比周边的暴行得到了更加广泛的报道。非洲其他地区的早期暴行,诸如索马里的种族战争与饥荒或扎伊尔的难民迁徙,则更少被提及。在索马里的例子中,大部分美国人对一名美国大兵的尸体在摩加迪沙被游街示众的照片,以及对一名惊魂未定的美国大兵的视频,有着挥之不去的快照记忆,从而使得他们不想观看非洲的野蛮行径。有篇讲路透社记者在索马里被暴徒杀害的头版报道,也产生了类似的作用。正如《伦敦时报》的一篇社论中所言,"新闻照片显示了联合国维和人员的尸体被其保护的当地人民中癫狂嗜血的暴徒肆意践踏,这种新闻照片在数年之前简直不可想象。"[63]

在缺乏指涉细节的情况下,对非洲暴行的报道几乎无法抵消英美公众中日益增长的习惯化,也许就不足为奇了。《改良》杂志指出:"媒体将黑非洲当'黑暗大陆'对待,那里除了政变、屠杀、饥馑、疾病、干旱之外,别无事情发生。"这样一种议程在美国国内自有其意义,"因为一旦我们忽视和非人化非洲黑人,便可以更加轻而易举地在本国忽视和非人化他们。"[64]

在这里,媒体也在为脉络化暴行而持续努力,并且纳粹大屠杀大量重现于对卢旺达与布隆迪的讨论当中。讨论中提及卢旺达自己的"纳粹大屠杀博物馆,它位于卢旺达自己的奥斯维辛"。据说,挥舞弯刀的村民"宛如纳粹一般"。《华盛顿邮报》提到怎样"将受害者的头与四肢分门别类,堆放整齐,于混乱中见出一种令人毛骨悚然的秩序,令人不禁回想起纳粹大屠杀"。此外,"尸体堆得如同柴禾一般"这一纳粹集中营解放后被不断重复的措辞,也重现于对卢旺达恐怖的讨论当中,被特别用以描述该国1994年大屠杀后公共空间中那些堆得井井有条的尸体。[65]

卢旺达和布隆迪的照片也在复刻着纳粹大屠杀美学:尸体漫入了照相机的光圈

(图50)。《时代周刊》以"死亡阴影"为题,展现了一片四处散落的人类尸体,令人不禁想起1945年的照片。乌干达渔民排列等着下葬的卢旺达人的尸体的场景,与当初德国人对集中营受害者的做法如出一辙。卢旺达人在数十具尸体中来回穿梭的照片,让人回想起几十年前描绘的美国大兵,他们在诺德豪森一个巨大庭院里的数百具尸体间来回穿梭。一长排一长排的卢旺达民兵的倾斜照片,则复刻了对一排排纳粹党卫队俘虏的展示,他们都把头扭向一边,不看镜头。有一张照片能时不时地见到:在卢旺达东部,数十具和衣尸体横七竖八地散落于照片前景当中。《时代周刊》告诉读者,"这数百具尸体,是发生在四月份的一场大屠杀的受害者"。照片再次令人想起出自诺德豪森庭院的早期照片的美学,它展示了一排排尸体,从照片前景一直延伸至背景中。另一些令人回想起二战图像的照片展示的是一排排整齐的颅骨:纳塔拉玛镇的教堂——数千名图西人头年春天在此被屠杀——成了一种暴行装备。在这些照片中,亦有幸存者的熟悉眼神:痛苦不堪的脸孔从铁丝网篱笆后面直视着镜头。[66]

图50 "死亡阴影",《时代周刊》,1994年6月13日,国际新闻图片社版权所有

在这里,还有对见证行为的描绘。见证者有时为联合国士兵。个体被置于庄严的见证行为中加以刻画。多家报纸刊登了一名美国法医人类学家正在察看在卢旺达基布耶和基加利新出土的骸骨的照片(图51)。照片将他置于对卢旺达暴行的见证行为中的方式,与几十年前参观纳粹集中营的官方代表团的见证方式如出一辙。该人类学

家在观看受害者的颅骨,读者则与死者遗体上方的见证者连接在一起,这与二战中的情形颇为类似。但与波斯尼亚一样,这些主要是个体性的见证行为,极少或没有描绘集体性的见证、不见暴行的见证、对照片的见证。[67]

图51　一名法医人类学家在卢旺达的基加利察看尸体,《费城问询报》,1996年7月8日,安德鲁·马伊库特拍摄/《费城问询报》

五、透过相机之眼的记忆:由过去到未来

在一个所谓的文明世界里,暴力可视化可以提供视角、定位边界、具化得体行为之规范。本书考察了图像如何通过种种方式来保持这些规范的鲜活生动。暴行照片宛如墓碑,为死者创造出了一个视觉空间,以锚定围绕致死事件的更大话语流。然而,与安葬死者的墓地一样,墓碑唯有受到生者关注,方有意义。若无纪念典礼、无修葺过的草坪、无鲜花、无一般性的维护举措,墓碑及其标志的死亡都会逐渐地销声匿迹。

或许,这一点在其他任何地方都不如在当前的暴行话语(文字的和视觉的)中那般突出。有时西方对暴行话语的反应良莠不齐,不免令人对其产生公共行动的可行性心生怀疑。1995年,《新共和》写道:"美国仿佛从历史严肃性中告假了,对种族灭绝及其后果视而不见,一心逃避自身在道德与实践上的要求。"专栏作家乔治·威尔说道:"鉴于西方对种族灭绝的侵略毫无反应,如今'西方'一词究竟所指为何?"如今,习惯化日甚一日,已让暴行话语的栖息之地黯然失色。事实上,可能"我们这个物种无法实现自我毁灭的时代已经一去不复返了"[68]。

本书认为,摄影形塑着我们对于暴行的批判性理解。虽然如今我们栖身于充斥视觉人造物的文化中,但图像的力量不再只是创造之力,更是重构之力。尽管为我们提供记忆工具的过往图像已经变得高度惯例化与简单化,但它们在我们所留下的东西中占了很大比重。作家兰斯·莫罗说,照片是"历史的持久视觉印象……但有时它们拥有的力量也名不副实"[69]。

所有这些都将我们带回到本书开头所提出的问题:何谓图像?何谓记忆?二者如何勾连在一起?纳粹大屠杀学者乔纳森·韦伯在论及奥斯维辛时,认为"过去唯有通过表征才能成为现在",因为"我们不能以其他任何方式了解过去"。然而,他抱怨道:"我们经常忽视了表征之媒介,并假定表征能让我们立刻不经中介地抵达过去。"或许,这一点在任何地方表现得都不如在摄影这里突出:

> 照片只聚焦于视觉,因此提供的符像过于单向度,无法恰切地表达现实:所谓"记录性的"照片,仅记录部分现实。但这些图像正是人们的记忆之物。人们以为认识照片便认识了一切。在某种意义上,照片确确实实表征了过去……但即便如此,它们也充其量只展示了事件的一部分。[70]

可见,我们需要仔细考量暴行可视化带来了何种后果,无论它们是多么转瞬即逝。在维系某些(而非另一些)集体记忆的过程中,图像与文字的联系有赖于媒介,可见应当更加密切地关注媒介在建立集体记忆得以繁盛的背景中所起的作用。按照兰斯·莫罗的讲法,问题不在于"遗忘是邪恶的吗"或"有必要记住吗",[71]而在于我们能够以何种形式改变记忆,谁允许我们改变记忆,是谁在裁可记忆之变化,谁会提醒我们记忆发生了变化。而最重要的是,当我们的记忆行为疏离责任时,我们该怎样抵消窥淫癖,该怎样抵消接管记忆行为的习惯化?

通过为可视化大屠杀提供更广泛的参数,并对其细节提供不太直白的描绘,摄影在任何需要的时候,均会提出关于文献资料的重要问题。在危机时期,我们应当需要更少的细节和对这些细节的更多感受吗?尽管见证行为不断变迁的面貌会适应对细节关注日复一日的减少,但见证将图像从细节中解放出来,以便有效地利用图像来讲述一个比图像中描绘的场景更大的故事。这样切入公共生活事务也会带来额外的问题,即我们可轻易地推卸对他人苦难的责任。媒介利用图像,在表征与责任之间不经意地制造出了一道裂隙,因为图像最初被利用时越不有根有据,那么它在记忆中便越会被误用。经由记忆参与的行为,终究取代了实际行动。

本书既拷问了图像在表征过去中的作用,也拷问了它在人们将过去一直记忆至现在的过程中的作用。其实，我们用以记忆的工具可能在帮助我们为了忘却而记忆。正如米歇尔·J. 桑德尔所言，"政治若是想复兴其市民声音，必须另觅他法，针对我们已经忘记该怎样去提出的那些问题展开辩论"[72]。这一点在任何地方都不如在暴行的视觉报道中这般突出。

注释：

[1] Andreas Huyssen,"Monument and Memory in a Post-modern Eye,"*Yale Journal of Criticism*.6,no. 2（fall 1993）：254；James E. Young,*The Texture of Memory*：*Holocaust Memorials and Meaning*（New Haven,Conn.：Yale University Press,1993）,p.5.

[2] Huyssen,"Monument and Memory," p.250.

[3] Tony Kushner,*The Holocaust and the Liberal Imagination*：*A Social and Cultural History*（Oxford：Basil Blackwell,1994）,pp.270-71；Eric Markusen and David Kopf,*The Holocaust and Strategic Bombing*：*Genocide and Total War in the Twentieth Century*（Boulder,Colo.：Westview Press,1995）,p.242.

[4] Kushner,*Holocaust and Liberal Imagination*,p.271.人们对暴行表征的普遍看法认为，我们表征什么预示着我们是否会干预它。"未被图像化的东西就不是真的。许多日常化的痛苦不为人所见；许多为人所见的东西却又并不普通或日常。在大众化的媒体上，在受到意识形态、政治经济影响的职业中，图像化行为本身扭曲了社会经验。就连个人的'见证'也得做出让步。我们正在经历着一场图像化方面——因而或许也是在对社会逆境的感受方面——的巨大历史变革[Arthur Kleinman,Veena Das, and Margaret Lock,introduction to special issue "Social Suffering"，*Daedalus* 125, no. 1（winter 1996）：xiii]。

[5] Roland Barthes,*Camera Lucida*,trans. Richard Howard（New York：Hill and Wang,1981）,p.91；Marguerite Duras,*Practicalities*：*Marguerite Duras Speaks to Michel Beaujour*（New York：Grove Press,1990）,p.89；Susan Sontag,*On Photography*（New York：Anchor Books,1977）,p.21.

[6] Geoffrey Hartman,"Public Memory and Its Discontents,"*Raritan* 13,no. 4（spring 1994）：25；Hans Kellner,"'Never Again' Is Now,"*History and Theory* 2（1994）：140.

[7] Michael Burleigh,"Synonymous with Murder,"*Times Literary Supplement*,March 3,1995,p.13；Anthony Lewis,"What Are We Doing to Ourselves?" *New York Times*, November 22,1969,p.36；"Help for the Auschwitz of Asia," *Time*, November 5,1979, p. 47；Morton Kondrake,"Another Cambodia,"

New Republic, November 3, 1979, pp.13-14; Robert White, cited in Ed Herman and Noam Chomsky, *Manufacturing Consent* (New York: Pantheon, 1988), p. 302; Samir El Khalil, "The Republic of Fear and the Killing Fields," *Institute for the Study of Genocide Newsletter* 7 (spring 1991): 3-4; Eric Gillet and Alison Des Forges, "The Next Rwanda," *New York Times*, August 11, 1994, p. A23; Mary Gray and Sarah Milburn Moore, "Next Arena for Genocide," *Washington Post*, August 24, 1994, p. A19; Ben Kiernan, "Cambchia's Saddam: Pol Pot Is Still Ignored," *Australian Left Review* 129 (June 1991): 7-8; Barbara Crossette, "Waiting for Justice in Cambodia," *New York Times*, February 25, 1996, p. E5.

[8] David Hawk, "The Killing of Cambodia," *New Republic*, November 15, 1982, p.18; Donald G. McNeil Jr., "At Church, Testament to Horror," *New York Times*, August 4, 1995, p. A4; Roger Cohen, "Yugoslavia's Disintegration, from All Angles," *New York Times*, December 24, 1995, p. H37; Ed Vulliamy, *Seasons in Hell: Understanding Bosnia's War* (New York: St. Martin's Press, 1994), p. xiii; Donatella Lorch, "Wave of Rape Adds New Horror to Rwanda's Trail of Brutality," *New York Times*, May 15, 1995, p. A1; Robert D. Kaplan, "Introduction: The Meaning of History," in Vulliamy, *Seasons in Hell*, p. xiii.

[9] Meg Greenfield, "The Bosnia Example," *Newsweek*, April 26, 1993, p.74.

[10] Yehuda Bauer, quoted in Alvin H. Rosenfeld, "The Americanization of the Holocaust," *Commentary*, June 1995, p.1.

[11] Helen Fein, "Genocide: A Sociological Perspective," *Current Sociology* 38, no. 1 (spring 1990): 1; Douglas Jehl, "Officials Ibid to Avoid Calling Rwandan Killings 'Genocide'," *New York Times*, June 10, 1994, p.A8.

[12] "No Excuses," editorial, *Christian Science Monitor*, August 18, 1995, p. 20; Jonathan S. Landay, "Mostar: A Warsaw Ghetto in Bosnia," *Christian Science Monitor*, September 14, 1993, p.2; Russell Watson, "Where the World Can Draw the Line," *Newsweek*, January 4, 1993, p. 35; Andrew Purvis, "Specter of Genocide," *Time*, February 5, 1996, p.34.

[13] Michael Binyon, "Children Murdered at Red Cross Home," *London Times*, May 4, 1994, p.1; "Double Genocide," editorial, *Washington Post*, April 14, 1995, p.A20.

[14] Hyman Letger, "The Soviet Gulag: Is It Genocide?" in *Toward the Understanding and Prevention of Genocide: Proceedings of the International Conference on the Holocaust and Genocide*, ed. Israel W. Charny (Boulder, Colo.: Westview

Press,1984),pp.60-66; Richard G. Hovamisian,"The Armenian Genocide," in *Genocide: A Critical Bibliographic Review*, ed. Israel W. Charny (London: Mansell,1988),p.99.

[15]Susan Sontag,"A Lament for Bosnia," *Nation*,December 25,1995,p.819; Warren P. Strobel,"TV Images May Shock but Won't Alter Policy," *Christian Science Monitor*, December 14,1994,p.19.

[16]"Bleak Outlook," *London Times*, July 9,1993,p.12; "Cambodian Woman and Skulls," *New York Times*,May 27,1996,p.6; "At the End of the Road," *Economist*,July 23,1996,p.El; John Berger,"Photographs of Agony," in *About Looking* (New York: Pantheon,1980),pp.39-40.

[17] Charles Bremner, "Bosnia Stages High-Tech Armageddon," *London Times*, January 22,1993,p.11.

[18]Kushner,*Holocaust and Liberal Imagination*, p.270.

[19]Sontag, *On Photography*, p.17.

[20]Russell Watson,"Ethnic Cleansing," *Newsweek*, August 17,1992,p.16; J. M. O. McAllister,Atrocity and Outrage," *Time*, August 17,1992,p.21.

[21]Amanda Hopkinson,"You Have Been Framed," *New Statesman and Society*,June 30,1995,pp.32-33.

[22]John Taylor,*War Photography: Realism in the British Press* (London: Routledge,1991),pp.94,97,110,112-13; David E. Morrison and Howard lumber,*Journalists at War* (London: Sage,1988); Deborah Cherry and Alex Potts,"The Changing Images of War," *New Society*, April 27,1982,pp.172-74.

[23]Michael Griffin and Jongsoo Lee,"Picturing the Gulf War: Constructing an Image of War in *Time*,*Newsweek*,and *U.S. News and World Report*," *Journalism and Mass Communication Quarterly* 72, no. 4 (winter 1995): 813-25; Kevin Robins,"The War,the Screen,the Crazy Dog,and Poor Mankind," *Media*,*Culture*, *and Society* 15 (1993): 325.

[24]Kiku Adatto, *Picture Perfect: The Art and Artifice of Public Image-Making* (Cambridge,Mass.: Harvard University Press,1993),p.175.

[25]Paul F. Lazarsfeld and Robert K. Merton,"Mass Communication,Popular Taste,and Organized Social Action," in *The Communication of Ideas*, ed. Lyman Bryson (New York: Institute for Religious and Social Studies, 1948); Danny Schechter,"A Failure of Journalism," *Progressive*,April 1994,p.26.

[26]在描绘当代暴行的过程中,摄影在一个日益多样化的图像制作环境中所发挥

的作用一直是锚定并具体化其他图像制作技术中更流动不居的图像。然而,或许是因为摄影的回收能力比影视图像既更易获得又时时刻刻都在,所以它们在帮助公众作证的能力——将事件扩展到自身之外去的能力——方面首屈一指。

[27] Michael Ignatieff, "Is Nothing Sacred? The Ethics of Television," *Daedalus* 114, no. 4 (1985): 59.

[28] Vicki Goldberg, *The Power of Photography: How Photographs Changed Our Lives* (New York: Abbeville, 1991), p.234. 这些照片是由战斗摄影师罗纳德·黑伯利从克利夫兰带回来的,于1969年11月20日刊登在《克利夫兰平原经销商》上。次日,它们也出现在其他地方,包括《伦敦时报》《纽约时报》《生活》与《纽约邮报》,并在CBS新闻上以静态照片的方式一张张地展示。尽管美莱照片在一个重要的方面区别于纳粹暴行照片——前者代表的是由美国制造的暴行,而非敌人所干的暴行,但将它们在电视上及别处的展示体现了静态图像的威力:"一张照片放6秒,另一张照片放10秒,那张堆积如山的尸体的照片完全无声地放了22秒。无画外音,无音乐,除了死亡照片之外,什么都没有。"(Goldberg, *The Power of Photography*, p.232.)

[29] George Steiner, *Language and Silence* (New York: Penguin, 1969), p.45.

[30] Goldberg, *The Power of Photography*, p.222; "What Somalia Needs," *London Times*, October 11, 1993, p.15; cited in Michael Binyon, "Media's Tunnel Vision Is Attacked by Hurd," *London Times*, September 10, 1993, p.13.

[31] Goldberg, *The Power of Photography*, p.243. 1996年,当照片中的一名儿童在美国越战老兵纪念碑前发表和解演说以庆祝退伍军人节时,这张照片又收获了一段来历。许多报纸在报道庆典时,也重登了当初的那张照片。参见 Elaine Sciolino, "A Painful Road from Vietnam to Forgiveness," *New York Times*, November 12, 1996, pp.A1, A20.

[32] Goldberg, *The Power of Photography*, pp.247, 259; Fred Ritchin, In *Our Own Image* (New York: Aperture Books, 1990), p.1.

[33] Greenfield, "The Bosnia Example," 74.

[34] Cited in Binyon, "Media's Tunnel Vision," p.13.《伦敦时报》回应称外交部长"天真""与媒体开战"。["At with the Media," (editorial), *London Times*, September 11, 1993, p.17.]

[35] Sven Bergman, "Timor's Untelevised Terror," *Washington Post*, March 14, p.C2. 小标题写道:"世界正忙着看别处,一座小岛陷入可怕的战争。"对被害帝汶人的估计数字参见 John Pilger, "East Timor Rises Up," *New Statesman and Society*, November 25, 1994, p.16; Keith B. Richburg, "The World Ignored Genocide, Tutsis Say," *Washington Post*, August 8, 1994, p.A11; cover trailer appended to John Pilg-

er,"Reseeding the Killing Fields," *Nation*, October 2,1995,p.342.

[36]John Pilger,"Another U.N. Triumph (Cambodia)," *New Statesman and Society*, July 21,1995, Arnold S. Kohen,"Making an Issue of East Timor," *Nation*, February 10, 1992, pp. 162-63; picture appended to "Blood, Bullets, and Chinese Beans," *Economist*, March 12,1994,p.68.

[37]John Pilger,"Pol Pot's Safe Haven," *New Statesman and Society*, April 26,1991,p.10; John Pilger,"The West's Lethal Illusion in Cambodia," *New Statesman and Society*, July 9,1993,p.15.

[38]Greenfield,"The Bosnia Example," p.74.

[39]"The Next Genocide," editorial,*Washington Post*, November 21,1994,p. A24; Strobel,"TV Images May Shock," p.19; Anthony Lewis,"The Hidden Horror," *New York Times*, August 12, 1994, p. A23; "No Excuses," p. 20; Jennifer Parmelee,"Fade to Blood," *Washington Post*, April 24,1994,p.C3.

[40]"Fatal Neglect," editorial,*New Statesman and Society*,August 21,1992,p. 5; John V. R. Bull,"Execution Photo Should Not Have Been on Page One," *Philadelphia Inquirer*, May 12,1996,p.E4.作为对这一抗议的回应,该报推出了一个新的"读者反应"专题,以处理那些招致"异常强烈反应"的议题; M. L. Stein,"News Value versus Gore," *Editor and Publisher*, August 12, 1995, p.12; discussed in Taylor, War Photography, p. 160; uncaptioned picture appended to Dan Perry, "Suicide Bomber Kills 14 in Tel Aviv," *Philadelphia Inquirer*, March 5,1996,p.1. 实际上,《费城问询报》一周后还发表了一份新闻评审员报告,对刊登这张照片的决定做了检讨。(John V. R. Bull,"Israel Photo Caption Is the Start of a New Policy," *Philadelphia Inquirer*, March 13,1996,p.A14.)

[41]对这种看法和电视的讨论,参见 Ignatieff,"Is Nothing Sacred?" pp.57-78; Bremner,"Bosnia Stages Armageddon,"p.11.

[42]Ziva Amishai-Maisels,*Depiction and Interpretation:Visual Arts and the Holocaust* (Oxford: Pergamon,1993),p.341; McAllister,"Atrocity and Outrage," p.21.

[43]Lewis,"What Are We Doing?" p.36; cited in Vulliamy,Seasons in Hell,p. xii; Chris Hedges, "Never Again, Again: After the Peace, the War against Memory," *New York Times*, January 14,1996,p.E1.

[44] McAllister, "Atrocity and Outrage," p. 21; picture appended to James Walsh,"Unearthing Evil," *Time*, January 29, 1995, pp.46-47; picture appended to Crossette,"Waiting for Justice," p.E5; and uncaptioned picture appended to "Eth-

nicity Masks Politics in Rwanda and Burundi," *Washington Post*, January 27,1996, p.A15.

[45]Picture appended to Mike O'Connor,"Harvesting Evidence in Bosnias Killing Fields," *New York Times*,April 7,1996,p.D1.

[46]Alex Ross,"Watching for a Judgment of Real Evil," *New York Times*, November 12,1995,p.H37; John Darnton,"Does the World Still Recognize a Holocaust?" *New York Times*, April 25,1993,sec. 4,p.1; Paul Sieveking,"Forteana," *New Statesman and Society*, August 27,1993,p.47.他写道,欧洲人"每晚都要面对一场无情的、令人深感不安的冲突,这场冲突之丑陋程度与他们所宣扬的价值观背道而驰"。

[47]"Sin and Confession in Rwanda," *Economist*, January 14,1995, p. 53; picture appended to Seth Mydans,"Skulls Still Speak in Cambodia to Both Victim and Victimizer," *New York Times*, May 27,1996,p.6. 对照片的讨论参见 David Hawk,"The Photographic Record," in Cambodia,1975-78,ed. Karl Jackson (Princeton,N.J.: Princeton University Press,1989).

[48]Philip Gourevitch,"Burundi Next?" *New Yorker*,February 19,1996,p.7.

[49]例如,参见 Cohen,"In Bosnia, the War That Can't Be Seen," *New York Times*, December 25,1994,p.E4; David Rohde,"Evidence Indicates Bosnia Massacre," *Christian Science Monitor*, August 18,1995,p.A1; Rohde,"How a Serb Massacre Was Exposed," *Christian Science Monitor*, August 25,1995,p.1.

[50]Picture appended to Tim Judah,"Struggle for Water and Life Saps the Spirit of Sarajevo," *London Times*, July 14,1993,p.9; Misha Glenny,"The Wheel of History Turns Full Circle," *New Statesman and Society*, August 28,1992,pp.10-11; Bruce W. Nelan,"Rumor and Reality," *Time*, August 24,1992,p.47; McAllister,"Atrocity and Outrage,"pp.20-21; "Bosnia's Dismal Endgame," *Economist*, August 7,1993,p.33.

[51] Schechter, "A Failure of Journalism," p. 26; Kevin Weaver, "Body Counts," *New Statesman and Society*,July 31,1992,p.13; picture captioned "A Defining Event," appended to Watson,"Ethnic Cleansing," pp.16-17; Cohen,"In Bosnia," p.E4; Brock,"Dateline Yugoslavia," p.156.

[52]照片说明为"Icon of Barbarism",附于 McAllister,"Atrocity and Outrage," p.20.照片署名为 ITN/REX,它展示了铁丝网背后一张男人面孔的正面图。也可参看附于下文的图:Roger Cohen,"Yugoslavia's Disintegration," p.H37.它复制了《探索魔法师》栏目播放的 BBC 纪录片的剧照:Yugoslavia: Death of a Nation; *New York*

Times, April 15, 1996; Judith Weinraub, "The Bosnia Question," *Washington Post*, September 23, 1994, p. F1; picture appended to Cohen, "In Bosnia," p. E4; uncaptioned picture appended to Tihomir Loza, "A Victory for Genocide," *New Statesman and Society*, July 16, 1993, p.12; Brock, "Dateline Yugoslavia," p.163.

[53] Michael Getler, "In Europe, a New Savage Age," *Washington Post*, December 21, 1992, p.A18; James O. Jackson, "No Rush to Judgment," *Time*, June 27, 1994, pp.48-49; David B. Ottaway, "I Didn't Know When It Was Day or Night," *Washington Post*, September 11, 1993, p. A11; Vulliamy, *Seasons in Hell*, p.98; Alexander Cockburn, "Beat the Devil," *Nation*, August 31—September 7, 1992, p.198; Getler, "In Europe," p.A14; Henry Siegman, "The Holocaust Analogy Is Too True," *Los Angeles Times*, July 11, 1993, p.M9; Landay, "Mostar," p.2; Thomas L. Friedman, "The Double Anschluss," *New York Times*, March 27, 1996, p.A21; "No Excuses," p.20.

[54] Picture appended to Watson, "Ethnic Cleansing," p.18, captioned "Horror Stories", 文字说明强调了这张照片更广泛的解释力, 而非其偶然细节, "A Distraught Mother Holds Her Son in Northern Bosnia"; undated picture appended to Joel Brand, "Life and Death in the Camps," *Newsweek*, August 17, 1992, p.22, and captioned "The Casualties of War: Prisoners Line Up to Have Their Head Shaved at Manjaca, a Serb-Run Detention Center"; Joann Byrd, "The Power of One Child's Story," *Washington Post*, August 22, 1993, p.C6; picture captioned "Water Run", appended to Judah, "Price of Water," p. 8; photo captioned "Bleak Outlook", *London Times*, July 9, 1993, p.12.表面上的铁丝网其实是这名儿童站立其后的窗户上所蒙的一张安全网, 但这一效果绝妙地勾起了人们对二战中铁丝网图像的记忆。

[55] Picture appended to "Bosnia's Dismal Endgame", p.33; picture appended to Watson, "Ethnic Cleansing," pp.16-17; reprint of a 1992 photo appended to Walsh, "Unearthing Evil," p.47.

[56] Darnton, "Does World Still Recognize?" p.1; picture appended to Helene Despic-Popovic, "Judging Bosnia's Carnage," Liberation, November 8, 1994. 文章被转载, 参见 *World Press Review*, February 1995, pp.19-20; picture captioned "Traditions of Atrocity", appended to Lance Morrow, "Unspeakable," *Time*, February 22, 1993, p.50.后续评论以黑体字刊登在读者来信栏目中: "War time Atrocities," *Time*, April 19, 1993, p.8.

[57] Darnton, "Does World Still Recognize?" p.1; Leslie Gelb, "Never Again," *New York Times*, December 13, 1992, p.E7; "A War That Gets Harder to Watch,"

Economist, August 8,1992,p.27; Tyler Marshall,"Faced with a TV War,Europeans Switch Off," *Los Angeles Times*, March 19,1994,p.A16; Rod Nordland,"A Death March in the Mountains," *Newsweek*, July 31, 1995, p. 26; Christopher Hitchens, "The Death of a Nation," *Washington Post*, March 20, 1994, p. G8; German legislator Stefan Schwarz,cited in Marshall,"Faced with TV War," p.A17.

[58]可参见 Leo Kuper,The Pity of It All:Polarization of Racial and Ethnic Relations (Minneapolis:University of Minnesota Press,1977),这些战争在 1965 年和 1972 年产生过较早的影响,当时有 10 万到 30 万胡图人被杀害。可参见 Charny, Genocide:A Critical Bibliographic Review,p.7.也可参见 Frank J. Parker,"The Why's in Rwanda," America,August 27,1994,pp.6-9.

[59]Gourevitch,"Is Burundi Next?"; Susan Douglas,"A Three-Way Failure," *Progressive*, July 1994,p.15; James Martin,"Media Camouflage," America,August 27,1994,p.9.

[60]照片附于 Eric Ransdell,"Why Is Rwanda Killing Itself?" *U.S. News and World Report*, May 23,1994,pp.46-48;照片附于 Purvis,"Specter of Genocide,pp. 34,35; picture appended to "Land of the Dead and Dying," *Economist*, July 30, 1994,p.50;照片附于"Danger Ahead," *Economist*, August 27,1994,p.46;照片附于 Eve-Ann Prentice,"UN Envoy to Fly In after Cancelling Risky Kigali Round Trip," *London Times*, May 24,1994," p.13; Michael Williamson,"Death Knows No Borders," *Washington Post*,May 13,1994,p.A39.

[61]无说明文字的照片附于 James Bone,"UN Chief Hits Out at Response to Rwanda Plea," *London Times*,May 26,1994,p.14; picture appended to "RilingIkies", *Economist*, August 13,1994,p.49; picture appended to "Girls Left fbr Dead in Pile of Corpses", *London Times*,May 9,1994,p.1; Bone,"UN Chief Hits Out," p. 14; uncaptioned pictures appended to Sam Kiley,"U.N. Dooms Its Rwandan Peace Force to Failure," *London Times*,May 21,1994,p.14; picture captioned "Tutsi Civilians", appended to Mark Fritz,"Rwandan Mother of Six Tells How She Killed Neighbors' Children," *London Times*,May 16,1994,p.11; uncaptioned picture appended to Richburg, "World Ignored Genocide," p. A1; picture appended to "Rwandan Killers Leave a Village of the Dead", *New York Times*,May 14,1994,p. C3; picture appended to "This Life and the Next:Sin and Confession in Rwanda", *Economist*,January 14,1995,p.53.

[62]Torn Walker,"Hutu Refugees Loot Food Lorries after Press Keeps Them Waiting," *London Times*, May 4,1994,p.14; Tom Walker, "Rwandans Eke Out

Life of Daily Misery," *London Times*, May 9,1994,p.12; Lane,"When Is It Genocide?" p.27.

[63]Parmelee,"Fade to Blood," p.C3; Martin Fletcher and Eve-Ann Prentice, "Gloating Somalis Parade Corpses of U.S. Servicemen," *London Times*,October 5, 1993,p.13; Philip Willan and Jonathan Ewing, "Western Newsmen Die in Somali Mob Attack," *London Times*, July 13,1993,p.1; "Clintons Choice," editorial,*London Times*,October 8,1993,p.19.

[64]Douglas,"A Three-Way Failure," p.15.

[65]McNeil,"At Church," p. A4; Fritz,"Rwandan Mother of Six," p. 11; Parmelee,"Fade to Blood," p.C3.

[66]Uncaptioned picture appended to Prentice,"UN Envoy to Fly," p.13; picture appended to Stephen Buckley, "Afraid to Leave, Rwandans Camp with the Dead," *Washington Post*, April 28, 1995, p. A32; unaccredited picture captioned "Who Did Just What?" appended to "Rwanda's Mass of Murderers",*Economist*,October 29,1994,p.77; picture captioned "Pall of Death", appended to Andrew Purvis, "All the Hatred in the World," *Time*, June 13, 1994, p. 36; picture appended to Steven Buckley,"Tribal Label Masks African Power Struggle," *Washington Post*, January 27,1996,p.A15; uncaptioned picture appended to Fritz,"Rwandan Mother of Six," p.11.

[67] Uncaptioned picture appended to Donatella Lorch, "Rwanda Calls for Others to Join Massacre Inquiry," *New York Times*,April 28,1995,p.A12; uncaptioned picture appended to Maykuth,"In Rwanda," p.A3;uncaptioned picture appended to James C. McKinley Jr.,"From a Grave in Rwanda, Hundreds of Dead Tell Their Tale,"*New York Times*, February 16,1996, p. A4; picture appended to McNeil,"At Church," p.A4.

[68]Cited in George F. Will,"Worthy of Contempt," *Washington Post*,August 3,1995, p. A31; Jonathan Schell, *The Fate of the Earth* (New York: Alfred A. Knopf,1982).

[69] Anton Kaes, *From Hitler to Heimat*: *The Return of History as Film* (Cambridge,Mass.: Harvard University Press,1989),p.ix; Lance Morrow,"Imprisoning Time in a Rectangle," *Time*,fall 1989,p.76.

[70]Jonathan Webber,foreword to *Representations of Auschwitz*: *Fifty Years of Photographs, Paintings, and Graphics* ed. Yasmin Doosry (Oswiecim: Auschwitz-Birkenau State Museum,1995),p.10.

[71]Lance Morrow,"The Morals of Remembering," *Time*, May 23,1983,p.88.

[72]Michael J. Sandel,"America's Search for a New Public Philosophy," *Atlantic*, March 1996,p.58.

档案缩写

BA British Archives
NA Pictorial Archive, National Archives, College Park, Maryland
HIA Hoover Institution Archives, Stanford University
USHMM United States Holocaust Memorial Museum, Washington, D.C.
WHP Fred R. Crawford Witness to the Holocaust Project, Emory University
YVPA Yad Vashem, Jerusalem

参考文献

一、有关新闻业的来源

Cooper, Kent. "Report of the General Manager." In *The Associated Press Thirty-First Annual Report of the Board of Directors*. New York: Associated Press, 1931.

Desmond, Robert W. *Tides of War: World News Reporting*, 1931—1945. Iowa City: University of Iowa Press, 1990.

Jones, Aled. "The British Press, 1919—1945." In *The Encyclopedia of the British Press*, 1422—1992, ed. Dennis Griffith. New York: St. Martin's, 1992.

Keating, Isabelle. "Reporters Become of Age." *Harper's*, April 1935, pp.601-12.

Knightley, Philip. *The First Casualty: From the Crimea to Vietnam: The War Correspondent as Hero, Propagandist, and Myth Maker*. New York: Harcourt Brace Jovanovich, 1975.

Mathews, Joseph J. *Reporting the Wars*. Minneapolis: University of Minnesota Press, 1957.

Mott, Frank Luther, ed. *Journalism in Wartime*. Washington, D.C.: American Council on Public Affairs, 1943.

Riess, Curt. *They Were There: The Story of World War II and How It Came About by America's Foremost Correspondents*. New York: G. P. Putnam and Sons, 1944.

Voss, Frederick S. *Reporting the War: The Journalistic Coverage of World War II*. Washington, D. C. : Smithsonian Press for the National Portrait Gallery, 1994.

二、有关新闻业的行业期刊与出版物

Associated Press Annual Reports of the Board of Directors
Editor and Publisher
The Journal
Newspaper World
Problems of Journalism (proceedings of the yearly conventions of the American Society of Newspaper Editors)
The Quill

三、有关摄影的来源

Barnhurst, Kevin. *Seeing the Newspaper*. New York: St. Martin's, 1994.

Barthes, Roland. *Camera Lucida*. Trans. Richard Howard. London: Hill and Wang, 1981.

——"The Rhetoric of the Image." In *Image/ Music/ Text*, trans. Stephen Heath. New York: Hill and Wang, 1977.

Carlebach, Michael. *The Origins of Photojournalism in America*. Washington, D. C.: Smithsonian Press, 1992.

Evans, Harold. *Eyewitness*. London: Quiller Press, 1981.

Fulton, Marianne. "Bearing Witness: The 1930s to the 1950s." In *Eyes of Time: Photojournalism in America*, ed. Marianne Fulton. New York: New York Graphics Society, 1988.

Gidal, Tim. *Modern Photojournalism: Origin and Evolutions, 1910—1933*. New York: Macmillan, 1972.

Goldberg, Vicki. *The Power of Photography: How Photographs Changed Our Lives*. New York: Abbeville, 1991.

Hall, Stuart. "The Determinations of News Photographs." In *The Mangfacture of News*, ed. Stanley Cohen and Jock Young. London: Sage, 1974.

Hicks, Wilson. *Words and Images: An Introduction to Photojournalism*. New York: Harper Brothers, 1952.

Hunter, Jefferson. *Image and Word*. Cambridge, Mass.: Harvard University Press, 1987.

Lewinski, Jorge. *The Camera at War: A History of War Photography from 1848 to the Present Day*. New York: Simon and Schuster, 1978.

Maslowski, Peter. *Armed with Cameras: The American Military Photographers of World War II*. New York: Free Press, 1993.

Messaris, Paul. *Visual Literacy*. Boulder, Colo.: Westview, 1994.

Mitchell, W. J. T. *Picture Theory*. Chicago: University of Chicago Press, 1994.

Moeller, Susan. *Shooting War*. New York: Basic Books, 1989.

Newhall, Beaumont. *The History of Photography*. New York: Museum of Modern Art, 1982.

Sekula, Allan. "On the Invention of Photographic Meaning." In *Photography against the Grain*. 1974; rpt. Halifax: Press of the Nova Scotia College of Art and Design, 1984.

Sontag, Susan. *On Photography*. New York: Anchor Books, 1977.

Szarkowski, John, ed. *From the Picture Press*. New York: Museum of Modern Art, 1973.

Tagg, John. *The Burden of Representation: Essays on Photography and History*. London: Macmillan, 1988.

Taylor, John. *War Photography: Realism in the British Press*. London: Routledge, 1991.

Thompson, George Raynor, and Dixie R. Harris. *The Outcome, Mid-1943 through 1945*. Vol. 3 of *The Signal Corps*. Washington, D.C.: Office of the Chief of Military History, United States Army, 1966.

Thompson, George Raynor, Dixie R. Harris, Pauline M. Oakes, and Dulany Terrett. *The Test, December 1941 to July 1943*. Vol. 2 of *The Signal Corps*. Washington, D.C.: Office of the Chief of Military History, Department of the Army, 1957.

Trachtenberg, Alan. *Reading American Photographs: Images as History, Mathew Brady to Walker Evans*. New York: Hill and Wang, 1989.

Zelizer, Barbie. "Words against Images: Positioning Newswork in the Age of Photography." In *Newsworkers: Toward a History of the Rank and File*, ed. Hanno Hardt and Bonnie Brennen. Minneapolis: University of Minnesota Press, 1995.

四、有关摄影的行业期刊与出版物

American Photography

British Journal Photographic Almanac

British Journal of Photography

The Camera

Photo-Era Magazine

Photographic Journal

五、有关集体记忆的来源

Bodnar, John. *Remaking America: Public Memory, Commemoration, and Patriotism in the Twentieth Century*. Princeton, N.J.: Princeton University Press, 1992.

Casey, Edward S. *Remembering: A Phenomenological Study*. Bloomington: Indiana University Press, 1987.

Connerton, Paul. *How Societies Remember*. Cambridge: Cambridge University Press, 1989.

Fentress, James, and Chris Wickham. *Social Memory*. Oxford: Basil Blackwell, 1992.

Halbwachs, Maurice. *The Collective Memory*. New York: Harper and Row, 1980.

Hobsbawm, Eric, and Terence Ranger, eds. *The Invention of Tradition*. Cambridge: Cambridge University Press, 1983.

Huyssen, Andreas. *Twilight Memories: Marking Time in a Culture of Amnesia*. New York: Routledge, 1996.

Irwin-Zarecka, Iwona. *Frames of Remembrance: The Dynamics of Collective Memory*. New Brunswick, N.J.: Transaction Publishers, 1994.

Johnson, Richard, Gregor McLennan, Bill Schwarz, and David Sutton, eds. *Making Histories: Studies in History-Writing and Politics*. Minneapolis: University of Minnesota Press, 1982.

Kammen, Michael. *Mystic Chords of Memory: The Transformation of Tradition in American Culture*. New York: Alfred A. Knopf, 1991.

Le Goff, Jacques. *History and Memory*. New York: Columbia University Press, 1992.

Maier, Charles. *The Unmasterable Past: History, Holocaust, and German National Identity*. Cambridge, Mass: Harvard University Press, 1988.

Nora, Pierre. *Realms of Memory*. New York: Columbia University Press, 1996.

Schudson, Michael. *Watergate in American Memory: How We Remember, Forget, and Reconstruct the Past*. New York: Basic Books, 1992.

Schwartz, Barry. "The Reconstruction of Abraham Lincoln." In *Collective Remembering*, ed. Drew Middleton and Derek Edwards. Beverly Hills, Calif.: Sage Publications, 1990.

——"The Social Context of Commemoration: A Study in Collective Memory." *Social Forces* 61, no. 2 (1982): 347-402.

Zelizer, Barbie. *Covering the Body: The Kennedy Assassination, the Media, and the Shaping of Collective Memory*. Chicago: University of Chicago Press, 1992.

——"Reading the Past against the Grain: The Shape of Memory Studies." *Critical Studies in Mass Communication* 12, no. 2 (June 1995): 214-39.

六、集体记忆与纳粹大屠杀

Friedlander, Saul. *Memory, History, and the Extermination of the Jews of Europe*. Bloomington: Indiana University Press, 1993.

—— ed. *Probing the Limits of Representation: Nazism and the "Final Solution."* Cambridge, Mass.: Harvard University Press, 1992.

Hartman, Geoffrey, ed. *Holocaust Remembrance: The Shapes of Memory*. Oxford: Basil Blackwell, 1994.

Krondorfer, Bjorn. *Remembrance and Reconciliation*. New Haven, Conn.: Yale University Press, 1995.

Langer, Lawrence. *Holocaust Testimonies: The Ruins of Memory*. New Haven, Conn.: Yale University Press, 1991.

Miller, Judith. *One, by One, by One*. New York: Touchstone Books, 1990.

Young, James E. *The Texture of Memory: Holocaust Memorials and Meaning*. New Haven, Conn.: Yale University Press, 1993.

Zelizer, Barbie. "Every Once in a While: Schindler's List and the Shaping of History." In *Spielberg's Holocaust: Critical Perspectives on "Schindler's List,"* ed. Yosefa Loshitzky. Bloomington: Indiana University Press, 1997.

七、有关集体记忆的期刊

"Between Memory and History." *History and Anthropology* 12, no. 2 (1986).

History and Memory：Studies in Representation of the Past,1991.

"Memory and American History." *Journal of American History* 75,no. 4 (March 1989).

"Memory and Counter-Memory." *Representations* 26（spring 1989）.

"Monumental Histories." *Representations* 35（summer 1991）.

"Social Memory." *Communication* 11,no. 2（1989）.

八、有关纳粹大屠杀与集中营解放的来源

Abzug,Robert. *Inside the Vicious Heart*. New York：Oxford University Press,1985.

Amishai-Maisels,Ziva.*Depiction and Interpretation：Visual Arts and the Holocaust*. Oxford：Pergamon,1993.

Atrocities and Other Conditions in Concentration Camps in Germany（Report to U. S. Congress）. Washington, D. C.：United States Government Printing Office,1945.

"Belsen." *British Zone Review Supplement*,October 13,1945,pp.1-8.

Bridgman,Jon.*The End of the Holocaust：The Liberation of the Camps*. Portland,Ore.：Areopagitica Press,1990.

Buchenwald Camp：The Report of a Parliamentary Delegation. London：His Majesty's Stationery Office,April 1945.

Caiger-Smith,Martin.*The Face of the Enemy：British Photographers in Germany*,1944—1952. Berlin：Nishen,1988.

Chamberlin,Brewster, and Marcia Feldman,eds. *The Liberation of the Nazi Concentration Camps*,1945. Washington,D.C.：United States Holocaust Memorial Council.

Eliach,Yaffa,and Brana Gurewitsch,eds.*The Liberators*. Brooklyn：Center for Holocaust Studies Documentation and Research,1981.

Feig,Konnilyn G.*Hitler's Death Camps：The Sanity of Madness*. New York：Holmes and Meier,1981.

Kushner,Tony.*The Holocaust and the Liberal Imagination：A Social and Cultural History*. Oxford：Basil Blackwell,1994.

Lipstadt,Deborah.*Beyond Belief：The American Press and the Coming of the Holocaust*,1933—1945. New York：Free Press,1986.

Milton, Sybil. "The Camera as Weapon: Documentary Photography and the Holocaust." *Simon Wiesenthal Center Annual* 1, no. 1 (1984): 45-68.

——"Images of the Holocaust." *Holocaust and Genocide Studies* 1, nos. 1 and 2 (1986): 27-61,193-216.

"Official Report on Buchenwald Camp." *PM*, April 30,1945, p.9.

Ross, Robert W. *So It Was True: The American Protestant Press and the Nazi Persecution of the Jews*, Minneapolis: University of Minnesota Press, 1980.

Selzer, Michael. *Deliverance Day: The Last Hours at Dachau*. Philadelphia: J. B. Lippincott, 1978.

Sharf, Andrew. *The British Press and Jews under Nazi Rule*. London: Oxford University Press, 1964.

United States Holocaust Memorial Council. 1945: *The Year of Liberation*. Washington, D.C.: United States Holocaust Memorial Museum, 1995.

索 引

(索引页码为原著页码，f 指插图)

Abzug, Robert 罗伯特·阿布朱格, 156, 190

Accoutrements of atrocity 暴行装备, 160-62, 188-89

Acme Pictures 艾克米新闻图片社, 123, 125

Adams, Eddie 埃迪·亚当斯, 215

Adatto, Kiku 基库·阿达托, 212

African-Americans 非裔美国人, relations with American Jews 与美籍犹太人的关系, 189

African atrocities, habituation toward 对非洲暴行的习惯化, 235, see also Burundi atrocities, Rwandan atrocities 也可参见布隆迪暴行, 卢旺达暴行

Allied Control Council 同盟国管制委员会, 149

Alvarez, A. A. 阿尔瓦雷斯, 155

American Experience, The (PBS series) 《美国经验》（美国公共广播公司的系列片）, 189

American Heritage's Picture History of World War II 《美国遗产二战图史》, 165

American Jewish Committee 美国犹太人委员会, 190

American Jewish Congress 美国犹太人大会, 41

American Newspaper Publishers Association (ANPA) 美国报纸发行人协会, 152

American Photography 《美国摄影》, 26

American Society for Newspaper Editors (ASNE) 美国报纸编辑协会, 19-20; *Bulletin* 《公报》, 76, 78

Amnesia, period of (1950s—1970s) 失忆时期（二十世纪五十年代到七十年代）, 154-71; reasons for 失忆原因, 162-63, 168

Anti-Semitism 反犹主义, 39, 145; of journalists 记者的反犹主义, 80

Apocalypse Now《现代启示录》,220

Arendt,Hannah 汉娜·阿伦特,172

Army Talks《陆军谈话》,166

Art 艺术,Holocaust 纳粹大屠杀,167-68；use of atrocity photographs in 在艺术中运用暴行照片,147,168,178-82f,185-86f,220

Associated Press 美联社,82,121,123,151-52

Associated Press Managing Editor's Association 美联社主编协会,17,26

Atlanta Journal《亚特兰大日报》,149

Atrocity accounts 暴行报道,contemporary 当代的,comparisons to Nazi atrocity accounts 与纳粹暴行报道相提并论：Bosnia 波斯尼亚,204-5,210-11,213,217-19；Cambodia 柬埔寨,217-18,223f-24；East Timor 东帝汶,205,217-18；Rwanda 卢旺达,205-6,232-33；Vietnam 越南,173,204,221

Atrocity photography 暴行摄影,in Bosnia 波斯尼亚的暴行摄影,207,211,221-30,221f,222f,224f,231f,232；in Cambodia 柬埔寨的暴行摄影,208-9,217-18,223f-24,226；comparisons to Nazi atrocity photography 与纳粹暴行摄影相提并论,204-5,208-10,217-18,221,226,228-30f,231f-32,234f-36f,237f-38；in EastTimor 东帝汶的暴行摄影,217-18；graphic images in 暴行摄影中逼真的图像,214,2 19-20,222f,223f-24；habituation toward 对暴行摄影的习惯化,214-220,226-27；role in promoting moral outrage 暴行摄影在促进道德愤慨中的作用,206,211-13,226-27,232；in Rwanda 卢旺达的暴行摄影,208,226,232-38,234f,236f,237f；in Vietnam 越南的暴行摄影,214-15

Audience saturation 观众的饱和,146,178,204, *see also* Habituation 也可参见习惯化

Auschwitz 奥斯维辛,158,163,183,198；liberation commemoration of 对奥斯维辛解放的纪念,183,188；Preliberation accounts of 解放前对奥斯维辛的暴行报道,41；war crimes trial 战争罪审判,172

Auschwitz: A History in Photographs《奥斯维辛：一部摄影史》,196

Auschwitz-Birkenau State Museum,奥斯维辛—比克瑙国家博物馆,196

Authenticity of photographs 照片的真实性,29,144f-45,199-200

Barthes,Roland 罗兰·巴特,203

Baskin,Leonard 伦纳德·巴斯金,181

Bass,Leon 利昂·巴斯,190

BBC (British Broadcasting Company) 英国广播公司,50,52

Bellow, Saul 索尔·贝娄, 175

Belzec 贝乌热茨, 42

Benjamin, Walter 瓦尔特·本雅明, 1, 15

Bergen-Belsen 卑尔根—贝尔森, 75, 78-79, 82, 84, 109, 114f, 115f, 116f, 125-27, 158; bearing witness in 在卑尔根—贝尔森做见证, 77, 105; emotional reactions of journalists 记者的情感反应, 82-83; Fritz Klein in 弗里茨·克莱因在卑尔根—贝尔森, 102, 104f; George Rodger in 乔治·罗杰在卑尔根—贝尔森, 88-89; German perpetrators in 德国加害者在卑尔根—贝尔森, 112f, 117f; liberation of 卑尔根—贝尔森的解放, 62-64, 67; survivors in 卑尔根—贝尔森中的幸存者, 119f, 120f; territory of 卑尔根—贝尔森的领地, 70-71, see also Kramer, Josef 也可参见约瑟夫·克莱默

Between Memory and Hope (Wiesel)《在记忆与希望之间》(威塞尔), 173

Billings, John Shaw 约翰·肖·比林斯, 153

Bingay, Malcolm 马尔科姆·宾盖, 76

Bingham, Molly 莫莉·宾汉姆, 234

Bitburg commemoration 比特堡纪念, 188

Blum, Leon 利昂·布鲁姆, 73

Bosnian atrocities 波斯尼亚暴行, comparisons to Nazi atrocities 与纳粹暴行相提并论, 207f-8, 213, 221f, 222f, 224-32; lack of coverage 缺乏报道, 227; war crime trials compared to Nuremberg trials 与纽伦堡审判相提并论的战争罪审判, 225f-26

Boston Globe《波士顿环球报》, 62, 67, 92-93, 98, 106, 192

Bourke-White, Margaret 玛格丽特·伯克-怀特, 23, 87, 123, 150; artist's use of photograph of 艺术家对照片的运用, 181-82f; in Buchenwald 玛格丽特·伯克-怀特在布痕瓦尔德, 88, 111f-12, 166-67f; photographic retrospectives of 对玛格丽特·伯克-怀特的照片的回顾, 152, 192, 198

Bowman, Frederick 弗雷德里克·鲍曼, 145

Boyle, Hal 哈尔·博伊尔, 72

Boys from Brazil《巴西男孩》, 175

British Army Film and Photographic unit 英军电影与摄影分队, 86-87, 114, 117, 146, 148

British Daily News《英国每日新闻》, 56

British Institute of Journalists 英国记者协会, 19, 23; *Journal*《报章》, 19, 149

British Journal of Holocaust Education《英国纳粹大屠杀教育学刊》, 175

British Newspaper Society 英国报业协会, 23

British Official Pictures 英国官方图片社, 121

British Pool of Photographic Service 英国摄影服务局,22

British White Paper（1939）《英国白皮书》(1939),41,45

Buchenwald 布痕瓦尔德,80,83-85,96f,109-10f,111f-12,133,162f,181-82f；barracks photograph 营房照片,103f,121-22f,123,183-84f,185-86f,187f-88；bearing witness in 在布痕瓦尔德见证,103,105f,106,107f；emotional reactions of journalists in 记者在布痕瓦尔德的情感反应,82；German civilians in 德国平民在布痕瓦尔德,74,103-5f,109-10f；German perpetrators in 布痕瓦尔德的德国加害者,113f；liberation of 布痕瓦尔德的解放,63,66-67,189-90；Margaret Bourke-White in 玛格丽特·伯克-怀特在布痕瓦尔德,88,111f-12,166-67f；officials of the press in 报界官员在布痕瓦尔德,78,106-7f；radio broadcast from 来自布痕瓦尔德的广播报道,166；territory of 布痕瓦尔德的领地,69-70,73；U.S. Congress 美国国会,101-2f；Burundi atrocities 布隆迪暴行,206,207,232-35,236f

Bush,George 乔治·布什,3,211

Cambodian atrocities 柬埔寨暴行,comparisons to Nazi atrocities 与纳粹暴行相提并论,217-18,223f-24,226；role of photographs 照片的角色,208-9

Camera at War（Lewinski）《战争中的照相机》(莱温斯基),191-92

Captions,photographic 照片的文字说明：in Bosnian atrocity photographs 波斯尼亚暴行照片中的文字说明,227-28；in Burundi and Rwandan atrocity photographs 布隆迪与卢旺达的暴行照片中的文字说明,233-35；detailed 详细的文字说明,90-91f；errors in 照片文字说明中的差错,45-46,98,119-20,156,185,198；generalized locales 普遍化的地点,93-94,98-100,124f-25；lack of standards 缺乏标准,25,45-48,47f,123-27,165；in *Newsweek*《新闻周刊》中照片的文字说明,92,98,120,183；in picture magazines 图片杂志中照片的文字说明,132；Rico Lebrun's use of 里科·莱布伦对照片文字说明的运用,147；sarcasm in 照片文字说明中的讽刺,113,121；symbolic functions of 照片文字说明的象征功能,121,129；in *Time*《时代》周刊中照片的文字说明,93,100,120-21；in World War I photographs 一战照片中的文字说明,24；in World War II photography 二战摄影中的文字说明,25,26

Carter,Jimmy 吉米·卡特,157

Censorship 审查：of atrocity photographs 对暴行照片的审查,12,148,195；of Nazi rhetoric 对纳粹修辞的审查,188；in World War II reporting 二战报道中的审查,22,33

Chandler,Norman 诺曼·钱德勒,76

Charnel House（Picasso）《藏尸所》(毕加索),147

Chenery, William L. 威廉·L. 切纳里, 36, 155

Chicago, Judy 朱迪·芝加哥, 185-86f

Chicago Daily News《芝加哥每日新闻》, 39

Chicago Tribune《芝加哥论坛报》, 51, 57

Children 儿童: photographs of 儿童照片, 207f, 208; corpses 尸体, 115f, 129, 130f; as viewers of atrocity photography 儿童作为暴行摄影观众, 95

Christian Century《基督教世纪报》, 39, 42, 78, 138

Christian Science Monitor《基督教科学箴言报》, 52, 218

Church of Scientology 山达基教会, 185

CNN (Cable News Network) 有线电视新闻网, 207, 212, 213

Cobain, Kurt 科特·柯本, suicide of 科特·柯本的自杀, 233

Collective memory 集体记忆, 2-15, 154-58; and amnesia 集体记忆与失忆, 154, 162-63, 168; and bearing witness to atrocity 集体记忆与暴行见证, 10-13; conflicting renditions of 集体记忆的冲突性演奏, 5; images in 集体记忆中的图像, 5-15; "memory communities" "记忆社群", 4, 157; photographs in 集体记忆中的照片, 8-10

Collier's《柯里尔》, 32, 36, 40, 42, 70, 155

Columbia History of the World《哥伦比亚世界史》, 165

Commemorations 纪念活动, 173, 177, 180-81, 194-97; in Bitburg 比特堡的纪念活动, 188; photographic exhibits 摄影展, 146, 194-97, *see also* Retrospectives, photographic 也可参见摄影回顾

Concentration camps 集中营: gender issues in 集中营内的性别问题, 185; liberation of Eastern camps 东线集中营的解放, 49-50; liberation of Western camps 西线集中营的解放, 53, 61-68, 189-90; pilgrimages to 到集中营朝圣, 173; preliberation accounts of 解放前对集中营的报道, 39-42; preliberation photographs of 解放前的集中营照片, 38, 42-48; territory of in photographs 照片中的集中营领地, 97-100; territory of in verbal accounts 文字叙述中的集中营领地, 69-71, 73, *see also* Liberation chronicles 也可参见解放实录; Liberators 解放者; individual camp names 各集中营的名称

Condemned (Segall)《被谴责者》(塞加尔), 167-68

Contemporary atrocity 当代暴行, *see* Atrocity accounts, contemporary 参见当代的暴行叙述; Atrocity photography, contemporary 当代的暴行摄影

Cowan, Howard 霍华德·考恩, 69

Credits, photographic 照片的署名: in Burundi and Rwandan atrocity photographs 布隆迪与卢旺达暴行照片中的署名, 233, 235; lack of 缺乏署名, 123,

129,132,156; lack of standards in 缺乏署名标准,26-27,46,121-23; in museum book retrospectives 博物馆图书回顾中的照片署名,196; in World War II photographs 二战照片的署名,26-27, *see also* Presentation, photographic 也可参见照片的呈现

Crematoriums 火葬场：at Bergen-Belsen 卑尔根—贝尔森的火葬场,70; at Buchenwald 布痕瓦尔德的火葬场,70,162f. *see also* Accoutrements of atrocity 也可参见暴行装备

Crematoriums of Auschwitz（Pressac）《奥斯维辛火葬场》（普雷萨克）,189

Currivan,Gene 吉恩·库里文,66

Dachau 达豪,65-67,79,92,95,100,133-34f；emotional responses of reporters 记者的情感反应,82; Lee Miller in 李·米勒在达豪,89; liberation of 达豪的解放,63,189-90,193; preliberation photographs of 解放前的达豪照片,42-43; press officials in 报界官员在达豪,78; prisoner list 囚犯名单,73,76; territory of 达豪的领地,70-71

Dachau《达豪》,148

Daily Express《每日快报》,90

Daily Mail《每日邮报》,75,78,82,84,90,93,95,101,117,123,145-46

Daily Mirror《每日镜报》,89-90,93,95-96,137,143

Daily Sketch《每日见闻报》,90

Daily Telegraph《每日电讯报》,56,67,75,90,93,95,106,158,164

D'Arcy-Dawson,John 约翰·妲西-道森,150

Dawidowicz,Lucy 露西·达维多维奇,172

Dear Fatherland,Rest Quietly（Bourke-White）《亲爱的祖国,安息吧!》（伯克-怀特）,88,150

Deathhouse（at Buchenwald） 死亡屋（在布痕瓦尔德）,69, *see also* Accoutrements of atrocity 也可参见暴行装备

DeLillo,Don 唐·德利洛,178

Demler,Joseph 约瑟夫·德姆勒,34-35f

Denazification campaign 去纳粹化运动,74,136-38

Deniers,Holocaust 纳粹大屠杀否定者,173-74,199-200; and graphic images 否定者与逼真的图像,199-200, *see also* Skepticism 也可参见怀疑

Denny,Harold 哈罗德·丹尼,66,73

Destruction of the European Jews（Hilberg）《欧洲犹太人的毁灭》（希尔贝格）,172

Detroit Free Press《底特律自由新闻报》,76

Diary of Anne Frank(play)《安妮·弗兰克日记》(戏剧),167

Dimbleby,Richard 理查德·丁布尔比,82,83

Dimitman,E. Z. E. Z. 迪米特曼,78

Documentation of photographs 照片文献:lack of standards in 在照片文献方面缺乏标准,29-30;in Rwandan atrocities 卢旺达暴行中的照片文献,233,235,*see also* Captions,photographic 也可参见照片的文字说明;Credits,photographic 照片的署名

Drawings of Nazi atrocity 纳粹暴行素描,144

Dos Passos,John 约翰·多斯·帕索斯,17

Duras,Marguerite 玛格丽特·杜拉斯,203

East Timor atrocities 东帝汶暴行,comparisons to Nazi atrocities 与纳粹暴行相提并论,217-18

Ebensee 埃本塞,161f,181

Economist《经济学人》,208-209f,226,230f,232

Editor and Publisher《主编与发行人》,27,86,94,149,151

Education 教育,*see* Holocaust education 参见纳粹大屠杀教育

Eichmann in Jerusalem(Arendt)《艾希曼在耶路撒冷》(阿伦特),172

Eichmann trial 艾希曼审判,172

Eisenhower,Dwight (General) 德怀特·艾森豪威尔(将军),76,86,94,101,114,139,147,180;in Ohrdruf 艾森豪威尔在奥德鲁夫,64,106,108,109f

Eisenhower,Lt. John 约翰·艾森豪威尔中尉,133

Electronic image tampering 对电子图像的篡改,6,7

Eliach,Yaffa 亚法·埃利奇,195

End of the Holocaust:The Liberation of the Camps《纳粹大屠杀的终结:解放集中营》,176

Erla 埃尔拉,88

Escape from Auschwitz(Kulka)《逃离奥斯维辛》(库尔卡),178

Ethnic cleansing 种族清洗,204,206,223

European Victory《欧洲的胜利》,150

Exhibits,Photographic 摄影展,146,194-97

Eyes of the War《战争之眼》,150

Eyes of Time:Photojournalism in America(Fulton)《时间的眼睛:美国摄影新闻》(富尔顿),191-92

Eyewitness Auschwitz(Mueller)《目击奥斯维辛》(米勒),178

Eyewitness reports 目击者报道：of liberation of Western camps 对西线集中营解放的目击者报道,62-63,65-69；in Majdanek 马伊达内克中的目击者报道,54-56；superceded by atrocity photography 目击者报道被暴行摄影取而代之,97

Ezrahi,Sidra DeKoven 西德拉·德科文·埃兹拉希,150

Fake photographs 虚假照片,*see* Authenticity of photographs 参见照片的真实性

Falklands War 福克兰群岛战争,211-12

Fenton,Roger 罗杰·芬顿,31

Fentress,James 詹姆斯·芬特雷斯,6,7

Fiction and poetry 小说与诗歌,166-67,175；influence of atrocity photography 暴行摄影的影响,178

Films 电影,166,175,220；influence of atrocity photography 暴行摄影的影响,148,178；*Liberators*《解放者》,189-90,*see also* names of individual films 也可参见各电影的名称

Final solution 最终解决方案,204,206

First Casualty（Knightley）《第一个牺牲品》（奈特利）,192

Flack,Audrey 奥黛丽·弗拉克,181-82f

Florea,John 约翰·弗洛里亚,34,87,88

Folliard,Edward 爱德华·福利亚德,61,75

Frank,Anne 安妮·弗兰克,166-67

Frankl,Gerhart 格哈特·弗兰克尔,168

Friedlander,Saul 索尔·弗里德兰德,1,68,142,163,175

Full Metal Jacket《全金属外壳》,220

Fulton,Marianne 玛丽安娜·富尔顿,191-92

Furst,Peter 彼得·福斯特,67

Fussell,Paul 保罗·福塞尔,34

Gardelegen 加尔德莱根,131

Gas chamber (at Dachau) 毒气室（在达豪）,71,*see also* Accoutrements of atrocity 也可参见暴行装备

Gay,Peter 彼得·盖伊,164-65

Gelb,Leslie 莱斯利·盖尔布,232

Gelhorn,Martha 玛莎·盖尔霍恩,65-66,70,150

Gender issues, in concentration camps 集中营内的性别问题, 185

Genocide 种族灭绝, use of term 术语的运用, 204-6

Genocide (Britain)《种族灭绝》(英国), 172

German nationals 德国国民: civilians 平民, 72-74; photographs of 德国国民的照片, 103-5f, 109-10f, 131; viewing atrocity photographs 在观看暴行照片的德国国民, 136f, 137f, 138; perpetrators, photographs of 加害者的照片, 102, 112f, 113f, 117f-18

Goldberg, Vicki 薇姬·戈德堡, 8, 191, 192, 214

Golub, Leon 利昂·戈卢布, 220

Graphic images 逼真的图像: in contemporary atrocity photography 当代暴行摄影中逼真的照片, 214, 219-20, 222-24, 222f, 223f; habituation and 习惯化与逼真的照片, 214, 219-20; in World War II photography 二战摄影中逼真的照片, 35-36, *see also* Nazi atrocity photography 也可参见纳粹暴行摄影; graphic depictions 绘声绘色的描绘

Greenfield, Meg 梅格·格林菲尔德, 205, 218

Guardian《卫报》, 205

Guernica (Picasso)《格尔尼卡》(毕加索), 6, 178

Gumz, Paul 保罗·甘茨, 133-34f

Habituation toward atrocity 对暴行的习惯化:"compassion fatigue" "同情疲劳", 218; desensitization 脱敏, 204, 218-20, 226-27; graphic images and 逼真的图像与对暴行的习惯化, 214, 219-20; overuse of Nazi atrocity photographs 对纳粹暴行照片的过度运用, 226; and photographic technologies 对暴行的习惯化与摄影技术, 214-16; political influences 政治影响, 216-18

Halbwachs, Maurice 莫里斯·哈布瓦赫, 3

Harper's《哈泼斯杂志》, 32, 39

Hart, Kitty 姬蒂·哈特, 163

Hartman, Geoffrey 杰弗里·哈特曼, 3, 170, 175-76, 204

Hersey, John 约翰·赫西, 147, 192

Higgins, Marguerite 玛格丽特·希金斯, 66-67, 82, 150

Hilberg, Raul 劳尔·希尔贝格, 172

Hirsch, Marianne 玛丽安娜·赫希, 178

History writing 写史, 164-65, 176; exclusion of Holocaust 对纳粹大屠杀的排斥, 165; Holocaust revisionism 纳粹大屠杀修正主义, 183, 185-86

Holocaust 纳粹大屠杀,use of term 术语的运用,205

Holocaust（television movie）《纳粹大屠杀》(电视片),172

Holocaust and Genocide Studies 纳粹大屠杀与种族灭绝研究,175

Holocaust consciousness 纳粹大屠杀意识,173-76

Holocaust education 纳粹大屠杀教育,176

Holocaust memory practices 纳粹大屠杀记忆实践:of artists 艺术家的纳粹大屠杀记忆实践,147;contested memory 竞争性的记忆,188-90;differences between U.S. and British 英美差异,173,181;in education 教育中的纳粹大屠杀记忆实践,164-65,174-75;event-driven 事件驱动型的纳粹大屠杀记忆实践,177,180-81;historical inaccuracies 历史错误,183-88;in histories 历史上的纳粹大屠杀记忆实践,164-65,176;inappropriate practices 不当做法,175;and Jewish national consciousness 纳粹大屠杀记忆实践与犹太人民族意识,172;journalist memoirs 记者回忆录,41,150-51;of liberators 解放者的纳粹大屠杀记忆实践,147-48,192-94;memorials 纪念馆,164,169;memory waves 记忆浪潮,early recountings (1940s) 早期叙述(二十世纪四十年代),141-54;period of amnesia (1950s—1970s) 失忆期(二十世纪五十到七十年代),154-70;revival of interest (1980s—present) 兴趣的卷土重来(从二十世纪八十年代至今),171-201;obsession with Holocaust 痴迷于纳粹大屠杀,202;in picture magazines 图片杂志中的纳粹大屠杀记忆实践,197-99;and present-day agendas 纳粹大屠杀记忆实践与当前议程,185-88;of the press 报刊的纳粹大屠杀记忆实践,150-54,159,165;private memory 私人记忆,163-64;of public 公众的纳粹大屠杀记忆实践,143-45;specific vs. general 特殊与一般,157,*see also* Commemorations 也可参见纪念活动;Exhibits,photographic 摄影展;Retrospectives,photographic 摄影回顾

Holocaust Project:*From Darkness Into Light*（Chicago）《纳粹大屠杀项目:从黑暗到光明》(芝加哥),185-86f

Humanist《人文主义》杂志,159

Hurd,Douglas 道格拉斯·赫德,215-17

Huyssen,Andreas 安德烈亚斯·许森,201,202

I Am a Camera（Isherwood）《我是照相机》(伊舍伍德),17

Illustrated London News《伦敦新闻画报》,43,57,58f-59f,60,93,95,106,108,113,123,127,192,196

Images 图像:in collective memory 在集体记忆中,5-15;compared to words in bearing witness 在见证上可与文字相提并论,108;electronic tampering with 进行电子篡改,6,7;in news 新闻中的图像,8-10;relationship with words 图像与文字的关

系，5-6，18，29，48（see also Captions, photographic 也可参见照片的文字说明）；storage of 图像的存储，7, see also Photography 也可参见摄影

Imperial War Museum (London)帝国战争博物馆（伦敦），104f，112f，114f，115f，116f，117f，119f，120f，137f，195-96

Inside the Vicious Heart《在邪恶心灵的内部》，176

Institute of Journalists 记者协会，19

International Conference of Liberators (1981)解放者国际会议(1981)，173，194

Irving, David 大卫·欧文，183

Irwin-Zarecka, Iwona 伊沃娜·欧文-扎雷卡，4

Izvestia《消息报》，51

Jewish national consciousness 犹太人民族意识，172

Jones, wade 韦德·琼斯，75

Journal-American《美国人报》，149

Journalism Quarterly《新闻学季刊》，39

Journalists 记者：ambivalence of 矛盾心理，150，153；antagonism with photographers 记者与摄影师之间的敌意关系，16，19，23-24，30，48；anti-Semitism of 反犹主义，80；coverage of World War II 对二战的报道，21-24，28；discomfort with photography 记者对图像深感不安，18-20，28，153；emotional reactions of 记者的情感反应，82-83；interpretive work of 记者的诠释工作，79-81；limitations of 记者的局限性，83-85；memoirs of 记者回忆录，41，150-51；status of 记者的地位，8，17，27-28；training in photography 记者的摄影培训，19；as witness bearers 记者作为见证承担者，79-85，see also Photojournalism 也可参见新闻摄影

Journal of Historical Review《历史评论学刊》，199

Judt, Tony 托尼·朱特，173

Kaes, Anton 安东·克斯，200

Karmen, Roman 罗曼·卡门，50

Kellner, Hans 汉斯·凯尔纳，8

Killing Fields《屠戮场》，220

Klein, Fritz 弗里茨·克莱因，102，198

Knauth, Percival 珀西瓦尔·克瑙特，66-67，74

Knightley, Philip 菲利普·奈特利，61，192

Koestler, Arthur 阿瑟·库斯勒，41

Kramer,Josef 约瑟夫·克莱默,63,78,117,121

Kristeva,Julia 茱莉亚·克里斯蒂娃,11,160

Kulka,Erich 埃里克·库尔卡,178

Kushner,Tony 托尼·库什纳,80,156,173

Kuznetsov,Anatoli 阿纳托利·库兹涅佐夫,147

KZ：A Pictorial Report from Five Concentration Camps《KZ：来自五个集中营的图片报道》,146-47

Lacombe Lucien《拉孔布·吕西安》,175

Lang,Berel 贝雷尔·朗,168

Langer,Lawrence 劳伦斯·兰格,171

Lanzmann,Claude 克劳德·朗兹曼,175

Last Metro《最后一班地铁》,175

Lauterbach,Richard 理查德·劳特巴赫,55

Lawrence,Bill 比尔·劳伦斯,52,54

Layout,Photographic 照片的布局,*see* Presentation,photographic 参见照片的呈现

Lazarsfeld,Paul 保罗·拉扎斯菲尔德,212

Lebrun,Rico 里科·莱布伦,147

Legends 文字说明,*see* Captions,photographic 参见照片的文字说明

Leslie's Illustrated Weekly《莱斯利图画周刊》,32

Lewinski,Jorge 豪尔赫·莱温斯基,191-92

Lewis,Anthony 安东尼·刘易斯,218

Liberation chronicles 解放实录,63-68

Liberators 解放者,accounts of 解放者的叙述,74-75,174；African-American 非裔美国人,189-90；in Dachau 解放者在达豪,193；International Conference of 解放者国际会议,173,194；in Majdanek 解放者在马伊达内克,50-53；in Ohrdruf 解放者在奥德鲁夫,90,106；photographs by 解放者拍摄的照片,12,132-34f；memory practices 记忆实践,147-48,192-94；publication of photographs 照片的刊登,147-48；photographs of 解放者的照片,106

Liberators（film）《解放者》（电影）,189-90

Life：The First Decade,1936—1945《生活：第一个十年(1936—1945)》,198

Life Magazine《生活》杂志,7,20-21,33,43,165,191；commemorative books from《生活》杂志出版的纪念书籍,153-54；coverage of Belsen 对贝尔森的报道,73；

coverage of Buchenwald 对布痕瓦尔德的报道,167f; coverage of liberation of camps 对集中营解放的报道,87-89,127,129-32; coverage of Majdanek 对马伊达内克的报道,50; depiction of war dead 对战争中死者的描绘,36; public reactions to pictures in 公众对《生活》杂志上图片的反应,143,146

Life's Picture History of World War II《生活版二战图片史》,153 54

Linenthal, Edward 爱德华·林恩塔尔,163,188,194

Lippmann, Walter 沃尔特·李普曼,9

Lipstadt, Deborah 黛博拉·利普斯塔特,39

Lochner, Louis 路易斯·洛克纳,41

London Evening Standard《伦敦旗帜晚报》,71,77

London Observer《伦敦观察家报》,70

London Times《伦敦时报》,50,89,95; coverage of Belsen 对贝尔森的报道,75; coverage of Bosnia 对波斯尼亚的报道,207-8,210,229; coverage of Buchenwald 对布痕瓦尔德的报道,70; coverage of Nordhausen 对诺德豪森的报道,93,98; coverage of Rwanda 对卢旺达的报道,206,233; coverage of Somalia 对索马里的报道,215,235; letters to the editor 读者来信,143

Look《瞭望》,127,148,165

Los Angeles Times《洛杉矶时报》,39,76,101; coverage of Belsen 对贝尔森的报道,67,75; coverage of Bosnia 对波斯尼亚的报道,229; coverage of Buchenwald 对布痕瓦尔德的报道,106,183; coverage of Ohrdruf 对奥德鲁夫的报道,90

Luce, Claire Booth 克莱尔·布思·卢斯,76-77,84,101

Luce, Henry 亨利·卢斯,153

MacLean's《麦克林》,185

MacMillan, Richard 理查德·麦克米伦,82

MacNeil-Lehrer News Hour 麦克尼尔·莱勒新闻时间,207

Mafalda, Princess (of Italy)(意大利的)玛法达公主,73

Majdanek 马伊达内克,49-53; atrocity photography 暴行摄影,56-61,58f,59f; bearing witness in 在马伊达内克见证,53-55,60,61; eyewitness reports 见证者报道,54-56; skepticism over accounts of 对马伊达内克报道的怀疑,51-52,61

Manchester Guardian《曼彻斯特卫报》,69,73,143,176

Maslin, Janet 珍妮特·马斯林,12

Maus I and II (Spiegelman)《鼠族 I》和《鼠族 II》(斯皮格尔曼),178

Mayer, Arno 阿诺·迈耶,189

McKenzie, Vernon 弗农·麦肯齐, 39

Memory, collective 集体记忆, see Collective memory 参见集体记忆

Memory, event-driven 事件驱动型记忆, 180-81

Memory, private 私人记忆, of liberators 解放者的, 163-64; of survivors 幸存者的, 163

Memory, visual 视觉记忆, 2, 6-15, 160-62

Memory Offended (Young)《被冒犯的记忆》(詹姆斯·扬), 173

Memory of Holocaust 纳粹大屠杀记忆, see Holocaust memory practices 参见记忆实践

Mengele, Josef 约瑟夫·门格勒, 177

Mermelstein, Mel 梅尔·默梅尔斯坦, 186

Merton, Robert 罗伯特·默顿, 212

Miles, William 威廉·迈尔斯, 189

Miller, Lee 李·米勒, 87, 89, 95

Milton, Sybil 西比尔·弥尔顿, 44-45

Mitchell, W. J. T. W. J. T. 米切尔, 5

Moeller, Susan 苏珊·莫勒, 172

Monson, Ronald 罗纳德·蒙森, 66, 77

Moorehead, Alan 艾伦·穆尔黑德, 82

Moreira, Antonia Antunes 安东尼奥·安图内斯·莫雷拉, 220

Morris, Robert 罗伯特·莫里斯, 179f

Morrow, Lance 兰斯·莫罗, 238, 239

Mosley, Oswald 奥斯瓦尔德·莫斯利, 145

Mowrer, Edgar 埃德加·莫勒, 39

Mueller, Filip 菲利普·米勒, 178

Murrow, Edward R. 爱德华·R. 默罗, 78, 82, 84-85, 166

Museums 博物馆, see Exhibits, photographic 参见摄影展

Mydan, Carl 卡尔·迈登斯, 25

My Lai massacre 美莱大屠杀, 214

"Narcotization" "麻醉", 2 12-13, see also Audience saturation 也可参见观众饱和; Habituation 习惯化

Nation《民族周刊》, 150, 217, 229

National Archives and Records Administration (NARA) 国家档案与文件署,

90f,91f,96f,99f,103f,105f,107f,109f,110f,111f,113f,122f,130f,136f,161f,162f

National Geographic《国家地理》,7

National Museum of American Jewish Military History 美国犹太军事历史国家博物馆,194

National Press Photographers Association 全国新闻摄影师协会,23

Natzweiler (France) 纳特兹维莱(法国),53

Nazi atrocity accounts 纳粹暴行报道：anti-semitism in 反犹主义,39；confirmation of 证实,40；journalist memoirs 记者回忆录,41,150-51；in Majdanek 在马伊达内克的纳粹暴行报道,54-56；Preliberation 解放前,39-42；skepticism of 怀疑,39-42；survivor accounts 幸存者叙述,41,72-73,163,174；in Western camps 在西线集中营的纳粹暴行报道,61-63, *see also* Eyewitness reports 也可参见目击者报道；Liberation chronicles 解放实录

Nazi atrocity photography 纳粹暴行摄影：in advertisements 广告中的纳粹暴行摄影,151,185；artists' use of 艺术家对纳粹暴行摄影的运用,147,168,178-82f,185,186f,220；authenticity of 纳粹暴行摄影的真实性,144f-45,199-220；censorship of 对纳粹暴行摄影的审查,12,148,195；children as viewers of 儿童作为纳粹暴行摄影的观众,95；collective memory of 对于纳粹暴行摄影的集体记忆,10-13,154-58；compared with drawings 与素描相比较,144；comparisons to comtemporary atrocities 与当代暴行相提并论,204-5,208-10,217-18,221,226,228-38；composition of 纳粹暴行摄影的构图,108-9f,110-18；in context of World War II 在二战语境下,168；denazification campaign displays of 去纳粹化运动中对纳粹暴行摄影的展示,136-38；depiction of accoutrements of atrocity 对暴行装备的描绘,160-62,188-89；differences between U.S. and British use of 英美在运用纳粹暴行摄影方面的差异,181；as documentation of Nazi brutality 纳粹暴行摄影作为纳粹暴行文献,86-107,138-140,176,188-89；in films 电影中的纳粹暴行摄影,148；graphic depictions 绘声绘色的描绘,57-60,58f,59f,87-88,90f,93,116f-17,129-30f,188-89,195；limitations of 纳粹暴行摄影的局限性,178；in newsreels 新闻短片中的纳粹暴行摄影,148；overuse of 对纳粹暴行摄影的过度使用,226；ownership of 纳粹暴行摄影的所有权,196-97；photographic exhibits of 纳粹暴行摄影展,146,194-97；photographs taken by liberators 解放者拍摄的照片,132-34f,147-48；in picture magazines 图片杂志中的纳粹暴行摄影,127-32,153-54,197-99；preliberation 解放前,38,42-48；present day agendas and 当前议程与纳粹暴行摄影,185-88；propaganda uses of 纳粹暴行摄影的宣传用途,11-12,44-45；publication of 对纳粹暴行摄影的刊登,146-49,150-54,191-92,195-97；public reaction to 公众对纳粹暴行摄影的反应,92,143-46,178,213-30；role in promoting moral outrage 在促进道德愤慨中的作用,151; symbolic functions of 纳粹暴行摄影的象征功能,34,46,48,60,108-26,183; use of in bearing witness 用纳粹暴行摄影作见证,10-13,97,100-107; use of in other media 其他媒介中对纳粹暴行摄影的运用,147-48,178-82f,185-86f. *See also* Captions,photographic 也可参见照片的文字说明; Credits,photographic 照片的署名; Presentation,photographic 照片的呈现; individual camp names 各集中营的名字

 New Orleans States and Times-Picayune《新奥尔良州与时代琐闻报》,76

 New Republic《新共和》,13,48,238;"After Memory"记忆之后,173

 News of the World《世界新闻报》,84

 Newspaper World《报界》,78,92,94

 News photography 新闻摄影, *see* Nazi atrocity photography 参见纳粹暴行摄影; Photojournalism 新闻摄影; World War II news photography 二战新闻摄影

 Newsreels 新闻短片,148

 New Statesman and Society《新政治家和社会》,217,226-28

 News Chronicle《新闻纪事报》,28,51,76,84,89,93,95-96,109

 Newsweek《新闻周刊》,18,33,75,101,160,188,204,216; coverage of Bosnia 对波斯尼亚的报道,211,229-30; coverage of Rwanda 对卢旺达的报道,232-33; "Facing up to the Holocaust" 直面纳粹大屠杀,164; graphic photographs in 逼真的照片,189; Nuremberg execution photos 纽伦堡行刑照片,149; photographic captions in 照片的文字说明,92,98,120,183

 New York Daily Mirror《纽约每日镜报》,41

 New Yorker《纽约客》,227

 New York Herald Tribune《纽约先驱论坛报》,52,55,151

 New York Newspapers Women's Club Award 纽约报纸妇女俱乐部奖,150

 New York Post《纽约邮报》,45

 New York Times《纽约时报》,41,72,101,136-137,174; *Book Review*《纽约时报书评》,192; coverage of Bosnian attrocities 对波斯尼亚暴行的报道,221f,224-28,230-231f,232; coverage of Buchenwald 对布痕瓦尔德的报道,69,73,76-77,84,121,123; coverage of Cambodian attrocities 对柬埔寨暴行的报道,205,208f,223f; coverage of Majdanek 对马伊达内克的报道,50,52,54; coverage of Natzweiler 对纳特兹维莱的报道,53; coverage of Nuremberg execution 对纽伦堡行刑的报道,149; coverage of Ohrdruf 对奥德鲁夫的报道,90; coverage of Rwandan attrocities 对卢旺达暴行的报道,219; coverage of Vietnam war 对越战的报道,215; *Magazine*《纽约时报杂志》,41-43,51,101; preliberation coverage 解放前的报道,43

Nicholson, Leonard K. 伦纳德·K. 尼科尔森, 76

Night and Fog《夜与雾》, 166

Nightline《晚间新闻》, 213, 228

Night（Wiesel）《夜》（威塞尔）, 166

1945：The Year of Liberation《1945：解放之年》, 196

Nordhausen 诺德豪森, 79-80, 93-94, 98-99f, 130f, 131

Nuremberg trials 纽伦堡审判, 144; comparisons to Bosnian war crimes tribunal 与波斯尼亚战争罪法庭相提并论, 225-26; execution photographs of 纽伦堡审判的行刑照片, 148-49

Observer《观察家报》, 35

Oechsner, Frederick 弗雷德里克·厄克斯纳, 41

Office of War Information 战时新闻处, 64, 94

Official witnesses 官方见证者, 100-101, 106; Government 政府, 75; Press 报刊, 76, 78, 106-7

Ohrdruf 奥德鲁夫, 94, 119-20; 50th anniversary of liberation 解放50周年, 180-81; General Eisenhower in 艾森豪威尔将军在奥德鲁夫, 64, 108-9f; liberators' accounts 解放者的叙述, 90f, 106

Omarska（Bosnia）奥马尔斯卡（波斯尼亚）, 221

Oranienburg 奥拉宁堡, 42

Orthodox Jews 东正教犹太人, objections to graphic images 对逼真图像的反对, 195

Ozick, Cynthia 辛西娅·奥齐克, 157

Parks, Paul 保罗·帕克斯, 190

Persian Gulf War 海湾战争, 211-12

Philadelphia Inquirer《费城问询报》, 68, 72, 95, 123, 177f, 219, 220, 237f; *Magazine*《费城问询杂志》, "Witness" "见证者", 180-81

Photo-Era Magazine《照片时代杂志》, 21

Photographers 摄影师：antagonism with journalists 摄影师与记者的敌对关系, 16, 19, 23-24, 30, 48; emotional reactions to camps 对集中营的情感反应, 88; Pre-World War II popularity of 摄影师在战前到二战期间备受青睐, 17, 19; status with journalists 摄影师相对于记者而言的地位, 23, 26-27, *see also* Credits, photographic 也可参见照片的署名; Photography 摄影; Photojournalism 新闻摄影

Photographers, amateur 业余摄影师, see Liberators, photographs by 参见解放者拍摄的照片

Photographers, Nazi 纳粹摄影师, 44-45

Photographic archives 照片档案, 159-60

Photographic Society of America 美国摄影学会, 23

Photography 摄影: and atrocity 与暴行, 10-13; authority of 摄影的权威, 8-10; competition with television 摄影与电视的竞争, 165; Pre-World War II popularity of 摄影在战前至二战期间备受青睐, 17, 19; referential power of 摄影的指涉力量, 20-21; status with journalists 摄影相对于记者而言的地位, 8, 12, 18-20, 23-24, 153; symbolic functions of 摄影的象征功能, 8-10; technology and truth-value of 摄影的技术与真值, 214-16; viewed in multiple contexts 摄影在多重语境下被观看, 6, *see also* Captions, photographic 也可参见照片的文字说明; Credits, photographic 照片的署名; Exhibits, photographic 摄影展; Nazi atrocity photography 纳粹暴行摄影; Photojournalism 新闻摄影; Presentation, photographic 照片的呈现; World War II news photography 二战新闻摄影

Photography, News 新闻摄影, *see* Photojournalism 参见新闻摄影; World War II news photography 二战新闻摄影

Photojournalism 新闻摄影: effects of new technologies on 新技术对新闻摄影的影响, 191; inception of term 术语的提出, 23; recognition of 对新闻摄影的承认, 191; training programs 培训项目, 23

Picasso, Pablo 巴勃罗·毕加索, 6, 147, 178

Pictorial History of the Holocaust《纳粹大屠杀图片史》, 196

Picture magazines 图片杂志: competition with television 与电视的竞争, 165; photographic captions in 图片杂志中照片的文字说明, 132; publication of Nazi atrocity photographs 纳粹暴行照片的刊登, 53-54, 127-32, 197-99, *see also* Life 也可参见《生活》; Look《瞭望》; Picture Post《图画邮报》

Picture-Post《图画邮报》, 29, 33, 38, 43, 46, 127, 128f-29, 131-32, 143, 153, 165

PK (Propaganda Kompanien) 宣传机构, 44

Playing for Time (television movie)《集中营血泪》(电视片), 175

PM《下午》, 34, 43, 76, 78, 82, 90, 93, 115, 123

Poliakov, Leon 莱昂·波利亚科夫, 164

Polish Committee of National Liberation 波兰民族解放委员会, 51

Polish Ministry of Information 波兰新闻部, 43

Popular Photography《大众摄影》, 94, 150, 152

Power of Photography（Goldberg）《摄影的力量》（戈德堡），191-92

Presentation, photographic 照片的呈现：relationship with text 照片呈现与文本的关系，123-27, 183, 185; symbolic functions of 照片呈现的象征功能，126-27; in World War II photography 二战摄影中的照片呈现，27-30, see also Captions, photographic 也可参见照片的文字说明; Credits, photographic 照片的署名

Press 报刊, see Journalists 参见记者

Pressac, Jean-Claude 让-克劳德·普雷萨克，189

Press associations 报刊协会, see Associated Press 参见美联社; New York Times《纽约时报》; United Press 合众社; Wide World Photos 环球图片社

Prisoners of war（American）（美国的）战俘，34-35

Progressive《改良》杂志，145, 233, 235

Propaganda 宣传：Holocaust deniers' claims about 纳粹大屠杀否认者的宣传论调，199-200; Nazi atrocity photographs as 作为宣传的纳粹暴行照片，11-12; Nazi documentation of camps as 作为宣传的集中营纳粹文献，44-45; preliberation accounts viewed as 解放前的报道被视为宣传，39-42; Russian accounts of Majdanek 苏联人对马伊达内克的报道，61; in World War I atrocity accounts 一战暴行报道中的宣传，31-33

Pulitzer, Joseph 约瑟夫·普利策，145

Quill《羽毛笔》，78

Rabin, Yitzhak, assassination of 伊扎克·拉宾的遇刺，4

Reagan, Ronald 罗纳德·里根，188

Red Star《红星报》，50

Reed, Douglas 道格拉斯·里德，145

Reitlinger, Gerald 杰拉德·赖特林格，164

Relief of Belsen《贝尔森浮雕》，196

Reporters 记者, see Journalists 参见记者

Reporting to Remember《为了记忆而报道》，150

Representations of Auschwitz: 50 Years of Photography, Paintings and Graphics《奥斯维辛表征：五十年来的摄影、绘画与图形》，196

Resnais, Alain 阿伦·雷乃，166

Retrospectives, photographic 摄影回顾：histories of photojournalism 新闻摄影的历史，191-92; museum commemorations 博物馆的纪念，194-97; picture magazines

图片杂志,197-99

Ritchin,Fred 弗雷德·里钦,216

Rodger,George 乔治·罗杰,73,87,157,211

Rooney,Andy 安迪·鲁尼,72

Roots《根》,172

Rosenblum,Nina 尼娜·罗森布拉姆,189

Roth,Philip 菲利普·罗斯,175

Royal Photographic Society of Great Britain 英国皇家摄影学会,21

Russian Army (in Madjanek) 苏联军队(在马伊达内克),50-53

Russian Sovfoto Agency 苏联索夫布托通讯社,55-56,184f

Rwandan atrocities 卢旺达暴行,233-35;comparisons with Nazi atrocities 与纳粹暴行的比较,205-6,208-9f,226,234f,235-38,236f,237f

Sachs,Nelly 内莉·萨克斯,166

Sandel,Michael J. 米歇尔·J.桑德尔,239

Saroyan,William 威廉·萨洛扬,5

Saturday Evening Post《星期六晚邮报》,52,54,57,60,83-84,101,115

Scherman,Dave 戴夫·谢尔曼,87

Schindler's List《辛德勒的名单》,12,175,178,220

Schoenberner,Gerhard 格哈德·舍恩伯尔纳,44-45

Schultz,Sigrid 西格丽德·舒尔茨,41

Segall,Lasar 拉萨·塞加尔,167-68

Sekula,Allan 艾伦·塞库拉,155

Shirer,William 威廉·夏伊勒,192

Shoah《浩劫》,175

Singer,Isaac Bashevis 艾萨克·巴什维斯·辛格,175

Skepticism 怀疑:and Holocaust memory practices 怀疑与纳粹大屠杀记忆实践,188-89;of Majdanek atrocity accounts 对马伊达内克暴行报道的怀疑,51-51,61-62;of Nazi atrocity photographs 对纳粹暴行照片的怀疑,143-46;of preliberation atrocity accounts 对解放前纳粹报道的怀疑,39-42

Sleeping Berths (Frankl)《卧铺》(弗兰克尔),168

Snow,Edgar 埃德加·斯诺,54

Soldiers 士兵, *see* Liberators 参见解放者

Sonnenburg 索嫩堡,41

Sontag, Susan 苏珊·桑塔格, 2, 11, 159, 200-201, 203, 207, 211

Sorrow and the Pity《悲哀和怜悯》, 175

Spiegelman, Art 阿特·斯皮格尔曼, 178

Spielberg, Steven 史蒂文·斯皮尔伯格, 1 2

Spotlight《聚光灯》, 199

St. Louis Post-Dispatch《圣路易斯邮讯报》, 145-46

Stars and Stripes《星条旗报》, 34, 67, 72, 75, 124f, 125-29, 144f-45, 148

Steiner, George 乔治·斯坦纳, 173, 214

Strock, George 乔治·斯特洛克, 36-37f

Styron, William 威廉·斯泰伦, 175

Sunday Express《星期日快报》, 119

Sunday Pictorial《星期日画报》, 149

Surplus of Memory (Zuckerman)《记忆过剩》(朱克曼), 173

Survivors 幸存者: accounts of 幸存者的叙述, 41, 72-73, 163, 174; photographs of 幸存者的照片, 101, 113f, 114f, 119f, 120f, 122f, 160-62, 161f, 181; Buchenwald barracks 布痕瓦尔德营房, 103f, 121-22f, 123, 183-84f, 185-86f, 187f, 188; "then and now" "今与夕", 177, 185

Tampering, photographic 对照片的篡改: in Civil War photographs 内战照片中的篡改, 32; in World War I photographs 一战照片中的篡改, 32-33, *see also* Image 也可参见图像, electronic tampering with 电子篡改

Taslitzky, Boris 鲍里斯·塔斯利茨基, 167

Tate, Mavis 马维什·泰特, 76, 87

Television 电视: coverage of atrocity 对暴行的报道, 172; dominance over photography 对摄影的统治, 165

Tetlow, Edwin 埃德温·泰特洛, 66, 71, 78, 158

Textbooks 教科书, *see* History writing 参见写史

Texture of Memory (Young)《记忆的纹理》(詹姆斯·扬), 173

Thomas, D. M. D. M. 托马斯, 178

Thompson, Dorothy 多萝西·汤普森, 192

Time《时代周刊》, 18, 39, 66, 92; coverage of Belsen 对贝尔森的报道, 125-26, 180; coverage of Bosnia 对波斯尼亚的报道, 211, 228, 230; coverage of Buchenwald 对布痕瓦尔德的报道, 66-67, 74, 181; coverage of Majdanek 对马伊达内克的报道, 50; coverage of Rwanda 对卢旺达的报道, 236f-37; photographic captions in《时代周

刊》中照片的文字说明,93,100,120-21; special edition "150 Years of Photojournalism"《时代周刊》特刊《一百五十年来的新闻摄影》,198

Time-Life《时代—生活》,55,153,160,166,197-99

Times(London)《泰晤士报》(伦敦),*see* London Times 参见《伦敦时报》

Tin Drum(film)《铁皮鼓》(电影),175

Toledo Blade《托莱多刀锋报》,148

Trachtenberg,Alan 阿兰·特拉赫滕贝格,9

Treblinka,Nazi photographers in 特雷布林卡的纳粹摄影师,44

Truman,Harry 哈里·杜鲁门,168

Tumarkin,Yigael 伊加尔·图马金,220

United Nations Genocide Convention《联合国种族灭绝公约》,206

United Press 合众社,43

United States 美国:Army 美军,63-64; Office of Special Investigations 美国特别调查局,172; Signal corps 美国通信兵,22,86,91f,92,101,103,118,123,146,148,152,183

United States Holocaust Memorial Council 美国纳粹大屠杀纪念馆委员会,173,194

United States Holocaust Memorial Museum 美国纳粹大屠杀纪念馆,181,194-96

Untitled(Morris)《无题》(莫里斯),179f

Uris,Leon 里昂·尤里斯,166

U.S.A.(Dos Passos)《美国》(多斯·帕索斯),17

U.S. Camera《美国照相机》,27,150

Ut,Nick 黄功吾,173,215

Vandivert,William 威廉·范迪维特,87

Victims 受害者:identity of 受害者的身份,73; Jews 犹太人,166; Non-Jews 非犹太人,157,*see also* Survivors 也可参见幸存者

Victoria and Albert Museum of London 伦敦维多利亚与阿尔伯特博物馆,196

Victory in Europe《欧洲的胜利》,152

Viemam War 越南战争:comparisons to Nazi atrocities 与纳粹暴行相提并论,173,204,221; My Lai 美莱村,204,214; photographs of 越战照片,215

Vogue《时尚》,89,95

Vulliamy,Ed 埃德·武利亚米,205

Waldheim, Kurt 库尔特·瓦尔德海姆, 199

Walker, Gordon 戈登·沃克, 82

Wall (Hersey)《墙》(赫西), 147

War against the Jews: 1933—1945 (Dawidowicz)《反犹战争: 1933—1945》(达维多维奇), 172

War criminals 战争罪: Bosnian 波斯尼亚, 225-26; Nuremberg execution photographs of 战争罪的纽伦堡行刑照片, 148-49

Warhol, Andy 安迪·沃霍尔, 6

War Office (Britain) 陆军部(英国), 22, 23

War Refugee Board 战争难民局, 41

War Still Picture Pool 战争静态图片库, 27

Warworks《战事》, 196

Washington Evening Star《华盛顿夜星报》, 146

Washington Post《华盛顿邮报》, 45, 61, 75, 228; coverage of Belsen 对贝尔森的报道, 67, 84; coverage of Bosnia 对波斯尼亚的报道, 229; coverage of Burundi 对布隆迪的报道, 206; coverage of Dachau 对达豪的报道, 92, 100; coverage of Nordhausen 对诺德豪森的报道, 98; coverage of Ohrdruf 对奥德鲁夫的报道, 90, 108; coverage of Rwanda 对卢旺达的报道, 218-19, 233-36, 234f; coverage of Vietnam 对越南的报道, 215

Webber, Jonathan 乔纳森·韦伯, 238

White Hotel (Thomas)《白色旅馆》(托马斯), 178

White Noise (DeLillo)《白噪音》(德利洛), 178

Why Did the Heavens Not Darken? (Mayer)《为什么天堂没有变暗?》(阿诺·迈耶), 189

Wickham, Chris 克里斯·威克姆, 6, 7

Wide World Photos 环球图片社, 47f, 102f, 123, 222f

Wiesel, Elie 埃利·威塞尔, 166, 171, 173-74, 186

Wieseltier, Leon 利昂·韦斯尔蒂埃, 154, 176

Will, George 乔治·威尔, 238

Witness-bearing 见证: categories of 见证类别, 72; and collective memory 见证与集体记忆, 10-13; in contemporary atrocity photographs 当代暴行照片中的见证, 209-13; in denazification campaign 去纳粹化运动中的见证, 74, 136-38; in eyewitness reports 目击者报道中的见证, 65-69; importance of 见证的重要性, 77-

79; lack of journalistic interpretation of 对于见证缺乏新闻诠释, 79-81; limitations of 见证的局限性, 79; limitations of journalistic narrative 新闻叙事的见证局限性, 83-85; limitations of words 文字的见证局限性, 81; in Majdanek 在马伊达内克集中营里的见证, 53-55; mass 大规模的见证, 64; in Nazi atrocity photographs 纳粹暴行照片中的见证, 10-13, 97; photographs of 见证照片, 100-107; use of photography in 运用摄影来见证, 10-13, 97, 100-107, see also Liberators, Official witnesses, Survivors, Women witnesses 也可参见解放者, 官方见证, 幸存者, 女性见证者

Witnesses 见证者, see German nationals 参见德国国民; Liberators 解放者; Official witnesses 官方见证者; Survivors 幸存者; Witness bearing 见证; Women 女性

Witness to the Holocaust Project 纳粹大屠杀的见证项目, 134f, 135f

Women witnesses 女性见证者, 75-76; photographs of in Bosnia 波斯尼亚女性见证者的照片, 229-30f

Words 文字, in atrocity accounts 对暴行的文字报道: compared to images 文字与图像相提并论, 108; limitations of 文字的局限性, 53, 81, 83-85; use of metaphors 文字对隐喻的运用, 65; relationship with images 文字与图像的关系, 5-6, 18, 29, 98

World at War (British television series)《战争中的世界》(英国电视片), 172

World at War (*Illustrated London Times*)《战火纷飞的世界》(《伦敦新闻画报》), 192

World Must Know《世界必须明白》, 196

World's Press News《世界新闻报》, 138

World War I atrocity reporting 一战暴行报道: censorship of 对一战暴行报道的审查, 32; false accounts 虚假报道, 31-32; photographic captions 照片的文字说明, 24; tampering with images 对图像的篡改, 32-33; use of propaganda 宣传用途, 31-33

World War II: From D-Day to V-Day, 40 Years Later (Boston Globe)《二战：从诺曼底登陆日到对日作战胜利日, 四十年后》(波士顿环球报), 192

World War II: Time-Life Books History of the Second World War《二战：时代—生活书系之二战史》, 197-98

World War II atrocities 二战暴行, see Nazi atrocity accounts 参见纳粹暴行报道; Nazi atrocity photography 纳粹暴行摄影

World War II news photography 二战新闻摄影, 21-29, 33-38, 35f, 37f; captions 文字说明, 25-27; credits 署名, 26-27; differences between U.S. and Britain 英美差异, 26-38, 27f; journalistic status of 二战新闻摄影的新闻地位, 27-28; photographic presentation 照片的呈现, 27-30

World War II (*Vanitas*) (Flack)《二战 (瓦尼塔斯)》(弗拉克), 181-82f

Yad Vashem 以色列纳粹大屠杀纪念馆,194,196

Yar,Babi 娘子谷,147,178

Young,James 詹姆斯·扬,11,173

Zuckerman,Yitzak 伊扎克·朱克曼,173

图书在版编目(CIP)数据

为了忘却的记忆:镜头下的纳粹大屠杀记忆/(美)芭比·翟利泽(Barbie Zelizer)著;黄顺铭译.
--北京:中国传媒大学出版社,2022.12
(传播与中国译丛.媒介与历史系列)
ISBN 978-7-5657-3387-1

Ⅰ.①为… Ⅱ.①芭… ②黄… Ⅲ.①纳粹大屠杀 Ⅳ.①K152

中国版本图书馆 CIP 数据核字(2023)第 004379 号

Copyright ©1998 by The University of Chicago
All rights reserved. Licensed by The University of Chicago Press,Chicago,Illinois,U.S.A.
本书简体中文版专有出版权经由中华版权代理有限公司授予中国传媒大学出版社,未经出版者书面许可,不得以任何形式抄袭、复制或节录本书中的任何部分。
著作权合同登记号 图字:01-2022-5952

为了忘却的记忆:镜头下的纳粹大屠杀记忆
WEILE WANGQUE DE JIYI:JINGTOUXIA DE NACUI DATUSHA JIYI

丛书主编	黄 旦
著 者	[美]芭比·翟利泽(Barbie Zelizer)
译 者	黄顺铭
责任编辑	井彩霞
封面设计	拓美设计
责任印制	李志鹏
出版发行	中国传媒大学出版社
社 址	北京市朝阳区定福庄东街1号	邮 编	100024
电 话	86-10-65450528 65450532	传 真	65779405
网 址	http://cucp.cuc.edu.cn		
经 销	全国新华书店		
印 刷	北京中科印刷有限公司		
开 本	787mm×1092mm 1/16		
印 张	18.25		
字 数	420 千字		
版 次	2023 年 1 月第 1 版		
印 次	2023 年 1 月第 1 次印刷		
书 号	ISBN 978-7-5657-3387-1/K·3387	定 价	89.00 元

本社法律顾问:北京嘉润律师事务所 郭建平